U0498837

抬头是山
路在脚下

邢福义先生纪念文集

李宇明 汪国胜 主编

华中师范大学语言与语言教育研究中心 编

商务印书馆
The Commercial Press

主编　李宇明　汪国胜

编委　韩　畅　匡鹏飞　李宇明　刘　彬
　　　　刘　云　沈　威　宋　晖　汪国胜
　　　　王玉红　周洪波

邢福义先生

青年时期的邢福义先生（1956年，华中师范学院中文专修科毕业照）

中年时期的邢福义先生（1982年，于昙华林华中村住处前）

邢福义先生全家福（1961 年）

邢福义先生全家福（1995 年）

邢福义先生全家福（2007年）

2018年邢福义先生和子女在昙华林华中村原住址合影

1986 年邢福义先生
在美国华盛顿

1999 年邢福义先生在德国汉诺威

2000 年邢福义先生在英国牛津大学

北京大学中文系 陆俭明教授

国家语言文字工作委员会 龚千炎教授

华中师范大学中文系 邢福义教授

北京大学中文系 林焘教授

1995 年邢福义先生在日本大阪

2006 年邢福义先生在新加坡与时任新加坡总理李显龙会面

2009 年邢福义先生在台北与时任台湾地区领导人马英九会面

2002 年邢福义先生在香港接受杰出学人表彰

1998 年邢福义先生在澳门

1998 年时任教育部部长陈至立看望邢福义先生

2006 年时任中央政治局委员、湖北省委书记俞正声（左）看望邢福义先生

1984 年邢福义先生（右）和吕叔湘先生

1986 年邢福义先生（右）和朱德熙先生

2001 年邢福义先生与陆俭明先生

2010 年邢福义先生与周清海先生夫妇

2001 年邢福义先生参加全国政协会议

2006 年邢福义先生参加全国高校人文社科研究优秀成果奖颁奖大会
（人民大会堂，《汉语复句研究》荣获一等奖）

2010年邢福义先生（左三）参加湖北省首届荆楚社科名家颁奖大会

2013年邢福义先生在华中师范大学110周年校庆庆典大会上被授予"华大卓越教授"奖（左起：时任华中师范大学党委书记马敏、邢先生、章开沅先生、时任华中师范大学校长杨宗凯）

2012 年 12 月邢福义先生在华中师大语言所元旦晚会上表演歌唱节目

2020 年 6 月邢福义先生主持华中师大语言所博士学位论文线上答辩会

2018 年教师节华中师范大学校领导看望邢福义先生（左起：时任华中师范大学党委书记黄晓玫、邢先生、时任华中师范大学校长赵凌云）

2022 年华中师范大学校长郝芳华看望邢福义先生

邢福义先生工作照（2010年）

邢福义先生与他带领的华中师范大学语言学学科团队（2010年）

2003 年邢福义先生指导学生（左起：越南留学生陈世祥、博士生黄忠廉、博士后刘培玉、邢先生、博士生匡鹏飞）

2013 年邢福义先生与他早期的本科学生（左起：1962 级舒邦新、1958 级汪文汉、邢先生、1959 级卢卓群）

1982年邢福义先生与他指导的第一届研究生（前排左起：杨宽仁、邢先生、徐杰；后排左起：李宇明、徐纬地、郎大地、萧国政、蒋平）

2022年弟子李宇明回母校看望邢福义先生（左起：李宇明、邢先生、汪国胜）

邢福义先生工作照（2010年）

邢福义先生与他带领的华中师范大学语言学学科团队（2010年）

　　2018 年教师节华中师范大学校领导看望邢福义先生（左起：时任华中师范大学党委书记黄晓玫、邢先生、时任华中师范大学校长赵凌云）

2022 年华中师范大学校长郝芳华看望邢福义先生

2012 年 12 月邢福义先生在华中师大语言所元旦晚会上表演歌唱节目

2020 年 6 月邢福义先生主持华中师大语言所博士学位论文线上答辩会

2010 年邢福义先生（左三）参加湖北省首届荆楚社科名家颁奖大会

2013 年邢福义先生在华中师范大学 110 周年校庆庆典大会上被授予"华大卓越教授"奖（左起：时任华中师范大学党委书记马敏、邢先生、章开沅先生、时任华中师范大学校长杨宗凯）

　　2003 年邢福义先生指导学生（左起：越南留学生陈世祥、博士生黄忠廉、博士后刘培玉、邢先生、博士生匡鹏飞）

　　2013 年邢福义先生与他早期的本科学生（左起：1962 级舒邦新、1958 级汪文汉、邢先生、1959 级卢卓群）

1982年邢福义先生与他指导的第一届研究生（前排左起：杨宽仁、邢先生、徐杰；后排左起：李宇明、徐纬地、郎大地、萧国政、蒋平）

2022年弟子李宇明回母校看望邢福义先生（左起：李宇明、邢先生、汪国胜）

目　录

邢福义先生生平

邢福义先生 1935 年 6 月 30 日出生于海南乐东。1954 年考入华中师范学院中文系专修科，1956 年毕业留校，1978 年由助教越级提升为副教授，1983 年晋升教授，1990 年被国务院学位委员会批准为博士生导师，2001 年被聘为华中师范大学文科资深教授。1999 年创立华中师范大学语言学系并任系主任。2000 年至 2012 年，任教育部人文社会科学重点研究基地——华中师范大学语言与语言教育研究中心主任。曾当选第八、九、十届全国政协委员，长期担任国家哲学社会科学研究规划语言学科组副组长、教育部社会科学委员会委员、教育部高等学校中国语言文学学科教学指导委员会委员、国家语委咨询委员会委员、华中师范大学学术委员会主任、《汉语学报》主编，曾担任中国语言学会常务理事、中国对外汉语教学学会会长、中国修辞学会副会长、中国语文现代化学会副会长、湖北省语言学会会长等学术职务。

邢福义先生毕生致力于汉语语言学研究，主攻现代汉语语法学，也研究逻辑、修辞、方言、文化语言学、国学和其他问题，并在上述领域尤其是现代汉语语法领域取得了杰出的学术成就，在海内外产生了重要影响。独著、合著、主编各种学术著作和教材 60 余部，包括《汉语语法学》《汉语复句研究》《词类辨难》《文化语言学》《全球华语语法》等，以及多部《现代汉语》教材，发表文章 500 余篇，主要成果结集为十二卷本、共计近 600 万字的《邢福义文集》。曾四次获得中国高校人文社会科学研究优秀成果奖一等奖,三次获得湖北省人文社会科学研究优秀成果奖一等奖,还曾获国家级教学成果奖、中国图书奖、国家优秀教材奖等多个国家级奖项。多部研究成果被翻译成英、俄、法、日、韩等多种语言。被学界誉为"20 世纪现代汉语语法八大家"之一,被国家教委和人事部评为全国教育系统劳动模范,被中共湖北省委授予"首届荆楚社科名家"荣誉称号,被华中师范大学授予"华大卓越教授奖"。

邢福义先生的一生,是笃行不怠勇攀高峰、呕心沥血教书育人的一生。他自强不息,治学严谨,著作等身,望重学林,谦和高洁,严己宽人,躬耕杏坛,桃李天下,堪为学界楷模,深受国内外同行的尊敬和爱戴。

沉痛悼念邢福义先生!邢福义先生千古!

爬山路上探语学[*]

邢福义

一、我的童年

1935年阴历五月三十日，我出生在海南岛西南部的黄流乡。黄流南边是大海，对着黄流的部分俗称"面前海"，离"天涯海角"有几十里。我一出生，父亲就去了广州，考入了黄埔军校第十四期。不久之后，全国性抗日战争爆发。

我的祖父青少年时期当过药童，认得一些字。到了年老，开了一个小杂货铺。没有生意的时候，喜欢把我抱着放在双腿上，听他念《薛仁贵征东》之类的书。3岁左右的我，慢慢学会念读一些小说。1939年日军占领黄流，设司令部，办起小学，祖父不让我去，要我在家里看书。过了几年，《西游记》《封神榜》《水浒传》《三国演义》《红楼梦》等等都看过，能了解大意。祖父卖东西时，我出门去玩，小朋友，还有一些大人，往往拦着我，要我"讲古"。过后有时

＊ 本文是邢福义先生为接受华中师范大学档案馆组织的"华中师范大学老教授口述实录"采访而撰写的访谈底稿，写于2020年1月。访谈稿发表于付强主编的《桂苑春秋——华中师范大学老教授口述实录(第一辑)》(华中师范大学出版社2023年8月)。此次收入本书时略有调整、删减。——编者

还给我一两个铜钱,让我买糖吃。

童年时代,我身体很弱,经常害病。1945 年,祖父去世。那时我 10 岁。祖父留下遗嘱:"为了阿耀(我的乳名)的身体,不要让他再看书。"1948 年,父亲回了黄流之后,才给我开禁。

黄流人热情好客且健谈。祖父在世时,每天夜晚,杂货铺子成了邻居们谈天说地的热闹场所。从懂事的时候起,我就喜欢挤在祖父身边听老人们聊天,漫说人生。老人们经常慨叹着说:"猪往前拱,鸡往后扒!"意思是说,人总要活,不同的人有不同的活路!

这句话,深深地刻在了我的脑子里,对我的成长产生了很大的影响,指引了我的一生。就是这么 8 个字,后来让我悟出了许多人生哲理。首先,要拱要扒。拱和扒,意味着奋斗求生存,求发展。其次,猪只能拱,鸡只能扒。猪有猪的特点,鸡有鸡的特点,这决定了它们各有各的办法。如果鸡往前拱,猪往后扒,猪和鸡都活不下去。再次,往前拱和往后扒没有优劣之分,关键在于怎么样才能发挥自身的优势。哲人们强调"扬长避短",立意也是如此。我属猪。为了自己的上进,只有一个办法,就是:"往前拱!"我经常说,这是我从父老乡亲们那里学来的。

一方水土滋润一方人。我 1952 年离开黄流,当时 17 岁,还是个少年。时间过去了大几十年,夜里做梦,还常常梦见在家乡玩耍,而且梦里的我竟仍然是个少年!我人在武汉,可我的文化素养的根仍然扎在黄流——我的家乡!

二、母校教育

我的做人为学,先后得益于两个母校的学风学养。

（一）初中

1948 年，我父亲已从大陆回到家乡。这一年上半年，我曾在建校于三亚海边的榆亚中学读过初中一年级。那时，老师常常把我的水彩画贴到墙壁上。然而，我老是害病，读了一个学期，父亲就让我休学了。

不久，黄流办起中学。1949 年 9 月至 1952 年 2 月，我在那里读书。1950 年，学校来了一位青年教师，刚刚毕业于设立在海口府城的广东琼台师范学校。他高高的个子，长得很帅；性格爽朗，很有亲和力；知识面宽，能教几门课。同学们都喜欢他，私下里亲切地把他称为"小老师"。除了上理科方面的课，他还教我们画画。我从小对画画有特别的爱好，不仅上美术课特别上劲，还常常为学校或班级的壁报画点插图。有一天，这位老师送我一支大约用过五分之一的铅笔，笔芯粗而黑，用来画素描再好不过。在当时，特别是在当时的黄流，这可是稀罕物。我喜欢得不得了，珍惜得不得了。不料，没过多久，这支铅笔怎么也找不到了。更让我难过的是，过一些天，他向我"借"这支铅笔，说他要用用。这时我才知道他就有这么一支铅笔，而我却没能保管好。我很抱歉，又很着急，结结巴巴地说："老师，铅笔……我……我……弄丢了！"看到我急成那个样子，他笑了笑，安慰我说："没关系的！"

老师送我铅笔，使我憧憬未来；老师相信我没撒谎，更使我深感温暖。时间过去了 70 个年头，许多事情忘记了，这件事却不但始终不忘，而且让我生发出了好些感悟。感悟一：老师的关心，对学生是上进的激励。那只是一支铅笔吗？不，那是一句无声的赠言，一种对学生未来的期盼。我曾经写过《亦师亦友　志在高山》的文章，讲说我和我的硕士生博士生们的关系，文章的基本理念正是源于 70 年前的这件事。感悟二：老师的信任，对学生是守正的诲导。假若那时候他对我表示出哪怕是一丝一毫的怀疑，对我来说心灵上都会终生不得安宁。由此我深信一条人生哲理：诚为立身之本，诚实才能心安。为了问心无愧，从做人到做学问，都一定要诚实。感悟三：老师的言行，对学生是无形的牵引。1952 年，好几个黄流同学考取了琼台师范，其中一个是我。大家都为能上琼台师范而备感荣幸。就我而言，报考琼台师范固然是因为这所学校声誉很好，同时也是因为我的老师是琼台师范毕业的，他对我具有一种潜性引力。

教与学，师与生，在教育发展史和学术发展史上，历来是起着经脉贯通作用的重要话题。大家都景仰被称为圣人的孔子。一册《论语》，实际上就是师生共同谱写的一部气势磅礴的大交响乐。在我们华夏子孙共同拥有的国学宝库中，同类记录很多，反映的是教师的风范，尊师的美德，师生之间的相互理解与关爱。

我在黄流中学度过了人生起点上至关重要的一个时段，承沐了良好的熏陶，终身受益。

（二）中师

1952 年至 1954 年，我在琼台师范学校学习。琼师是相当于高中的名校。但是，由于培养师资的需要，当时既有学习三年的"普师"班，也设立一个学习两年的"图音体"专修班。"图音体"即图画、音乐和体育。那时候，我很想读书，但母亲因为难产而去世，父亲在"运动"中被逮捕，我没有经济来源，怕支持不了三年，因此，报了专修班。考取了。

我很愉快。两年时间，主要学画画，满足了我的需求，而学校又重视学生的全面发展，一些属于基本知识的课程，比如政治、语文、历史、习作等课程，一样开，尽管时间少一点。学校每年都公布总成绩 85 分以上的学生名单，给予奖励。

特别是，校长、教师都很好，很受学生的欢迎。校长很年轻，30 岁出头。有一天，台风大到十级，校长打个雨伞跑到学生宿舍来看学生，半路上被风刮倒，学生们手抓手地冲过去，把校长拉了过来，十分感人。给我们上课的老师，几乎都是老者，个个水平高，而且和蔼耐心。我觉得，老师们对我们学生，时时都在进行身教。

2000 年，我写过一篇短文《怀念"琼台"》，发表在《中国教育报》上面。现把主要内容选录如下：

> 学者的人生，有几次重要的起步。对我来说，跨向高等学府和语言学界的关键起步，应该是在琼台师范学校学习的那个时段。

> 1952 年，我考入了琼台师范学校。1954 年，琼师领导推荐我考大学，进入华中师范大学中文系学习。1957 年，我 22 岁，在我国语言学界的权威刊物《中国语文》上发表了第一篇汉语语法小论文。从此，跟汉语语言学结下了不解之缘。

> 我对"琼台"有很深的情结。这不仅是因为"琼台"把我送进了大学，更是因为"琼台"有良好的学习氛围，利于人才的造就。两点感觉，影响了我几十年。其一，一进入"琼台"，便感到有一股推力，推着自己去进取。其二，在"琼台"，要取得好的成绩，必须脚踏实地去学习。当时年纪小，还不知道应该把这两点感觉概括为好学校的好校风。

> 1981 年，我开始带研究生，现在他们之中不少已成了教授，当了博士生导师了。我给每届研究生上第一课，首先都要讲八个字："抬头是山，路在脚下。"意思是：一个有作为的人，眼睛

要看着山，心里要想着爬山；但是，山顶不易攀登，成功不靠侥幸，上山的路要靠自己一步一个脚印地去走，一步一个脚印地去踩开。我想，这正是"琼台"校风的一种延续。

是"琼台"，在我的青少年时代就教会我怎样学习和做人，让我有了最关键的起步。

我怀念"琼台"！

三、大学讲台

1954 年至 1956 年，我在华中师范大学中文系读中文科。1956 年毕业，留在中文系当现代汉语专业实习助教。三年以后，正式走上大学讲台。

1961 年的一天上午，在昙华林的一间大教室里，我按系领导的要求，讲一次公开课，内容是"代词"。当时学校本部已搬到桂子山，昙华林成了分部。我刚一站上讲台，突然看到教务长陶军先生，还有好些个校领导和系领导，坐在最后面的椅子上。教务长和校领导们肯定是一早就从桂子山赶过来的。我心里"咯噔"了一下，有点压力，但很快就平定了下来，因为我备课从来下功夫。

后来，学校举行一次教学经验座谈会，除了校领导讲话，发言者几个人，其中有我。会后，教务处以"华中师范学院"的名义编辑出版了一本《教学经验专题汇编》，收入了我的发言稿《我是怎样备课的》。这篇短文里，我讲了六点"做到"：第一，结合教学搞科研，以自己的学习心得不断地充实教学内容；第二，联系中学实际；第三，面向生动活泼的语言事实；第四，加强理论联系实践；第五，"旁若有人"；第六，熟，烂熟！关于"旁若有人"，短文里这么写道：

"备课的时候,我常常想起学生,好像有好些个学生正坐在我的面前,向我提出各种各样的要求,所谓'旁若有人'就是备课时'旁若有学生'。"关于"熟,烂熟",短文里这么写道:"我总是要求自己把讲稿的内容全部记熟,熟到每一个例句所用的标点符号都可以毫无错误地在黑板上写出来。这是因为我感到,只有熟,才能理解得深刻,才能'生巧',才能有创造;再说,只有熟,才能抽出一部分注意力来讲求关于教学方法的运用问题。"

"文革"过后,有一天,特别热,我和外语系教授邱志诚老先生坐到树荫下闲聊。邱先生告诉我:"在老教师一个会议上,陶教务长说:'青年教师如果都能像邢福义那样,我就放心了。'他很欣赏你啊!"我这个因为走"白专道路"而连年受到批评的人,禁不住眼睛湿了。

2003年5月,68岁的我写了一篇《重读旧文话备课》,对以下三点做了进一步的解释:其一,教学是一门学问,又是一门艺术;其二,以教促研,以研促教;其三,各种积极因素,必须总体发挥。因篇幅关系,这里不谈具体内容。

2013年,校友王一民主编《回望昙华林》,由长江文艺出版社出版。下面节录三个片段,留下来激励自己。

青年教师邢福义的现代汉语课更是折服了我们。邢老师上课时信手拈来昨天《人民日报》某文中的一段,或者今晨中央人民广播电台新闻广播中的某个话语,作为鲜活的例证,分析其语法结构的特点。他实在是在向学生示范应该如何随时留心活生生的语言现象,收集大量资料深入研究学问。他常常能从人们不经意或习以为常的语言现象中总结出一些规律性的东西。(沈振煜，1962年入中文系，后为华中师大教授，教务处处长。)

邢福义老师当时还很年轻，但是他能把每一堂课安排得极其紧凑，娓娓道来，环环相扣，天衣无缝。他的语言逻辑严密，善于雄辩。让我们佩服得五体投地的是，在大多数的时候，他讲课都会丢开教材和备课本，来一个脱口秀。包括现代汉语的理论和大量的例句，全部牢记在心中，从来没有发现有什么遗漏和差错。可以想见，他为了上好课，付出了多少心血！(余莅芳，1962年入中文系，编审，曾任湖北少儿出版社副总编。)

邢福义，同我一样都是1954年进华师的，我是外语系他是中文系，相互并不认识。邢福义还在上大一，就开始在刊物上发表语言研究的文章，有的文章居然发表在《中国语文》上，那是汉语科研的最高权威，真不简单哪！据说，语言学大师吕叔湘，就是从那些文章中发现邢福义的。(彭树楷，1954年入外语系，湖北文理学院教授。)

四、调整自我

我的"爬山赶路"，是渐进的，几乎是年年增补其内容的。

少年时代，我已经知道"自古英雄出少年"，应该用这句话来激励自己。到了破格提升副教授，主要从事现代汉语的教学与研究之后，我就不断提出一些语句来给自己"定向"。我的口号是："留心处处有学问！""永远站到问号的起跑点上！"这样，就培养起一种具有特定个性的治学精神。下面是我的札记，可以看到我重视调整自己的心意。

做学问，要找到自己。学习是为了创造，读别人的书是为了写出自己的书。学术山峰无极顶，任何权威的著作都不可能穷尽真理，因此，不管哪一个学科，都有做不完的学问。只有通过研究，提出了有独创性的成果，从而塑造出自己的形象，能够在学术界实实在在地找到自己的位置，这样的学者才是站到了做学问的高层次之上。人的智能结构里面，最可贵的因素是进取。卓越的前辈们，他们之所以卓越，就在于他们敢于和善于继承和发展，他们寄希望于我们后辈的，正是我们后辈攥紧他们递过来的接力棒，继续奋力往前奔跑。

做学问，要善于读书。读书有两大要领：其一，涉猎要广，意向要专。用心不专一，意识不专注，成天东张西望、左顾右盼，只会成为学术上的流浪儿。其二，厚书读薄，薄书读厚。选择一部有代表性的书，反复读，读到不但能复述其内容，而且能用很简练的文字准确地写出其内容提要，这就是"厚书读薄"。"厚书读薄"是对原著理解和消化的过程，是读书的一个重要基本功。针对这本"薄书"，反复思索，多提问题，追踪考察，然后把研究之所得不断地充实到"薄书"里头去，久而久之，就会形成一部新的"厚书"。这是读书的一个更高层次的基本功。如果这部"厚书"令人耳目一新，这就意味着有一部新的学术专著产生了。

做学问，要善于小题大做。编写教材，总是大题小做，这是因为，教材范围宽泛而篇幅有限，所写内容线条较粗，不可能进行细致的描写和解说。相反，撰写论文，则需要着力于小题大做。这是因为，只有把题目封闭在相对较小的范围之内，主观上有能力做深做透，客观上有条件做得相对周全，才能写出好文章。要努力写好一篇小题大做的文章。万事开头难，没有第一篇好文章，就不会有第二第三篇好文章。只要写出了一篇能够打九十分的文章，那么，以后再写出来的文章肯定总会在九十分上下。要是每做一个小题，都会留下一个鲜明的脚印，这样的学者肯定会成为对学科发展起推动作用的好学者。

做学问，要重视总体发挥。一个学者，要在研究工作中做出成绩，需要同时具备多方面的素养。这就是：厚实基础＋惊人毅力＋灵敏悟性＋有效方法＋良好学风。其中，每一个方面的素养都是做好学问的必要条件。常言："十个手指弹钢琴。"要弹好钢琴，缺了哪一个手指都不行。我们传统上习惯于强调勤奋。然而，做起学问来，光是勤奋还不行。如果问：在各种素养里面最重要的素养是什么？我个人反而以为，是悟性。悟性是能否创新的各种素养之中最重要的素养。当然，悟性仍然仅仅是一个必要条件。只有各个方面的因素都结合起来，进行有效的"总体发挥"，才能形成必要而充足的条件。

做学问是一个极大的题目。以上所谈，只是个人的一孔之见。磨刀不误砍柴工，学问不负有心人。辛弃疾《青玉案·元夕》有句："众里寻他千百度，蓦然回首，那人却在灯火阑珊处。"学问的火候到了，"蓦然回首"的一刹那也就到来了！

五、华师亮点

有特色的大学，必定有其亮点；显示特色的亮点，必定有其历史。如果有人问我：你认为华中师大最值得讲说的亮点是什么？我会毫不迟疑地回答:"眷注学术,自强有为!"仅就中文系的情况,说三个例子。

例子一:上个世纪 50 年代末,《华中师范学院学报(语言文学版)》1960 年第 2 期,有一篇关于学术讨论的报道,记录了令人感慨的信息:(1)中文系举行了 1959 年学科讨论会,从 1959 年 12 月 28 日至 1960 年 1 月 4 日举行,连元旦假日都利用了。(2)挑选三篇论文,在全系讨论会上做了报告,并且开展了辩论。这三篇论文,是在各个教研室和各个学生小组讨论会的基础上一层层地推出来的,一篇为系主任方步瀛教授所写,一篇为我——25 岁的助教所写,一篇为 22 岁的本科三年级学生彭立勋所写。(3)这次学术活动之所以这么安排,是因为领导、教师和学生,都想共同竭力制作一条连环递进的人才链,以便为国家的繁荣昌盛做出贡献。

例子二:十年"文革",写书挨批,华中师大的学术暖流却依旧涌动。从 70 年代初期开始,汉语教师们,以集体名义,由湖北人民出版社出版了一套书,影响很大。1973 年夏季,教育部在广州召开教材编写交流会议,校长带队前往。会上有几个典型发言,其中一个便是关于《现代汉语语法知识》一书的编写。校长让我代表学校做了《以句法为主线建立现代汉语语法教学系统》发言,引起了多方面的关注。这说明,华中师大存在"坐冷板凳"的传统。常言:"十月怀胎,一朝分娩。"写书和出书的过程,何尝不是如此?这套书之所以能这么快就出版,是因为相关教师们一直都在扎扎实实地做着学问,不然,怎么可以"啪"的一声立即拿得出来?这一事实,又标志着华中师大具有优良的学术传统。

例子三:一个眷注学术的单位,肯定会蕴蓄起巨大的发展潜能和影响力。当年的中文系,后来发展成为文学院和语言研究中心两大实体。既有本科生，又有硕士、博士和博士后。单位扩展了，学术活动的传统也传承了下来。比方，2003 年 12 月 26 日下午，在语言研究中心学术报告厅，语言学系 2002 级本科生举行了一次小论文学术报告会。该年级共 32 人，才是二年级。他们按姓名音序排列先后，一个接一个全都走上了讲坛，报告了自己的论文。我出席了那次报告会，会后发表《语言学系本科生举行学术报告会有感》一文。我认为，这个报告会，在学术源流上是合乎逻辑的推演，历史性地证明了华中师大存在着优良学术传统的绵延。

我深信，在历史画卷上永远闪烁着亮点的华中师大，必能向世人不断地展露出不愧为一百多年老校的风貌。

六、良师引路

（一）高庆赐先生

高庆赐先生（1910—1978），河北遵化县人。1928 年考入燕京大学中国文学系。1932 年在北平私立汇文中学教国文和在北京大学研究院工作。两年后，出版了《本国史纲要》，发表了《白石道人诗说之研究》等文章。1941 年之后，在北平市立第九中学和私立汇文中学教国文，又兼任北京大学国文系、北平临时大学补习班的讲师。1946 年之后，在北平私立燕京大学国文系、西安西北大学中文系、武昌私立华中大学当教师，讲授"声韵学""古音研究""语言学""比较语言学""国文"等课程。1948 年，加入进步文艺社团海啸社、野火社、沧海社。1949 年，加入"新民主主义教育协会"。1951 年，担任华中大学副教务长兼中文系教授。1952 年，担任华中师范学院副教务长兼中文系教授。新中国建立以后，他把全部精力倾注于教育。教学极其认真，讲课极其富有吸引力。

1955 年，高先生给我们班级讲了将近一年的现代汉语语法。1956 年 9 月，在我留校当助教之后，领导指定他做我的导师。可惜，都没有机会跟他直接接触。因为，上大课时学生很多，不可能一一回答问题；他指导的青年助教，有好几个人，来不及分别一一辅导，"反右"斗争就开始了。他在 1957 年的"反右"斗争中被打成"右派"，离开学校劳动改造去了。

跟他接触较多，面对面地谈话，应从 60 年代中期算起。1972 年，我和他合写了《现代汉语语法知识》一书，由湖北人民出版社出版，署名"华中师范学院中文系现代汉语教研组"；此书 1976 年由加贺美嘉富翻译成日文在东京出版。再后来，由于我和他都住在华中村，来往就多了起来。"文革"期间，我经济状况不佳，常常向他借钱。1976 年，我写成了论文《论定名结构充当分句》，他大加赞赏。他说："福义啊，看了你的文章，我觉得我都不会写文章了！"我知道，先生这是在鼓励我，但是，同时也反映了一个令人感慨的事实，这就是，若不是 40 多岁就开始了坎坷的人生，他会怎么样呢？

1978 年，他到北京治病，在病房里还时时念叨，答应给湖北人民出版社写作的《古代汉语知识六讲》还有两讲未写。病重之时，提出遗愿，希望让我代为续完。中文系总支杨书记，带着我赶到北京，先生说话已经十分困难了。这本书于 1979 年 7 月出版，末尾出版社有个"出版后记"："《古代汉语知识六讲》是高庆赐教授的遗著。其中'第五讲 虚词用法''第六讲 特殊结构'，高先生因病重委托邢福义副教授协助整理。"我感到荣幸。做学生的时候，我没有机会听到古代汉语课（本科班才有这门课）。我把高先生的手写讲稿认真读了一遍，摘录并整理成了第五讲、第六讲。我后来提出"普方古"三角研究，并且写点靠近国学的文章，跟整理过高先生的讲稿不无关系。

先生是我的启蒙人，又是我的督促者。他的将近一年的语法课，让我获得了入门知识。之前，我没有接触过这门学问。我的成长，我的成熟，大大受益于高先生的叮咛。先生去世之前对我说："福义啊，你有潜力，一定要充分发挥你的潜力！"这话，成了我一生的指向！

（二）吕叔湘先生

吕叔湘先生（1904—1998），出生于江苏省丹阳市，逝世于北京。

吕先生1926年毕业于国立东南大学外国语文系。1936年赴英国留学，先后在牛津大学人类学系、伦敦大学图书馆学科学习，1938年回国。新中国成立后，1952年起任中国科学院语言研究所（1977年起改属中国社会科学院）研究员、中国科学院哲学社会科学学部委员（院士）、语言研究所所长。先生影响最大的学科，是汉语语法，影响最大的著作是《中国文法要略》和《汉语语法分析问题》。他是我国语法学界的一代宗师，学界的领军人。

吕先生主持的权威刊物《中国语文》，培养了我，带出了我。从1956年参加工作起，《中国语文》上每发表一篇重要语法论文，我都要潜心于"悟道道"：作者是怎么抓到这个题目的？是怎样展开这个题目的？在方法上有什么长处？在材料运用上有什么特点？这样，终于养成了无言中求教于众多高明学者的习惯，众多高明学者也就在"函授"中成了我的导师。就靠这"偷学"，在不认识编辑部一个人的情况下，经历了"投稿——退稿——再投稿"的多次循环反复，1957年，也就是22岁那一年，我在《中国语文》上发表了第一篇文章。我"偷学"了10年，最大的收获有两点：其一，知道了应该充分发挥两只眼睛的功能。一只眼睛用来看懂别人文章的表面、正面和一行行文字，另一只眼睛用来探视别人文章的背面、反面和字里行间隐藏着的奥秘。其二，学会了处处留心抓问题，重视了捕捉论题的敏锐感，开始了做小专题研究的自我训练。1957年到1965年，《中国语文》发表了我的7篇文章。之后，"文革"开始，《中国语文》停刊。

"文革"之后，《中国语文》于1978年复刊。我花了十多年时间、经过多次推敲修改才定稿的《论定名结构充当分句》，一万多字，在《中国语文》1979年第1期上作为重点文章发表出来了。吕先生于1979年9月28日给了我一封信，其中写道："你的文章我看过不少。你很用功，写文章条理清楚，也常常很有见地，如今年发表的《论定名结构充当分句》就很好。"我得到了极大的鼓舞。

第一次见到吕先生，是1961年，当时我26岁。那一年，吕先生到武汉讲学，我们汉语教研室的领导请他来华中师范大学，做了一次学术报告，接着又跟汉语教研室的全体成员进行了一次座谈。座谈时，我问了一个问题：单句和复句的界线怎样才能划清？吕先生马上回答说："不能划清！别人问你，你就说是吕叔湘说的！"我从这样平平常常的话中受到了治学为人的深刻启迪：一就是一，二就是二，知道多少说多少！

1984年，湖北教育出版社决定出版我的《语法问题探讨集》。那一年的6月下旬，我给吕先生写了一封信，请他为我的集子写几句话。没过多久，已经80岁的吕先生给我寄来了序言：

　　邢福义同志把他历年所写关于现代汉语语法的文章筛选出若干篇，编成一本《语法问题探讨集》，要我在前面写几句话。

福义同志这本集子里的文章很多是我读过的，对于其中例子的
详备，组织的细密，我有很深的印象。

我因而想到，从事现代汉语语法研究的人很多，而有成就
的却并不多，为什么？有人说，跟象棋比起来，围棋易学而难
精。研究现代汉语语法跟研究古代汉语语法比较，好像也有类
似的情况。研究现代汉语语法无需通过文字训诂这一关，自然
容易着手。可也正因为研究的对象是人人使用的现代汉语，许
多语法现象已为人们所熟悉，要是没有一点敏锐的眼光，是不
容易写出出色的文章来的。福义同志的长处就在于能在一般
人认为没什么可注意的地方发掘出规律性的东西，并且巧作安
排，写成文章，令人信服。我把我的感想写下来，作为对本书
的介绍。

吕叔湘　1984 年 8 月 30 日

吕先生是我的引路人。我的学养学风，受到先生的深刻影响。
我写过《治学之道　学风先导》，一万多字，1993 年发表于《世界
汉语教学》，后来学界分别收入《吕叔湘先生九十华诞纪念文集》
（商务印书馆 1995）和《吕叔湘全集》第 19 卷（辽宁教育出版社
2002）。

我永远神往吕先生！

七、我的语法研究

研究汉语语法，必须致力于方方面面的探索和思考。择要来
讲，以下几点极为重要。

（一）穷尽地占有语言事实

语言具有社会性。说现代汉语的人，所说的话自然都是汉语事实。但是，不同的人，语言感觉会有所不同，对同样的事物或现象，有可能采用不同的语言形式来表达。研究现代汉语的学者，包括语法学者，不管学问多么渊博，知识面多么宽广，都不可避免地受到个人局限性的管束。因此，在断定有没有、对不对之类问题的时候，一定要坚持从众观。不是"唯己"，而是"从众"，多考虑别人会怎么说。这样，更有利于提高论断的精确度。我说过一句比喻性的话：跳出"个人泳池"，到"社会大海"中去获取答案！

（二）了解研究基点的"左邻右舍"

我的研究基点是现代汉语语法。其"左邻右舍"，在距离上，有近有远。

距离最近的，是古代汉语语法。比如"吾日三省吾身"，意思是："我每天多次反省自己"。古代的人称代词"吾"，现代用"我"。距离最近的，还有现代方言语法。比如，普通话的比较句用"比"，而湖北随县有一种比较句不用"比"："老王大老李三岁，老李高老王大一头。"

距离远点的，还有相关的好些学科。这里，我简说一下逻辑和国学。

先说逻辑。学生时代，专科生不开逻辑课，我从心底里羡慕本科生。上个世纪 60 年代中期，有位同学把一本《逻辑学》送给了我。那是苏联维诺格拉多夫、库兹明所写的书，中文译本是三联书店于1951 年出版的。我反复精读，思考如何把逻辑知识运用到语法教学与研究中来。1979 年，湖北人民出版社出版了我的《逻辑知识及其应用》。后来，我在多篇文章中发表了有关的见解，引起了语言学界同行和逻辑学界部分学者的注意。俄罗斯国际刊物《语言研究问题》2010 年第 2 期，译载了我 1991 年在《中国语文》上发表的《复句格式对复句语义关系的反制约》。译文开头有一段介绍，其中说我是"汉语逻辑语法学派奠基人"。当然，"学派奠基人"的提法只是溢美之词，事实并非如此。

再说国学。研究国学，承传其优点，对于中国语言学的发展具有特殊的意义。从 2006 年 3 月起，《光明日报》历史性地设立了"国学"版面，影响巨大。国学有反映民族性格特征的朴实学风，有反映民族认知结晶的深刻学理，有多方面重要成果，显示了中华学术文化的"根"，体现了中华学术文化的"源"，绵延着中华学术文化的"流"。我积极参加讨论，发表了《国学精魂与现代语学》《"救火"一词说古道今》《"人定胜天"一语话今古》《漫话"有所不为"》《"X 以上"纵横谈》《大器晚成和厚积薄发》《说"广数"》《"国学"和"新国学"》《"诞辰"古今演化辨察》《辞达而已矣》《关于"不亦乐乎"》等等文章。我把国学和语言学联系起来，深化了自己的认识，受益不浅。

诚然，了解"左邻右舍"，大大开阔了自己汉语语法研究的视野。

八、关于"新国学"

2006 年，在《国学精魂与现代语学》一文之中，我指出国学已经定格在了中国历史的框架之上，而国学精魂则一直涌流在中国文化承传的长河之中。

到了 2010 年，我从另一个角度写出《"国学"和"新国学"》，进一步认为"新国学"的概念在客观上已然形成。现今的学者们并非固守原来的国学阵地，而是在新的起点上研究国学，做继承创新的促进派。

有读者问，如何全面认识"新国学"？我的回答是：任何概念都有其内涵与外延。新国学与原义国学相对比而存在，都在特定历史背景下产生。原义国学专指国故，范围相对确定，词典里可以列出词条，加以解释；新国学却是当今中国在继承原义国学的基础上发展起来的国学，范围十分宽泛，正处在形成和演变之中，想要确认其内涵与外延，恐怕还需要若干年。

当今兴起的国学热潮，既有利于中华文化的伟大复兴，又有利于助产具有中国特色的学术流派。这一点，意义极为重大。新国学的巨大生命力，就在于此。"古为今用，洋为中用"，这是永远正确的一条原则。其中的"今"和"中"，指的是"当今中国"。从古代承传下来的理论也好，从外洋引移而来的理论也好，都必须统一到服务于当今中国的应用实践上面来。这样，外来理论也许有可能融入新国学，成为充实新国学内容的潜因素。

九、学派意识的萌生

马建忠于1898年出版的《马氏文通》，成就了作为一门科学的汉语语法学第一个篇章。一百多年来，汉语语法研究经历了不同的发展时期，但研究始终指向一个目标：努力揭示汉语语法事实的客观规律性，努力追求发现创新性的理论和方法，以便造就具有民族风格的汉语语法学。要达到目的，非常困难，必须一步一步地走。

"文革"期间，我既偷偷写文章，也偷偷读书。上面已经提到，朋友送我《逻辑学》，我读了多遍，慢慢有所领悟。后来一面联系汉语实际，检验逻辑定律如何起作用；一面从语言运用的要求出发，思考如何在语法教学与研究中插入一些逻辑知识。除了 1979 年湖北人民出版社出版的《逻辑知识及其应用》，还有 1981 年甘肃人民出版社出版的《词类辨难》，也反映了"逻辑语法"的一些脚印。《词类辨难》已由商务印书馆出修订本，最近韩国已有出版社买去了版权。

"文革"以后，我选择了"复句"作为"根据地"，多投精力，尽力研讨，希望以点带面，摸索出自己的研究特色。这一时期，我在《中国语文》上发表的文章，大都是复句研究方面的。商务印书馆 2001 年出版我的《汉语复句研究》，近 50 万字，大部分是这一时期写的。

紧跟着，我对自己提出要求：注重学派意识，在理论与方法上进行探索，看看能否走出自己的路。我一共 4 次获得国家级人文社会科学研究优秀成果一等奖，成果分别为《语法问题发掘集》《汉语语法学》《语法问题献疑集》和《汉语复句研究》。这 4 本书先后记录了我的"爬山"轨迹。比如，1996 年出版的《汉语语法学》在《导言》中指出："本书的语法系统，是'小句中枢'语法系统。"

在我的见解和主张中，最受关注的是"小句中枢"和"两个三角"。最早较为系统地阐释"小句中枢"这一理论的，是论文《小句中枢说》(《中国语文》1995 年第 6 期)。对于"小句中枢"理论，武汉大学李芳杰教授明确表示支持："小句中枢说是富有创意的理论。"(《小句中枢说与句型研究和教学》，《世界汉语教学》2001 年第 3 期) 2004 年，《汉语学报》开辟专栏开展"小句中枢"理论的讨论，历时一年半。参与讨论的，中外学者皆有。复旦大学范晓教授写道："这一次讨论有可能形成为我国语法学史上的第二次汉语语法革新的讨论。"(《关于构建汉语语法体系问题》,《汉语学报》2005 年第 2 期)《汉语语法学》一书的英译本已于 2017 年由英国卢德里奇出版社印出。《光明日报》曾发表过评论文章《世界语言学界的中国声音》(2017 年 4 月 9 日)。"两个三角"的提出,早于"小句中枢说"。所谓"两个三角",一指"表里值小三角",主张表里互证、语值辨察;二指"普方古大三角",主张以方证普、以古证今。此外,我还提出了"逻辑语法""主观视点""动词核心名词赋格"等等带有理论性的说法。

需要说明的是:第一,任何学术见解都具有传承性,我提出的说法,不完全是我的独创,有的只是承接前辈的某种主张,做了带有个性的称呼。第二,任何学术见解一开始都是粗糙的,我的这种那种说法距离成熟还十分遥远,要使这些说法得到完善,具备程序清晰的可操作性,不是我个人的力量所能做到的。学而后知不足,研究而后更知不足!

学科的发展,映射了伟大的民族精神。尽管需要时日,然而中国的语言学家,有志气也有能力创建有中国特色的汉语语言学,形成自己的学术流派。

深切怀念好友福义兄

詹伯慧

2023 年 2 月 6 日邢福义教授驾鹤西去，噩耗传来，我老泪纵横，彻夜难眠。多年好友福义兄的音容不断在梦中呈现，使人心如刀割，难以克制。

早年，我们都算是广东人（海南于 1988 年建省），他家在粤南的海南岛，我家在粤东的潮汕。他年轻时胸怀大志，北上负笈武汉华中师范学院。我在 1953 年大学毕业的时候，由国家分配到武汉大学，此后我们就都是江城的人了。我们真正频密交往是在 1958 年，我从北京大学进修两年回到武汉大学以后，武大和华师隔着一条马路，珞珈山和桂子山遥遥相望。我们同是语言学科的人，自然相见的机会很多，他住在华师武昌城内宿舍——昙华林，我住在武大的珞珈山，此后在昙华林和珞珈山各自的家里就常见到我们相聚的身影。一杯清茶，一碗热面，天南地北，说不尽的话相互倾诉，谈得最多的还是我们语言学科发展的事情。我们在湖北语言学会共事，一起擘画发展湖北语言学的各项事宜，久而久之，自然就成为同行的知心朋友。我比他虚长四岁，21 世纪以后，我的学生要出一本纪念我的文集，他很快交来《一位可以不设防的朋友》。这可真不简单，在这个人际关系纷繁复杂的社会中，"不设防"可实在是不简单，由此也可见，我们情谊的深厚！

　　他主攻汉语语法，我专注方言调查。他写了许多论文，多有创见，非同凡响，逐渐成为有独特风格的一大语法学家。他在语法研究中也常常念及方言语法的事。上个世纪我们曾在属闽方言区的海南举行过一次国际闽方言研讨会，当时我就想起请这位海南的杰出学者也来赴会。他给我们送来一篇就他家乡方言数词和现代汉语数词比较的大作，令人大开眼界，显示了他在把现代汉语语法和方言语法研究融合起来的功力，后来这篇文章在《方言》杂志发表了，大家都认为是继朱德熙教授以后难得一见的方言语法文章。

　　在我们相处的岁月里，最难忘的要算是 5 年一届的两会。他是第八届起连任三届的全国政协委员，我从第八届开始也从全国人民代表大会代表转为全国政协委员。第八、第九两届的全国政协，每年我们都有十天以上的时间在人民大会堂相聚。我们往往在听大会报告以后在大会堂找一个比较幽静的地方单独交谈，议论国是，这样的情景如今想来还历历在目。福义兄具有家国情怀，我们在参政议政的过程中，大至国家的治理，小至家庭、社区的建设，无所不谈，有时还联合其他几位语言学界的委员朋友共同撰写提案。两届十年，每年十天以上的两会参政议政的丰富生活深深刻在我的脑海里，至今不能忘记。

　　我 1983 年南调回粤以后，除了两会期间，我们相聚的机会并不多，但我经常能够了解到他的情况。当年的中国语言学会会长季羡林教授倡议由他主编一套中国语言学方面的著作，点名邢福义写语法方面，我写方言方面。福义兄的语法大作首先推出，季羡林教授在序言中就提到后续还有詹伯慧《汉语方言学》的著作。可是我真惭愧，调粤后因杂事缠身，一直抽不出时间来完成这个任务，未能实现季羡林教授的计划。

进入新世纪以后，福义兄身体健康状况一直不太好，我时刻惦念在心。他偶有机会南下，他的高足屈哨兵教授总要安排我们聚会，一叙阔别之情。几年前为了能够探望他，我特意报名参加在他所在学校举办的全国性语言学会议——第十二届全国汉语词汇学学术研讨会。我被邀在大会上做报告，他坐在下面听，可是那时候看他显出十分疲惫的状态，请他发言，他也婉言谢绝了。打那以后，他的健康状况可谓江河日下，此后我们就联系不多了。偶尔听到他的信息，总是有关健康方面的。

福义兄可谓语言学界一位难得的全才，他勤奋写作，著作等身，与此同时，又在教书育人上下了很大的功夫。我是解放初期在王力教授主办的中山大学语言学系毕业的，自从 1954 年这个系合并进入北大以后，国内大学再也没有独立的单纯的语言学系了。可在邢福义教授的精心规划下，华中师大的语言学科，突飞猛进，很快就发展成为国内语言学科举足轻重的主要基地。他在华中师大建立了语言学研究所和语言学系，办出了很有影响的《汉语学报》，还精心培养了一批为我国语言学发展做出贡献的优秀人才。万万没有料到像他这样堪称语言学大师的学者，竟被病魔夺去了生命，实在是中国语言学界不可弥补的一大损失。

商务印书馆决定出版他的纪念文集，我作为超过半个世纪的知心好友，连日来浮想联翩，一幕幕和福义兄相交的往事，涌上心头。信手拈来写上这些，心有戚戚然，希望福义兄的事业后继有人，继续发扬光大。

（作者单位：暨南大学）

邢福义先生是我的学习榜样

——沉痛哀悼好友福义兄

戴庆厦

2月6日中午，突然收到李宇明教授的微信："据可靠消息，邢福义老师今天上午病逝！"顿时惊呆，哀痛不已。与福义兄交往的往事一件件涌上眼前。

我与邢先生初次相识是1982年在华中工学院（今华中科技大学）举办的"语言学进修班"上。在这之前，虽然听说过他汉语语法研究得好，讲课讲得好，但没有机会接触。我们都是进修班的任课教师，虽然已是中年，但在讲课教师中算是年轻的。那时，邢先生潇洒热情，一起谈了几句有关汉藏语的研究，相互的距离就拉近了。

后来，慢慢有了进一步的交流。我们都有幸连续参加了几届国家社科基金评审会，每一年在京西宾馆都有几天接触交流的机会，互相都有了更多的了解。他每次从武汉来京西宾馆住下后，都要打电话问我来了没有，约我聊天。我到会议报到的当晚，都会去他房间找他，谈近来的研究情况，也谈些生活上的趣闻琐事，每次我们都谈得特别尽兴愉快。1999年8月8日至12日，我们一起去德国汉诺威市参加"第六届国际汉语教学会议"，每天晚饭后都会约好到外面散步聊天。记得，第一天的散步走了两个多小时，由于天色昏暗，边走边聊，有些问题越讨论越觉得有趣，不知不觉在城郊迷了路，差点回不了宾馆。后来，我们又有多次机会在语言学学术会议上见面交流，彼此的了解更深了。

我们谈得来的原因主要有：一是我们都做语法研究，他做汉语语法研究，我做汉藏语非汉语的语法研究；二是治学和处世坚守的原则和理念相通；三是我们都做学科建设，他办《汉语学报》，我办《汉藏语学报》，有共通的话题；四是我们同年，都属猪，他长我一个月。这四条是我们建立友谊的基础。

我们见面交谈总是愉快的，坦诚的，有收获的。交流的内容主要是：语法研究的体会；对语言学现状及发展的认识；学科建设的经验和问题。我们还谈过如何办好学报、如何培养研究生等问题。我们一般不议论是非，谈到看不惯的事，他总是笑笑而过。

回忆起来，他对我的帮助很多。比如，我办《汉藏语学报》时就曾征求过他的意见，他认为很有必要，很有价值，要办。我请他担任学术委员会委员，他满口答应。我曾还想再办个《中国双语研究学报》，征求过他的意见，幸亏他婉言提醒我"看精力能否顾得来"，我才放弃。现在回头看，的确不办为好，专心办好一个刊物就非常不容易了。华中师大召开的系列汉语语法专题国际学术研讨会，每一次都要邀请我参加。我还参加过他最早几届的博士生答辩，收获多多。

福义兄有许多优点铭刻在我心中，值得我永远学习。由于篇幅有限，我这里只谈三点。

一是学习他脚踏中华大地、环视世界的治学理念。他坚持语言事实是第一性，立足于本土语言事实，追求在语言事实的基础上发现语言规律，寻求创新之路。他还重视消化外来理论，努力建立中国化的中国语言研究理论，坚持认为必须使外国理论中国化，在汉语研究中生根发芽。比如，他从 2000 年起为华中师大主持召开了十届汉语语法专题国际学术研讨会，都是提取汉语自身特点作为会议的主题，有重叠、被动、动词与宾语、语法比较、句子功能、语序、词类、句式、句法省略、句子语气等专题。这些研讨会极大地促进了汉语语法和语言学的研究，使与会者受益匪浅。2003 年 10 月 11 日至 15 日，我参加了"汉语被动表达问题国际学术研讨会"，我知道他为了使被动研究能够更符合汉语的分析性类型实际，在名称上做了由"被动范畴""被动态""被字句"到"被动表达"的多次改动。据我所知，汉藏语的"被动"，不像西方语言那样有形态形式，甚至有些语言如藏缅语的普米语、景颇语、哈尼语等根本就没有"被动态"，即使有被动表达，也会因语言类型层次的差异而有不同的特点，若用西方的一套来研究肯定是不行的。而用"被动表达"则是靠近了汉语、汉藏语的实际，是一种本土化的创新。他提出的"两个三角"（小三角：语表形式—语里意义—语用价值；大三角：普通话—方言—古代汉语），是中国化的典型创新，是积淀多年研究实践才能提出的。

二是学习邢先生做学问专心致志、一丝不苟，终身坚守汉语语法研究，广搜事实例证，归纳条理，甘于坐冷板凳的精神。他终身投入自己的事业，除了想，就是写。什么应酬、游玩、拉关系等都不占用他的时间。而且，还以专心做学问为乐，认为这是最幸福的人生过法。

三是讲究效率，志在多做贡献。他有超群的智慧，办事讲究效率。比如，在国家社科基金评审会上，他是我们的召集人之一。他在主持评审过程时讲究实效，不搞形式，工作效率高，每次都保质保量地提前完成评审任务。我们曾表扬他"领导有方,好领导"。

我多次听他做报告,深感他的报告条理清晰,观点突出,有理有据,深入浅出。这是他认真思索、充分准备的结果,还与他的智慧、气质有关。

尊敬的邢福义先生,您的一生已尽心竭力,对社会、国家做出了巨大贡献。您的理念、主张、成就得到同行的认可;您带出的弟子们已都能为社会独当一面。我痛惜您晚年无奈为老伴的疾病、自己的疾病折磨。现在再也没有病痛缠绕您了。安息吧!

（作者单位：中央民族大学）

为人为学的楷模

——深切缅怀福义兄

陆俭明

今年 2 月 7 日，我在"中国语言学人"微信群里惊悉福义兄于 2 月 6 日不幸病逝的噩耗，十分悲痛。我随即在群里发了一个简短的"沉痛悼念福义兄"的微信——"福义兄突然西归，闻此噩耗禁不住悲泪夺眶而出！福义兄为人为学都是我们的楷模，他为我国的语言学事业奋斗一生，做出了很大的贡献。他的去世是中国语言学事业的巨大损失，也让我失去了一位亲密的挚友！谨在此沉痛悼念福义兄！愿他安息！福义兄千古！"——以示哀悼，心情却久久不能平静。2 月 10 日，华中师大举行跟邢福义先生告别的仪式，由于我患新冠后还处于居家静养期间，不能前往与福义兄最后告别，只能请汪国胜先生代我和马真敬献一个花圈，以寄托我们的哀思。

我是上个世纪 60 年代通过文章了解福义兄的。1962 年《中国语文》5 月号上发表了他的文章《关于副词修饰名词》。我原先学的现代汉语语法知识告诉我，名词是不受副词修饰的。该文不仅全面描写了汉语的名词也能受副词修饰这一语言事实，而且揭示了深层的原因——"事实上，为'很×'一类结构槽所接纳的名词，是受到特定语义条件的限制的。这就是该名词能够从气质、作风、样式、气味、姿态等方面，反映出说话人的某种特意感受"。当时只觉得邢福义先生的学术见解卓著。我和福义兄面见则是 1980 年 10 月在湖北省武汉市举行的中国语言学学术研讨会上。在这次会上成立了中国语言学会，选举王力先生为名誉会长，吕叔湘先生为会长，傅懋勣、季羡林、罗竹风、严学宭、朱德熙等为副会长，选举陈章太为秘书长，福义兄、赵诚和我为副秘书长。我们在会上相见，两人握手后我第一句话就是："哦，你就是邢福义！"我告诉他，60 年代我看了你的文章《关于副词修饰名词》，还以为你是位老先生。他听了只是微微一笑。他个儿不高，清癯瘦削，皮肤黝黑，两个眼睛特别有神。次年在四川成都举行第一届中国语言学会年会，我们接触交流多了，才知道他也是 1935 年出生，属猪；但比我大半岁，所以此后我称他为"福义兄"。

他为人谦逊耿直，和蔼可亲，没有半点架子。他是一个重情义的人。2018 年由商务印书馆出版的《寄父家书》一书中他对父亲的大爱，就反映得最真切。《寄父家书》收录了福义兄自 1955 年至 1991 年间寄给他父亲的 240 余封家书。福义兄当初给他父亲写信时，只是随时向父亲汇报自己的学习、工作、思想情况，说明自己没有懈怠，一直在"紧张地赶路"，根本没有想过在若干年后这些信函要公之于世，所以所写内容，苦也好，辣也好，甜也好，都是毫无遮掩地、如实地描述他自己的"所思所写所为"。如今看来，这些家书深刻反映了福义兄及其家人 37 年间的人生历程和家庭变化，也真实地展示了福义兄的学术生涯以及体现在他身上的对父亲之大爱的中华美德；同时也折射了与福义兄同一代知识分子身处那特定时代的步履留痕，折射了这一代知识分子的坚守担当和家国情怀。

　　福义兄和我，一南一北，平时难得相见，我们都只是在学术活动中相会。除了在中国语言学会年会上和在华中师范大学举行的学术会议（如 2003 年的关于被动句的学术研讨会，2009 年的关于语言学学科建设研讨会，2014 年汉语词类问题研讨会）之外，留有深刻记忆的是——

　　1981 年 5 月由吕叔湘、朱德熙二位先生领衔的在北京密云举行的"语法学术报告会"，他在会上谈句式问题，我至今还有印象。

　　上个世纪 90 年代由林焘先生带领中国现代汉语研究代表团赴日本大阪出席中日现代汉语研究学术交流会，福义兄和我都是代表团成员。

　　2002 年在香港大学举行的"第一届中国语言文字国际学术研讨会"，福义兄和我都应邀出席了此次研讨会。

　　2005 年《全球华语词典》编委会在北京举行成立大会，该词典是由新加坡周清海教授倡议，李宇明教授出任主编，由商务印书馆承担具体组织工作。主编聘请周清海、邢福义和我担任学术顾问。这次成立大会，福义兄应邀来北京出席了，大家相见分外高兴。他在座谈会上说，编写、出版这样一部词典太需要了，有利于国际汉语教学。

　　2009 年在台北举行"第九届世界华语文教学研讨会"，我和马真应邀出席此会，福义兄也应邀出席了（他由汪国胜陪同），我们不期而遇，相见分外高兴。我印象深刻的是，他说："海峡两岸都是华夏子孙，两岸汉语学者应很好合作，让汉语走向世界。"

　　福义兄话不多，但言谈真诚而实际。凡是跟福义兄相处过的人，学生也好，朋友也好，学界同仁也好，大家共同的深刻印象是"邢老师/老邢/福义兄为人厚道谦逊，是个有情有义的人"。

　　福义兄给学界留下最深刻印象的是他的学术贡献。他在学术上，勤于思考与耕耘，数十年如一日，不断开拓，其成就与贡献有口皆碑。他主张"研究植根于泥土，理论生发于事实"，坚持走自我创新的道路。他不只在现代汉语语法研究方面成果丰硕、贡献很大，而且在逻辑、修辞、方言、文化语言学、汉语二语教学和国学等方面也很有造诣。在汉语语法研究方面给人印象最深的成就是以下四方面：

　　第一，作为学界常识，汉语复句内部靠的是意合，较少用关联词语。因此，王维贤先生最早将逻辑知识引入汉语复句研究。福义兄在复句研究中一直"重视逻辑基础的考察"。他提出"复句三分系统"，即"把复句的关系类别划分为三大块：'因果'一块，'并列'一块，'转折'一块"，以此为基点建构汉语复句的三分系统；同时，在汉语复句研究中引入逻辑表达式。这就将汉语复句研究大大向前推进了一步。他的复句研究的成果集中反映在 2001 年由商务印书馆出版的《汉语复句研究》这一巨著中。

　　第二，众所周知，汉语语法学是在西方语言学基础上建立、发展起来的，长期以来深受西方语言学理论的影响与束缚。吕叔湘先生提倡汉语语法研究要"大破特破"，朱德熙先生更是发出了"要摆脱印欧语的束缚，用朴素的眼光看汉语"的呼吁。汉语学界纷纷积极响应前辈学者的号召，努力探索。朱德熙先生身先士卒，率先提出"词组本位"的汉语语法观；接着，徐通锵先生提出"字本位"汉语语法观；张黎提出"意合"汉语语法观；福义兄于 1995 年提出了"小句中枢"的汉语语法观。他认为，汉语语法重句法，而不重词法，对于汉语语法规则的构成和显示来说，小句在各类各级语法实体中居于中枢地位。"小句中枢说"的核心思想在于强调：研究汉语语法，必须以小句为中轴，以句法机制为重点，注重观察句法规则对各种语法因素的管控作用。无疑，"小句中枢说"是在包括句法和"超句法"的宏观语法视野中提出的，正如李宇明所说，这"开始了汉语语法史上第二次重要转折——超句法转折"。

第三，提出"两个三角"的研究思路。我们知道，80 年代初，南方的胡裕树、范晓先生，北方的朱德熙先生，都提出了句法、语义、语用的"三个平面"的汉语语法研究和描写的思路，以使汉语语法的静态研究与动态研究结合起来。福义兄则在此基础上，进一步提出"两个三角"的研究思路——小三角是"表—里—值"，相当于"三个平面"之说；大三角是"普—方—古"，那就是要将共时研究跟历时研究，将对共同语的研究跟方言研究结合起来，从而更全面地观察、挖掘和揭示汉语语法事实——真正达到汉语语法研究的"三个充分"（观察充分，描写充分，解释充分），以更好地推进汉语语法研究。

第四，在新加坡周清海教授的倡议下，领衔组织国际性的全球华语语法合作研究。"启动这一项目，既是为了深入了解华语语情，揭示华语语法的基本面貌，也是为了促进华人社会的语言沟通和汉语的国际教育与传播，为中华文化的发展和繁荣做出我们的努力。"

福义兄的汉语语法研究，硕果累累，其特点是着力于汉语事实的挖掘和揭示，着力于理论问题的思考，着力于研究思路和研究方法的探索与创新。而这指明了汉语语法研究必由之路。福义兄有句名言："抬头是山，路在脚下。"他在跟我的交谈中，也一再强调："我们一定要走自己的路。路是走出来的。"他是这样说的，也是这样做的——用他的研究实践，用他丰厚的科研成果，实践了他的诺言。福义兄被学界誉为"现代汉语语法研究八大家之一"，这是实至名归。

福义兄可谓著作等身，他每出版一部重要著作——《语法问题探讨集》《语法问题发掘集》《语法问题思索集》《语法问题追踪集》《语法问题献疑集》和《汉语语法学》《汉语复句研究》，都马上送给我。这不仅让我增长新知，开阔视野，也催促我要像福义兄那样不断探究，不断进取。

后来，先是由于他夫人卧床不起，后是他自己身体欠安，福义兄就很少外出开会了，我们见面的机会也就少了。但我每次去武汉开会或参加论文答辩，总要抽出时间去看望他，有两次是去医院看望的。他总是让汪国胜来接我前往，热情接待。每次相见分外兴奋，谈得很热乎。最后一次是2019年9月中旬武汉大学赵世举先生邀请我出席他们举办的"'语言学与人工智能'跨学科论坛"。会议结束后，我通过联系汪国胜，前去看望福义兄。他在语言研究所等着我，一见面，就要我跟他们的学生见见面，说"指导指导"。我说："老邢啊，我今天没有这个准备啊，你这是给我来个'下马威'啊！"他说："这不是我的安排，是学生的要求。不信，你问国胜。你就给大家说说'怎么做学问'！"他说着，就站起身来带着我来到隔壁学术报告厅。那可容纳百把人的报告厅已座无虚席，我们走进教室，立时响起热烈的掌声。国胜请大家安静下来，他交代了几句就让我讲话。我跟同学们说，我今天来是要看望老朋友邢老师的，没有讲话的准备，谁知邢老师给我"设下埋伏"，要我跟你们讲讲"怎么做学问"（大家都笑了）。"怎么做学问？邢老师就是我们的榜样，就得像邢老师那样，勤于思考，勤于耕耘，在前人研究成果的基础上，脚踏实地，一步一个脚印地不断向前探索。"接着我就根据我对福义兄研究思路的体会，结合自己的研究经验，以具体事例跟大家说，要像邢老师那样重视语言事实的挖掘，重视理论的思考，要善于发现问题，要勤于探索，进行开创性的思维。同时告诫大家，不管是本科生、硕士生、博士生，都一定要上好课、读好书，打好基础。最后我说，中国语言学事业的发展，寄希望于在座的年轻一代。我讲话结束后，进行了互动，气氛极为热烈。

福义兄去世，确实是中国语言学事业的巨大损失，使汉语学界失去了一位富有闯劲的探索者！

福义兄安息！你的精神永存！

我们永远怀念你！学界也会永远怀念你！

（作者单位：北京大学）

横隔远洋数千里
直跨亚美两大陆的友情

〔美〕李英哲

1980 年代初期的武汉之行，让我有幸和邢福义先生奠定了 40 年的友情和学术联谊。这 40 年的友情不仅丰富了我的学术生活，也拓展了我的学术眼光。从邢先生的等身著作和学术言谈中，我看到了他踏实的学术基础，感受到了他异于常人的宽广思路。不过，对我个人来说，我深觉他最重要的特点是他的为人：无论他接触到的对象是熟悉或陌生的人，无论是老师或学生，他给人的感觉总是十分亲切和善，而且对人热诚关心。这也是我第一次接触邢先生就觉得他值得深交的原因。

邢先生的逝世是汉语学术界不可弥补的损失，也使全球华语教育界缺少了一位领航者。对我个人和他的同事、学生来说，我们更是失去了一位良师益友。现在，我希望借此机会，用以前回忆我们相识为友的文章《横隔远洋数千里直跨亚美两大陆的友情》，聊以追悼和怀念我的良师益友。

1980 年和 1983 年，我有机会两次获得美国教育部派遣，作为美国中文教师代表团成员访问北京、上海等地，我开始踏上中国大陆这片既陌生又神往的土地。这是十分难得的契机。中国"文革"的终结和对外开放的氛围，促使中美双方开启文化交流的活动。

1985年夏天，我首次带着家人探访中国大陆。离开美国之前，家人特地把长江三峡作为此行重点处所之一，期待亲身体验"两岸猿声啼不住，轻舟已过万重山"的感受。由上海飞重庆，在经过难忘的三天三夜的三峡旅程之后，我们在武汉上岸，写下了"有缘千里来相会"的第一页。到达武汉以前，三日的三峡之游，对我的两个稚女，不管是两岸绮丽的山水或船上冲澡的黄水，都是首次奇特的体验。上岸以后，很多亲切友善的陌生人，甚至卧榻顶上垂下的大圆蚊帐，都使她们愉悦并惊叹此行的奇遇。

我个人的惊喜，除了立即遇见那么多亲切的同行，以及友善的眼光以外，就是第一次同一见如故的福义兄温暖地握手。他的温文儒雅和带着微笑的眼光，马上缩短了初见的距离感。在他出现的任何场合，马上就会有很多师生群集在周围，于是，给了我一种感觉：他是众星拱月的中心。直觉告诉我，这是一位值得尊敬的学者。初识相聚的时间虽然短暂，但从见面那一刻起便奠立了长久友情的基础。

那时，第一件值得回忆的事情是：我请福义兄推荐一个优秀的研究生给我们。他立即应允，并推荐了徐杰。徐杰确实不负老师的期望，经由夏威夷大学、马里兰大学、新加坡国立大学、华中师范大学，最后在澳门大学立足，今天已经是国际上享有盛誉的知名学者。

当然，自那以后，诸如储泽祥教授推荐了肖旸（现任旧金山州立大学教授），而福义兄也继续推荐了像萧国政、卢卓群、陈恩泉、黄永坚等老师到夏威夷大学从事客座研究。从此，武汉和夏威夷建立了连续不断的学术联谊，包括近几年十来位访学学者，以及现在仍在夏威夷做研究的汪国胜教授的博士后付欣晴老师。20 世纪 80 年代，北京语言学院的王还、吕必松、陈亚川、郑懿德、杨石泉等教授也推荐了不少好学生，如储诚志、王萍丽、田原等。吕叔湘先生推荐了后来到澳洲执教的徐家祯。由武汉、北京开始，夏威夷大学也很快接收了中国大陆许多大学的优秀学生。

80 年代初期，成功建立了重洋高山不能阻隔的学术关系以后，我个人最激动、最喜悦的大事就是福义兄答允莅临夏威夷大学担任客座教授，给我们的研究生开了一个学期的汉语语法课程。这在我们这个大学是破天荒的盛举。我们从来没有能够从中国大陆邀请到这样有名望的语法大家，亲自来我们大学授课。

福义兄每次上课，都亲笔写好教课的语法大纲，让我们影印发给学生；讲座内容都深入浅出，举例解说，务必达到学生能够领悟的目的。由于千载难逢，我也抓住了这个机会，同研究生一起认真地听了课。从此 30 年间，一直受益于他汉语研究大三角"普—方—古"和小三角"表—里—值"等的宏观思路。

1989 年 10 月，夏威夷大学主办国际汉藏语言和语言学会议，我也抓住机会，再次邀请了福义兄和其他汉语语言学家如朱德熙先生等到檀香山参加会议，让美国和其他国家、地区的学者和学生能够听到他们的高瞻远瞩之见。福义兄的夏威夷之行，使我个人受益良多，他也给我提供了许多到中国大陆的机会，让我能够继续对他和大陆语言学情况加深认识和理解。过去 30 年间，承蒙他邀请，我得以到武汉参加会议 10 次以上，并有机会在《汉语学报》上发表论文。

他还支持深圳的陈恩泉教授启动双语双方言的研究，并且动用武汉的学术资源主办双语双方言国际研讨会 10 余次，使我有机会参加并发表论文，同时也大大激发了我对双语双方言研究的学术兴趣。

由于福义兄的主导和推动，我有很多机会在武汉、深圳、广州和其他地方与他见面切磋。他还促成了我在北京出版《汉语历时共时语法论集》。

过去 30 年间，包括在美国夏威夷、新加坡、马来西亚和中国的香港、澳门、台湾等地，我们有机会相聚数十次。因此说重洋高山不能阻隔我们的友情，并不为过。

通过他，我有机会了解大陆许多学术单位的研究情况，甚至参与他们的一些活动：像国家语委语言文字应用研究所李宇明、姚喜双等教授团队所从事的培训和测试等工作，社科院语言所张振兴、张惠英等教授的方言词典和方言地图的工作，澳门语言文化研究中心周荐教授等的社区普粤互动研究，等等。

通过福义兄，我还认识了武汉、北京、深圳等地的同行和领导，有机会邀请华中师大、语言文字应用研究所等单位，组织语言文化考察团体到夏威夷、洛杉矶、华盛顿等地参访。而且，当我从事大型研究项目，如大陆南方方言调查计划，以及编写华语媒体和广播语言网上课程时，也得以获得同行如萧国政、卢卓群、黄永坚、郑懿德的支持。至今，同陈恩泉、黄永坚等兄从事两年的潮汕、漳泉、厦门一带方言调查的经验，仍使我念念不忘。当然，方才过去的这五年，有幸参加福义兄主持的全国社科基金重大项目"全球华语语法研究"。

对我和家人来说，长期生活在太平洋的小岛上，能够借着参加会议之便，到武汉、深圳、广州、北京等地远游，并且在会后顺游三峡、赤壁、武当山、梁子湖、故宫、长城等名胜古迹，这些都是间接拜福义兄之赐。对我个人来说，我特别珍惜和福义兄30年的友情，在于我很庆幸在后半生的生命旅途中，能够有这样一位志同道合的朋友，经常在各种场合见面相聚，一起做一些彼此觉得有意义的事，说一些彼此有感触的话。中国人常说"缘分"：它实在起始于宇宙间一种非常奇妙的巧遇情境。第一次巧遇可能仅是偶然，但是假如没有彼此有某种相同的感受，而期待继续发生某些机遇，也许就不会成为以后互相都有同感的"缘分"了。相信它必须是经过长期体验以后的感受。

对福义兄的许多学生或仰慕者来说，他们最初可能因为景仰他的道德文章而接近他，向他学习；但是我相信，他们也是有了长期深切的感受以后，才会觉悟到他们能够获得这种机缘。过去数十年间，他由南到北的学生和仰慕者，在学术的苍穹中，以无数的繁星围成了一个众星拱月的情景。这绝对不是人为力量可以形成的。我很庆幸自己能够成为其中一颗星。我也是由景仰他的道德文章，而见到他如何细心照顾长期卧病的夫人，体会到他如何关心提携学生同行，并亲身体验到他如何关注对待朋友，才慢慢感受到获得他的友谊的可贵。现在，我们两人都已80有余，垂垂老矣，可是我仍然期望，我们至少能再继续10年以上的友情。盼老天看重我们多年的"缘分"，而善待两个老人。

后记：

前些时候去信邢先生询问近况，未获回信，心中一直挂念，不能释怀。十几天前，突然先后由新加坡、中国港澳、中国大陆、日本、美国等各地接到邢先生驾鹤仙游的噩耗，不胜唏嘘！邢先生仙游消息一出，立即惊动世界各地，可见他在全球的学术声誉之高，以及影响之大。

我个人一直觉得中国20世纪80年代开放时，就认识邢先生并成为数十年挚交是我自己的荣幸，而且也是我们海内外汉语学术交流中的幸事。邢先生是我生命中至好的老友。我们时时横跨太平洋各地聚会，无论做什么，都是我最喜悦的事。数十年中踏足世界各地，除港澳台，武汉是我去得最多也最为留恋的地方。每次见到邢先生，他的笑容，他的亲切言语，使我如沐春风，是我最赏心的时候。邢先生对汉语学术界的影响深广长远，乃由于他宏观的胸襟及细致的思绪。他很多重要观念，诸如汉语"大小三角"的研究基础、小句中枢说、复句主功能（因果—并列—转折）等等，我认为都是汉语研究中最精辟的见解。在推动全球华语教育中，邢先生更做了极大的贡献，和周清海先生等提倡了"大华语"的观念，出版了《全球华语大辞典》《全球华语语法》等成果。邢先生数十年的辛勤耕耘，让我们看到在武汉以及世界各地（包括夏威夷），我们所培养的汉语学术界众多青壮年学者，继续从事他未完成的使命。这是我今天稍微感到欣慰的地方。

福义兄，盼您一路走好！他日地下有知，期待能再相见！

（作者单位：美国夏威夷大学）

独力开拓　勇于创思

——悼念老朋友邢福义先生

史有为

惊闻邢福义先生病逝，犹如晴天霹雳，悲痛之余，不禁想起许多往事。

第一次见到福义兄，那是 1982 年的西山会议。那是正式召开的"全国（中年）语法讨论会"。此前已听说他的大名。在当时汉语析句法讨论中他让人有突出的印象，但未能谋面。这次会议是个机会，人不多，我却不是一个爱交际的人，初次见面，寒暄交谈是必然的，但与他深入交往，却错过了。其实，我也的确没有多少值得拿出来交谈的。他已经在《中国语文》上发表过多篇论文，而我只有一篇，而且还只是方言的文章。虽然我只小他两岁，但研究的经历却差很多。没有多少积累，也没有多少问题储存。

福义兄当时发表的文章我已经记不得了，但他的踏实而富有逻辑性的论述却给我留下了印象。每个人的文章都会有朋友提出商榷的意见，这对没有经历过十几年、二十几年前两次文法讨论的我们而言，却是异常的新鲜。我记得讨论到福义兄的报告时，他虚怀若谷，诚恳地听取了不同看法。由这次会议开始，我们也就相识了，在以后多次中年研讨会和语言学会上都曾有过交谈。

　　我对福义兄的最深印象有几点：一是他没有任何依靠，没有名校，没有名师，没有显赫家世，更没有特殊背景，完全凭借独自的力量开拓出一片研究天地，撑起了一方研究基地，并获得了广泛认可。二是他首次在复句研究中引进了逻辑表达形式，让大家眼前突然一亮。他把复句研究推向了一个新高度。三是他善于学习、勇于采用新的方法，他在推广直接成分分析法中，有着特殊的贡献。四是他从不停步，从不止于成绩，总是有新见创思，不断提出新的论点论纲（比如《小句中枢说》，发表于《中国语文》1995 年第 6 期），而且善于总结（比如"两个三角"）。记得 1995 年他提出"小句中枢"时，同一时期我也提出"小句本位"。可惜，我的文章发在日本（《小句和小句本位》，《中国语研究》38 号，1996，白帝社），少有人知道。但可见我们在同一个学术热点阶段有着类似的考虑，有许多共同的认识，有许多聊到一起的语言。

　　再一点，他的口才极佳，几次见他做报告，从不照本宣科，而是脱稿而谈，条分缕析，清楚而易懂，对所研究内容，了然于胸。我惊叹于他的记忆力。也许这更是他反复研究斟酌的结果。由此也可见他的教学效果如何。我曾跟一位福义兄的学生说，应该好好学习邢先生的讲话技巧，让报告或讲课逻辑鲜明而又不乏生动。

　　还有一点，他懂才，也懂育才，会育才，不断培养出许多语言研究人才，现在都已成为一线中坚，让人刮目相看。这些都是我所佩服的。看到他，也就知道自己的短处，知道脚下的路该如何走。他是我的学问榜样！

　　我 1992 年去日本任教，2008 年才回国，错过了许多次与他见面请教的机会。但还是有了一次见面的机会。那是在香港召开的汉语语法国际讨论会，应该是 2001 年。我从东京去，他从桂子山下来，我们又见面了。记得我们在香港山上一起欣赏景色，指点山海，甚为惬意。2022 年本来还有一次机会，华中师大邀请我参加"汉语语气问题国际学术研讨会"，我很想借此机会访问华中师大，并拜访福义兄，问安请益。但不幸，我大病了一场，而疫情也让会议改成了线上讨论的形式，未能实现原先的愿望。但我还是以贺信的形式表达了对语气问题的点滴感受，也表达了对会议、对邢福义先生的祝愿，希望老朋友健康长寿。然而，福义兄还是走了，让我们痛失好友，笼罩悲情。

桂子山上品花魂，香飘遍野醉纷纷，能不忆故人？

福义兄走好！

邢福义先生千古！

（作者单位：日本明海大学、中国南昌大学）

悼福义学长　赞福义学长

鲁国尧

一

壬寅年末癸卯年初，福义学长不幸辞世。

"彼苍者天，歼我良人。如可赎兮，人百其身。"

二

清初大思想家黄宗羲在其《明儒学案》中将"事功"与"文章"并列，乾嘉大师段玉裁于其《经韵楼集》中以"政绩"和"学业"共言，黄、段皆为中国学术史上的 A＋（这是教育部对所属高校评估的符号，我很赞赏，故袭用之）级大家，可见上述两者俱为历来文士所重。兹以此二目评骘福义学长（案，福义学长长我两岁多，事功与学业皆我所敬佩，故拙文称之为学长）。

论事功，福义学长确实做出了突出贡献。就我浅闻，他创立了新中国第一个语言学系。在刊号之难难于上青天之时，他创办了《汉语学报》。本世纪的第一个十年，华中师范大学的语言学科两次荣获教育部颁发的"国家重点学科"称号。福义学长连任三届全国政协委员,众所周知,政协委员的职责是建言献策。陆游名句"位卑未敢忘忧国",何况福义学长是位于国于民于学术诸端事业的热心肠人,必有很多贡献。以上四项仅仅是他的事功的一小部分。他的大量感人事迹,请阅华师诸公的回忆文章。总之,40 年来华中师大成为中国语言学的中天一柱,福义学长功莫大焉。

三

至于论到福义学长的"文章"或"学业",今语谓之学术成就,我推荐一篇文章,《中国社会科学报》2023 年 2 月 15 日发表了卢烈红教授的遗作《中国特色 学术精品——〈邢福义文集〉出版感言》,十分全面,又重点突出。兹摘其要。(案,卢烈红教授英年早逝,语言学界为失去一位骁将无不十分痛惜。)卢文云:"邢福义先生是当代驰名海内外的语言学家,主攻现代汉语语法,在逻辑、修辞、方言、文化语言学、国学等领域成绩斐然。""先生秉持'研究植根于汉语泥土,理论生发于汉语事实'的治学理念,高度重视理论探索,致力于中国特色语言学理论的构建。'小句中枢说'是其最具有中国特色的理论建树。""先生又提出了'句管控'理论。先生还提出了'名词赋格'理论。这一理论从一个侧面反映了汉语语法的特点,而且将名词的地位提到决定句子格局的高度,为汉语语法研究开辟了新视角。""先生另一个重要贡献是提出了'两个三角''三个充分'的研究路径。""先生还有一个重要贡献是对汉语复句的独到研究。复句研究是先生的重要学术根据地。""他研究复句的独到之处之一是重视复句的逻辑语义关系。""俄罗斯国际刊物《语言研究问题》2010 年第 2 期译载先生《复句格式对复句语义关系的反制约》一文，在作者介绍里称他为'汉语逻辑语法学派奠基人'。""'主观视点说'不仅使复句研究呈现新的面貌，也适用于所有语言现象的研究。""邢福义先生在构建中国特色语言学理论方面做出了历史性贡献。他重视语言事实的发掘，具有高度的学术敏感，善于从人们习焉不察的语言现象中捕捉到有价值的研究课题，善于以小见大，在语言学的多个领域乃至逻辑学、国学等方面做出了独到的研究，贡献了丰硕的成果。"卢文所述言简意赅，所论鞭辟入里。

卢烈红教授对福义学长现代汉语语法研究重大成就的描述与评论见上，我不避续貂之嫌，在此演绎几句。世界第一本汉语语法书是德国人甲柏连孜于1881年著的《汉文经纬》，但影响甚微，知之者鲜。而中国人著的第一本汉语语法书是1898年马建忠的《马氏文通》，影响深远，中国人奉为汉语语法学的开山之作。百余年来，语法论著蜂起，附庸蔚为大观，语法学成了当今显学。福义学长的语法学著作是其中的佼佼者，名闻遐迩，远播寰宇。近来凡对中国时事关心的人都会觉察，论及中国政治、经济，报章杂志上流行这样一个新词"中国式现代化"，该词受到万众热捧，非常红火。福义学长倾一生之力，艰苦备尝，自创的语法学说自是中国式现代化的语法学的代表作！是他对国家、对民族的重大贡献！我认为，迥异于拾他人余唾的西方式现代化，中国式现代化的语法学，是自强自信、自力更生、自主创新的硕果。福义学长的《汉语语法学》，已经外译，传播于寰宇，获得国际声誉，每个中国语言学人都为此备感荣幸！

近年还流行一个新词，"金句"。依我之见，福义学长的这两句话"研究植根于汉语泥土，理论生发于汉语事实"，堪称金句。

福义学长的中国式现代化的语法学论著，光焰千丈长。

四

我很钦佩福义学长的治学格局。讲到这儿，我想起朱德熙先生1990年12月所作的《纪念王力先生九十诞辰文集》序文，在颂扬王力先生树人和治学方面的高度成就后，朱序云："回过来看五十年代以来培养的学生，其中虽然也不乏杰出者，但总的看来，失之于陋。这恐怕与大学里教学机构的设置有直接关系。教研室是以课程为单位组织起来的。每人各抱一门课程作为自己的专业，穷年累月地浸淫其中。教研室之间鸡犬之声相闻，而在学术上则老死不相往来。教现代汉语的，不但认为古代汉语是隔行，连方言学也与自己不相干。这种画地为牢的做法无异于自杀。近几年来有的学生视野比较开阔，这是好现象。但要从根本上扭转这种偏向，还须在教学指导思想、课程设置和教学组织上进行改革才能奏效。"

朱先生揭批"陋"病的同时，也指出"不乏杰出者"，"视野比较开阔"。依我之见，福义学长即是朱先生赞许的杰出者之一。他治学格局宽大，语法学是他的当行本色，但是他治学不窄不陋，他还涉足逻辑、修辞、方言，甚至文化语言学、国学。在他的皇皇文集12本中就有一本是《文化语言学》。

福义学长治学以语法学为核心，兼治其他数种有关学科，这种阔大气象，在我们同一年龄段的学人中，实不多见，他是我辈中的翘楚！值得我们学习。

他也为后辈学人树立了一个光辉的榜样。

五

席勒，德国十八世纪的大诗人、剧作家，为马克思和恩格斯所推崇。席勒有一金句，英译是"He who has done his best for his own time has lived for all times"。不揣谫陋，我试作中译如下："凡为其时代而鞠躬尽瘁者必流芳百世。"

谨以先贤席勒的金句献给福义学长的在天之灵。

（作者单位：南京大学）

榜样的力量鼓舞我们向前

——纪念邢福义先生

田小琳

邢福义先生感染新冠病毒住院，我一直在担心中，过年以前问过匡鹏飞先生，他回复邢先生情况稳定，我说稳定就是好消息。想着医学昌明，医疗条件好，他有毅力，怎么也能挺过这一关。但是，天还是不能遂人愿，年后传来了邢福义先生离世的消息，让大家悲痛不已。同行们异口同声说，这是我们语言学界的重大损失。

邢福义先生是我们这一代知识分子的卓越代表。他一辈子艰苦奋斗，目标明确，绝不停歇。学术上，他精益求精，攀上语言研究的高峰；教学上，他孜孜不倦，带出一支能打胜仗的队伍。他尊孝道，父亲蒙冤，他一封封家书支撑着父亲直到平反；他尽夫道，妻子卧床 16 年，他伺候在侧直到送终。论道德论文章，他都是榜样！他虽然走了，却活在我们心里，因为榜样的力量是无穷的。

回忆起来，我和邢福义先生相识于 20 世纪 80 年代，那时，我们正是年富力强的中年。"文革"影响了我们十年的正常生活和工作，当改革开放的春风吹来，我们好像天天都在朝气蓬勃的春天里，奔跑争先。

从 20 世纪 80 年代到 21 世纪 20 年代，40 年来，我和邢福义先生有很多联系，很多交往。

　　吕叔湘先生和朱德熙先生召集的中青年学者语法研讨会，我们都在其列。中国语言学会年会、中国修辞学会年会、世界汉语教学会，还有各种的学术会议，我们都是常客。特别是 1981 年到 1982年，张志公先生带我们几个年轻人，为中央广播电视大学主讲《现代汉语》课程，教材在武汉的印刷厂印刷，教材分上中下三册，最后三校和看蓝图都要去武汉。那就少不了去打搅邢福义先生，邢先生每次都是热情接待我们，还介绍我们认识他的学生团队。记忆中，去武汉是那么吸引我们。1985 年我定居香港以后，邢先生常来香港讲学，和学术界、教育界频繁交流，我也去华中师大拜访。交往多了就成了互相了解的好朋友，跟着时间的流逝，友情的分量也随之增加，正事闲事都可以随便聊，没有芥蒂。

　　40 年时间很长，我就说说这 40 年的一头一尾，和邢福义先生最初的合作和最后的合作，这两次的合作都是团队的合作，而且是大团队的合作，那都是令人难忘的经历。

　　一头，就是最初的合作，让我看到了邢先生对于制定教学语法系统工作的倾心投入，在修订"暂拟汉语教学语法系统"（下文简称"暂拟系统"）和制定"中学教学语法系统提要"的工作中，邢先生发挥了骨干的作用。那是 1980 年，中国语言学会成立大会在武汉召开，我当时在人民教育出版社工作，随同张志公先生一起参加大会。会议期间，王力先生和吕叔湘先生提议，由张志公先生主持，邀请少数代表，开一个小会。小会的主题是酝酿修订 50 年代制定的"暂拟系统"，随即决定 1981 年夏天在哈尔滨召开"全国语法和语法教学讨论会"。筹备工作顺利，会议在 7 月如期召开。会议代表 119 人，邢福义先生作为正式代表受邀与会。

会议圆满成功。会后出版了《教学语法论集——全国语法和语法教学讨论会论文汇编》（人民教育出版社1982），在这本书关于会议过程的叙述里，有三处记录着邢福义先生的工作情况：

一是全体与会人员分编为四个组。"第三组召集人：张静、王维贤、邢福义。"

二是会议在经过分组反复认真讨论之后，取得修订的共识。"首先，由唐启运、徐枢、李裕德三同志把会前许多代表提出的方案、建议等和会上大家发表的意见，按问题分门别类进行归纳整理，印发给与会同志参考。然后由李临定、邢福义、许绍早、史锡尧、高更生、唐启运、房玉清、吴启主、李芳杰、刘月华、李裕德十一位同志分为四个专题组，研究了大家的意见，提出修订意见第一稿，由张志公向全体与会同志做了详细说明，交付讨论。"

三是"修订意见第一稿经分组讨论后，由廖序东、张静、张寿康、徐仲华、胡明扬、邢福义、王维贤七位同志集中研究了各组的意见，加以修改，提出修订意见第二稿"。

由以上的叙述可以看出，邢先生在中年学者中名列前茅，经常与前辈学者一起担当会议的重要工作。在这本《教学语法论集》中还收有他上万字的论文《句子成分辨察》（273—295页）。

我是当年会议会务组的成员，参与安排会议的日程。十天的会议，工作安排得十分紧张，大家没有休息的时间。讨论会要集中大家意见，吸收三十年理论语法研究中成熟的成果，修改"暂拟系统"中存在的问题，最后便将共识总结为《"暂拟汉语教学语法系统"修订说明和修订要点》。这是上百人通力合作所取得的成果，为新教学语法体系的制订打下了深厚基础。而其中作为骨干成员的一批老师，包括邢福义先生在内，功不可没。没有他们的学识，没有他们为基础教育献身的热情和精神，新教学体系是制订不出来的。

会议能够取得圆满成功，也是因为在会前不到一年的时间里，进行了充分的准备，很多学术问题，已经开始了热烈的讨论。这就不能不说到邢福义先生以华萍的笔名，在《中国语文》杂志 1981 年第 2 期发表的文章《评"暂拟汉语教学语法系统"》（转载于《邢福义文集》第一卷，华中师范大学出版社，2018 年，530—547 页）。这篇文章在当时引起很大的反响。邢先生从"科学性""一贯性""实用性"三个方面，对"暂拟系统"进行了评论，他是主张对教学语法体系要"造新屋"，而不是"打补丁"。这种创新的心情比较急切，批评的言辞就比较直接。而"暂拟系统"是由前辈专家制订的，在中小学教师和师范类各级学校的教师中，深深扎根三十年，大家教学上用得顺手，用得习惯。在 80 年代初学术空气刚开始活跃时，这批评的言辞尖锐了大家还不太习惯。所以这篇文章的内容便引起热烈的讨论，好像一石激起千层浪。

就以析句法为例来说，现在大家觉得这不是个什么大问题，因为层次分析法已经为师生普遍接受，那时可不是的。"暂拟系统"分析句子为六大成分，"主谓宾定状补"一次就分析出来了。多么简单易行！换个层次分析，一层一层画楼梯，一个稍复杂的句子，要画个满黑板。很难接受！所以，邢先生在析句法上的主张，可是个点火的说法。据传说，有位老先生跺着拐杖问，谁是华萍？真有火药味呢！论战的双方都有自己充分的理由。这种讨论的场面，正是教学语法体系的主持者张志公先生乐于见到的，要知道 50 年代制订的"暂拟系统"就是张志公先生担纲的，新教学语法体系就是要找出"暂拟系统"的不足之处啊！越是争论得热烈，越是对修订有好处。（邢先生后来也反思，说华萍的文章，"个别地方语气生硬"。

时过境迁，现在再读，也不觉得有什么不妥了。）

1984年1月，人民教育出版社中学语文室发布了《中学教学语法系统提要（试用）》，这是在哈尔滨会议之后，在吕叔湘先生和张志公先生直接领导下，中语室六易其稿完成的。其中，将语言单位分为语素、词、短语、句子、句群五级，大大加强了关于短语的描写，析句法也吸收了层次分析法。可以说，吸收了近三十年理论语法比较成熟的结论。邢先生的全情投入，也看到了成果。

上面说完了一头，最初的合作；再说一尾，最后一次和邢先生的合作。

那是2011年12月，我从香港岭南大学退休后的第二年。有一天接到华中师范大学语言所通知，邀请我到广州暨南大学华文学院开会。要见邢先生了，我兴致冲冲坐上直通车就到了广州。会上人不多，见到邢福义先生、汪国胜先生，也见到老朋友李英哲先生、周清海先生，还有郭熙先生、徐杰先生。原来是个要领任务的重要会议。邢福义先生作为首席专家，他牵头的国家社会科学基金重大项目"全球华语语法研究"已经获批。根据"近远布局"的工作部署，首先在六个地区和国家进行调查。包括中国的台湾、香港、澳门，外国的新加坡、马来西亚、美国（北部），分别找的负责人是李英哲、田小琳、徐杰、周清海、郭熙、陶红印。当时只有陶红印老师没有到会。

这项任务很重要，是国家社科基金的重大项目。调查任务贴近当地的语言生活，需要调查的面很广。大家都是摸着石头过河，没有现成的调查提纲。而我已经退休，没有大学作为研究平台支持。但是，我没有一丝一毫犹豫，就爽快接受了任务。就是因为邢福义先生一句话：小琳，香港就交给你了！这是老朋友的托付和信任，不能缩头缩脑退却，再难也要想办法完成。汪国胜先生接着说，香港如何组团队，由你全权决定；我们推荐石定栩先生、邓思颖先生参加。我当时就说，那太好了！我回到香港以后，首先和石定栩、邓思颖两位联络，他们都表示参加，石先生那里还有暨南大学在站博士后赵春利先生，也是人才。再加上我们岭南大学的马毛朋博士、李斐博士，还有在香港浸会大学教书的秦嘉丽在读博士。《香港卷》的七人团队就组成了，还来自五所大学呢。那时石定栩先生是香港理工大学的中文系系主任，我们的讨论会经常都是在他的会议室召开的。

其间我们团结一致，分工合作，每月召开会议，各自报告进展。有问题就请示邢福义先生。是邢先生的感召力，使我们香港团队的调查工作进行顺利。2012年春天，我和小马、小李和嘉丽，一起到武汉拜访邢先生。确定了"做异不做同"的研究方向，确定了以"港式中文"为主要调查的对象。对一些细节问题，邢先生考虑很细致。例如，我们提出，港式中文是和规范中文、标准中文做比较的。邢先生说，行文不要用"规范中文""标准中文"，那样对地区流通的中文形式就不够尊重，好像人家的就是不规范、不标准的。换一个说法吧，改为"通用中文"好了。后来我们全书对于规范中文、标准中文的说法，一律改用通用中文，听起来舒服多了。这一词之改，充分表现了邢先生的睿智。

2013年10月，在新加坡南洋理工大学孔子学院召开了六卷负责人的第二次会议。邢福义先生到会，大家就前一阶段工作成果进行了交流，也讨论了共同遇到的问题。有邢福义先生在场，很多问题及时得到解决。2015年9月，在美国夏威夷大学召开了第三次会议——结项会，再一次明确书稿撰稿要求。那次没有见到邢先生，他因为年事已高不便远行。在汪国胜先生的主持下，各卷主编汇报了工作情况。那时我们香港团队已经完成了 30 万字书稿的初稿,各卷工作都基本完成,项目结项顺利。到最后报社科基金结项,这个项目获得优秀的成绩。大家都说这功劳首先归于邢福义先生。

2021 年 9 月,《全球华语语法·香港卷》在北京商务印书馆出版。从 2011 年到 2021 年,真正是十年磨一剑。我们香港团队都感到十分荣幸,衷心感谢邢福义先生的带领和指导,感谢华中师范大学语言研究所老师的鼎力相助。邢先生带领的这个项目,反映了世界华人学者的期望,而且适应国家发展需要,促进了华语社区之间的交流,增强了世界华人的凝聚力。邢先生是有大格局的人!

《全球华语语法·香港卷》出版以后,香港中华书局总编辑侯明女士觉得这本书一定要让香港读者看到,她迅速和北京商务印书馆联系,并得到邢先生和华中师范大学语言研究所支持,于 2022 年 7 月,出版了《全球华语语法·香港卷》的繁体字版,更名为《港式中文语法研究》。繁体字版我及时寄给了邢福义先生。正在想,待疫情结束,拿着《香港卷》的简体版和繁体版两个版本,去见邢先生请他签字留念。我会对他说,你的任务我完成了。这一次的合作长达十年,我们都从"七零后"变成"八零后"了!我们还要向"九零后"进军呢!

然而,他走了!

第一次的合作,制定教学语法体系,他是合作大团队的中坚力量;第二次的合作,调查研究全球华语语法,他是合作大团队的指挥官。

他的眼光从中国转向了世界,他所服务的对象从中国的师生到世界的华人。他是我们的榜样,榜样的力量鼓舞我们向前!向你致敬,邢福义先生!

(作者单位:香港岭南大学)

深切怀念我的师友邢福义教授

张振兴

2023年2月6日午后，邢福义教授女儿邢孔昭先生给我打了电话。她声音哽咽地告诉我说，爸爸不治去世了。我一时惊呆了，怎么会呢？大约就在两三天前，我还在电话里嘱托汪国胜教授去医院看望的时候，替我问候邢老师，祈望他尽快康复。此时我也不由自主地抽泣起来，回答孔昭说，我非常难过，非常悲伤，并请她自己多保重。

我正在三亚附近的龙栖湾居所里静养身体，这里离邢老师的故乡黄流镇大约只有30多公里的路程。放下电话后，我立即给汪国胜教授转达了一段哀悼的微信：

> 最沉痛哀悼邢福义教授仙逝！邢福义教授是我国当代最著名的语言学家之一，最卓越的语法学大师之一。他治学勤奋严谨，创见不断，著述等身，学界少见。他也是最好的老师，最精彩的演说家，给我们留下绝对难忘的印象。他是好人，是楷模，是榜样，他留在我们心里是不走的！他驾鹤西归，必是位列仙班！邢福义教授千古！

　　我同时把这段微信转发给我在学界的许多朋友,他们几乎都受过邢福义教授的学术恩泽,都是非常尊敬他的。与此同时,许多群体通过网络信息纷纷报告邢福义教授去世的消息,表示沉痛的哀悼。可见人同此心,邢福义教授的逝世,是中国语言学界的一个重大损失,大家都在怀念他!

　　早在上个世纪 80 年代中期,我就书面联系过邢福义教授,在《中国语文》上读过他的文章。但真正的见面相谈,向他求教,却是后来的事情。1995 年初春,天气还有点冷,我到武汉筹备全国汉语方言学会第八届年会,就住在华中师范大学的老招待所里。一天上午,邢福义教授特意来看我,这是我跟他的第一次见面。那次晤谈,没有议题,但都说的是学术问题。他说到语法研究中存在的问题和难点,特别说到汉语方言研究最近几年成绩很大,语法研究应该利用方言研究的成果。他说话条理清晰,逻辑严密,语词朴素而不张扬,所有这些都给我留下了特别深刻的印象。

　　我不专门研究语法,对语法现象的悟性也很差,但很愿意阅读一些名家的论著,以充实自己的学识。这次见面以后,我对邢福义教授顿生仰慕之感。于是断断续续又把他在《中国语文》发表过的文章,再拿来仔细拜读。例如《论定名结构充当分句》(1979),《"但"类词和"无论 p,都 q"句式》(1984),《前加特定形式词的"一 X,就 Y"句式》(1987)等。我发现他的语法研究文章风格,跟我非常尊敬的吕叔湘先生的写作很相似,讲究事实和材料,行文心平气和,好读,好懂。文章写到这种地步,没有一定学术修养和学术功力是做不到的。后来,承邢福义教授垂爱,相赠大著《汉语语法学》(1996)和《汉语复句研究》(2001),还有其他的几本著作。拜读之后,不禁让我十分敬服。当然,这时邢福义教授已经被学界公认为

"现代汉语语法研究八大家"之一了。我想，邢福义教授是当之无愧的。

只看题目，会以为《汉语语法学》是一本写语法史的专书，或是一本写语法理论的专书。其实错了，这是一本以分析汉语语言事实为主要目的的汉语语法著作。这本书篇幅很大，分量很重。它是能够全面地体现邢福义教授在汉语语法学研究里所有的思想的。其意义在于：第一，总结了邢福义教授汉语语法学的整体思想，这个整体思想就是他经常说到的"小句中枢"的思想，"句管控"的思想，以及"两个三角"（"普—方—古"大三角和"表—里—值"小三角）的研究方法；第二，总结了到目前为止汉语语法学研究的一些最重要成就；第三，开启了汉语语法研究新的思路和新的方向。所以这本书是邢福义教授最重要的著作之一。还应该特别强调的是，这本书是中国语法学现阶段研究里，达到最高水平的著作之一。

复句是邢福义教授研究的重点领域。《汉语复句研究》是他关于汉语复句思想的全面阐述与发挥。该书从广义的因果、广义的并列、广义的转折三个角度，讨论了与之相关联的各种句式，在这个基础上，提出了复句格式对复句语义关系中的"虚与实""顺与逆"的反制约规则。同时讨论了分句的各种句式类型，以及一些特殊句式在复句中的特殊性质。该书语言事实、语言材料十分丰富，分析与讨论均有独到视角。开阔的视野，深刻的理论阐释，显示出邢福义教授在语言研究，特别是在语法研究领域，是站在制高点上面的。他在此前后提出来的具有创新意义的"小句中枢说"和"句管控"理论，在《汉语复句研究》里得到了全面的发挥。

邢福义教授也十分关注汉语方言研究的情况，他非常尊崇李荣先生的文风和学风，一直就认为汉语方言调查研究所取得的成就，跟李荣先生的倡导和带领有密切的关系。上个世纪 90 年代中期以后，李荣先生领导编纂《现代汉语方言大词典》(42 种分卷本和 6 卷综合本)，《方言》杂志更加广开言路，除了发表方言研究的论文以外，也大量发表跟方言研究相关的其他方面的语言研究论文，于是邢福义教授很快就成为《方言》的主要作者之一。从 1995 年开始，到本世纪初年的将近十年时间里，他先后在《方言》发表了一系列的重要论文，例如：

《从海南黄流话的"一、二、三"看现代汉语数词系统》(1995)

《说"您们"》(1996)

《说"兄弟"和"弟兄"》(1999)

《小句中枢说的方言实证》(2000)

《说"句管控"》(2001)

《"起去"的普方古检视》(2002)

《"起去"的语法化与相关问题》(2003)

一看题目就知道，这些论文主要都是研究语法的，但视角主要是从方言事实出发的。以大量的方言事实，有力地论证了"小句中枢说""句管控""普方古"等重要语法研究理论和语法研究方法。这些理论和方法是邢福义教授学术思想的核心和精华，已经被汉语的大量事实证明是行之有效的。比如说有一篇很重要的文章，是 1996 年发表的《说"您们"》。我们都知道现代汉语说"您"，是表示对对方的尊称，是单数的，如果说对你们几个人都表示一种尊称，能不能说"您们"，就是"您"后面加上一个"们"，能不能成为复数，这个是有争议的。邢福义教授就利用了方言的材料，包括利用当时已经发表和公开发布的一些方言材料，专门写了这么一篇文章来讨论。1999 年，《现代汉语方言大词典》分卷本出齐，在人民大会堂举行盛大的发布会，邢福义教授是少数受邀的最主要的语言学家之一。他在会上做了重点发言，盛赞《现代汉语方言大词典》的功绩。同年他就在《方言》杂志发表了上列的《说"兄弟"和"弟兄"》一文。这是最早利用《现代汉语方言大词典》所提供的语言事实，进行汉语研究的一篇论文。我们都知道在汉语里面，"兄弟"有时候是包括哥哥跟弟弟，但有时是只指哥哥不包括弟弟的。他就利用我们《现代汉语方言大词典》的很多材料，发现42种方言词典里面，只有27种说到了"兄弟"或者"弟兄"，还有15种没有说"兄弟"和"弟兄"。这27种方言说到"兄弟"跟"弟兄"，但有的是包括哥哥跟弟弟，有的"兄弟""弟兄"是不包括弟弟，只指哥哥。为什么会这样，他从文化上来解释，所以这个文章说得非常深刻。到了2002年，邢福义教授发表了《"起去"的普方古检视》，这也是非常重要的文章。因为很多现代汉语的语法著作里，只说到"上来"有"上去"、"下来"有"下去"、"进来"有"进去"、"出来"有"出去"，那么"起来"有没有"起去"？有的语法书说有"起来"，没有"起去"，基本大部分语法书都是这么说的。这篇文章就是从普通话本身出发，比如《三里湾》《红旗谱》《红楼梦》《近代汉语通用语》，这些很多都是用普通话写的，里面有"起去"的例子，可以说"起来"也可以说"起去"。方言里面那就更多了，就是引用已经出版的《现代汉语方言大词典》的材料。从古代的文献里面也发现了很多"起去"，有几十个例子，证明我们汉语是可以说"起来"也可以说"起去"。能反驳吗？反驳不了。每篇论文都引证大量方言事实，逻辑严密，结论无懈可击。

《方言》能够刊发邢福义教授的论文，是杂志的荣幸。这段时间里，我正担任《方言》的主编。以我对邢福义教授的为人和学问的了解，我对他的来稿采取了"免检"的做法，并在可能的情况下亲自担任编辑的具体工作。我的目的是希望有更多的机会向邢福义教授学习道德文章。

我经常想着，邢福义教授之所以能在汉语研究领域里取得突出的成就，主要有三个支柱：一是善于继承中国优秀的文化学术传统；二是勇于吸取西方先进的语言学研究理论和研究方法；三是不墨守成规，能够独辟蹊径，具有探索的勇气和创新的精神。邢福义教授是植根于中华民族优秀传统文化的语言学家。我经常会跟我的朋友说，邢福义教授是我们自己的语言学家，正因为如此，所以他受到境外很多语言学家的敬重，他多次到中国香港、新加坡、美国、欧洲去讲学。美国著名汉学家罗杰瑞（Jerry Normen）教授曾亲口对我说过："你们的邢福义教授文章写得好，很注意方言材料。"说起来也非常感慨，这样的语言学家在中国太少了。如果这样的语言学家能形成一个很大的群体，那么我们中国的语言学研究将会有更大的发展。

以上是我在书面论著中认识的邢福义教授。其实，从上个世纪90 年代以来，我跟邢福义教授经常有见面的机会。他每次来北京参加政协会议，或者其他学术会议，我都会到他下榻的宾馆去拜访，有时就在附近的餐馆里吃个便餐。我们都不会饮酒（他曾说过很不喜欢酒宴上频频起立、觥筹交错的场合，认为那是一种浪费，我则甚是赞成），只是几个简单的菜肴下饭，简短地说说话，也会非常开心。他经常主持一些重要的会议，也会邀我参加，我只要有时间也一定应邀出席。偶然的，我们也会共同发起组织学术研讨会，例如2002 年在哈尔滨举行的"首届汉语方言语法国际学术研讨会"，就是由我们两人共同发起的。在这样的会议上，他一般都会有两次发言，一次是开幕式上的讲话，一次是大会上的学术报告。这样我就有机会面对面地见识论著背后更加真实的邢福义教授了。其中有两次开幕式上的讲话，我的印象特别深刻。

一次是 2009 年 10 月，在华中师大举行的"句子功能国际学术研讨会"开幕式上，他讲话的内容让人大出意料，说的是斑鸠在他家里阳台上筑窝的故事。这是从"鸟语花香"的"鸟语"引起的。某时，一只斑鸠飞临他家的阳台，仔细观察一番以后飞离了。第二天这只斑鸠再次光临，在阳台顶上的一个角落里试探了几下，然后又飞离了。过了几天，原先的那只斑鸠带着另一只伙伴又来了，并且在随后的日子里携枝衔泥在阳台顶上的角落里筑巢长居了，第二年居然在巢里产下了小斑鸠。如此这般，斑鸠竟然在这里一待就是好些年。阳台的主人邢福义教授则热情好客，绝对不惊扰这对光临的尊客，还不时偷偷地提供方便。邢福义教授克服了各种困难，小心翼翼地把整个过程拍照记录了下来，会上边说边展示所拍照片，让大家不胜惊奇。表面上看，这个讲话跟语法讨论风马牛不相及，可是通过这个讲话，大家看到了一个慈善的教授、一个严谨的学者的形象。这样的学者是一定可以把学问做到最好的。他讲话结束的时候，寂静的会场上像是突然惊醒一样，爆发出热烈的掌声，经久不息。

另一次是 2011 年 10 月，也是在华中师大举行的"第六届官话方言研讨会"开幕式上，邢福义教授做了一个"动物有语言吗？有方言吗？"的讲话，其内容虽与主题不无关系，但还是让大家感到十分新鲜。这次说的是一头鲸鱼在大海上游向前方，突然前面出现了障碍物。鲸鱼们停了下来，其中一头鲸鱼继续向前方障碍物方向游去，一会儿又游了回来。鲸鱼们一阵"交头接耳"，似乎是在根据回游鲸鱼的报告，开会讨论并确定前方没有危险，于是继续前游。从这里引出话题"动物有语言吗"。后来我才知道，邢福义教授引用的鲸鱼画面是有出处的，可信度很高。科学家们根据这个画面，相信鲸鱼有"语言"。会场上寂静无声，听众聚精会神，真的太吸引人了。讲话结束，也是突然爆发出热烈的掌声，仍然是经久不息。邢福义教授的讲话让我听得入迷，引起了我的兴趣和好奇。会后我给他发送了当时网络上广泛流行的《岳阳日报》的报道《令人赞叹不已的奇缘，白鹤报恩》，以及根据这个报道制作的PPT《人鹤不了情》。

在我参加的学术会议上，除了这样的开幕式讲话之外，邢福义教授总是在大会上做正式的学术报告。他的学术报告每一次都是很精彩的。题目总是很新鲜，一般人很少能够想得到，但又都是很平常的话题；例证总是很多，报纸杂志上的，文学作品里的人物对话，实际口语里的生动话语，几乎都有。论证严密，逻辑性很强，步步深入，最后得出合理的结论。所以听他的学术报告，不会觉得乏味枯燥，可以说是一种享受。后来听说，他给学生上课，不论什么课都能讲得深入浅出，引人入胜，例证都是能背下来的。讲语言学的课程，能够达到这个效果，就我听过的讲演来说，我只听过李荣、朱德熙先生是这样的，一般人也做不到。所以我有时会当面称呼他是一位"精彩的演说家"！

我跟邢福义教授前后20多年的交往，真正做到心灵相通，相互之间共同的见解、共同的认识有时是用不着讨论商量的。其实真正见面的机会也并不多。就是见面了，也不过一般寒暄而已，大多在学术会议期间，顾不上私聊。2012年5月邢福义教授的夫人仙逝。夫人久卧病榻期间，他在身边伺候了十几年，学界传为佳话。我担心他一时处境孤单，心境难过，也不知道他现在怎么样了，总是放心不下。恰好不久在湖南长沙开会，会后返京途中，跟我夫人张惠英特地在武昌停留了一个晚上，只为了看望邢福义教授。记得在桂子山宾馆，邢福义教授、汪国胜教授、我们夫妇四人，从下午四点多，一直说话到晚上快九点。中间还很难得一起吃了晚饭。这次见面大概是我们相识以来真正意义上的一次"聊天"，而且时间算很长了。这次聊天很少说到学术，几乎都说的是"平常生活"。邢福义教授说得多，都跟他夫人病情、后期照顾、丧事前后有关。言语之中，似是泣诉衷肠，脉脉温情，无限眷恋，不时可以看到他眼中闪现的晶莹的泪花。这时的邢福义教授完全是一个"多情丈夫"。我们偶然也会转换话题，说些其他事情，他会换一种心境说话，跟我们平时见到的邢福义教授一样了。第二天上午离开时，我在电话里跟他话别，互道保重，我差一点没有哭出来。我实在希望有某种机缘，可以经常跟邢福义教授说话聊天。听他倾诉，听他说话，可以清心，可以养性，可以让人达到一种境界。可是遗憾的是，我们都已届暮年，见面的机会是越来越少了，有时只能在电子邮件中互道平安。但是，我的心里，永远想念着邢福义教授，默默地祝愿他健康长寿！

我最后一次跟邢老师见面应该是在 2019 年 9 月 28 日。那一天因为需要讨论湖北语言资源调查研究的一些问题，我和夫人张惠英一起前往华中师大，就住在桂子山上的宾馆里。当晚汪国胜老师在宾馆的餐厅里招待我们以及同来的其他朋友。汪老师知道我的心意，特别到家里把邢老师接来。车门打开，我赶紧上前拉着邢老师的双手，然后搀扶着他慢慢地从车上下来。他步履已经不便了，但精神尚好，脸上还是始终挂着招牌式的微笑。说话有时虽略显断续，但思维条理还是很清楚的。餐前和饭后，我们都尽量说点轻松的事情，他反而不时提到语言调查的话题。我记得最清楚的是，他说语言调查是基础，没有调查就没有事实，那还怎么做研究啊！在他的脑子里，装着的还是他毕生追求的语言研究。这让我们都非常感动。

这次见面之后，我们就没有机会再相聚了。后来我和夫人张惠英还去过一两次武汉，只能在电话里简短地互道问好，已经不方便再相见说话了。再后来，连电话也不方便，我就经常通过汪国胜教授问问邢老师的健康情况，并请他代我问候。我知道汪国胜教授对邢老师的师生深情，他对邢老师的照顾是尽心尽力的。再后来……就没有再后来了，我最尊敬的学界师友邢福义教授还是离开了我们，驾鹤西归，走向天堂。

邢福义教授仙逝是中国语言学界一个重大的损失，但他走前还是给我们留下了巨大的精神遗产和学术遗产。他晚年亲自整理编辑出版了《寄父家书》（商务印书馆 2018），收录了邢老师 1955 年至 1991 年间寄给父亲的 240 余封家书，时间跨度 37 年。当我接到这部家书的时候，立即就被吸引住了，用了两个整天的时间，一气儿地从头到尾地拜读了一遍。朴素无奇的语言表达了一对父子深情的对话，让我看到了一位杰出的语言学家铸炼的艰难历程。我到了这个时候才真正理解了邢老师的座右铭"抬头是山，路在脚下"的深刻含义。这是留给我们的一笔巨大精神遗产。2022 年 7 月，在邢老师亲自参与下，华中师范大学出版社编辑出版了全套《邢福义文集》，12 卷，近 600 万字，可是一部皇皇巨著！这套文集收录了邢老师一生成就的最重要的学术论著，集中体现了邢福义教授完整的学术理念、学术思想、学术观点、学术精神，有力地向世界传播了又一位卓越的中国语言学家的学术声音。对于我们后来者来说，这是一笔巨大的学术遗产。我和夫人张惠英在敬献邢福义教授的花圈上，题挽"恩泽百代，名垂千古"当是言自心声，并非虚辞。

邢福义教授秉持"研究植根于汉语泥土，理论生发于汉语事实"的研究理念，高度重视理论探索，一生致力于中国特色语言学理论的构建。他著述等身，学术思想博大精深，为人待人虚怀若谷。"'高山仰止，景行行止。'虽不能至，然心乡往之。"（《史记·孔子世家》）

我深切怀念邢福义教授。邢福义教授千古！

（作者单位：中国社会科学院）

追思邢福义先生
对对外汉语教学的贡献

张德鑫

　　惊悉德高望重、名满学界的语言学家邢福义先生因病于 2 月 6 日仙逝，这是中国当代语言学界特别是汉语学界不可弥补的损失！哲人远去，学人同悲！海内外语言学界的同仁和邢先生的弟子纷纷撰文缅怀先生对中国汉语学乃至世界语言学的巨大贡献和影响，赞颂先生在为人治学、教书育人方面堪称一代师表，必将嘉惠学林，遗泽长存。

　　笔者从事对外汉语教学工作，曾任教于北京语言学院（北京语言大学前身，又简称"北语"）及海外院校。1987 年国家对外汉语教学领导小组办公室（简称"国家汉办"或"汉办"）成立时调入，任学术交流部主任，后兼任世界汉语教学学会秘书长、中国对外汉语教学学会常务副会长兼秘书长多年，直至退休。在此期间，有幸结识了邢福义先生，邢先生在众多的社会兼职和漫长的学术生涯中，还担任过中国对外汉语教学学会会长。长期以来，邢先生对对外汉语教学一直给以巨大关注和倾力支持。受惠于邢先生的人格魅力和渊博学识，我在长期共事和"密接"中获益匪浅。本文主要追思邢先生对对外汉语教学做出的重要而独特的贡献。数十年来，凡我国主办的历届国际汉语教学讨论会、中国对外汉语教学研讨会及海内外合作召开的专题学术会议，邢先生大都受邀与会，并不负所望提供了高水平的论文，对推动对外汉语教学学术研究和学科建设的贡献足以载入史册。

对外汉语教学作为一门偏重于应用的新兴学科，其发展离不开相关学科特别是汉语语言学的支持和帮助。对外汉语教学的学科性质决定了它跟语言学界尤其是汉语语言学界有着"天然"之缘，对汉语本体的研究是对外汉语教学的基础和基石，对外汉语教学背靠汉语语言学这棵大树必能获得事半功倍的进步和发展。事实上，新中国成立后，对外汉语教学从一开始就得到了老一辈语言学家的参与和支持。如王力、吕叔湘、朱德熙、张志公、周有光、胡明扬、王还、林焘、邢公畹等先生，他们或是直接参与对外汉语教学第一线工作的先驱，或是担任对外汉语教学学会及学科建设项目的会长、副会长、理事、顾问等职务。改革开放以后，对外汉语教学迎来了大发展的机遇，当时国内一些正值壮年的顶尖语言学家如邢福义先生、陆俭明先生等先后被选聘为中国对外汉语教学学会会长、顾问。

对于邢先生来说，担任会长可不只是一种名誉头衔，邢先生在百忙中把它当"实职"来对待，除身体力行不断提供汉语本体研究的论著外，更对对外汉语教学作为新兴学科的理论建设进行思考和论述。1999 年 5 月 23 日，国家汉办收到了邢先生《关于对外汉语教学的学科建设》的来函，先生从语言学的特性出发提出了卓见："作为一门学科，对外汉语教学具有两属性、三要素。学科以汉语为本，以对外教学为用。汉语是学科的本体属性，是学科构成的第一要素。对外教学是学科的应用属性，'对外'是学科构成的第二要素，'教学'是学科构成的第三要素。两属性、三要素的相互制约，形成学科的内在机制，编织成学科的自身系统。这一学科的发展与成型，有赖于两属性、三要素的有效结合。"其实，几天前，5月8日先生在给我的信中就动情地呼吁："汉语的世界性推广应该成为'国策'，应该作为一个系统工程来研究。""在我们切盼我国也能够像法国把向世界推广法语作为国策那样，迎来把向世界推广汉语作为国策那一天到来之前，将对外汉语教学作为一个系统工程来研究、实施和发展是完全可以的，切切实实地从现在做起并且做好的。"邢先生这一既富远见又立足当下的关于对外汉语教学学科建设的设想，令人钦佩和折服！且看今天孔子学院的大发展遍布全世界，充分验证了邢先生的高瞻远瞩。（参见张德鑫《对外汉语教学五十年——世纪之交的回眸与思考》，载 2000 年第 1 期《语言文字应用》。）

邢先生对对外汉语教学及世界汉语教学还有其特有的"高层次"贡献，主要体现在两个方面。一是邢先生的重要著作被译成外文传播世界，使我国汉语语言学的研究和成就能跻身于世界语言学研究之林，提升了汉语的国际影响。如为纪念《马氏文通》出版一百周年，邢先生集数十年研究之结晶的经典专著《汉语语法学》于 1996 年出版，先后被英、俄、法、日、韩等国学者译成这些国家的语言而广受关注。再如据夏威夷大学李英哲先生介绍，为推动全球华语教育，邢先生跟新加坡著名语言学家周清海先生等共同倡导"大华语"的观念，推动出版了《全球华语词典》《全球华语语法》等工具书和参考书。二是面向高层次需求，出国讲学或做专题研讨。如应李英哲先生邀请，在夏威夷大学担任客座教授一学期，为该校研究生开设汉语语法课程。"从此三十年间，一直受益于他汉语研究大三角'普—方—古'和小三角'表—里—值'等的宏观思路。"（本段引文参见李英哲先生《横隔远洋数千里直跨亚美两大陆的友情——纪念邢福义先生》）再如2000年赴牛津大学参加"对以英语为母语者的汉语教学研究"专题研讨会，邢先生提出了"汉语的复句系统和复句句式"的研究课题。此外，邢先生还应邀推荐了他的众多学有所成的弟子去世界各地众多设有汉语专业的学府讲课或进行合作研究，来提升汉语研究水平，扩大汉语影响。

这就说到了邢先生对我国汉语语言学包括对外汉语教学的人才培养的贡献。我国汉语学界公认有一支特别能战斗的学术队伍——"邢门弟子"，指的是邢先生的研究生弟子。据邢先生的"开门"弟子李宇明先生统计，邢先生先后为学科指导了18名硕士、34名博士和4名博士后，还有许多访问学者，可谓桃李满天下！强将手下无弱兵，更令人赞佩的是"邢门弟子"量多质高，许多都已成为教授、博导，他们分布在全国高校或研究机构，有的还被国外名校延聘。因此，如果再加上邢先生弟子的弟子，数量就更可观了。笔者感到特别可喜和欣慰的是，"邢门弟子"中不乏高手"入伍"对外汉语教学并成为中坚力量。相信以后还会不断有更多邢门精兵强将，来壮大中国对外汉语教学及世界汉语教学的队伍。

再回到前面所说对外汉语教学要"背靠汉语研究这棵大树"，笔者印象深刻的是1991年3月由国家汉办牵头，跟《世界汉语教学》和《语言教学与研究》两刊联合发起，在清华园宾馆召开的"汉语语法研究座谈会"，研讨主题由时任北语院长兼国家汉办主任吕必松先生确定为"八十年代与九十年代的中国现代汉语语法研究"。与会学者以在京的中老年语法学家为主：胡明扬、林焘、徐通锵、王还、陆俭明、邢福义、徐枢、龚千炎、李临定、邵敬敏、史有为等，以及北语的对外汉语资深教师赵淑华、鲁健骥、吕文华、陈亚川、赵永新等。据邵敬敏先生《路在脚下，志在高山——为缅怀邢福义先生而作》的回忆，会议第一天的气氛有点低沉，觉得由于十年动乱使语言学界人才后继乏人，"悲观情绪相当弥漫，大家觉得前途茫茫，灰心丧气的感觉油然而生"。但"没料到，第二天一开场，就是邢福义先生第一个发言，他敏锐地指出：一代人有一代人的特点和追求，也会形成他们自己的特色，我们完全不必担心和丧气！仿佛一阵春风扑面而来，吹散了漫天的迷雾。整个会场的气氛瞬间就变了！接下来的发言，大家一改昨天的垂头丧气，不仅总结了1978年以来所取得的成就，而且对未来充满了信心"。"（邢先生）真的是独具只眼，有思想，有勇气，有胆略。什么是'大家'？这就是，……关键时刻能够力挽狂澜，拨开迷雾，指明方向！"

　　笔者完全认同敬敏先生对邢先生的点赞。说到跟邢先生的结识和交往，还得感谢那次"汉语语法研究座谈会"。虽久仰邢先生大名，但此前从未谋面过。记得好像在会前邢先生抵达北京后，吕必松先生设家宴为远道而来的邢福义先生接风，并请北语鲁健骥先生、吕文华先生和我作陪，这是我第一次见到邢福义先生。吕、邢两位先生都是我的学长，他们学识渊博又虚怀若谷，席间我洗耳恭听他们把酒"聊天""论道"，获益良多。如今两位先生都已作古！走笔至此，心中不禁怅怅！听"邢门弟子"回忆恩师的教诲，皆异口同声赞美先生跟弟子的关系是"亦师亦友"。对此，我虽非"邢门弟子"，但亦能感同身受。正如宇明先生所说，邢先生的研究领域非常广博，除汉语研究外，还涉及国学、文化、逻辑、修辞等。在跟邢先生细水长流的接触中，先生予我甚多润物细无声的启示指教乃至醍醐灌顶。拙著《数里乾坤》偏重文化语言学，涉及中外传统文化，我请先生作序，序文之美使本书蓬荜生辉。因此在我心中，先生的为人治学就是我"师"，先生是我永远敬重的良师益友，我们也是"亦师亦友"！

　　追思先生对对外汉语教学的贡献，追思跟先生的"师、友"情，我无比感恩，无限怀念！

　　哲人已逝，邢福义先生千古！

语言学界的豪杰　海南人的骄傲

——永远怀念邢老师

张惠英

我比邢老师小六年，一直尊邢老师为师。邢老师是语言学界的豪杰，海南人的骄傲。

邢老师，为人第一。和蔼可亲，礼贤下士。邢老师尊老爱幼，不只对学生爱护备至，对我这样年轻几年的朋友，也是尽力关照。我每有心中不快，总找机会向邢老师倾诉。他每次来北京开会，总是找时间来我家看望我们。特别是我上个世纪九十年代中期调到海南师院工作以后，他视我为老乡，处处关心。

记得大概上个世纪九十年代，东北的尹世超老师常去华中师大参加语法会议，尹老师爱唱歌爱跳舞，邢老师是个不善歌舞的人，却每次陪着尹老师去参加会议组织的热闹的舞会。我是听尹老师亲口称扬邢老师的友好热情！真让人感动。

邢老师为人最让人感动之处，是对病瘫夫人的精心照看。多少年如一日！邢老师不只要努力教学和工作，还要照看夫人。虽然后来有女工看护，但一样费心费神。听女工李姐说到，每次有好吃的，邢老师都先给病妻吃。

海南虽山高水远，也有不少文人学者。而邢老师作为语法学界的一面旗帜，实在是海南人的骄傲。《海南日报》也曾为邢老师发文宣传。记得《海南日报》记者陈耿多次和汪国胜老师联系，想安排专访邢老师。但邢老师低调为人，每次婉辞未接待。

邢老师学养过人，慧眼识人，创办了第一个高校语言学系，培养了众多语言学人才。我到访过他们语言学系的图书资料室，图书资料丰富齐备，空间宽敞舒适，当时就想何时去到那里当访问学者趴在那里读书。

我有幸参加海南"语保"团队，实地调查邢老师的家乡黄流方言。一次我问邢老师，能否跟他比较核实一下，他果断予以推辞。显然，邢老师是谦虚谨慎，放手让别人工作。

在黄流镇，有邢老师的故居，里边几间陈列有他的著作、生平等。振兴和我曾去观瞻。在海南古老低矮的民居中，诞生了这样一位杰出的语言学家、一位品学兼优的顶天立地的人。我当即在来访簿上写下："邢老师是我们学习的好榜样！"

附上我的发音人黎玉聪老师（邢福义先生老家邻居，黄流中学退休语文高级教师，曾任黄中村党支部书记，大队长）发来的一首悼诗，黄流老乡的深情厚意可见一斑。

附：海南老乡黎玉聪老师所作悼诗

自小聪明志趣高，
文坛泰斗令名褒。
修书立说黄流仔，
驾鹤西归举世嚎。

（作者单位：海南师范大学）

邢福义，一个有情有义的人

〔新加坡〕周清海

邢福义先生是多年的老朋友。用"相知无远近，万里尚为邻"，最能描述我和他的交情。我曾对他的学生说：邢先生是有情有义的人。

1985 年，在北京香山饭店举行的"第一届国际汉语教学讨论会"上，我们认识了。1994 年，我负责筹建了南洋理工大学中华语言文化中心。1997 年，我给他发了聘书，请他到中心来半年，从事华语语法研究。大学向他提供的待遇和聘请欧美著名学者一样，非常优厚。邢先生回信要求我让他考虑一个月。后来，他拒绝了我的聘请，理由是太太的眼神告诉他舍不得他离开。这时候，我才知道，邢太太瘫痪在床。

2006 年 9 月，邢先生到新加坡来参加由我的学生发起的"华语论坛暨桃李聚会"，为我庆祝从教 40 年和 65 岁的生日。新加坡总理李显龙在总统府接见了他以及与会的另外四位友人。三天之后，我送他到机场，和他在机场共进新加坡式的烤面包及咖啡早餐。此后，邢先生就很少出远门。他在太太身边，陪了她 16 年。

邢先生理解和支持我关于华语语言教学与研究的观点，他启动了"全球华语语法研究"。在启动这个项目时，他重点指出："启动这一项目，既是为了深入了解华语语情，揭示华语语法的基本面貌，也是为了促进华人社会的语言沟通和汉语的国际教育与传播，为中华文化的发展和繁荣做出我们的努力。我们期待的是，本项目能够成为学界的一项共同课题，能有更多的学者加入研究的行列。"在华语研究的学术观点上，我们非常接近。

邢先生的身上，充分表现了"天行健，君子以自强不息；地势坤，君子以厚德载物"的中华风骨。就是他的这种人格魅力，让我和他保持了"万里尚为邻"的精神联系。

接到邢先生签名的《寄父家书》，才知道，他给父亲写了37年的信。这些家书，除了邢先生的父子亲情、人格魅力之外，也处处流露出他的文采。邢先生的文采，是从淡淡平实的文字中流露出来的。这种自然的文字美，在现在中国的语言研究者身上，是少见的。

邢先生的父亲将这些家书保留起来，分别装订，写了摘要，在85岁时，寄回给他。这是世上罕见的父子情。在书前，他写了这么一段话："当今的中国人，重视外国理论的引进，但也懂得，再好的理论，都必须适应中华水土，才能在中国开花结果。"重视自己的中华水土，是民族自尊的表现。这就是中国知识分子的传统情怀。我和他相隔遥远，见面很少，但就是这种文化上的联系，让我们心灵相通了三十几年。

（作者单位：新加坡南洋理工大学）

路在脚下　志在高山

—— 为缅怀邢福义先生而作

邵敬敏

20 世纪 80—90 年代，中国汉语语法学界迎来了改革开放的春风。万物复苏，欣欣向荣，学术氛围相当活跃，新的研究成果如喷泉般冒出来浸润着中华大地，并且涌现出一批杰出的中年语法学家。

邢福义先生的为人与学问，是有口皆碑的。他对中国语言学的贡献，尤其在现代汉语语法研究上的成就也是载入史册的。他入选第一批"著名中年语言学家自选集"以及"现代汉语语法八大家"，确实是实至名归。

我尽管没有这个荣幸成为邢老师的入门弟子，但是，我时时刻刻感受到邢先生对我的提携与厚爱。我跟邢先生交往甚久，邢先生深知我，我也敬佩邢先生。每年新春第一天，我总是一早就打电话去问候，电话一通，邢先生一听出是我的声音，总会惊喜而亲切地叫起来："哦！是敬敏啊！新年快乐！"无奈疫情阻挠，我已经好几年没去武汉了。记得 2021 年新年我给邢先生打电话问候，让我吃惊的是，他不但辨不出我的声音，而且似乎记忆力也衰退了。我好心酸啊！更不曾想到，2023 年的 2 月 6 日，邢先生撒手西去，永远永远地离开了我们，也告别了他奉献一生的语言学事业。痛哉惜也！想起我跟邢先生的几十年的交往，情深谊长，令人难忘，不禁潸然泪下。

一、未见其人，先闻其声

我真正见到邢先生本人，其实并不太早，应该是在 1986 年 9 月武汉桂子山下。但在此之前，我早就拜读过他的论著，这可能就是"未见其人，先闻其声"吧。

最早可以追溯到 1981 年我在杭州大学写硕士论文期间，因为碰到词性辨析的难题，我的恩师王维贤先生推荐了邢老师刚刚出版的《词类辨难》。篇幅不长，却相当精彩。好像有在迷宫里找到出路，豁然开朗之感。原来词类的辨析还有这么多的角度、方法、理论，绝对不能搞"一刀切""硬碰硬"。真是大开眼界！邢先生在华中师大，我毕业后分配到华东师大，都属于师范院校系列。这下，就让我格外关注起这位"共饮长江水"的中年学者代表人物了。

80 年代初期，汉语语法学界轰轰烈烈地开展了"析句方法"大讨论，这实际上是结构主义学派跟传统语法学派的交锋。许多学者发表了自己的看法。突然，我发现一篇署名"华萍"的论文写得特别到位，有理有据，思路清晰，逻辑性特强，题目是"评'暂拟汉语教学语法系统'"（《中国语文》1981 年第 2 期），从科学性、一贯性、实用性三个角度进行了剖析，读起来特别解渴。开始不知道这位先生是何方高手，后来请教了胡裕树先生，才得知原来就是我久仰的邢福义先生的笔名。这场大辩论，我们至今记忆犹新，邢先生那篇文章可谓当时的代表作之一，给学界留下深刻的印象。

没料到，才几年工夫，邢先生又一次让我们"惊艳"。他的《复句与关系词语》（1985）问世。从词类到单句，从单句再到复句，邢先生的研究是一步一个脚印，踏地有痕，路是越走越宽，而且步步向上。我那时刚刚迈进语法研究殿堂的门槛，如饥似渴地在学习，在探索，在思考，也做了一些评论。邢先生这三部曲，给我留下极其深刻的印象，也让我渴望有机会能够拜见邢先生，向他当面请教。

二、提携后进，指点江山

1986 年 9 月初，萧国政、李宇明和徐杰，这三位邢老师的开门弟子，发起组织了"首届现代汉语语法研讨会（青年）"。那是我第一次参加全国性的语言学会议，我们中文系领导很是支持，批准我直飞武汉，这也是我生平第一次搭乘飞机。套用一句双关语，就是从这一飞开始，在语言学事业上我算是起飞了。

这是第一次由汉语语法学界青年学子主办并唱主角的盛会，是借鉴了吕叔湘、朱德熙两位先生创导的语言研究所主办的中年语法学家讨论会而举办的青年一代的盛会，聚集了全国各高校上百名青年才俊，绝对是个意义重大的创举。他们多数是新时期刚刚获得硕士学位或还在攻读学位的年轻人，朝气蓬勃，雄心勃勃，充满理想，浑身冒劲。

会议开始前夜，国政和宇明作为主办方专程来招待所找我，说是希望我明天在开幕式上能代表全体与会的青年代表发个言。我这个人胆子比较小，做人也比较低调，而且自问有何德何能可以做"代表的代表"在开幕式上发言呢？因此我婉言拒绝，态度很是坚决。两位老兄劝了半天，我还是不愿松口。因为我有点儿私心，知道我北大授业老师朱德熙先生要来参会，还有许多语言学界的中年学者到会，例如陈章太、龚千炎、饶长溶、于根元等。我怕自己言多必失，不求有功但求无过。最后，萧、李两位无奈，只好拿出杀手锏来了，坦率地说："你是邢老师亲自点的将，千万不要再推辞了！"说心里话，一听说是邢老师的青睐，我马上就服软了。正是出于对邢先生的敬佩与尊重，我应该也必须应承下来。第二天开幕式上，邢老师的开幕词是"务实求新，继往开来"，说出中年学者对语法学科发展的憧憬，也发出了对年青一代殷切的企盼："我们年青的一代，一定要接好前辈学者们传递下来的接力棒，虚心学习，脚踏实地做研究工作，同时勇于创新，善于发现问题和解决问题，敢于涉足无人问津的领域，创造新的风格，形成自己的学术特点。"

我的发言重点表达了"创新"与"务实"的决心，传达了希望老中青三代人加强"对话""沟通""合作"的良好愿望。当我发言完毕后，在台上的朱德熙先生频频点头表示首肯，尤其让我感动的是邢先生，他连声说"很好，很好！"，还亲切地拍拍我的肩膀以示鼓励。那天实际上也是我第一次见到邢老师，承蒙他的厚爱，点名让我在开幕式上发言，也正因为有这一契机，从此开始了我跟现代汉语语法研讨会的长达数十年的紧密合作和联系。

三、展望未来 引领潮流

说起邢先生跟这个年青一代语法研讨会的关系，真是源远流长，息息相通。第一届语法研讨会（武汉 1986），邢先生是当仁不让的创导者。以后几届都是沿着长江而动，先后在华东师大（1990）、南京师大（1992）、安徽师大（1994）举办。邢先生本来打算参加芜湖会议的，因为临时有事无法亲临指导，还特地写了贺信表示支持，标题是"对于未来我们充满信心"。该文最关键的一点就是，从战略眼光提出建立"学派"的三个基本条件："其一，有自己的学术领地，提出标志性的理论和主张；其二，有鲜明的治学特点，形成一套自己的研究方法；其三，有良好的学风，形成一支富有活力的队伍。"这三点，其实这些年来，邢先生一直在努力地实践着，因而在华中师范大学开始组成了自己的学术梯队，形成了自己独特的学术风格和学派意识。

本来大家已经商定第五届在北京大学举办，由沈阳具体负责。由于我跟沈阳当时正好在香港城市大学访学一年，看来无法按照原计划在北大举行了。我们就想请华中师大救急，跟国政兄商量，看能不能这次会议请他们承办，下一届再由北大来办。结果他请示了邢先生，邢先生一口答应，我们这才如释重负。终于，第五届研讨会在1996年的初冬如期在桂子山举行。记得邢先生的开幕词是"面对更新的未来"，他深情地说："学术事业的发展，犹如万里长江，前浪引后浪，后浪推前浪，永远翻滚奔流"，而"青年学者，充满着朝气，充满着创造力，他们的加入保证了我们的事业能够继往开来"。他还特别提出两个要点：第一，"人类历史发展的总背景，决定了语言学者面临越来越多的双语双方言、多语多方言的研究课题"；第二，"汉语学习和研究的国际化，对外汉语教学工作的迅速发展和巨大成就，在相当大的程度上吸引着大家的注意力，有关的研究项目成了汉语语言学研究工作的一个重要的组成部分"。邢先生这些见解相当超前，指引了我们的汉语语法研究发展的方向。

进入21世纪后，在邢先生的引领下，华中师大语言学科又创办了专题性的语法国际研讨会。2001年第一届的主题是"动词重叠",非常有针对性,议题集中,很有收获。这些年来,我只要有机会就积极报名参加,2003 年的第二届"被动表述问题",2005 年的第四届"动词与宾语",2009 年的第六届"句子功能",2014 年的"词类问题",2016 年的"句式语义",2022 年的"语气与情态"(线上),我应该都积极参与了。

世纪之交,全国形势大好,现代化的步伐加速,正如邢先生提倡的,我们的汉语语法研究必须走向世界。因此,原先的"青年语法研讨会"正式改名为"现代汉语语法国际研讨会"。2001 年,我当时正在香港商务印书馆工作,就跟徐烈炯先生合作,在香港城市大学举办了第一届现代汉语语法国际研讨会。记忆特别深刻的是,邢福义先生和陆俭明先生两位特邀代表都欣然到会,并肩而坐且谈笑风生,我特别高兴的是为他俩在会场上拍了照,在这极其珍贵的一瞬间,留下了最最难忘的记忆。

四、独具只眼,拨散云雾

其实,除了年青一代的语法研讨会,我们有更多的接触机会是在语言研究所举办的汉语语法讨论会上。1986 年 10 月北京西山八大处,那是我第一次有幸参加中年汉语语法讨论会。在这个会议上,我第二次见到了邢先生,而且真正有机会近距离的接触、交谈、了解。他的温文尔雅,他的敏锐眼光,他的谈笑风生,他的真知灼见,都给我留下了深刻的印象。而且幸运的是,吕叔湘先生和我们全体与会代表——包括邢先生与我——合影留念,成为永恒的纪念。那时邢先生大概是 51 岁,正是做学问出成果的最佳岁月,看到他英姿勃发,侃侃而谈,你会觉得这是一种享受,一种乐趣。

不过，邢先生给我留下印象最深刻的发言，当数 1991 年 3 月在北京五道口清华园宾馆举办的高层次"语法研究座谈会"上，这是由国家汉办牵头，《世界汉语教学》《语言教学与研究》两家杂志联手的，主题是"八十年代与九十年代的中国现代汉语语法研究"。出席的领导有程棠和张德鑫等，参会代表是点名邀请的，以中老年语法学家为主：林焘、胡明扬、王还、徐通锵、陆俭明、邢福义、吕必松、李临定、徐枢、龚千炎、史有为、廖秋忠、范开泰，邵敬敏。还有北语的部分老师列席：赵淑华、吕文华、鲁健骥、陈亚川、郑懿德、赵永新等。会议第一天先是回顾历史，中年语法学家自称是"先天不足，后天失调"。对比王力、吕叔湘和朱德熙、胡裕树、张斌等老一辈学者，感到差距甚大，而且由于十年动乱，后继乏人。第一天的悲观情绪相当弥漫，大家觉得前途茫茫，灰心丧气的感觉油然而生。

没料到，第二天一开场，就是邢福义先生第一个发言，他敏锐地指出：一代人有一代人的特点和追求，也会形成他们自己的特色。我们完全不必担心和丧气！仿佛一阵春风扑面而来，吹散了漫天的迷雾。整个会场的气氛瞬间就变了！接下来的发言，大家一改昨天的垂头丧气，不仅总结了 1978 年以来所取得的成就，而且对未来充满了信心。说心里话，长期以来，我对邢老师的印象就很佳，这次聆听他的这段发言，让我不能不佩服！他真的是独具只眼，有思想，有勇气，有胆略。什么是"大家"？这就是，这才是，这肯定是！关键时刻能够力挽狂澜，拨开迷雾，指明方向！

五、恩重如山，毕生难忘

说心里话，邢先生对我帮助极大，处处提携，恩重如山，让我毕生难忘。最让我感动的有三件事：

第一，1995 年我在贵阳参加完第八届中国语言学会年会后，和吴继光博士携韩国研究生文贞惠，借道重庆搭乘长江轮船，沿着三峡直达武汉。因为时间紧迫赶着换乘飞机回上海，所以没有能去华中师大看望邢先生，只是在飞机场给他打了个电话问安。邢先生刚刚参加评奖从北京回来，他非常高兴地祝贺拙著《汉语语法学史稿》获得了教育部首届优秀著作二等奖。我深知，这一获奖除了吕叔湘先生的青睐，胡裕树先生和恩师王维贤先生的提名，邢福义先生大力推荐也是极为重要的因素。

第二，21 世纪初，我新写的《新时期汉语语法学史(1978—2008)》即将由商务印书馆出版，我就恳请陆俭明和邢福义两位先生写序。两位先生的序言都很精彩。邢先生的文章提纲挈领，一针见血。他先是概括为三句话：第一句：我振奋于新时期汉语语法学界的"三多"。一为学术活动多。其盛况，前所未有。二为人才迭现多。"江山代有才人出"，人才的迭出是学科兴旺发达的保证。三为成果产出多。琳琅满目，五光十色，令人目不暇接。"横看成岭则成峰，远近高低各不同"。第二句：我赞叹作者的"三力"。一为穿透力。学术穿透力，来自学术感悟之灵利和学术眼光之敏锐。二为概括力。学术概括力，来自学术根底之厚实和逻辑思维之畅达。三为涵容力。学术涵容力，来自学术视野之宽大和治学襟怀之广阔。第三句：我同意作者"存在问题和缺陷"的判断。最后，邢先生语重心长地指出：做学问难，做学问的学问，尤其难。邢先生的这些话，句句说到我的心坎上，知我者，邢福义先生也。

第三，1999 年当邢先生团队申请到教育部基地"语言与语言教育研究中心"时，我有幸跟戴庆厦、张振兴、马庆株等先生成为

该中心的首届学术委员。在中心的会议室里，当我接过邢先生亲手
颁发给我的证书时，我满怀感激之情，这是对我的信任与鞭策，我
由衷地感谢邢先生的厚爱。2004年《汉语学报》杂志创刊，我也担
任了编委，更是积极的投稿者。暨南大学老一辈的詹伯慧先生当年
跟邢福义先生的感情就特别深厚，到了我们这一辈，我们跟邢先生
的弟子李宇明、肖国政、徐杰、汪国胜、李向农、吴振国、吴继光、
储泽祥等，多年来都是互相支持，南北呼应，情长谊深，亲如一家。
这是多么珍贵的情谊啊！

六、战略眼光，见解独到

邢先生属于有战略眼光的学者，而且不落俗套，是开创型的学
者。他一直希望——不仅希望，还在实践——希望建立具有中国特
色的语法学理论。邢先生做学问的特点，首先在于对全局具有开阔
的超前的战略眼光，不是小打小闹，不是孤军作战，不是局限在一
个学校一个专业，而是具有大格局气魄。其次是对汉语语法研究体
现出深刻的思路，不是人云亦云，追赶潮流，而是有自己独到的见
解，提出自己别具一格的看法。更是身体力行，用自己的研究和活
动，带领整个团队勇往直前。

他的研究主攻汉语语法，而且很有层次，很有自己创见。他先
后出版了五本论文集，形成一个系列：《语法问题探讨集》（1986）、
《语法问题发掘集》（1992）、《语法问题思索集》（1995）、《语法问
题追踪集》（2008）、《语法问题献疑集》（2009）。从探讨问题到发
掘规律，再从思索理论到贡献疑题，一步步在攀登，在前进，在升华。
这大体上反映了他的整个研究历程。正如作者自己所说："'探→掘

→思→追'反映思维发展的前进轨迹，标示求知历程的延展线索。"

（一）他以"小句中枢"为核心思想，建立起一个比较完整的语法框架，也就主张从小句出发来观察汉语的语法；并提出"小句的成活律、包容律、联接律"，接着是"小句构件"，包括词类和短语；最后才是"小句联接"（即复句和句群）。这样就把词类研究、句法研究、复句研究在"小句中枢"的旗帜下有机地组织起来了。

（二）提出"两个三角"学说：大三角是"普—方—古"，主张以方证普，以古证今，即提倡在普通话时，要横看方言，上看古代汉语。小三角指"语里—语表—语值"，主张在"表里辨察"的基础上"考究语值"。

（三）提倡两个沟通：一是自然语言研究内部的沟通，即语法研究跟语音研究、词汇研究、语用研究、逻辑研究、文化学研究等沟通，进行跨界性研究；二是自然语言研究跟计算机应用研究沟通，即语法的本体研究必须跟计算机技术结合，适应计算机应用的需要。

（四）提出了一系列别具一格的方法论，例如归纳出词类辨析的三个方法："直接判定法""排他法"和"类比法"。再如关于复句的语义关系具有二重性，既反映客观实际，又反映主观视点，而且主观视点是第一位的起主导作用的因素。还有在句子结构分析的基础上揭示出"结构的分层向核性"以及"动词核心，名词赋格"的特性。

（五）主攻复句研究。而且是紧密结合逻辑的复句研究。代表作是《汉语复句研究》，标志着我国复句研究的最高水平。提出分类的原则是"从关系出发，用标志控制"，要求分类原则必须具有同一性和彻底性，分类结果必须具有切实性和全面性。

（六）邢先生做学问不仅仅局限在国内，而是具有国际视野。他很早就开始关注华语在全世界的传播，不但把自己的得意学生派出去攻读博士学位，学习现代语言学最新理论，还广交海外学术界朋友，例如美国夏威夷大学的李英哲教授、新加坡的周清海教授等。他还主持了国家社科基金重大项目"全球华语语法研究"，已经或即将出版香港卷、马来西亚卷以及台湾卷等，在全球华语界产生了相当大的影响。正是受到邢先生这一课题的启迪，我也于2016年申报到了国家重大课题"境外汉语语法学史暨数据库建设"，我从内心里感谢邢先生超人的睿智和独特的眼光。

邢先生是有大智慧的，话不在多，但是很精辟，常常能概括出一些言简意赅、发人深省的名言。这些独到而新颖的见解，实属难能可贵。

例如他总结自己的研究宗旨：思想方法是"吃透两头，留下中间"；工作方法是"一点突破，由此及彼"；学术研究要"立足事实，提升理论"。研究标准，就是要做到三个充分："观察充分""描写充分""解释充分"。著书立说则要"尊重事实，讲究文品"。

他还进一步提出要做到三个处理："处理好人己成果的关系""处理好意见相左的关系""处理好求信存疑的关系"，这样才能避免"抄袭""霸道"和"僵化"的恶劣文品。

在研究生培养方面，他提出"亦师亦友，志在高山"，对研究生提出三个"着眼点"："进攻意识""研究能力"和"优良学风"。在他的教诲引导下，不少学生已经或即将成长为我国语言学的中坚力量，在全国范围内，甚至在国际上产生了相当的影响。

七、高山仰止，景行行止

我在做语法本体研究的同时，也做汉语语法学史的研究，因此对我国的当代的语法学家有一定的了解和研究，在这些众多语法学家里面，我特别敬佩的是邢福义先生，对他"刮目相看"。他没有任何特殊背景，既不是名校毕业，更没有名家后盾，他完完全全靠自己几十年如一日的拼搏与钻研，克服了常人难以想象的困难，才攀上学术的顶峰。他是我们平民百姓出身奋斗的一个标杆。我非常理解他的几句发自心扉的名言：第一句是"抬头是山，路在脚下"。意思是眼睛要紧盯着自己的奋斗目标不懈地攀登，而上山的路却要靠自己一步一个脚印地爬上去的。这解决的是目标和行动的关系。第二句是"猪往前拱，鸡向后扒"。意思是如果要奋斗，就必须根据自己的特点来采用不同的途径与方法。绝对不可千人一面，人云亦云。针对的是坚持个人特色的重要意义。第三句是"年年岁岁，春夏秋冬"。既然目标已经确定，那就要坚持不懈，经受住各种考验，心无旁骛。可见成功的关键是"坚持不息"，只有这样，才能取得正果。凡是了解邢先生的人，几乎没有一个不佩服的。邢先生乐于助人，坚持正义；对自己学生真诚培养，更是学界的口碑。因此，无论做人的人品、做学问的学品，都是我们后辈学习的榜样。

高山仰止，景行行止；桃李不言，下自成蹊。

（作者单位：暨南大学）

永远的邢叔

——怀念邢福义教授

石定栩

　　我和邢福义教授的交往,始于从他的研究成果中得到的研究灵感和分析思路。我于 1986 年夏天进入美国南加州大学,攻读形式语言学理论的博士学位。我的本科学位来自英语专业,1984 年去美国也是学的 TESL(英语作为第二语言的教学)。1986 年改行做理论语言学,汉语语法知识就成了我的短板,当然要想办法尽快补齐。正好从那年开始可以在美国订阅中国的学术期刊了,我就订了《中国语文》,而且可以从第一期开始补发。一下子拿到了五本属于自己的《中国语文》,让我兴奋不已,赶紧从第一期开始查看。也不知是不是天意,随手一翻第一眼看到的就是邢福义的《反递句式》,这个从来没有见过的语法概念激起了我的好奇心,于是一口气读到了最后。"反递"的基本意义是"不但不 p,反而 q",用分句之间的逻辑关系给复句命名在汉语语法分析中并不罕见,常见的转折复句、递进复句和因果复句就都是用逻辑关系来命名的。"反递"显然是一种较为少见的类型,文章精准的描述把这种复句的本质说得非常通透,"邢福义"这个名字也就给我留下了深刻的印象。

　　随后的几年里,邢福义的文章在《中国语文》里多次出现,包括

1987 年第 6 期的《前加特定形式词的 "一 X，就 Y" 句式》、1990
年第 1 期的《时间词 "刚刚" 的多角度考察》、1991 年第 1 期的《复
句格式对复句语义关系的反制约》、1992 年第 6 期的《从基本流
向综观现代汉语语法研究四十年》和 1993 年第 5 期的《形容词的
AABB 反义叠结》。这些文章我都一一用心拜读，对这位来自华中
师范大学的汉语语法学家由衷地感到敬佩。

从南加州大学拿到博士学位后，我于 1994 年底应聘去了香港
理工大学。安顿好住所之后，就迫不及待地冲到深圳去采购书籍。
我要在中文系任教，但没有在国内上过中文系的课，缺乏最基本的
汉语语法训练。在南加州大学研究的是理论语法，尽管用的是汉语
的材料，但对汉语语法研究的传统还是知之甚少，完全照搬生成语
法的那一套东西，很可能会把学生吓跑，所以需要恶补汉语语法的
基础知识。当时深圳有一家非常大的新华书店，上下六层，书籍种
类相当齐全。我到汉语语言类的地方一看，简直是欣喜若狂，见一
本就往购物车里放一本。到最后结账，一共花了一千二百多元，装
满了一个拉杆箱。那天买到的书包括《现代汉语词典》(第 2 版)，
刘月华、潘文娱、故铧的《实用现代汉语语法》，黄伯荣、廖序东的
《现代汉语》和胡裕树的《现代汉语》。邢福义的书有一本《现代汉
语》和一本《语法问题发掘集》。最有意思的是还买到了河南教育
出版社的《著名中年语言学家自选集》，一套十本中有一本是《邢福
义自选集》。我这才知道邢福义教授在国内语言学界的地位如此之
高，心中的震惊已经超越了语言能够描述的层次了。就连几年后买
到东北师范大学出版社的 "20 世纪现代汉语语法八大家" 丛书，其
中有一本是《邢福义选集》，带来的震动都没有这次那么强烈。

从那以后，邢福义教授的著作我见一本买一本，市面上能找到

的基本上都买齐了，认真拜读之余，想要当面请教的念头也与日俱增，而机会也来得很快。华中师范大学语言与语言教育研究中心成立之后，于2000年1月召开"汉语重叠问题国际研讨会"，我在摘要被接受后特地提前一天抵达武昌，前往语言和语言教育研究中心拜访邢福义教授。

邢教授看到我的名字就问我和石定柔的关系，我如实禀告说那是我二叔的儿子，也就是我的堂弟。这就引起了一场关于称呼的争论。我的二叔石声淮是华中师范大学中文系的文学教授，20世纪50年代教过邢福义古典诗词和古典文学，所以邢福义教授坚持要我叫他师兄，也就是以同辈的地位交往。问题在于70年代邢福义又教过石定柔的现代汉语和汉语语法，两个人是师生关系。要是跟着邢福义和石声淮的师生关系算辈分，邢福义是我的师兄，堂弟石定柔就成了我的后辈；但如果跟着邢福义和石定柔的师生关系算，邢福义算是我的老师，我的二叔就成了我的爷爷辈了。这笔糊涂账可真的不好算。最后还是我要了个赖皮才解决问题。我抓住邢福义和石声淮的双重关系做文章，说邢福义留校工作后就是石声淮的同事，所以两人同时又是平辈。不如我按照邢福义和我二叔的同事关系，称他为邢叔以表敬意；另一方面，石定柔毕业后留校工作，也算邢福义的同事，照顾到这一复杂关系，我称邢福义为邢叔比较妥当，也亲切得多。

邢叔接着就问我在会上要讲什么。我把《形容词重叠式的句法地位》的基本思路说了一遍，着重说明关键是如何区分复合词与短语，而这样做的出发点是形式句法的基本理念，要严格区分词和短语的句法地位及句法功能。邢叔听了非常感兴趣，一连问了好几个同核心语料相关的问题，指出还有一些相关的语料可以一并处理。

我连夜修改了讲稿，随后撰写论文时又重点讨论了这几种情况。几年后语言与语言教育研究中心召开"动词与宾语问题国际学术研讨会"，我又去讲了《动词后数量短语的句法地位》的主要观点。会后邢叔特地把我叫到他的办公室，提醒我要注意几个比较关键的地方，特别是这种句式与"了₂"的互动表现。邢叔的意见我后来都糅合到文章里，在2006年的《汉语学报》上发表。最有意思的是，这篇论文和2000年《汉语学报》上的那篇《形容词重叠式的句法地位》的引用率都比较高，而且引用的内容都是邢叔提的那几个问题，由此可见邢叔的观察力是多么的敏锐。

邢叔的学术地位、研究能力和待人接物的态度给我留下了极深的印象。2002年香港理工大学征集"二〇〇二年度杰出中国访问学人计划"名单时，我便极力推荐了邢叔。邢叔顺利入选后于9月25日飞抵香港。我在接下来的一周里全程陪同，邢叔给我们系的老师和学生做了一场报告，给全校师生做了一次演讲，和我们系的师生进行了一次座谈，还做了一场开放给所有香港人的讲座。理工大学于2002年9月26日举行颁奖仪式，由中华人民共和国外交部驻香港特别行政区特派员吉佩定先生和香港理工大学校长潘宗光教授一同担任主礼嘉宾。仪式上给邢叔等七位学人颁发了"杰出访问学人证书"和纪念品，并摄影留念。

之后的20年里，我一直保持与邢叔的学术联系，也参加了语言与语言教育研究中心组织的所有专题讨论会，而且每次都会同邢叔单独交流，每次都会得到启发，从中获益匪浅。邢叔的学术思路是我的宝贵财富，会一直伴随我一路前行，直至最后。

邢福义教授是我永远的邢叔。

（作者单位：广东外语外贸大学）

缅怀先师邢福义教授

马重奇

　　享誉海内外的著名语言学家、华中师范大学文科资深教授、华中师范大学语言学系和语言与语言教育研究中心创建人邢福义先生因病于 2023 年 2 月 6 日中午 12 时在武汉逝世，享年 88 岁。海内外语言学术界纷纷表示沉痛的哀悼！

　　邢福义先生毕生致力于汉语语言学研究，主攻现代汉语语法学，也研究逻辑、修辞、方言、文化语言学、国学及其他问题，并在上述领域尤其是现代汉语语法领域取得了杰出的学术成就，在海内外产生了重要的学术影响。邢先生独著、合著、主编各种学术著作和教材 50 余部，包括《汉语语法学》《汉语复句研究》《词类辨难》《文化语言学》《全球华语语法》等，主要成果结集为 12 卷本、共计近 600 万字的《邢福义文集》。曾四次获得中国高校人文社会科学优秀研究成果一等奖，三次获得湖北省社会科学优秀成果一等奖，还曾获国家级教学成果奖、中国图书奖、国家优秀教材奖等多个国家级奖项。多部研究成果被翻译成英、俄、法、日、韩等多种文字。被学界誉为"20 世纪现代汉语语法八大家"之一，被评为全国教育系统劳动模范、"首届荆楚社科名家"和"华大卓越教授奖"等。邢福义先生的逝世是中国语言学界和华中师范大学的重大损失！我们永远怀念邢福义先生！

我作为晚辈，与邢福义先生接触得不多，多数在国家社科基金项目会评工作会议上见面，印象尤其深刻有四次。

一

记得我第一次有幸拜访邢福义先生是 2000 年暑假，我与我校古代文学专业的蒋松源教授到华中师范大学拜访邢先生。邢先生带我们参观语言学系办公室、资料室、会议室等。我们感到很奇怪，从来没听说过大学里有独立设置的语言学系。邢先生说他们的语言学系是国家教育部特批的国内第一个大学语言学系，他也是教育部特批的语言学系系主任。邢先生跟我们谈到语言学系的招生情况、课程设置以及人才培养等问题，我们听了深受启发。邢先生还非常关心我们福建师范大学文学院语言学科的建设情况。我向他汇报以后，他对我们的汉语言文字学硕士点、博士点建设提出许多建设性意见，尤其是从师资队伍、学科建设、科学研究、教学与人才培养、学术交流各个方面介绍了华中师范大学的经验和体会。首次拜会邢先生以后，我深深体会到要搞好学院乃至学校的学科建设，并非轻而易举的事。我于 1992 年担任福建师范大学中文系副系主任，主要负责全系研究生教育、全系教师的科研工作以及学科建设工作，2000 年 7 月被学校任命为研究生处处长、研究生院常务副院长，因此，听邢先生的一席话就如聆听了一场学科建设的精品课程。邢先生的一番经验之谈，其音容笑貌迄今仍然历历在目！

二

第二次会面是 2008 年邀请邢先生到我校讲学。经多次邀请，邢先生终于答应到我校讲学。那天他在我校的科学会堂开讲座，可谓座无虚席，深受我校师生的热烈欢迎。邢先生为我校师生讲座的题目是"我的治学轨迹与领悟"。后来，邢先生在《当代外语研究》2012 年第 4 期发表了《我的为学轨迹与领悟》，其内容跟讲座差不多。我非常高兴，就从网上下载收藏，并转发给有关老师和同学们学习。邢先生的讲座第二部分着重谈到"对汉语语言学发展的思考"，他谈了七个方面的问题，我觉得谈得特别好：

第一，提倡学派意识。经过一代代学者的不懈努力，汉语语言学沿着"创业—拓新—发展"的轨道不断推进，总体上已经出现了繁荣的局面。可是，繁荣不等于成熟。一门社会科学成熟与不成熟的突出标志，应该是学术流派是否已经形成。

第二，加强理论建树。缺乏理论的学科不是坚挺的学科。汉语语言学缺少形成体系的理论和方法，弱点明显。多年来，学者们不断引进国外理论，促进了学科面貌的不断更新，这个工作今后还须大力加强。

第三，深化事实发掘。没有对事实的清楚了解，理论的创建便成为空中楼阁。然而，仅就语法研究而言，我们对汉语的许多事实至今仍然认识朦胧。目前，研究工作正面临着来自理论和应用两大方面的严峻挑战，任何进展都脱离不了事实的发掘，并且回避不了事实的检验。

第四，跟上时代步伐。自然科学和社会科学的交叉与融合是

21世纪科学发展的总体走向。汉语语言学跟信息处理应用研究密切相关,汉语语言学工作者应该了解和考虑现代化的需求,跟上时代的步伐,为我国语言文字信息处理做出义不容辞的贡献。

第五,认准一个目标。我国的汉语语法研究始终指向汉语语法事实的客观规律性,这是可贵的传统。语言有共性,不研究语言的共性,就无法建立能够全面解释全人类语言的普通语言学。另一方面,语言又有特性,语言共性的认识,必须建立在对各种语言特性的深刻认识的基础之上。对于汉语语法研究来说,不能满足于了解和使用别人已经建立的理论和框架。要真正做到跟国际接轨,语言共性和汉语特性的研究都不能忽视,二者之间相互促进、互为条件的辩证关系必须处理好。

第六,强调朴学精神。朴学精神表现为质朴、实在、讲实据、求实证,是数千年来反映了中华民族特质的最具生命力的一种学风。做研究,应该按朴学精神的要求,充分占有材料,据实思辨,不应疏而漏之。面对新的理论方法和科技手段,应该以朴学精神反复验证,不应大而化之。

第七,寄希望于将来。"后来居上"是真理性的发展观。学派性风格的形成、学科理论的建树、语言事实的全面发掘、适应时代要求的学科更新、真正符合汉语面貌的汉语语言学的铸就,需要经历很长的历史阶段,有赖于一辈辈学者前赴后继,发扬愚公移山的接力精神。

三

2017年,教育部首次公布第一批"双一流"建设高校名单。在此之前，邢先生邀请我参加华中师范大学中国语言文学学科申请教育部"双一流"的论证会。会上文学院院长和邢先生先后做了汇报。他们的汇报内容非常丰富，在办学理念、学科建设、师资队伍建设、狠抓科学研究、人才培养以及学术交流各个方面都做得非常出色。在语言学科建设方面，邢先生业绩尤其突出，如他曾四次获得教育部高等学校科学研究优秀成果奖（人文社会科学）一等奖和三次湖北省社科一等奖，还曾获国家级教学成果奖、中国图书奖、国家优秀教材奖等多个国家级奖项，出版几十部高档次、开创性的学术论著，对我震撼特别大，真的是罕见的大师级学者！这是我第三次在华中师范大学拜见邢先生，受益匪浅。

四

第四次是 2021 年国家社科规划办派我到华中师范大学参加邢先生为首席专家的国家社科基金重大项目"全球华语语法研究"的结项工作。这是我学习的最好机会。邢先生主持的这个重大项目主要基于两个背景。其一，为了适应国家发展的需要。开展本课题研究，有利于促进华语的交际畅通和国际传播，增强华语成为全球华人大团结之纽带的作用。其二，为了有效回应国际华人学者的倡议。2009 年，在《全球华语词典》即将出版之时，新加坡著名语言学家周清海先生多次与他沟通，希望将全球华语语法的研究提上日程，反映了世界华人的寄托和期待。邢先生感到有责任也有义务用实际行动做出积极而有效的回应。经过两年时间的思考与准备，已经组织起了一支国际性的研究队伍。2012 年邢先生申报的国家社科基金重大项目"全球华语语法研究"立项了。经过 10 年的实施，终于完成了这一项目的研究任务。

　　邢福义先生仙逝后，商务印书馆将出版邢老师的纪念文集。邢福义先生的高足汪国胜教授向我约稿，要我写一篇纪念文章，就以此短文，谨表对邢先生的沉痛哀思。

（作者单位：福建师范大学）

我心见山

——回忆邢福义老师

伍 巍

1981 年 11 月，严学宭先生举办的第一届"中国音韵学研究班"在华中工学院（现华中科技大学）举行结业典礼，严学宭先生特意邀请华中师范大学的邢福义老师参加集体照拍摄。我看到了前排一个清瘦的身影，不过 40 来岁。旁边的同学向我介绍：那就是著名的语法学家邢福义先生。作为青年学人，我觉得邢先生当时离我们很远，认为他是一座山，只能仰望。

1994 年 6 月，我们作为詹伯慧老师的第一届方言学博士研究生在暨南大学举行毕业典礼，邢老师带的三位首届语法学博士研究生与我们一同在暨南大学学术报告厅参加毕业典礼，不能不说这是缘分。邢老师驻留暨南大学期间，詹伯慧老师邀请邢老师给我们做一场学术报告，建议他谈谈"治学方法"。那场报告邢老师从头到尾介绍的却是吕叔湘先生的治学精神对他的启发，朴实的语言、真诚的态度、精密的思维让我领略到一位智者的风范，景仰之情油然而生。近距离接触邢老师使我领悟到，真正的语言学大家从不妄自尊大、故步自封，他们心目中仍然有自己仰望的高山，那就是博大的学科境界与不断追求的目标。我们聆听了他"普—方—古"三角理论与"语言学理论必须植根于语言事实"的主张。邢老师最后强调：认真读书、借鉴前人的研究方法不是最终目的，更重要的是善于在读书中独立思考、勇于提出问题、争取走自己的路。多年来，邢老师带领他的学术团队在仰望学术高峰的同时，从未停息践行的脚步，正因为这一学术信仰与不断追索的精神，支持他带领他的学术团队经年乐此而不疲。

此后，邢老师作为国家社科基金项目语言评审组副组长，我作为评审组成员，我们在北京见面的机会多起来。有一年，在语言大组评议会上，邢老师让我代表方言小组汇报项目筛选情况，其实具体材料他早就看了。当时他就坐在我对面细心倾听，表情较为严肃。尤其是我介绍到广东申报项目的取舍时，他格外专注，从头到尾目不转睛地盯着我。我知道，这是邢老师无声的爱护，怕我出错，同时也在观察我做人做事能否秉以公正的行为，因为"做人第一"是他对学生的一贯要求。直到我汇报完毕，他才露出轻松的一笑，这一印象我至今记忆犹新。

2009 年，邢老师主编面向 21 世纪课程教材《现代汉语》，来函邀我参加"语音"章的撰写，我欣然答应。我深知这是邢老师的一份信任，也知道他毫不含糊的治学态度，所以不敢有丝毫的懈怠，必须认真完成。

多年来，每一年的重要节日我都会致函向邢老师问候，邢老师必然及时回复。今年除夕我又一次致函，没想到再也不会收到邢老师平安健康的回复了。我抬头仰望，心中仍然是那座巍峨的山峰，勉励我们这代学人为人做事。

（作者单位：暨南大学）

永忆关怀恩煦煦　长思教诲语谆谆
——深切缅怀邢福义先生

周建民

2022年7月10日，华中师范大学在逸夫国际会议中心隆重举行《邢福义文集》出版研讨会。与会的各领域专家对《邢福义文集》给予了高度评价。

《邢福义文集》由华中师范大学出版社出版，共12卷，皇皇600万言，集中展示了邢福义先生丰硕的学术成果，全面体现了邢先生精邃的学术思想，系统反映了邢先生对中国语言学事业的重要学术贡献。《邢福义文集》是根植于汉语沃土的美丽学术之花、极具学术传承价值的人文社科学术精品，对中国特色语言理论的建设将会产生积极的推动作用。感谢邢先生和华中师大出版社，为我们提供了极好的经典著作和学习典范！

我在会上发言的最后朗诵了小诗《敬贺〈邢福义文集〉出版》，以表达对邢老师的深深敬意：

> 跋涉耕耘数十年，皇皇巨著锻精编。
> 大师足迹沿长路，小句中枢起后篇。
> 表里值求精细义，普方古拓阔宏天。

犹怀老骥凌云志，山道无穷奋往前。

当时邢老师因为健康原因未出席研讨会。但是万万没想到，我们再也见不到敬爱的邢老师了。

2023年2月6日中午12时，敬爱的邢老师因病在武汉逝世。站在华师大逸夫国际会议中心的邢福义先生吊唁厅里，望着照片上邢老师慈祥的面容，我深深地向邢老师行三鞠躬礼，泪水不禁夺眶而出，悲从中来。伫立良久，我含着眼泪虔敬地献上花圈，献上悼诗，沉痛悼念敬爱的邢老师：

霹雳声传悲讯临，大师行远泪飞纷。
语修逻汇启新著，普古方融传世文。
永忆关怀恩煦煦，长思教诲语谆谆。
哲人归去精神在，遗范学林励后人。

每次去华中师大语言研究所，看见门口以邢老师名言而定的所训"抬头是山，路在脚下"，都会感受到深深的激励。

虽未列邢门，却常沐师恩。我不是邢老师的在册学生，却长久得到邢老师的亲切关怀和恩泽；虽然没有在课堂上听过邢老师的正式授课，却在会议和活动中多次聆听过邢老师的谆谆教诲。

如在一次会议上，邢老师从歌剧《白毛女》中的唱词"有钱人结亲讲穿戴，我爹没钱不能买，扯上了二尺红头绳，对着镜子扎起来"谈起，说到后来的芭蕾舞剧《白毛女》将歌词改成了"我爹钱少不能买"。修改的理由想必是：既然没钱，怎么能买红头绳？既然能买红头绳，怎么能说"没钱"？因此要说"钱少"才准确。

这种改动看似有道理，实际上却没有考虑到生动的语言表达与精确的数学表述的不同。在语言运用中，词语的具体含义要受到语言环境的制约。在特定的语境规约之下，"没钱"的实际含义往往就是钱少或钱不够。结合特定的语境来看，语言表述系统中的"没"或"无"，可能是"零"，但也可能不是"零"，只是相对较少而已。因此，不能通过形式逻辑推论，把语言应用复杂多变的现象简单化。否则，就不大容易组织成顺口说出的简练流畅的句子了。

鲜活有趣的语言事实，严谨深入的理论思考，邢老师条分缕析，娓娓道来，听者无不觉得精彩。后来邢老师将对这一语言事实的深入分析思考和精辟学术见解写成论文《从语言不是数字说起》，发表于1995年第3期《语言文字应用》。

邢老师善于在我们习焉不察处敏锐地捕捉到语言发展的新态势、可以深究的语言事实和语言规律，而且进一步"把种种事实放在动态的具有内在规律性的语言运用体系中来考察，发掘出相关的理论问题，并且形成理论系统"。他对语言现象细致的观察、绵密的分析、深入的思考以及理论的升华，给予我们极大的启迪。还有一个细节值得一提，邢老师在自己的论著中总是对引用的每一条语料的出处都进行详细的标注。邢老师注重语言事实，注重理论思考的优良学风与文风，对我的语言学习和研究都有很大的影响。

邢老师对我成长的关心指导是多方面的。1998年，我的《广告修辞学》出版，邢老师鼓励有加，欣然赐序。邢老师在序中写道：

国家的改革开放，迎来了经济的腾飞，市场的繁荣，商品的丰富和相互间的时空竞争。商品广告随之而勃兴，并且越来越花样翻新，千姿百态，越来越讲求创意和技巧，展示人们的聪明机智和汉语的表现力度。

　　作为新时期发展起来的深入了千家万户的语言现象，广告语言的方方面面自然都会引起语言学家的高度重视和关注。

邢老师在序中谈到自己对广告语言现象的具体观察与深入思考：

　　有一则关于"仰韶酒"的广告，插在电视节目中间，屏幕上出现的是做广告的相声演员唐杰忠。唐杰忠："买得放心！"厂家小姐："喝得舒心！"于是，唐杰忠笑嘻嘻地："哦，考我呢！？"我琢磨，意思是说，别考我，我喝过了，的确舒心；意思又是说，要是不信，请你也试试！我不想对这则广告说长道短，我感兴趣的是从唐杰忠口里说出来的这个带有感叹性的问句。语法教科书总是告诉学生，句末用"呢"的问句要求构成特指问（如"谁呢？"），或者正反问（如"是不是呢？"），然而，这个问句既不是特指问，也不是正反问。实际语言运用中并不是没有同类的例子。比如，《小说选刊》1996年第11期上，载有高旗的中篇小说《猛撞南墙》，其中就有这么一句："哪的话，你还记得这档子事呢？"从修辞上说，这类问句很难说是通常提到的"反问"，更难说是通常提到的"设问"，那么，为什么仰韶酒广告特意选用了那么个特殊形式的"呢"问句？其语用效果如何？在修辞上怎么解释？广告语言里，诸如此类值得深入探讨和细致分析的现象很多很多，广告语言的修辞问题，不管是从实用价值上说，还是从理论意义上看，都是当前语言研究的大课题。

　　邢老师还对广告修辞学和广告语言学的研究提出了指导性的意见：

　　　　从1898年马建忠《马氏文通》出版算起，我国现代语言学的历史不过一百年；对于广告语言的研究，时间极短，近十年来才出现了一个小小的热潮。广告语言研究的推进，有赖于对语言事实进行全方位的深入而细致的专题性研究；广告语言学包括广告修辞学的成熟，还需要进行更多的理论思考，还需要在充分观察充分描写的基础上进行更多的理论创建工作。

　　在这篇序言的最后，邢老师语重心长地勉励我："事业无穷年！重要的，是迈开坚实的步伐！"这句话一直激励着我不断前行。

　　在邢老师的勉励提携下，我先后参加了他主编的《文化语言学》《毛泽东著作语言论析》《公关语言》《现代汉语语法修辞》《现代汉语》等著作和教材的编写，颇受锻炼，获益匪浅。

　　除了对我个人的成长关怀备至，邢老师还特别支持和悉心指导我和江汉大学的相关工作。

　　江汉大学武汉语言文化研究中心的前身为江汉大学语言文学研究所。研究所成立于2002年，2005年获评武汉市人文社会科学重点研究基地，以应用性、地域性、交叉性为研究特色，将领域语言与地域文学作为主要研究方向。邢老师欣然应邀担任江汉大学语言文学研究所学术委员会主任。在学术委员会成立大会上，邢老师充分肯定了研究所的研究重点，对研究所的发展语重心长地提出希望和建议。他说："一个学术单位要在建设和发展中有所建树，必须有学术亮点。"因此，他建议研究所用五到十年的不懈追求，在学术界形成亮点。在此基础上，他提出四点指导性建议。一要盘好家底。知道自己研究队伍里究竟有多少可用之才，可干多少事儿，能干到什么程度。二要扩大视野，面向世界。要关注社会，关注世界。重视学科之间的交叉与融合。三要站在学术制高点上研究问题，不要做一些价值不大的重复性研究工作。四要形成良好的学术团队。他形象地指出："学术团队要有蚂蚁精神。像一群蚂蚁一样团结协作，而不要像一窝螃蟹，各行其是。"

在邢老师和学术委员会其他先生的引领和指导下，研究所同仁奋发努力，一步一个脚印，逐步在武汉语言和文化研究上形成了一些亮点。为了将研究重点更加聚焦于武汉语言和文化研究，2010年我们在研究所的基础上成立"江汉大学武汉语言文化研究中心"。经湖北省教育厅批准，2012年研究中心立项建设湖北省普通高校人文社会科学重点研究基地；2013年又获评为湖北省非物质文化遗产研究中心，重点研究武汉的非物质文化遗产。

邢老师继续担任江汉大学武汉语言文化研究中心学术委员会主任，并对中心的研究工作进行进一步指导。他叮嘱我们要结合武汉相关文化的发展现状去研究和保护武汉的非物质文化遗产；在文化的大背景下考察武汉城市语言运用现状，研究武汉方言的历史和发展变化，以及使用人群、使用环境、使用效果等。对武汉文化和语言的研究要特别注意它们之间的互相影响，要注重事实，探索理论，相互促进，相得益彰。

很多人都知道，邢老师非常珍惜时间，很少在外面吃饭。每次来江汉大学参加学术会议与学术活动，他也是照例不吃工作餐，活动结束后当即跨过长江，返回华中师大。

在邢老师的关怀下，我受聘担任华中师范大学语言研究所硕士生导师，因此有一段时间每年毕业期间就会到语言所参加硕士学位论文答辩。每次答辩完后，师生们都会齐聚在语言研究所门前台阶上拍摄毕业照。集合时，邢老师总是缓缓地从居所方向走来，对师生们报以亲切的微笑，对毕业生给以亲切的鼓励，引来毕业生们的一阵阵雀跃欢呼。我想，这样温馨的场景一定会永远镌刻在这些学子的记忆之中。

抬头是山，邢先生对中国语言学事业的卓越贡献和他的高尚人品，我们永远敬仰；路在脚下，后辈学人将沿着邢先生的足迹，为中国语言学事业的发展努力奋斗，继续前行！

（作者单位：江汉大学）

师道长存　师恩永志

——缅怀邢福义先生对我的教诲

乔全生

备受学界崇敬的邢福义先生因病于 2023 年 2 月 6 日中午 12 时永远地离开了我们，邢先生毕生奉献语言学的崇高精神、为构建中国特色语言学理论做出的历史性贡献将光照日月、永世长存；邢先生留下的宝贵的语言学遗产将泽被后世、嘉惠学林。邢先生虽然仙逝，但 40 年来对我的一次次教诲均历历在目，现追忆邢先生对我影响最深的四次教诲，永志纪念。

一、学识宏赡　倾囊相授

我第一次受到邢先生教诲是 1982 年春天。华中工学院在严学宭先生倡议下举办了"全国语言学理论研究班"，邀请邢福义先生讲授"语法理论"一周。讲课之前我已从邢先生弟子李宇明、汪国胜、徐杰那里了解到邢先生授课特点，早就想一睹邢先生授课时的风采，此前也曾拜读过邢先生的大著《词类辨难》，当我聆听了邢先生讲课之后，才真正感到名不虚传。当时邢先生才 47 岁，西装革履，风度翩翩。讲课时不看讲稿，连很多长而贴切的例子，都是信手写在黑板上，一字不差，展现出超强的记忆力。那些例子都是邢先生做研究时从文学作品中亲自一条一条找出的。现在翻开当年记的课堂笔记，倍感亲切。我一共记了 23 页，每页 700 字，共 16000余字。

邢先生讲课的语速不紧不慢，我几乎能将所有的讲课内容都记下来。授课内容多是邢先生的研究心得，层层推理，极富逻辑性、思辨性。今天重读，一点儿也不过时，其中还有很多深刻的道理值得好好去体会。现将邢先生的讲课内容大致介绍如下：

总题目：现代汉语语法系统的若干问题。共分两个专题：专题一，关于句子成分；专题二，关于词类。

专题一除了引言，一共讲了 6 个问题：1. 句子、句子成分、造句单位。2. 句子成分的配对性。3. 句子成分的分层性。4. 句子成分的连环套合。5. 失偶成分。6. 词组和句子成分。

引言对 1956 年的"暂拟系统"做了客观评价，认为这个系统吸收了《马氏文通》以来的认识和作者的认识，使全国的语文教学有了一个统一的纲领，对语法知识的普及、推广起过不小的作用。这使学员对当时的"暂拟系统"有了一个客观的认识。邢先生讲课时语言很精练，风采就在字里行间。再看下面这段话：

> 人们交际，传递信息，人们说话总是一句一句的，每个句子是一个交际单位，为了满足需要，就要体现一个特定意图，或自己有所"知"，要告诉给人；或自己有所"疑"，希望人们有所答；或自己有所"愿"，希望人们照办；或有所"感"，感于衷而行于言，表达强烈的感情。

邢先生讲课，思路清晰，环环紧扣，能指出问题所在，能抓住问题的根本。比如：

> 近年来，有人一方面说句子有语调，词组没语调；一方面又说，词组比词大，句子比词组大，大的内涵变了，前者是语调的大，后者是结构上的长短，逻辑上是混淆概念，违反了同一律。结构大的不一定有语调，有语调的不一定结构大。应该说，二者是材料和成品的关系。

这样讲，使多数初学语法的青年教师一下子就找到了解决问题的钥匙。上面说到邢先生总是不假思索地能将一些长长的例子在黑板上写出来。比如在讲句子成分的配对性时举了一个长例：

> 哎呀，据说，炼钢厂新来的年逾花甲的李主任昨晚确实又一次在小礼堂向大家简明地讲了一下全国一年来革命与生产的大好形势。（54个字）

很多这样的长例子都是邢先生凭借超常记忆写下来的。有些例子非常贴切而有趣，独具匠心。如讲到句子配对成分时，说有些句子抽象出核心成分来是成立的，有些则是不成立的。比如：

> 你给地主害死了爹，我给地主害死了娘。（核心成分是"你害爹，我害娘"，不成话。）
> 桂叔这小子十八棒子也打不出个屁来。（核心成分也不成话）

专题二一共讲了4个问题:1.词类和词性。2.实词和虚词划分。3.关于"词的兼类"。4.关于动词、形容词的名物化。讲第1个问题"词类和词性"时,邢先生说先要回答三个问题:(1)什么是词类和词性?(2)怎样划分词类?(3)怎样判明词性?在讲词类和词性时,邢先生用了几句话就将词类、词性讲得明明白白。如:

> 词类是词的语法分类,根据词的语法功能划分出来的词的类别。词性是词的语法属性,是词在语法类别上显现出来的特性。
>
> 词类和词性是从不同侧面对事物的概括。词类说的是词性相同的一类一类的词;词性是着眼于个体,说的是类属相同的一个一个的词。

我们初学语法,最想知道"划分词类"的金钥匙。邢先生在讲怎样划分词类时,条分缕析,让人有豁然开朗之感。如划分词类的一个基本原则:根据词的语法功能,结合词的意义。语法功能有三个方面:第一,形态;第二,造句功能;第三,组合能力。我印象最深的是对形态的解释,都说汉语缺乏严格意义上的形态,但经邢先生一讲,我认为这里的形态还真是不可或缺的参考项。邢先生讲道:

> 形态从广义的角度说包括构词的语法形式和构形的语法形式两种。前者在汉语里能找到的是两种:前缀、后缀。老大、老三、老张,剪子、胖子、桌子,可构成新词、标明词类,是名词。构形也有两种:重叠与黏附。高兴——高高兴兴、高兴高兴,这是重叠附加了语法意义。"观众们观看了精彩的表演",

用"们"表示复数，用"了"表示动作已完成，这是黏附附加的语法意义。

形态、造句功能、组合能力三方面不是平等的，形态在汉语里面比较窄，造句功能也起不了大作用，使用标准太活。最起作用的是组合能力，同时考虑其他两方面。

最后是结合意义。如何控制这个参考项？从两个方面：在意义上是否是一个词，某种语法框架能否成立。讲这个问题时，邢先生举了两个特别有趣的例子：

我要同你严肃地讨论一个严肃的问题。

我要特别去看看那个所谓特别的人。

从逻辑的角度讲语法，这是邢先生的拿手好戏。比如讲充足条件和必要条件时，邢先生讲得形象生动：

充足条件是：有之必然，无之未必不然。即：有它就够，没有它不一定不行。如：由武汉到重庆，可以坐轮船、坐火车、坐飞机。词类的充足条件，如：动词可以带宾语、重叠、表动量、一天到晚地（　）、为谁（　）过。

必要条件是：无之必不然，有之未必然。即：缺它不得，但有它不一定能行。比如：一个人讲课生动、深刻，也许是认真钻研教材，也许是口头表达能力强，也许是肚子里有货。讲词类的必要条件，比如：连词，不能成为中心语，起关联作用。必要条件，缺一不可。

讲第 4 个问题"动词、形容词的名物化"时，邢先生认为"名物化"提法很成问题。邢先生讲：

> 应该说，它用在主、宾位，有事物性，但它保留了一部分动词的特点。《修订要点》已改成动词做主、宾语。可以把"名物化"叫作"名词、动词的指称性用法"。如数词，表数目，在"一是什么、二是什么"中，"一、二"指称事物，做主语。

邢先生讲到词的活用现象时，举了一个批语，写道：

> 当而（动）而（转折连词）不而，不当而而而，而（顺接连词）今而后，已而（名词）已而。

这个经典例子我一直忘不了。

每次上邢先生的课都是在这样一种轻松愉快而又收获颇多的气氛中度过的。

二、徵实不诬　匠心独运

第二次受到邢先生教诲是 2009 年夏天。受邀参加编写邢先生主编的《现代汉语教程》。邢先生来信如下：

全生：

　　近来可好？想必还是那么忙！国胜告知，你乐意参加我们的编写班子，我万分高兴。谢谢了！高等教育出版社委托我组编《现代汉语教程》，基本对象为大学本科学生。由我做总体设计，并负责组织编写班子；由吴振国（华中师大教授、博导）负责统稿。

编写工作的开展步骤是：第一步，提出一个基本框架。第二步，组织编写班子。参加编写班子的人员，要有深厚的学术素养和地域代表性。第三步，确定某章／节／部分的负责人，并分别请他们提出具体编写意见。希望富于新意，能跟上时代发展的步伐；同时希望讲求稳实，不要把过于个性化的学术见解写进教材。第四步，主编尽量尊重各部分负责人的意见，在此基础上提出一些改进的意见。第五步，开始撰写。各部分负责人撰写的初稿，希望在2010年8月底之前通过电子邮件传给主编。此外，在编写工作开展过程中，如果需要召开编委会，再根据实际情况安排。

现在，基本框架已经确定。《现代汉语教程》包括：导论。第一章 语音。第二章 词汇。第三章 语法。第四章 文字。第五章 应用。（"导论"包括三个部分：1.现代汉语共同语；2.现代汉语方言；3.环球大背景下的汉语。"第五章 应用"包括三节：1.语用与修辞；2.对外汉语教学；3.中文信息处理。）

现在编写班子已经组成。除了华中师范大学的邢福义、吴振国、汪国胜等人，应邀加盟编写工作的，有以下学者（按音序）：党怀兴（陕西师范大学），丁崇明（北京师范大学），蒋平（香港中文大学），李胜梅（南昌大学），罗昕如（湖南师范大学），齐沪扬（上海师范大学），乔全生（山西大学），吴长安（东北师范大学），伍巍（暨南大学），周荐（南开大学），周建民（江汉大学）。

想请你撰写的是：1)"导论"中的第二部分，即"现代汉语方言"，约 1.5 万字；2)"第一章语音"中的一节"方言语音"，约 1 万字；3)"第三章语法"中的一节"方言语法"，约 1 万字。

你是这方面的专家。到底写些什么内容，怎么确定节下面的标题，皆请你斟酌拟定，然后我们再交换交换意见。好吧？再次感谢你的加盟。祝万事顺遂！

福义

2009 年 7 月 31 日

我读了邢先生的信非常感动，邢先生作为主编，对教材做了详细安排，使我学到了如何编写教材的真谛。当教材编完后，2011 年 12 月邢先生又一次来信：

全生君：

近来可好？我们合作编写的、将由高等教育出版社出版的《现代汉语教程》，得到包括你在内的各位参编教授的大力支持，我特别感激。大家都在极为繁忙的情况下挤出时间来写作，按时交稿，我要再次表示深深的谢意。

这部教材的编写，一开始就跟高教社商定：我年纪已大，事情又多而繁杂，因此只能出面在全国范围内邀请水平高、代表性强的教授（一般为博导）分工撰写，并且担负语法章的一部分撰写工作。统稿工作，由吴振国教授负责；统稿之后，再由我通读定稿。

统稿是个非常重要的阶段，但这个阶段遇到了一些特殊情况。吴振国教授是语言学系主任，本来事情就多；近两年他太

太的身体不好,需要照料,使他耗去了不少时间;最近,他本
人的身体也出现不适。这样,就影响了统稿工作的进度。从目
前情况看,要给高教社交稿,恐怕要拖一段时间了。我心里十
分不安,只好分别给各位参编教授发邮件,恳请谅解。真的对
不起! 2012 年即将到来。祝新年快乐,阖家安泰。

福义

2011 年 12 月 22 日

2013 年 12 月 2 日,邢先生又一次来信通报教材情况:

全生:

近来安好? 时在惦念。我们的《现代汉语》教材,已经送
交高教社,明年 3 月可以出书。时间拖得这么久,实在抱歉。
附件里是目录和前言。请看看。前言有哪些需要修改的地方,
请告知,以便看校样时改过来。望多保重。

福义

当我拜读了邢先生亲自写的前言后迅即回复:

尊敬的邢先生:您好! 惠示拜悉。学生已认真拜读了前言。一
读便知是先生笔法,清楚明白,特色彰显。学生忝列教材编委,多
有愧怍,感谢先生又给了学生一次跟随先生学习的机会。

邢先生的每一封信都情真意切,字里行间透露出实事求是的学
风和文风。作为语言学大家,邢先生完全可以当一个甩手掌柜,因
为几位副主编汪国胜、吴振国教授都是非常认真负责、学术造诣颇
深的中年学者,完全可以胜任组织、安排、联络、统稿等工作。但

邢先生身体力行，亲自主持很多具体而琐碎的工作。这种工作作风也深深地感染着每一位作者。

三、慨然抚时　切中要害

我第三次受邢先生教诲是 2012 年 11 月 17 日。那是受湖北大学石锓教授邀请做讲座之后，又受华中师大汪国胜教授邀请与师生交流。我每次赴武汉出差时，总要先拜见邢先生，这是老规矩。每次定好时间，邢先生总是提前在办公室等候。一进门，邢先生起身走上前迎我，紧紧握住我的手，我很感动。落座后，我说明来意，我怕先生累，说最多耽误半个小时，结果这次谈了约 70 分钟。

这次邢先生主要谈了对当前语言学界的看法。邢先生说：

> 现在令人担忧的问题是：越来越偏离中国语言学的优良传统。有些人随便拿外国人的一些语言理论，套上几条汉语，就在那里演绎。

邢先生称之为"框架演绎"，邢先生接着说：

> 有些理论甚至连外国人都看不起，而我们的人就在那里套汉语。你搞的套汉语的研究能不能让人"看得懂、信得过、用得上"，好多文章写得连他们自己也看不懂、更信不过、也用不上。写出的文章是要人看的，这样引领年轻学者，起了不好的导向作用，这样的文章会害了年轻人。记得有一次在美国见到某位语言学者，说他们搞的，都是胡说八道，千万别信那一套，

说在美国搞语言研究，要求你必须两三年内提出一个新理论，而这些学者在周一至周五都在上课，周六日还要做些家务，哪里有时间搞研究？只能提一些怪理论。而国内有些学者就拿上这些怪理论套汉语，别人都看不懂，他们也不想让你看懂。看懂了，不就看出破绽来了吗？有人提出的理论，手里只有几个句子，就长篇大论。几年前，有一次我问某位学者，你的文章能否用的例子多一些，他说我为何要用那么多例子，我的几个例子都还没有弄明白。这说明，这些例子背后还有更多的意义没有弄清楚。有些道理，靠大量的例子是能说明的，但他们不，都要根据个人的"主观视点"。你有你的"主观视点"，我有我的"主观视点"，每个人都不一样，所以写的东西互相也信不过。这说明，对某一理论有多种理解，即"主观视点"不同。这怎么能用于汉语研究呢？

邢先生说最近写了一篇文章谈语言研究的历史脚印，从黎锦熙到吕叔湘，他们是怎么走过来的，这里有一个传统，不能踢开这个传统；并接着说，朱德熙先生是成功嫁接了外国的语法理论，而不是照搬。

邢先生进一步指出：

有人说他们曾站到了语法研究的"制高点"上。什么是制高点？制高点是在战役上能控制敌人，能打胜仗的地方。有的在外国是制高点，在中国不一定是；在武汉是制高点，在山西不一定是。诸葛亮挥泪斩马谡，马谡认为占领了制高点就会胜利，结果被张郃包围，断了水，断了粮草，败了。所以，你不能认为你就是制高点。

邢先生与学生谈话，时刻不忘坚持传统、坚持中国特色的学术研究，决不能搞盲从。

这次拜见，邢先生还谈到对博士生发表论文要求的看法。邢先生说：

> 学校要求过高，使他们为了写小论文，在二三年内不能集中精力写大论文。一个人一生中只有一个学术巅峰，可能有人有两个、三个，但很少。如果你过多要求发表论文，高级别刊物论文，就是要逼他去找刊物，甚至花钱去发表在一些刊物上，败坏了学术，浪费了时间、精力。建议校方让博士生在正规刊物上发一篇即为合格，但校方最终没能采纳这个意见，因为教育部对学校发表论文要排名，否则不给你经费。

真是切中时弊，一针见血。

这次我还给邢先生转达了鲁国尧先生的问候，并说：鲁先生认为《汉语学报》已经办得像《中国语文》一样，一南一北，北有《中国语文》，南有《汉语学报》。我说我们好几个学校已将《汉语学报》定为权威期刊了，邢先生听了非常高兴。

邢先生再次强调，做学问，一定要扎扎实实。"抬头是山，路在脚下。"我说我自从 1982 年听您的课时就知道了您给学生们写的这个条幅。多年来我一直是这样要求自己，同时也要求我的学生这样做。

四、木铎金声　滋兰树蕙

第四次受教是 2014 年 4 月 18 日邀请邢先生讲学。实际上早在 2012 年我就写信邀请过邢先生。2013 年 3 月我再一次去信邀请邢先生。内容如下：

学生去年敬邀先生于今春莅山西讲学、指导、观光，山西的气候四月前，天气不稳，时冷时热，树也不绿，不宜观光。五月、六月气候最好，不热不冷，天气稳定。现在有一个小插曲，即四、五两月学校要派学生赴日查阅近代汉语方言文献有关材料，五月底回并，故学生特邀请先生能在六月上旬或中旬莅临山西大学教导学术，特此敬请！学生深知先生特忙，现去函特向先生报告，万望先生能在六月适时空出时间赴并，学生及山西的学子不胜感激！

2013 年 3 月 23 日邢先生回复：

全生：

多谢你的盛情邀请。这一向，我的身体状况一直不好。人感到十分疲弱，走路也有困难，两腿沉重。因此。许多单位邀请，我都一一婉辞了。能不能去山西，等到你赴日访问回来以后，我再跟你联系，好吗？你正处盛年，学风又好，一定会更加大有作为。祝一切顺遂！

福义

2013 年 3 月 23 日

2013 年 6 月 10 日我从日本回来，马上就给邢先生去邀请信，我在信中说："学生已于 6 月初回到学校，一回来就是各种繁杂的论文答辩工作，现已基本告了一个段落。学生着急的是请先生来山西大学讲学的事，不知道先生近况如何。今去信先向先生请安，何时能够起程，学生立即启动日程安排。只是近期学校因周围修路被挖成了孤岛，出行上略受点影响，但无关大局。学生盼先生回音。"
邢先生下午就回信说：

全生：

多谢你的盛情厚意！我近来身体状况不好，人很瘦，很虚弱，两脚疲软疼痛，走路不方便。大概是"脑梗"和"糖尿病"引起的。这个时候，医生劝说，不宜外出。十分抱歉，请你体谅。你工作太多。望注意劳逸结合。

福义

我紧接着于 6 月 11 日回复先生："尊敬的邢先生：惠示拜悉。请先生莅百年老校山西大学讲学是我们多年的愿望，等先生贵体安康时一定满足山西学子们的期盼。吉人天相，有众弟子们左右侍奉，先生定会早日康复。学生恭候先生秋天能驾临山西！"2013 年12 月 2 日我又给邢先生去信："学生一直有一个愿望没有实现，要请先生来山西讲学。恳请先生明年春暖花开后能够成行。今年的秋季本应请先生来，结果到处修路，无法出行，现在多条线路已开通，明春更好。"邢先生很快回复：

全生：

明年 3 月中旬我要去澳门一趟。去山西之事，我们到 3 月上旬再联系一下，好吗？

福义

　　真是功夫不负有心人，邢先生来山西讲学的事终于松口了。一进入3月，我即与邢先生联系："尊敬的邢先生：学生去年敬邀先生于今春莅山西讲学、指导、观光，先生曾告知学生于3月上旬与先生联系，今已3月5日，特给先生致函，万望先生能应允赴并，学生将安排行程。学生除了3月14日至17日在广东詹先生处讨论方言大辞典外，所有时间均恭迎邢先生。学生及山西的学子不胜感激！"

　　2014年3月6日邢先生回了一封长信：

　　全生：

　　这两个月，特别忙。《汉语学报》的看稿定稿，为别人的书作序，应约写作一些推不掉的稿子，参加不能不参加的会议，出博士生试题，如此等等，没有一天是清闲的。过几天，还要看咱们合作撰写的《现代汉语》校样，这又是一件费神费时的事。3月底到4月初，要去澳门一趟。徐杰和周荐，早就要我去。主要有两件事。一件是在澳门大学和澳门理工学院做讲演；另一件是我的学生柯建刚在澳门以我的名字搞了一个"澳门×××华语华人社会研究基金会"，要举行成立仪式，我不能不去。这样，我可能3月30日离武汉，4月5日返回。我已经跨入80年龄段，有脑梗、糖尿、痛风等等疾病，近来行动已经没有以前方便了。这次赴澳门，澳门大学发函邀请了我和我的助手李自珍女士；另外，邀请了汪国胜和他太太。澳门大学以助手名义邀请李阿姨，就是因为我需要有人照顾；又邀请国胜和他太太，固然跟成立基金会有关，也是为了有人陪陪我。我一向不喜欢玩，现在爬山不方便，就更不想外出了。我太太离世之后，好几所学校邀请我，我都婉谢了。你那里，我要看看从澳门回来以后身体感觉如何。如果还行，我就4月底或5月初去；如果不行，就只好请你谅解了。我们是忘年至交，我把实际情况都向你说了。望保重，别太劳累。

福义

　　从这几封长信、短信中可以看得出，邢先生对一个学生辈的真诚相待，工作那么忙，时间那么紧，完全可以用几句话告诉我实在是抽不出时间，我也完全可以理解。但邢先生不是这样，写这么长的信，得花邢先生多少时间，这不是在给一个学生辈的人说事，是在跟一个老朋友交心。称之为"忘年至交"，还不是"忘年之交"，最后嘱咐我"望保重，别太劳累"。我是何等地感动！这次邀请非常成功，邢先生在汪国胜教授的陪同下，终于在2014年3月16日踏上了三晋大地。3月18日开讲，题目：《论事并重，事实终判》，这里将邢先生讲座略做介绍，以飨读者。
　　邢先生首先解题：

　　理论和事实我们都要重视，可是最后结论的提出是不是正确，最终决定于事实。理论与事实相互驱动，没有理论的牵引，对事实的描写和解释无从下手，或者只能盲目进行。反过来说，理论的生命力由事实所赋予，理论或者来自对事实的发掘，或者通过事实的检验得到确认。现代汉语语法研究工作者必须同时把眼光投向理论与事实。而从源流上来看，事实是源，理论是流。同样的事实，可以有这样那样的理论，不管采用什么样的理论，最终都必须面对事实。事实就是证据，任何结论的真伪都必须依靠事实来终判，我们先讨论两个具体的问题，最后谈一谈关于做学问的问题。

第一个问题：十来年是多少年？是 8、9 年还是 11、12、13 年，还是 10 年左右？

邢先生通过 30 年的《人民日报》大量的实例统计来说明事实的重要性，证明吕叔湘先生原来文章里所说的"左右"的结论是对的。通过列举近代汉语的大量例子，也证明"来"是表左右，而不是一些词典里解释的"略少"。

第二个问题：单线递进句不能倒置。比如：他不仅是个人，而且是个很大的人。不能倒过来说：他不仅是个很大的人，而且是个人。

邢先生针对有人提出，显喻进入隐喻就不受此限制。既可以说"毛泽东不仅是个人，而且是个伟人"，也可以倒过来说"毛泽东不仅是个伟人，而且也是个人"。邢先生强调，单线递进句不能倒置是大量存在的毋庸置疑的事实。我们不能强调它的特殊性而忽略它的一般性。邢先生通过考察大量的事实得出结论：

单线递进句不是个别现象，而是形成了系统。这类递进句有三种组构方式。第一种是概念收缩式，如：他不仅是个人，而且是个很大的人。第二种是概念张大式，比如：陈明不仅是全班第一，也是全年级第一。第三种是概念推移式，它既不是缩小也不是张大，而且推移。比如：琵琶不但开了花，而且已经结了果。这个显喻进入隐喻就不受阻限的结论根本经受不起事实的检验，有的递进复句根本不能倒过来说，如：他不但有酒，而且有好酒。你不能说成：他不但有好酒，而且有酒。这样的单线递进句是有规律、成系统的存在，并非个别现象。只举"毛泽东不仅是个伟人，而且是个人"这句话能说，却避而不谈"他不仅是个很大的人，而且是个人"能不能说，这就大有问题了。

邢先生进一步指出：

　　引进外来理论，更需要在发掘本土事实上下功夫。一篇文章，一项研究，如果只停留在自己想到的几个例子上面，便有可能仓促断定、以偏概全，这就是：事实终判。

邢先生讲座的第二个内容是如何读书和研究。讲了三句话：

　　第一，读好一本书。第二，写好一篇文章。第三，练成一个好习惯。就是要多关注语言事实，多问几个为什么，比如：语言中有外孙，没有内孙；有白人、黑人，没有黄人；有左撇子，没有右撇子等。

限于篇幅，很多精彩内容只能从略，以后我可以整理出来与大家分享。

邢先生为期三天的山西之行圆满结束，于 2014 年 3 月 19 日返回武汉。一回到家，邢先生就给我回复：

全生：

　　昨晚 12 点，我们准时回到了家里。这次赴太原，十分高兴。只是给你增添了太多的麻烦，很是过意不去。你有主见，有定性。有你掌舵，你那里定会有良好的发展。请代问候你太太，问候延俊荣、余跃龙和常乐。

福义

为了给我们省钱，邢先生、汪国胜教授一行竟然选择乘坐高铁，一路颠簸了五六个小时，我们真是于心不忍。邢先生为我们"传经布道"，还考虑着为我们节省经费，"先生之风，山高水长"。这次邢先生的山西之行，不仅仅是我个人受教、获益，我们的师生听了学术讲座都受益，与校领导座谈时还在为我所的学术研究、人才培养、学科建设献计献策。我的多次敬邀，竟如愿以偿。此时，我的感激之情只有一句话：海水深复深，难以量吾心。

以上只是追忆了我印象最深的四次受邢先生教诲的经历，其实，还有多次是在参加会议、听邢先生学术报告时的获益。有一次我对邢先生说"我是您的门外弟子"。事实上，从 1982 年聆听邢先生一周的语法课以后，我就将邢先生作为恩师，邢先生一直也没有把我当外人。现在邢先生虽然离开了我们，但邢先生提出的"人品第一，学问第二；文品第一，文章第二"的主张，我们可以体悟一辈子、受益一辈子。

谨以此小文缅怀尊敬的邢福义先生！

（作者单位：陕西师范大学）

邢师永存我心间的几枚温馨剪影

周　荐

我比不少非华师的人幸运，曾有过十数次见到邢福义先生的荣幸，其中六七次到华中师范大学：2002年赴武汉出席国家语委举办的一个会议，其间与马庆株教授一起去拜见邢师，邢师让我们俩分别做了讲座；2005年，应苏宝荣校长之请，一起赴华师就该校博士点工作向邢师汇报；2008年我工作重心南移前，专程到华师向邢师汇报，邢师又要我给大家报告一个题目；2010年，与徐杰兄一起出席华中师范大学国家汉语研究基地项目结项评审会，见到邢师；2012年，赴华师出席"汉语语序问题"国际学术研讨会，多次与邢师见面，向老人家讨教；2016年，专程赴华师看望病愈的邢师，邢师第三次命我给老师、同学们做汇报；2018年在华师举行全国第十二届汉语词汇学学术研讨会，邢师亲临大会开幕式，同与会代表见面。每到武汉，除需完成既定的学术任务外，我只有一个心愿——看望邢师；每到华师跟老师们、同学们见面时，我的第一句话几乎都一模一样——我也是邢师的学生。其实，我本没有过在华师读书的经历，但很荣幸的是，1984年，南开的几位老师——邢公畹先生、张清常先生、刘叔新先生、宋玉柱先生等为培养青年助教和研究生，开阔大家的学术视野，特请李临定先生、陆俭明先生、邢福义先生、叶蜚声先生莅临南开集体授课。老师们各个身怀绝技，纷纷拿出看家本领，仿佛是舞台上的折子戏，在短短一个学期的时间里为我们合开了一门极为精彩的课。邢师（当时四位中唯一一位获批为教授）讲授的复句研究，更是彩声不断。他站在讲台上讲得极其投入，我们坐在下面听得如醉如痴。当年的一幕幕如今回想起来，仍觉那是我60余年生命中最难忘的、也是最有收获的一个学期。就从那一刻起，邢师给予了我令我荣耀一生的师生缘。1984年在南开第一次见邢师后，很快便有了第二次见邢师的机会，那是1986年第四次现代汉语语法讨论会（又称"香山语法会"），我作为列席代表出席，白天听邢师等语法学大家会上发言论辩，午餐和晚餐之后陪邢师等散步，继续聆听他们的宏论——邢师与史存直先生1981年在《中国语文》上进行"暂拟汉语教学语法系统"论战，史先生不知"华萍"即是邢师笔名的趣闻，就是会后邢师讲述给我听的。第三次见邢师，是1993年他应邀来天津出席第七次现代汉语语法讨论会。我去天津站接先生，一别邢师数载，令我受宠若惊的是，邢师竟还清清楚楚记得我的名字！

邢师关怀我的成长，总是鼓励我把比较满意的论文交给《汉语学报》发表；邢师主持的国家社科基金重大项目"全球华语语法研究"，分出子课题的部分内容来给我做；邢师等主编的《中国高校哲学社会科学发展报告1978—2008·语言学》，"现代汉语词汇研究"那一部分也交给我来写；邢师负责的教育部人文社会科学重点研究基地重大项目成果丛书——语言文学类"20世纪中国语言学丛书"，需要有人负责《20世纪中国词汇学》那本书的撰写任务，尽管我时在日本，邢师还是打电话要我来主编；我的《汉语词汇结构论》书稿完成后，战战兢兢地致电邢师，恳请他赐序，邢师没有丝毫犹豫，一口答应下来，并很快寄来了带着殷殷期望的序；邢师母故去后，邢师身体一度不大好，我和徐杰兄多次磋商，要把邢师请来澳门散散心，邢师尽管心绪不佳，但还是答应了，2014年3月莅临澳门，给澳门理工学院、澳门大学都做了讲座……我虽没有出身于桂子山的荣幸，但就亲炙邢师教泽恩惠这一点来说，一点儿也不少。

我虽1984年就已修过邢师的课，但听到邢师的大名还要早一点，那之前数年我就已屡听宋玉柱先生提起邢师的名字。玉柱师说他80年代初来武汉出席一个研究生培养的会议，邢师培养学生的方法让他大开眼界：让学生在小说中找问题。玉柱师最初跟我说起，是多少带着些将信将疑的口气的，但是很快就变成为欣羡和赞赏，到玉柱师晚年，几乎就是崇拜的了。邢师培养学生，主张"研究植根于泥土，理论生发于事实"。他坚持走自我创新的道路，追求研究中显现学派意识。数十年来，着力于学术"据点"的建立，着力于研究路子、研究方法的探索，重视研究理念的总结与提升。邢师让学生永远站在问号的起跑点上，让学生自己动手发现问题，动手动脑，事半功倍。果然，邢师培养的学生中出现了一大串闪光的名字：李宇明、萧国政、徐杰、蒋平、汪国胜、李向农、吴振国、吴继光、储泽祥、屈哨兵、石毓智、黄忠廉……邢师个人的学术创造和贡献，不胜列举；他所培养出来的弟子，如今已有多位成为了中国语言学界的领军人物。在中国，每年培养出来的教汉语、研究汉语的教师，数量不菲。而像邢师这样，以一己之力培养出众多语言学家的，十分罕见。邢师在学术研究上，是毫无争议的大师；在教书育人方面，同样是毋庸置疑的大师。我的学术兴趣主要是词汇学和词典学。我们师生之间的学术兴奋点似乎存在着些微的距离，但学术没有疆界，学科不可自设藩篱，学问是触类旁通的，我的词汇研究、词典研究，很多问题都受到邢师著作的启发，我的论文《形的正反序与义的顺逆释——对另类复合词的另类思考》就是在邢师的启迪之下完成的。

母校之外的老师，邢师是我拜望次数最多的一位。只要有一段时间没去武汉，我就特别想找机会，渴望去看望老人家。2012年10月华师学术会议，开幕式前我到会场外恭迎先生。邢师脚步蹒跚慢慢走来，看到我，说的第一句话竟是："周荐，你应该经常来看看啊！"邢师此言一出，顿使我泪湿青衫。2014年5月、2015年5月，邢师虚岁八十、周岁八十，我都问徐杰兄，华师是否举行祝寿活动？我们这些做学生的应该如何表达心意？每次，徐兄脸上似乎都挂着无奈的表情，对我说：先生避寿，不过生日。近两三年来，我每逢过节都要给老师写信问候，但是明显感到老师回的信愈来愈简短，信也愈来愈少，最后终于在大约两年前再也收不到邢师的回复了。我心里不安，几次写信给国胜、鹏飞二位学兄问起先生身体状况，他们的回复都是"还好"或"还算是比较稳定"之类，我也就稍稍放下心来。今年1月13日武汉大学卢烈红兄猝然病逝的噩耗惊呆了所有人，我给鹏飞兄迭发数信，他1月26日的回信写到"今天我们可能还要去联系转床位。这两天又有些发烧，这是不太好的信号。这样反复了好久了……"鹏飞的信让我心里一紧。我意识到这恐怕是今生再见老师的唯一的机会了，于是立即决定赶往武汉。抢到的高铁票是29日的，30日上午国胜、鹏飞二兄来酒店接我一起去武大附属医院，上16层，到呼吸与危重症医学科重症病区（RICU），在一个套房的内间见到了邢师。先生已不复当年的英俊和潇洒，骨瘦如柴地躺在病榻上，思维敏捷、语言犀利的语言学家似已完全丧失了思维能力和语言能力。李姐见我们来到，大声呼唤邢师，国胜、鹏飞兄也多次告诉邢师说我来看他了，我自己也告诉邢师，昨天启程前朋友们来信嘱我向邢师问候，但是我们这些话，邢师似乎都没有太多的反应。我在病榻旁默默陪老师坐了一个小时，才起身随国胜、鹏飞二位离开。我不忍先生的病容让大家看到，只是将病区的标志牌拍了照，奢望再有机会来时自己还能"寻向所志"找到。然仅仅一周之后，2月6日中午宇明书记的突然来信："据可靠消息，邢福义老师今天上午病逝！"这消息让我心里只有一个字：痛！我一人枯坐北师珠宿舍内，没有吃饭，也没打开电视，晚上八点就一头栽到床上，直睡到第二天上午十点半，直到被担心我出事特地找到宿舍来的同事卢笑予唤醒。醒来后方觉身体不适，急到医院才知体温39.9度，血氧93，诊断为肺炎，医生立即让我住院治疗。

　　人在医院，邢师的音容笑貌始终浮现在眼前。试着写一首诗表达自己的痛悼之情，却因生病，更因思绪不宁，竟十易其稿不能满意。直到华师那里为邢师举办告别仪式前不久，才算改得稍稍过得去。兹附如次，题曰《哭邢福义师》，以为这篇文字的结束语：

江汉钟声传讣讯，万千学子泪滔滔。

精雕语法三平面，笑谓宏文一羽毛。

踵武先贤开境界，流连泪水赋诗骚。

低头举首山花路，*橡笔风流绝代豪。

（作者单位：北京师范大学珠海校区）

---

　　* 邢师自青年时代求学起扎根湖北，报效国家，并成就了他的辉煌。华中师范大学有一条著名的格言"抬头是山，路在脚下"就出自邢师之口。

大师风范，学者楷模

——纪念邢福义先生

冯广艺

2023 年 2 月 6 日，武汉，一个春寒料峭的日子，敬爱的著名语言学家、华中师范大学资深教授邢福义先生与世长辞了。学术天空陨落巨星，华夏语坛痛失大师，桂子山默哀，南湖水呜咽。我们每一个沐浴过邢先生春风、滋润过邢先生恩泽的后辈学人无不潸然泪下，悲痛万分。

我认识邢先生是在 1982 年上半年，当时华中工学院（今华中科技大学）中国语言研究所举办语言学进修班，聘请全国各地的多位著名学者给进修班讲课，邢福义先生就是讲课专家之一。我是这个班上的学员，对于刚刚本科毕业的我来说，能够当面聆听这些专家的课程，十分幸运。邢先生当时不到 47 岁，他给我们讲语法专题，是讲课专家中最年轻的两位专家之一（另一位是与他同龄的戴庆厦先生）。我第一印象是：邢先生中等身材，脸庞清秀，步履矫健，仪态儒雅。他讲课不带讲稿，思路清晰，功底深厚，语言精练，自然流畅，他把枯燥的语法讲得生动活泼，引人入胜。尤其是他的理论新、观点新、语料新，让听课学员耳目一新，深受教益。每次下课时，大家都报以热烈的掌声。

2003 年，承蒙邢先生的提携和抬爱，聘我为华师语言所校外兼职博导，参与语言所的博士指导工作，我十分高兴，也十分珍惜，因为跟邢先生接触的机会相对以前来说多了一些。如一年一度的博士生毕业论文答辩会，既是博士生们当面聆听邢先生教诲的时候，也是我们受教的最好时机。记得有一年，我作为导师，参加语言所博士生论文答辩，早到了十几分钟，恰巧邢先生也早到了。邢先生让我到他的工作室坐坐，于是有了我向邢先生请教的机会。邢先生平易近人，对年轻人总是慈祥和蔼的，他先是询问了我的生活情况，接着又问了我教学、科研上的状况，解答了我提出的研究困惑问题。他特别说到，做语言研究，无论是什么方向，都要"摆事实，讲道理"。当我提到想运用他提出的"小三角"理论研究修辞问题时，他说"这是可以的"，"'小三角'里面的'语值'涉及修辞（修辞值），修辞研究不可能不涉及语表、语里等问题"。这无疑是对我做修辞研究的指导和鼓励。

我的教学和科研，多次得到邢先生的帮助和具体指导。1993年，为了纪念毛泽东 100 周年诞辰，邢先生主编《毛泽东著作语言论析》一书，邀我撰写"毛泽东著作中的排比句"专题，要求撰稿者通读毛泽东著作，强调要根据著作中的具体语料做具体分析，要写"实"，不要空谈。我们写好初稿后，邢先生逐字逐句审读、修改，最终书稿顺利出版。2008 年，邢先生和汪国胜先生主编《中国高校哲学社会科学发展报告 1978—2008·语言学》，承蒙邢先生关照，邀我参与编撰，我抱着学习的态度，负责编写该书第 7 章"汉语修辞"。在撰写过程中，邢先生提出要写出 30 年来中国高校语言学研究的特点，使该书具有科学性、权威性、全面性。邢先生严格把关，确保了编写质量。该书出版后，得到学术界的一致好评。2010 年，邢先生和汪国胜先生主编"十二五"普通高等教育小教专业本科国家级规划教材《现代汉语》，邀请全国各地十余名现代汉语教师（多为小教专业教师）参加编写，我忝列其中。邢先生既是主编，又是主要撰稿人。在语言所召开的编写会上，邢先生对整体框架、作者分工、行文体例、语料采集、篇幅大小、协调统一等问题一一做了具体讲解。在编写过程中，邢先生拿出他自己写的内容作为大家的"样板"。有了榜样，编写者深受鼓舞。会后大家齐心协力，顺利地按时完成了编写任务。该书出版后，被全国各地高校广泛采用，反响很大，好评如潮。之后，在邢先生和汪国胜先生的指导下，参编者对这部教材进行了修订并出版了第 2 版。2022 年，这部教材获得了全国优秀教材奖。2014 年，在邢先生的鼓励和指导下，我申报了教育部重点研究基地重大项目"黎语生态研究"，语言所汪国胜教授、匡鹏飞教授、姚双云教授都大力支持，他们给我提供申报成功的范本，帮我论证项目申报书，项目获批后他们又帮我组织中期检查和项目结题，甚至结项材料的打印、装订、上传等，他们都帮我做了。总之，这个项目申报成功并顺利结题，离不开邢先生的关怀和指教，离不开邢先生的几位高足的鼎力相助，离不开语言所这个温暖的大家庭。

这些年来，邢先生每有大著出版，即送给学界朋友和弟子，我受益颇多。我手头的《汉语语法学》《汉语复句研究》《词类辨难》《汉语语法三百问》《邢福义语言学文选》（上下册）及多本语法研究论文集等，都是邢先生赠送的。先生送给我的书中，扉页上都工工整整地题上"广艺正之"字样，并署上名字。每当我看到这几个字的时候，一种敬仰之情就油然而生。邢先生是誉满华夏的语言学大师，先生的大作博大精深，堪称经典，作为晚辈弟子，学力不足，望尘莫及,有何能耐"正之"?高山仰止,景行行止。从题字中我们可以看到邢先生作为谦谦君子的高尚品德,可以看到邢先生鼓励晚辈弟子的拳拳之心。

"语言学界同斯泪,岂特区区怆痛深。"在我的心目中,邢先生是学界的宗师,是学者的楷模。他虽离我们而去,但他永远活在我们的心里!他的皇皇大著,是语言研究的瑰宝;他的道德文章,永世长存!

(作者单位:海南师范大学)

沉痛悼念邢福义先生

〔美〕陶红印

惊悉邢福义老师于 2023 年初不幸仙逝,无任哀悼。邢老师是现代汉语研究的大师,成就卓著,多年来培育了无数后学学者,惠及海内外学界。早年华中工学院(华中科技大学的前身)初创中国语言学研究所,先生热心为华工培育研究生,邢老师的学术观点、治学方法对华工研究生影响巨大。作为华工的第二届研究生,我虽然没有得到先生的亲自指导(导师为李临定先生),但也通过学术研讨会、论文答辩、学术演讲等活动,深深感受到先生的言传身教,常常为先生开阔的学术思路、独到的观察眼光和严谨的治学方法所折服。

身在海外多年,接触到不少普通语言学的理论,但还是常常深深感受到先生研究成果的国际影响。这方面感受最深的还是先生关于复句的分类论述。先生的复句层级的观念,尤其是对因果类复句地位的重视(称之为"一级复句类"),在当代互动语言学领域得到回应和延伸。大量基于自然会话的跨语言研究不断证明,因果复句具有高频和特殊会话互动功能。我所接触到(包括参与指导)的欧洲(荷兰)、亚洲的研究生或我个人和同事对因果标记的话语研究无不受益于先生的奠基之作。

　　近十几年，承蒙邢先生和华师语言所不弃，忝列于先生所主持的国家社科基金重大项目"全球华语语法研究"团队，负责美国/北美项目，因而能够在先生晚年隔洋保持互动，获益良多。记得在开展研究的过程中，我们团队与邢老师和华师同事多次讨论过美国/北美项目的定性问题，因为美国华语与其他国家和地区的（例如新加坡、马来西亚等）有相当差异，没有形成自己显著的语法系统，需要根据实际情况扩展到语用、习得等方面。邢老师对我们的扩展式研究持开放的态度并予以首肯，使得《全球华语语法·美国卷》呈现出自己的特色。2013年该项目的各路团队聚会新加坡，邢先生不顾高龄亲自赴新，听取各个项目的汇报并给予指导。重看十年前这次聚会的照片，先生的音容笑貌似在眼前，不禁感慨良多。所幸的是，该项目的北美专辑于2022年底在先生生前出版，想来可以在我们深切缅怀先生之时带来一丝慰藉。

　　邢先生千古！

（作者单位：美国洛杉矶加州大学）

学品耀人，人品超群

——回忆邢福义先生

吴长安

邢福义先生离开我们一个多月了，他的音容笑貌经常会清晰地出现在脑海里。我经常会想起与邢先生近 30 年的交往，其情景像电影一样，一幕一幕闪过……

一、一诺千金

1994 年初，我在出版社申报了一个选题，叫"中国现代语言学丛书"，初衷是纪念《马氏文通》出版暨中国现代语言学诞生 100 周年。选题很顺利获得了通过，我就开始遴选作者，对象是在自己的领域里做出卓越成就且年富力强的学者，邢先生就自然进入了作者名单，因为我 1985—1988 年读现代汉语专业硕士时，读到过很多篇邢先生的文章，对他的学问很是景仰，因此汉语语法一书的作者就拟选邢先生。3 月 3 日，我给邢先生去信约稿，他很快就回信表示同意，我们商定约稿合同的签署时间定为 4 月 30 日，一年后的 4 月 30 日交稿。转眼到了 1995 年的 4 月 30 日，早晨 8 点多钟，邢先生打来长途电话，说今天是交稿日，他想写个后记，说说本书的缘起、过程和感受，想第二天即 5 月 1 日邮寄书稿，问我是否可以。我当时的感受可以说是"吃惊式"感动，感动于邢先生对于约定时间的严格的自我约束，吃惊于当编辑时间长了，早就习惯于作者们晚交书稿几个月也理所当然的情况，一下子被邢先生对自己的承诺的近乎严苛的信守震惊了。电话里，我对邢先生表达了自己真诚的谢意，他笑了，说自己从来就是这样，答应了就得遵守，说书稿到出版社时，一看邮寄的时间是 5 月 1 日，不就晚了一天了吗？所以他必须打这个电话，把事情说清楚，征得出版社的同意。

邢先生这部著作出版前就得到出版界和学术界的重视，先后被列为国家"九五"出版规划、国家教委"九五"出版规划、吉林省 1996 年重点图书出版规划。同时，也获得了国家教委"九五"人文社会科学基金规划项目的资助。该著作命名为《汉语语法学》，出版后学术影响深远，成为那个时期汉语语法学的代表作，更是获得了第十一届中国图书奖、教育部人文社会科学优秀成果一等奖。这些荣誉对于这部著作来说，当然是实至名归。凭着邢先生"年年岁岁，岁岁年年"的钻研，凭着那一诺千金的真诚守信精神。

二、高风亮节

有了"中国现代语言学丛书"出版的成功，我也坚定了信心，要再组织一套语言学的著作。这时已到了上个世纪末，学术界和出版界都应该对 100 年的语法研究有一个总结，因此我提出出版一套"20 世纪现代汉语语法八大家"选集的出版规划。初步拟定了入选学者后，我给邢先生打电话征求意见，他在电话里首先对自己入选表示了感谢，同时也郑重提醒我注意一个问题，就是八位人选选得准不准，能不能被学术界所认同，能不能经受住历史的检验，这是一个大问题。邢先生说还有一位先生，他的重要著作在 40 年代出版，很有影响。你的设计既然是放眼整个世纪，就要有世纪的眼光，要做整体的考量。最后，邢先生建议我跟主编季羡林请教，人选由季先生最后敲定；邢先生表示，如果季先生选定了其他学者，他作为初选中年纪轻者，会欣然接受，也让我不要有任何负担。邢先生电话里的这番表态，让我很受感动，感动于老一代学者的高风亮节和博大的胸怀，叹服于邢先生看问题、看学术的宽广的视野。

随后，我去北京跟季羡林先生汇报此选题计划，并邀请季先生担任丛书的主编。季先生很高兴地答应出任主编，但也强调了人选问题是大事，他说，人如果选得不准，他这个"挂名"主编就失败了，会成为一个笑柄。季先生说要给他几天时间，他要做一个调研，"我不是做汉语的，所以我要跟汉语界的同人们做一个详细的了解"。我回到长春不久，就接到季先生的来信，他说他已经确定了"八大家"的人选，并寄来了他写的丛书序言，他写道："所选八家，实慎重考虑、缜密权衡之结果，对'大家'之名，均当之无愧。"这套书获得了国家图书奖的最高奖——第六届国家图书奖，是国家层面对八位语法学大家对人文学科暨汉语语法学贡献的最大肯定，而邢先生的虚怀若谷的胸怀，在这套书出版过程中也散发出夺目的光彩。

三、普惠学人

大约是 1999 年，商务印书馆的杨德炎先生来我社做客，交流中了解到我们正在出版的"中国现代语言学丛书"。杨先生说他一直有一个愿望，要把人文社会科学的各学科以普及的方式出版一个系列著作。以前他们出了朱德熙先生的《语法答问》，效果很好，如果也以答问的形式出一本语法知识的普及性著作，读者对象是大学生和研究生，应该是很有价值的。他问我有没有合适的作者推荐给他，我自然就想到了邢先生。因为《汉语语法学》出版两年多，学术界反响非常好，又获得了一系列奖项，由邢先生在本书的基础上拿出一个普及本来，应该是水到渠成的。我跟杨德炎先生介绍了这些情况，杨先生很赞同我的想法，他让我跟邢先生联系，他这边安排编辑跟邢先生做好对接。我在电话里把情况跟邢先生说了，他很高兴，说能在商务出版著作是自己的学术梦想，自己的另一本书已经被商务接受了，但还没出版，给商务再写一本书，是自己非常乐意做的事；而且写一本普及性的语法书，也是自己的心愿。邢先生认为，把语法普及工作搞好了，会有更多的青年学子热爱语法、报考语法，我们的选择空间就会越来越大，学苗的质量就会越来越好。这部著作2003年由商务印书馆出版，即《汉语语法三百问》。这本书包括六个部分：1. 总体论；2. 句子成分；3. 词类；4. 短语和小句特定句式；5. 复句和句群；6. 研究论。从章节的设计就可以看到，本书的框架与《汉语语法学》从大的方面说是一致的。一个追求学术，使用的是学术话语；一个着眼科学普及，用的是通俗的话语。两部著作相得益彰，显示出邢先生"上天入地"的卓越才能："上天"，就是用自己的学术思想引领语法学的发展；"入地"，就是接地气，能为广大语法爱好者普及语法知识，普惠学林。

四、理论追求

2005 年底，邢福义先生给我来电话，说起 "小句中枢" 问题的讨论。从 2004 年第一期开始，《汉语学报》开设了一个专栏，围绕着 "小句中枢" 的问题开展专题讨论，历时一年半，已经发表了 23 篇论文。邢先生说应该做一个专辑出版，问我是否感兴趣。从 1995 年邢先生在《中国语文》发表《小句中枢说》起，我就非常关注这一关于句法层次关系的新认识，讨论的很多文章我都读过。随着讨论告一段落，结集出版是非常必要也是非常有意义的。邢先生的想法与我不谋而合，我欣然接受了邢先生的这个任务。经过与邢先生的反复讨论，结集本除了收录《汉语学报》等刊物上刊发的 26 篇文章外，还有邢先生最初在《中国语文》《方言》《语言研究》发表的四篇，另外请姚双云老师对其他期刊评价或用 "小句中枢" 理论解决问题的文章做了辑录，放在其他文章的后面；又请姚老师写了 "后记"，介绍了工作的过程，这部关于小句中枢问题讨论的辑录，出版的书名就为《小句中枢说》。

《小句中枢说》是第一部就境内学者提出新理论而进行专题讨论的论文集。对于扩大理论的影响，弘扬我国学者的学术主张，都发挥了很好的作用。

我与邢先生结缘于出版，在近 30 年的交往中，我深深为他的人格魅力所折服。他是对人宽厚的长者，是对学问孜孜不倦追求的探路者。他的学品与人品，值得我毕生学习和敬仰。邢先生虽然离开了我们，但他的精神永存，他的人格魅力永存。

（作者单位：东北师范大学）

深入挖掘语言事实，积极探求语言规律

——深切缅怀邢福义先生

亢世勇

我与邢先生交往不是太多，但我非常敬重邢先生。早在读研究生期间，我主要研究的是语法，所以邢先生的文章、著作自然是必读的。尤其是"两个三角"理论"小句中枢说"等，是语法研究必须遵循的基本理论和方法。研究生毕业后，来到烟台师范学院，恰巧华中师范大学文学院在烟台师范学院办了一期硕士班，我帮着做一些服务工作。有幸聆听了"邢门弟子"的主要成员李宇明、萧国政、李向农、汪国胜、吴振国等老师讲授的课程，学到了很多新理论、新方法，感受到了"邢门弟子"的魅力。特别是听汪国胜老师讲语用学的课程，所举例子都来自当时流行的一些文学杂志，特别鲜活有趣，听得大家津津有味，飞速记录，唯恐漏掉一句。我问汪老师，您那些鲜活的例子从哪儿来的？他说是看小说摘录来的，这是邢老师给他们确立的一个传统，从上学时一直坚持到现在，看小说，发现新的语言现象，不断积累，深入研究。他说不仅他们看，邢老师自己也看。他提到一个细节，夏天武汉特别热，他们经常打一桶水，把脚放到桶里纳凉，坚持阅读，发现问题。这让我对"邢门弟子"更加刮目相看，隐隐约约大概知道，他们那么多高水平的研究是从哪儿来的了。

受到这一启示，我在原来兰州大学读研究生期间受到的语料库开发训练的基础上，确定了基于大规模语料库的面向语言信息处理的现代汉语研究这一大方向。1998 年 9 月至 1999 年 7 月到北京大学计算语言学研究所做了一年访问学者，更加坚定了这一想法。在北大计算语言学所访学期间，俞士汶老师他们正在开发《现代汉语语法信息词典》，我也参与做了一部分。后来我发现，《现代汉语语法信息词典》只做了《现代汉语词典》等辞书中收录的基本词汇，大量的新词语，也就是语言信息处理中定义的未登录词都没做，我想利用北大《现代汉语语法信息词典》的理论、方法，开发《现代汉语新词语信息电子词典》，把它做成《现代汉语语法信息词典》的姊妹篇。1999 年 6 月在就要结束北大计算语言学访问学者的时候，形成了相对完整的想法，提交给了俞士汶老师，得到了他的充分肯定。回到烟台师范学院后就着手开发《现代汉语新词语信息电子词典》，2000 年暑假有了一个初步的结果，写了《〈现代汉语新词语信息电子词典〉的开发与应用》，拿给张志毅老师看，他又给了一些指导，并推荐参加 10 月在厦门召开的全国词汇学学术研讨会。厦门会议宣读论文后，上海辞书出版社徐祖友、陈崎约我编写《新词语大词典》，我又惊又喜，有些犹豫，没敢答应。因为我没有真正接触过词典学，更没有编写过词典，心里没底。后来他们找了张志毅老师，张老师答应了，让我承担下来。他们还要把我那篇论文在《辞书研究》上发表。这给了我很大的鼓舞。从厦门回来后，就着手一边继续开发电子词典，一边在为《新词语大词典》做准备。后来张绍麒主任鼓励我申报国家社科规划项目。我抓紧时间找来申报书，认真研究，填写。2001 年年初申报书写完了，拿给张绍麒主任看，他觉得不错，建议我发给邢福义先生指导一下。我有些犹豫。邢先生那么大的人物，从来没见过面，可能吗？后来鼓足勇气把项目书寄给汪国胜老师，希望他和邢先生能给以指导。3月初，华中师大文学院和中科院声学所举办"HNC"研讨会，我带着论文去参加会议。本想到了华中师大去拜访一下邢先生，汪老师告诉我，邢老师出差了，不在家。说我的项目书邢老师看了，觉得还不错，让我好好努力。我自然非常高兴，增添了信心。会议期间，我们参观了华中师大语言研究所，在门口看到了邢先生题写的"抬头是山，路在脚下"，更加坚定了信心，也对邢先生更加敬仰。

　　不久，2001年国家社科规划项目评审结果公示了，我申报的"《现代汉语新词语信息电子词典》的开发与应用"获批了。我受到了极大的鼓舞，全身心地投入到电子词典的开发及《新词语大词典》的编纂上。2003年《新词语大词典》出版，我在《前言》里感谢了邢福义先生的鼓励与指导，结尾表态时写了："我们将牢记邢福义先生的教导'抬头是山，路在脚下'，一如既往地充分利用现代高科技手段踏踏实实做好新词语的收集整理和研究工作。"《新词语大词典》出版后，给邢先生寄了一本，希望得到他更多的指导。因为申请第一个国家社科基金项目收集了大量的新词语，逐个分析，发现了很多有意思的问题，除了开发出词典外，还和研究生及其他老师出了不少成果，主要的内容汇集到《现代汉语新词语计量研究与应用》（中国社会科学出版社 2008）里了。由此，得到启示，我之后的课题、研究几乎都是在大规模语料库的基础上进行的，包括第二个、第三个国家社科基金项目"基于大规模标注语料库的现代汉语句子语义结构系统研究""基于大规模标注语料库的语义角色句法实现的词汇语义制约研究"及国家自然科学基金项目"基于规则学习的汉语语义构词研究"等。邢先生逝世后,我看到有的老师提到邢老师教给的这种"笨"办法让他们受益终生,我也觉得非常受益。因为我们没有理论的优势,深入挖掘语言事实,探究其中的规律,应该是一条有效的研究路径。

2007年武汉大学举办亚洲语言信息处理会议,得知邢福义先生出席会议并做大会报告。我很高兴,联系邢先生,想去拜访他。他告诉我,时间太紧张,不要来华师了,就在会议前后找时间聊聊。开会那天,他告诉我他特意早到,让我在会场门口等他。他提前20来分钟到了,我们聊了一会。其中重要的主题就是语言研究要关注实际应用,包括语言教育、语言信息处理等。我给他介绍了我的第二个国家社科基金项目做的主要内容和即将跟清华周强老师、北大袁毓林老师合作申报的国家863项目的内容,他给予了充分的肯定。后来,我看到了他发表在《华中师范大学学报》上的一篇语言信息处理的文章,让我很佩服,这么大年纪了,还有这般创新活力。那是我第一次和邢先生面对面、近距离交流,他那么大学者,却平易近人,和蔼可亲,给人可亲可敬的感觉。之后,一直想邀请邢先生来鲁东大学(原烟台师范学院)文学院指导,他一直说等方便时一定去。最近几年,觉得他们年纪渐渐都大了,行动越来越不便,应该赶快请他们来了。然而疫情导致很多事都无法落实。这也成了永远的遗憾。

2月6日惊悉邢先生逝世的噩耗,整个人都懵了。正如李宇明老师在《含泪送别邢福义先生》中写的:"虽已立春,天却奇寒;虽过元宵,但'闹'不起来。欲写点悼念文字,但泪雨不能研墨,干笔不能成文,锥心之痛不能思索。"过年前后学界好多位老先生相继离世，让人觉得这个冬天太冷了，有种窒息的感觉。今天早上起来，觉得不能再拖了，得写一点纪念邢先生的文字。心里依然是乱糟糟的。

邢先生一路走好!!!

邢先生千古!!!

（作者单位：鲁东大学）

南山与秋色　气势两相高[*]

——邢福义先生评传

萧国政

一

1935 年阴历五月三十日，即当年阳历 6 月 30 日，邢福义先生出生于海南岛乐东县黄流乡。黄流在海南岛南端，往东数十里海边有一石崖，便是著名的"天涯海角"。黄流人说的是海南闽方言。

抗日战争胜利后，1945 年 9 月—1946 年 7 月，邢先生上黄流第二初级小学，读四年级；接着，1946 年 9 月—1948 年 7 月，在黄流中心小学读书；1948 年 9 月—1949 年 2 月，在海南崖县榆亚中学读书；1949 年 9 月—1952 年 2 月，在海南崖县初级中学读书；1952 年 8 月—1954 年 7 月，到海南北部的海口市，进入广东琼台师范学校学习；1954 年 9 月—1956 年 7 月，到武汉市，进入华中师范学院（今华中师范大学）中文系专修科学习，毕业后留中文系任现代汉语专业助教。

其启蒙教育，是坐在识字不多的爷爷腿上，听念《五虎平南》

---

[*]　本文为作者为《20 世纪现代汉语语法八大家·邢福义选集》（东北师范大学出版社 2001）所作的《邢福义评传》，本次收入纪念文集略有改动。

《五虎平西》《罗通扫北》《薛仁贵征东》《薛丁山征西》《西游记》《三国演义》等旧小说完成的。从小学到大学,其中初小一年、高小二年、初中三年、中师二年、大学二年,整个在校的读书时间仅十年。

由于中国特殊的历史岁月,邢先生1956年留在华中师范大学中文系任教之后,当了22年助教;"文革"结束后的1978年,从助教越级晋升副教授;1983年,晋升教授;1988年4月起,任华中师范大学语言学研究所所长。

1990年,国务院学位委员会批准邢先生为现代汉语专业博士生导师;1993年起,任第八届全国政协委员;1995年,被评为全国教育系统劳动模范;1998年起,任第九届全国政协委员。现为国家哲学社会科学研究规划语言学科组副组长,教育部人文社会科学研究专家咨询委员会委员,教育部高等学校教学指导委员会委员,中国对外汉语教学学会会长,中国语文现代化学会副会长,中国语言学会常务理事,深港澳语言研究所学术顾问兼咨询。

1999年3月,得到各方面的大力支持,邢先生在华中师范大学创建新中国第一个以母语汉语为教学和研究对象的语言学系,出任系主任。国内外包括北京大学、香港大学、美国夏威夷大学、新加坡国立大学、新加坡南洋理工大学等单位的许多语言学家来信祝贺。时任全国人大常委会副委员长许嘉璐先生在一封长信中说:"贵校成立语言学系,喜不自胜,逢人必道,闻者无不抚掌","此乃中国语言学将兴之征","语言学系自当大有作为"。

二

邢福义先生主攻汉语语法学,同时也研究逻辑、修辞、方言、文化语言学及其他跟语言学有关的问题。

最早发表的文章是《动词作定语要带"的"字》(《中国语文》1957年第8期),当时22岁。截至2000年6月,已发表文章逾300篇;出版著作(包括主编的和与人合著的)30多本,其中个人独著11本。

1989年,所著《语法问题探讨集》获湖北省社会科学优秀成果奖二等奖。1995年,所著《语法问题发掘集》获首届中国高等学校人文社会科学研究优秀成果奖一等奖,所著《邢福义自选集》获第二届国家图书奖提名奖,所主编《现代汉语》获第三届高等学校优秀教材二等奖。1998年,所著《汉语语法学》获第二届中国高等学校人文社会科学研究优秀成果奖一等奖,又获第十一届中国图书奖。1998年3月,澳门回归前夕,到澳门参加国际会议,会上宣读的论文后来获得澳门理工学院《理工学报》唯一的一个优秀论文一等奖,1999年8月在德国汉诺威第六届国际汉语教学讨论会期间正式接受获奖证书和奖金。以"澳门理工学院供稿"的名义发表的报道说:"邢教授是国内外知名的语言学家,在语言学教学与研究的园地上,辛勤耕耘了几十年,其成就与贡献有口皆碑。他的论文见解独到,对目前和今后的汉语教学与测试颇具指导意义。此次获奖,实至名归。"(见《华中师范大学学报》1999年第6期)

其语法研究,可以概括为五个着力点:其一,着力于隐蔽规律的发现;其二,着力于结合逻辑研究语法事实;其三,着力于学术"据点"的建立;其四,着力于理论问题的思考;其五,着力于研究路子和研究方法的探索。

其研究历程,可以划分为三个阶段:

第一段(1956—1978),积累期。"文革"前,在《中国语文》上发表文章 7 篇；"文革"开始之后，刊物停刊，但邢先生没有放弃问题的钻研。这一时期，主要是培养研究习惯，积累研究经验，铸造敏锐视力。代表性论文当是《关于副词修饰名词》（《中国语文》1962 年第 5 期）。该文刚一发表，方光焘先生就于 1962 年 5 月强调"研究语法应该注意一般现象、特殊现象和个别现象的相互关系"，指出："副词能否修饰名词的问题，张静认为副词能够修饰名词，他是想推翻已有的规律。而邢福义则是以特殊现象来作补充，指出了副词修饰名词的条件，这是很好的。副词修饰名词必须具有一些条件。我基本上同意邢福义的意见，……"（方光焘《研究汉语语法的几个原则性问题》，《方光焘语言学论文集》第 269 页，商务印书馆 1997）

　　第二段（1979—1989），求索期。既有专著出版，又在《中国语文》等刊物上不断发表文章。这一时期，以复句为"据点"开展对汉语语法问题的研究，重视把逻辑分析方法引入语法研究领域，重视语法事实的深入发掘，重视隐蔽规律的揭示与刻画。最主要的代表作，当是《论定名结构充当分句》（《中国语文》1979 年第 1 期）和《词类辨难》（甘肃人民出版社 1981）。《论定名结构充当分句》是邢先生一系列复句研究论文的第一篇。吕叔湘先生于当年 9 月 28 日给邢先生一信，信中说："你的文章我看过不少。你很用功，写文章条理清楚，也常常很有见地，如今年发表的《论定名结构充当分句》就很好。"（见《治学之道　学风先导》，《庆祝吕叔湘先生九十华诞文集》，商务印书馆 1994）《词类辨难》一书，不仅阐明词性判别的语法依据，而且从论证的角度总结出了直接判定、排他和类比三种办法，开始了把逻辑分析方法引入语法研究领域的尝试。逻辑学家李先焜写道："我特别推崇邢福义同志的语言研究工作。在吕叔湘先生为其《语法问题探讨集》所写的'序'中有这么一句话：'福义同志的长处就在于能在一般人认为没什么可注意的地方发掘出规律性的东西，并且巧作安排，写成文章，令人信服。'我认为吕先生这句话真是'一语破的'。邢福义同志之所以能做到这一点，跟他善于运用逻辑方法去分析语言现象分不开（当然，并不局限于这一点）。邢福义同志是专门研究过逻辑学并写过逻辑学著作的，因此在他对语言现象的分析过程有意或无形中就使用了逻辑方法。……可以说，他在一定程度上也在进行逻辑语言学的探索。"（《论语言学与逻辑学的结合》，《湖北大学学报》1994 年第 5 期）

第三段（1990 年至今），造型期。强调"研究植根于泥土，理论生发于事实"。一方面，致力于事实的发掘，把研究范围扩大到方言，还有意识地把视线移向近代、古代汉语；一方面，着力于理论问题的思考和研究思路与研究方法的探索，总结出了"两个三角"和"小句中枢"等著名论点。脚踏实地的考察与理论方法的思索，形成良性循环，展示了具有"上向型"特色的研究造型，显现了有个性的研究风貌。最主要的代表性论文，当为《从基本流向综观现代汉语语法研究四十年》（《中国语文》1992 年第 6 期）和《小句中枢说》（《中国语文》1995 年第 6 期）；最主要的代表性专著，当为《汉语语法学》（东北师范大学出版社 1996）。这一时期所写的文章，即使是研究一个具体事实的，也带有"上向型"研究线路的理论色彩。比如《"最"义级层的多个体涵量》（《中国语文》2000 年第 1 期），结尾处写道："汉语的词汇词义的分析研究，应该同语法语用的分析与研究结合起来。……孤立的词汇词义层面的分析，只能获得最基本的了解；衔接上语法语用的分析，才有可能获得深入而全面的认识。这种接轨研究，具有普遍意义，并非'最'字如此。"语法学家邵敬敏指出："90年代以来，汉语语法研究明显的特点是开始摆脱盛行几十年的结构主义语法的影响和束缚，……在对大量汉语语法事实研究的基础上，试图提出更加适应汉语语法特点的研究思路，其中胡明扬的'语义语法'说、徐通锵的'字（语素）本位'说、邢福义的'两个三角'理论和'小句中枢'说等都比较有影响。……"（《八十到九十年代的现代汉语语法研究》，《世界汉语教学》1998年第4期）语法学家李芳杰指出："近几年，最引人注目的是朱德熙的词组本位体系和邢福义的小句中枢体系，他们各自不但有系统的理论，而且有代表作：《语法答问》《语法讲义》，《小句中枢说》《汉语语法学》。"（《句型主体论》，《语言教学与研究》1999年第4期）

三

纵观邢先生的汉语语法研究成果，其基本的理论和主张，可以归结为5个方面17点。

（一）研究论——关于研究思路与研究要求的论说

（1）"两个三角"。第一个三角为"表—里—值"小三角，主张表里互证，语值辨察；第二个三角为"普—方—古"大三角，主张以方证普，以古证今。研究现代汉语语法现象，"小三角"是内证，"大三角"是外证。

（2）"三个充分"。所谓三个"充分"，指的是"观察充分""描写充分"和"解释充分"。"两个三角"是研究思路，"三个充分"是研究要求，二者互补互证，互为条件。国外学者关于三个充分的提法，可以引进汉语语法研究，结合汉语实际，对三者做配套性新解释。

(3)"两个沟通"。所谓"两个沟通",一个是自然语言研究内部的沟通。语法研究,同词汇研究、语用研究、逻辑研究、文化学研究等应有接轨,尽可能地搞一些跨界性的研究。另一个是自然语言研究同计算机应用研究的沟通。本体语法研究,应考虑计算机的需求,尽可能把自然语言研究同计算机应用技术的研究结合起来。孤立的、单角度的、纯本体的研究,具有很大的局限性,也不符合新时代的要求。

(4)"事实发掘与特色形成"。一方面,强调"研究植根于汉语泥土,理论生发于汉语事实"。即:从众多的事实中发掘出值得研究的事实;从值得研究的事实中发掘出规律性;从所得的规律中发掘出理论问题;从发掘规律和理论的过程中总结出研究思路和研究方法。另一方面,强调追求独创性的研究特色,认为中国语法学者形成自己的学术流派之日,将是我国语法学能够跟国外理论对等交流之时。

(二)总体论——对现代汉语语法的总体性论说

(5)小句中枢。汉语语法系统,以小句为中枢。汉语语法重句法,而不重词法,对于汉语语法规则的构成和显示来说,小句在各类各级语法实体中居于中枢地位。"小句中枢说"的核心思想,在于强调:研究汉语语法,必须以小句为中轴,以句法机制为重点,注重观察句法规则对各种语法因素的管控作用。

(6)小句三律。成活律、包容律和联结律,这是汉语小句的三条定律。了解小句三律,可以加深对汉语语法系统中小句的中枢地位的认识。小句三律的基本公式:

成活律1:句子语气+可成句构件语法单位=小句成型。

2:句子语气+可成句构件语法单位+意旨的有效表述

=小句生效。

包容律 1：小句 － 句子特有因素 ＝ 短语。

2：小句 － 句子特有因素 － 短语常备因素 ＝ 合成词。

联结律 1：小句联结 ＋ 小句分句化 ＝ 复句。

2：小句直接间接联结 ＋ 句子集群化 ＝ 句群。

（7）动词核心和名词赋格。汉语里，各种复杂格式其实都是在此基础之上衍生或者变化出来的。名词赋格现象，包括单名占位赋格、单名移位赋格、双名同位赋格、双名移位赋格、双名隔位赋格等等状况，几乎涉及整个现代汉语语法系统。研究清楚名词的语义特征，是解释清楚名词赋格有关规律的必要条件。

（8）句法结构的兼容性和趋简性。趋简与兼容，服从于语用原则。二者互为条件：结构形式的趋简，导致结构语义的兼容；语义兼容的可能性，又提供结构趋简的可能性。这一特点表明汉语语法重于意而简于形，在结构形式上常用减法，在结构语义的容量上则常用加法。

（三）词类研究——对汉语词类问题的主要论说

（9）词类问题的研究，需要有"两手"对策。第一手，揭示各个词类的基本特点和各个词儿的常规性质；第二手，给出词进入小句之后所形成的可以显示词性的种种格式。前者是基础，后者是必要的补足。光有第一手不行，讲少了不齐全，讲多了繁琐细碎，如果有后一手的补足，就不怕前一手有什么疏漏。

（10）词性的判别，除了依据语法特征，还有必要采用"直判""排他""类比"等论证方法。语法特征情况多样，并不规整，而具体的词千千万万，情况错综纷繁。有的词语法特征比较明显，可以直接指明其词性；有的词情况相反，只能用间接的方法说明类属。灵活使用证明方法，可以提高词性判别的有效性。

（四）句法研究——对汉语句法问题的主要论说

（11）句式的组造，有其逻辑基础。从逻辑基础上考察句式，解释句式，是对句式进行语义分析的一个重要方面；特别是，尝试把逻辑方法改造成为语法分析方法，对于解决句法语义的分析问题，会有重要的理论价值和实践价值。

（12）汉语的动宾关系之复杂，在很大程度上跟宾语代入现象的复杂多样相联系。所谓宾语代入现象，指的是代体宾语代入常规宾语的位置的现象。代体宾语的形成，需要满足四个特定条件：有三角联系；提供新信息；不产生误解；有言语背景。

（五）复句研究——对汉语复句问题的主要论说

（13）复句分类，从关系出发，用标志控制。按并列概念分类法，把复句划分为因果类复句、并列类复句和转折类复句，建构汉语复句三分系统，有利于理清各种复句之间的错综复杂的关系。

（14）复句关系标志既有静态作用又有动态作用。从静态的角度看，作用在于"标明"；从动态的角度看，对于隐性的逻辑基础来说，作用有显示、选示、转化和强化四种。要深化对复句的认识，必须重视考察关系标志的动态作用。

（15）复句格式对复句语义关系进行反制约。复句格式直接反映主观视点，间接反映客观实际，复句格式一旦形成，便明确地限定它所标明的关系，便成为一种反作用于语义关系的语法框架。

（16）复句句式的多样性，既表现为句式蕴含的语义关系具有多样性，又表现为句式构成的联结形式具有多样性。特别值得注意的是：反映"双视点"的标志复现现象丰富多彩；"但"类转折词异常活跃。

（17）复句和单句既有对立又有纠结。典型单句是单核句，典型复句是核同质、有核距、无共同包核层的多核句。纠结现象复杂多样，归总起来说，不外乎四种：一是多核而核异质；二是多核而无核距；三是多核而有共同的包核层；四是用了特定的关系词语。

四

在治学上，邢先生以三句话作为他的行为规范。

第一句："抬头是山，路在脚下。"

从 80 年代初开始，每届新生入学，不管是硕士生、博士生还是语言学系的本科生，他都首先讲这句话。他写了《抬头是山，路在脚下》一文，发表在《中师生报》第 146 期（1992 年 5 月 17 日）上。他解释道：一个有所作为的人，眼睛要看着山，心里要想着爬山。但是，上山的路要靠自己一步一个脚印地去走，一步一个脚印地去踩开。山顶不易攀登，成功不靠侥幸。

他心目中的山是多峰峦的，对于某个具体的研究，他的追踪从来就没有过止境。一般来说，复句研究他已经做得相当不错了，但是他在《汉语复句研究》自序中写道："越研究，问题越多，越有更多的糊涂。……晏殊《玉楼春》中有两句话，我改换了其中的两个字，说成：'天涯地角有穷时，只有学问无尽处！'这大概能表明自己现今的心绪。"他还写道："这本书，总算为自己的复句研究打了个句号，但是，句号只意味过去，却不代表终结。句号放大是个○。往前又是○起点！"

"抬头是山，路在脚下"，早些年成了华中师范大学语言学研究所所训，这两年又成了华中师范大学语言学系系训。

第二句："猪往前拱，鸡向后扒。"

《海南日报》1996 年 6 月 3 日发表过他的散文《根在黄流》。他写道：

> 从懂事的时候起，我就喜欢挤在祖父身边听老人们"讲古"，漫说人生。家乡老人们经常慨叹着说："猪往前拱，鸡往后扒！"意思是，人总要活，不同的人有不同的活路。这句话，深深地刻在了我的脑子里，影响了我的大半生。从这句话，我悟出了许多人生哲理。首先，要拱要扒。拱和扒，意味着奋斗求生存，求发展。其次，猪只能拱，鸡只能扒。猪有猪的特点，鸡有鸡的特点，这决定了它们各有各的办法。如果鸡往前拱，猪往后扒，鸡和猪都活不下去。再次，往前拱和往后扒没有优劣之分，关键在于怎么样才能发挥自身的优势。哲人们强调"扬长避短"，立意也是如此。

他只读过十年书，专科学历，不在名校工作，身边没有名师指引，背后没有菩萨引渡，每前进一步，都比别人多几分艰难，每前进一步都是依靠自己的摸索。但是他很"善师"。一方面他善师于方家。从 50 年代起，《中国语文》每发表一篇有分量的语法论文，他都要反复"悟道道"：作者是怎么抓到这个题目的？作者是怎样展开这个题目的？在方法上有什么长处？在材料运用上有什么特点？由于经常如此坚持"偷学"，终于养成了无言中求教于众多高明学者的习惯，众多高明的学者也就在"函授"中成了他的导师。另一方面，善师于自己。他有一个自己教自己的办法：有的文章写成后搁起来，过一段时间拿出来挑挑毛病改一改，再过一段时间又拿出来挑挑毛病改一改。有的文章的时间跨度，竟有 30 年。如关于动词做状语的文章,1956 年 12 月写一稿,1958 年 10 月写二稿,1990 年 11 月才定稿为《现代汉语的特殊格式"V 地 V"》发表。他说:我这是自己牵着自己走路。我属猪,我只有一个办法,就是:"往前拱!"

第三句:"年年岁岁,春夏秋冬。"

《海南日报》1998 年 11 月 22 日发表过他的散文《年年岁岁春夏秋冬》。

他写道:"春夏秋冬是个时间概念。春夏秋冬意味着一年有四季,四季有十二个月,十二个月有三百六十五天。做什么事,做一天两天,做十天半个月,这还是比较容易的。要是一年三百六十五天天天如此,这就不容易。这就需要坚持不懈,需要韧性和毅力。"1994 年 3 月中旬,他应东北师范大学出版社之约,撰写一部《汉语语法学》,合同规定 1995 年 4 月交稿。从此,他给自己立了"法":一年多时间里,平均每天必须为这部书写一千字。假若哪一天没写,第二天一定得补还;假若出差,回来后得按天数补起来。他说,如果放弃了这个要求,就等于自己为人做事的失败。

他写道:"春夏秋冬又是一个气候概念。春夏秋冬意味着有春天也有夏天,有秋天也有冬天,有鲜花和温暖,也有冰雪和严寒。这就要求能够应变,经得起各种考验。"1997 年 2 月 5 日,牛年即将到来,家家户户都在准备过春节,师母忽然中风瘫痪。师母住院期间,他至少每天跑两次医院,送饭,送换洗衣服;师母接回家之后,他不仅要上街买药,而且天天跑菜场买菜。家中有个瘫痪病人,家务压力和心理压力之大,一般人难以想象。他要求自己:一定要挺住! 一有空隙,他立即坐到计算机旁,写起东西来。三年多时间过去了,他的书照样一本一本地出,他的文章照样一篇一篇地发表。

他说，困难能够压倒一个人，也能够锻炼一个人的定性和承受力。

他写道："春夏秋冬又是一个发展概念。一个春夏秋冬之后又出现一个春夏秋冬，周而复始，万象更新，循环往复，不断上升。人的生命历程也是有阶段性的，在不同阶段的生命历程中要不断地有新的开始，不断地站到新的起跑线上。"他把 40 多年走过的路，总结为"三部曲"。第一部曲是"偷学"，从 50 年代起，花了十多年的时光；第二部曲是"自悟"，进入 80 年代之后，把重点放到着力于提高自己的悟性上面，着意培养观察问题的敏锐眼光；第三部曲是"有我"，进入 90 年代以后，把重点放到着力于在科学研究中找到自己上面，追求提出带有个性的见解和主张。这三部曲自然不是顿变的，而是逐渐过渡的。他深有体会地说："四时行焉，百物生焉。（《论语·阳货》）这里头，蕴含着很深很深的哲理。"

"抬头是山，路在脚下""猪往前拱，鸡往后扒""年年岁岁，春夏秋冬"这三句话，其核心思想是"自强不息"四个字。他强调：人要立志。人而无志，虚度时光，愧对人字。立了志，就要求成。人字一撇一捺，如果把立志比喻为一撇，那么求成便可以比喻为一捺。只有一撇是丰满粗壮的，一捺同时也是丰满粗壮的，人字才能丰满粗壮地站立起来，突现出来。不然，就只是一个疲软的人。《周易·乾》里所说的"天行健，君子以自强不息"，就是教给我们这样的道理。

五

邢先生同时又是一位教育家。

他 1958 年走上大学讲坛，经过近 40 余年的不断求索和不断升华，已形成了富于特色的教育思想。这突出地反映在以下几句话上。

（一）"让学生永远站到问号的起跑点上。"

他用句号比喻结论，用问号比喻疑问，认为不应该让学生站到已有句号的后边，做句号的俘虏，而应该引导学生站到问号的上面，永远把问号作为起跑点，不断向新的问号追逼挺进。首先，上课不搞满堂灌，不用宣讲式；其次，加强研究示范，避免教师的研究工作同学生的研究工作互不沟通；再次，注意发现学生的长处，善于诱发学生的长处。在他看来，只有让学生站到问号的起跑点上，才能使他们的才智闪光。他是这么主张的，也是这么实践的。

（二）"亦师亦友，志在高山。"

同学生的关系，是"亦师亦友"。他说：教师要起"指导"的作用，首先必须是"师"；另一方面，教师要和学生一起探讨科学问题，而在科学面前是人人平等的，是可以教学相长的，因此，更重要的，又应该是"友"。就具体行动而言，师生一起研究问题，这是建立"亦师亦友"的关系的好办法。他曾经同三位硕士生合作，写出了论文《时间词"刚刚"的多角度考察》；又曾经同三位博士生合作，写出了论文《形容词的 AABB 反义叠结》，全都发表在权威刊物上面。师生合作，显性成果是高质量的论文，隐性成果则是人才造就的高质量。

对学生的要求，是"志在高山"。他说："对于自己培养的研究生，我套用人们常用的一个选择问句式：'是站在他们的后边指手画脚地指摘他们呢，还是站在他们的旁边大声吆喝他们前进呢，还是站在他们前头跟他们一起迈步向前呢？'我的选择是：站在他们的前头，跟他们一起，一个脚印一个脚印地迈步向前。迈步向前的目标，是高山！"学界同行赞誉他"很会带学生"，但是学界同行也许想象不到，他为学生的成长耗费了多少心血！

（三）"作为一个教师，最大的希望是学生超过自己。"

1995 年 5 月 30 日，他 60 周岁。他不准学生们送礼，更不准为他搞什么活动。那天，我们几位已走上工作岗位的学生相约去看望他。有学生问：您现在最大的希望是什么？他回答："作为一个学者，我的最大希望是能够永远不断地自我超越；作为一个教师，我的最大希望是我的学生能够超过我自己；作为一个中国人，我的最大希望是在自己的研究成果中多出现一些中国的特色。学术山峰无极顶。古往今来，谁都不可能把学术顶峰踩在自己的脚下。我要求自己坚持不懈，争取不断地改写爬山的记录；更寄希望于学生，希望你们超越我，爬上更高的山。"离开老师的家之后，我们都在想着同样的问题：我们能不能实现老师的希望？我们怎样才能实现老师的希望？

（四）"我甘当现代的武训。"

在即将迈入 21 世纪的时候，他领头创办了我国第一个现代意义上的语言学系，并亲自担任系主任。他提出把"两个意识"（世界意识、现代意识）、"两栖人才"（能从事自然语言研究和计算机应用实践两方面的工作）和"五会标准"（会研究问题、会外语、会电脑、会分析语言现象、会鉴赏文艺作品）定为语言学系办系育人的方针。他指出：语言研究离不开现代化，现代化离不开语言研究。汉语识别和自然语言理解研究事关国家的发展和安全。目前，语言学系的学生有的家庭比较困难，他帮他们联系研究项目，寻求社会支持。他说："为了中国语言学的发展，我甘当现代的武训。"

邢先生绝对是目前我国年龄最大的一个系主任。他已经 65 岁，他的社会活动那么多，他的家庭负担那么重，他却为语言学系的发展那么呕心沥血，他到底为的是哪般？这里头，有着深刻的启示！

六

在学术和人生的道路上，邢先生追求的是"人和物的统一"。

他常说：做学问，贵在文品正。文品既反映为人和学风，又决定文章级次与格调的高低。为人第一，为学第二；文品第一，文章第二。在治学道路上，无止境地追求，自强不息；在个人利益上，有限度地要求，知足常乐。为人也好，治学也好，一个人总是自己用自己的言行，不断地描绘自己的形象，印制给社会，印制给亲戚朋友，印制到社会的大镜子里。

2000 年 1 月 4 日至 6 日，汉语重叠问题国际研讨会在华中师范大学举行。在会议的闭幕式上，邢先生总结了这次会议的特点，并且强调说：学术研究应该提倡涵容、包容和宽容。一个学者，应该心胸开阔，能涵容不同观点，能包容不同说法的长处，对不同意见要采取宽容的态度，多多考虑不同说法的合理性。这样，更有利于学术的发展。

在学术上，先生是强者；在待人接物上，先生是长者。他在给同事朱建颂先生《武汉俗语》所写的序中，特别提到"书如其人"，赞扬朱先生既是学者，又是长者，并且引用杜牧的两句诗来说明二者相得益彰的关系。现在，转引这两句诗，作为这篇评传的结尾：

南山与秋色，

气势两相高！

附记："20 世纪现代汉语语法八大家"丛书的编选和出版，是中国语言学和世界语言学跨世纪的大事。根据"20世纪现代汉语语法八大家"季羡林主编和东北师范大学出版社吴长安社长商定的体例，全套书由主编作序，各分册的序言（前言）改为八大家之评传，由分册选编者撰写，并经八大家本人（作者在世）或家属（作者辞世）通过后，置于选文之首。弟子我有幸成为《20世纪现代汉语语法八大家·邢福义选集》（东北师范大学出版社2001）的选编者，并作《邢福义评传》。2023年初恩师邢福义先生不幸逝世，商务印书馆汉语中心微信公众号以现篇名重发此文，借此寄托我们的哀思和追忆。

（作者单位：武汉大学）

含泪送别邢福义先生

李宇明

立春次日是元宵节，元宵节次日，是 2023 年 2 月 6 日。这天中午时分，恩师邢福义先生走完了他 88 年的人生历程，长眠于江城武汉。虽已立春，天却奇寒；虽过元宵，但"热闹"不起来。浏览着网络上各界悼念先生的文字，找寻着与先生同框的旧照，脑海里翻滚着一幕幕往事，回味着、感受着先生的为学与为人。

先生 22 岁在《中国语文》（1957 年第 8 期）发表《动词作定语要带"的"字》，开启了他的学术生涯，终生所著汇集为 12 卷《邢福义文集》（华中师大出版社 2022）。以《汉语语法学》（东北师大出版社 1996，商务印书馆 2016 修订版）为代表的论文论著，植根于汉语泥土，秉承朴学精神，研究了从词、结构到复句、句群等大量汉语现象，涉及词法、句法、超句法（篇章语法），建立了"两个三角"理论、"小句中枢说"等原创性的语言学说，成为一个时代中国语法学的标志性成果。

《词类辨难》（甘肃人民出版社 1981）是先生的早期著作，对"难辨词"的词性观察全面，分析精细，所提出的词类归类、分类的原则和标准，既符合汉语实际，又具有理论高度和可操作性。之后所做的语素组合研究，如对"夜里—夜中""口红—嘴红""白人—

黑人—黄人(黄种人)"成立与否的分析,用句法眼光观察构词和词语组合,揭示了大量新现象,提出了一系列新问题,开发了语法与词汇结合研究的新场域。

复句是先生语法研究的"根据地"之一。用因果关系为复句分类,把复句划分为因果、并列和转折三大类,理清了复句间的顶层关系。提出复句语义关系具有二重性,既反映客观实际,又反映主观视点。汉语的复句结构与单句差别大,与句群多近似,复句研究是句群研究的基础,是建立篇章语法的基础。

"两个三角"理论,其"小三角"是"语表形式、语里意义和语用价值","大三角"是"普通话、方言和古代(近代)汉语"。"小三角"要求形式与意义相结合相验证,且要顾及语用价值;"大三角"体现了研究的广阔视野,纵瞰古今,横看普通话与方言。多角观察,多方照应,才能看清事实,公允立论。

"小句中枢说"看到了汉语"句法重、词法轻"的特点,注重句法规则对各种语法成分的管控作用。小句内动词是核心,但是名词却具有"赋格"功能;从超句的角度看,小句是构成复句、句群、篇章的基础。汉语语法研究以小句为本位,内可窥句法外可观篇章,是具有更大视野的汉语研究"本位观"。

先生的研究还涉及修辞、逻辑、国学、文化,他的《寄父家书》《光明语学漫录》,更是共和国一代知识分子的心路实录和文化忧思。先生还是优秀的教育家,他重视自己的每一堂课,把语法学课讲得极受学生欢迎;他时时关注中学语文教育,创立了"国字号"的语言与语言教育研究中心和以汉语教育为主的新中国第一个语言学系;他为学科培养了18名硕士、34名博士,指导了4名博士后,可谓桃李满天下。

目前中国的知识界，十分关注学术的跟跑、并跑和领跑的问题，探讨应当如何建设中国的学科体系、学术体系和话语体系，特别是中国大地上如何产生原创的学术理念、概念与范式。先生的学术道路及其学术团队，是一个很典型的学术案例，中国语言学界乃至整个知识界都能从中得到许多启示。

而今先生远行，学人同悲，含泪送别！其实，先生创造的知识财富在，培养的学生在，先生就永远不会离去。

南海椰风　时拂家国情怀，成一代大师　桃李满天下；

长江桂雨　久润语学智慧，著等身宏论　丹心照汗青。

（作者单位：北京语言大学）

邢福义先生的国学研究与家国情怀[*]

李宇明　宋晖　王玉红

　　邢福义先生被誉为中国"现代汉语语法八大家"之一，也是国学大家。他在《光明日报·国学版》上，曾刊发文章 20 余篇，后连同他在《人民日报》发表的文章结集为《光明语学漫录》，由商务印书馆 2020 年出版。

　　邢先生的国学类文章大致可分四方面内容：其一，语言学与国学的关系，如《语言研究的"向"和"根"》《国学精魂与现代语学》等；其二，词语阐微，如《"救火"一词说古道今》《"人定胜天"一语话今古》《"诞辰"古今演化辨察》等；其三，国学学科建设的理论思考，如《国学的学科化与一流追求》《语言哲学与文化土壤》等；其四，学林人物的学术传承，如《两次指点》《邢梦璜与文化黄流》等。古代以文字、音韵、训诂为内容的小学是经学的翼羽，而今语言学也应与国学有姊妹般密切的关系。然当今的语言学家涉足国学者不多，邢先生是少数特例。他的国学研究与汉语研究交织交融，且蕴含着当代知识分子的高贵品格，特色鲜明，自成一派。

---

　　* 本文于 2023 年 5 月 6 日在《光明日报》刊发，题为《邢福义先生的国学研究与家国情怀》。

语言学与国学交融互渗

邢福义先生的国学思想，建立在对汉语、特别是汉语语法深刻的认识上。"汉语语法重'意'不重'形'。形式上框架简明，没有繁多的标记；表意上灵活多样，隐性语法关系十分丰富。理解汉语，特别是阅读汉语古籍，最主要的障碍不是语法。正因如此，我国古代率先出现的语言学著作是讲词义、讲文字、讲语音的《尔雅》《说文解字》《广韵》等等，而不是语法学专著。"（本文所引皆出自邢先生发表在国学版的文章，不一一注明）1898年，马建忠所著《马氏文通》首次引入西洋之"葛郎玛"（语法），中国语言学才从传统小学进入现代语言学。传统小学未重视语法亦能取得成就，与汉语"隐性语法关系丰富"不无关系。汉语的沟通功能，尤其是书面语，可以通过"意会"方式实现。

邢先生所谓的"丰富"，从另一角度说则意味着"汉语语法系统的复杂性"。欲在纷繁复杂的语法现象中提炼出规律，需反复对比研究方能实现。邢先生在长期的语言研究中，概括出"两个三角"的语法研究理论，其"小三角"是"语表形式、语里意义和语用价值"，"大三角"是"普通话、方言和古代（近代）汉语"。"小三角"要求形式与意义相结合相验证，且要顾及语言使用价值；"大三角"则体现了研究的广阔视野，纵看古今，横看普通话与方言。多角观察，多方照应，才能看清事实，立论公允。邢先生对有争议的语言现象，从不武断结论，如"人定胜天"，到底是"人定 / 胜天"，还是"人 / 定胜天"？邢先生认为两种表述各有其观念取向。古代用法原本应为"人定 / 胜天"，可称为客观理性式，即客观看待"人"与"天"之间的强弱关系，二者孰强孰弱可以相互转化，显得头脑冷静，富于理性。古文根底深厚的现代人，还会在这个意义上使用。现代通常用法则为"人 / 定胜天"，可称为主观意志式，即强调人的主观能动作用，激励人凭借自己的力量去改造大自然，充满豪情壮志。用语言学的结构—层次分析来论说"人定胜天"，独得妙诂，独生妙趣。

事理贯通古今

邢先生的国学研究常能古今贯通，看似微不足道的问题，却能"小题大做"，巧成文章。对研究者而言，古今的观念既要清晰又要模糊。所谓"清晰"，是要有时代意识，敏锐识别语言之变，哪怕是语义、用法上的毫末之异。所谓"模糊"，是不要太拘泥于古今，要穿越古今，语言演变会带来语感变化，使用者会对语言进行重新分析。邢先生对"诞辰""诞辰日""诞辰 ×× 周年"的讨论，便是"穿越古今"的范例。

"最早见到的'诞辰'，应是唐中宗李显所题'十月诞辰内殿宴群臣效柏梁体联句'（《全唐诗》卷二）。""诞辰日"等于说"生日日"，这种现象看似叠床架屋，但"语言现象往往不是二加一等于三的绝对化关系"，"'诞辰日'是以'诞生日'的语义角色出现的，'诞辰日'中'辰'的意义已被弱化而脱落。"这与"窗户""兄弟"等偏义复词的道理是一样的，"窗户"只指窗，"兄弟"可以只指弟。这也与"凯旋而归"类似，"旋"即是"归"，"凯旋"的语义本来已足，还要再续上"而归"，成为四字格。仔细观察还会发现，现代汉语里"诞辰多少周年"的说法多于"多少周年诞辰"，邢先生通过语料库的数据说明语法有类化的特点，"少数服从多数"，语言现象能不能说最终还是"群众"决定，这就是所谓的"语用导向"，就是所谓的"约定俗成"。邢先生纵论古今，"唯求实尔"！他不赞成语言学家充当"语言警察"，常说"观天下书未遍，不得妄下雌黄"。

研究扎根泥土

国学和汉语学是最具民族特色的学问，虽然我们的理论抽绎也许还有诸多不足，但不能跟着外界理论走，人云亦云。邢先生对中国学术的世界地位一直心心念念，常说"语言学研究如果总是跟着西方走，奉行'拿来主义'，迟早有一天，汉语事实会成为西方语言学的注脚"。在与世界接轨的问题上，他反复强调"要想跟强者接轨，自己必须先是强者，小羊不能和狼接轨，要提高我们整个民族和国家的学术地位"。

邢先生的"自强"就是强调研究要根植于中国大地，其内涵异常丰富也特别现实。比如汉语的字母词问题，是学界和社会长时间关注、争论的热点，对此问题，邢先生更关注的是字母词的语用价值，即在汉语中字母词有无作用、有何作用。"语言事实观"是主导学者判断的圭臬，"起着特定作用的某些英文字母。比如起游移泛代作用的 X，起表示次序作用的 a-b-c-d，起作为人物称呼作用的阿 Q，等等"。邢先生看待语言现象从来都是辩证的，不仅要看字母词的作用，还要看到其局限性。字母词的不当使用也妨碍交际，字母词"缺乏实实在在的群众基础。在内容上，英文字母词具有较大的学科术语性和行业习用性。从受众方面看，绝大多数字母词是看不懂的。比如 OLED（有机发光二极管）……"。他建议编写一本《英文字母词词典》。"《现代汉语词典》已经开了一个好头，但'西文字母开头的词语'中收词过少，满足不了需求。比如 IPO 就查不到，CSSCI 就查不到。"语言学研究和国学研究有很多现实共通之处，特别是在"辞达而已矣"这一点上是统一的，关于表达的研究永远是两者的契合点！

学者的家国情怀

观其文可知其人，观其人可知其文。道德文章本为一体。邢先生的学术观念来自先生的朴学精神，来自先生的家国情怀。他慎独、唯实，研究问题讲究小心求证，论证问题尽量穷尽材料，写文章追求"九字诀"：看得懂，信得过，用得上。

2018 年出版的《寄父家书》，收录了邢先生 1955 年至 1991 年写给父亲的信件。有封信是这样写的："中华水土，养育了中华文化、中华科技、中华风骨。当今的中国人，重视外国理论的引进，但也懂得，再好的理论，都必须适应中华水土，才能在中国开花结果。中国人有充分的冲劲和自信。"新加坡南洋理工大学周清海教授高度评价这段话："重视自己的中华水土，是民族自尊的表现。这就是中国知识分子的传统情怀。"

传统情怀亦是国学精神。邢先生始终心系国家，将个人奋斗与国家振兴紧密关联。他在 1956 年 3 月 24 日的寄父家书中说："在国家号召向科学进军之际，孩子（邢先生信中自称）也已订出了向科学进军的规划。暂以六年为期。目前的指导原则是在争取优异的成绩的基础上，重点深入。"这个"进军"目标实际上持续了他的一生。2016 年，邢先生在学习习近平总书记讲话时突出强调了学科建设问题："在建设一流学科中有所作为，最重要的一点，是必须在自强自立、敢于锻造中国学派上狠下功夫。综观中国语言学的各个分支和各个领域,具有共性的突出问题主要表现在两个方面。一个方面,是创新性理论不多,原创性学说缺乏;另一个方面,是醉心摩登,急于求成,弄虚作假也随之而泛滥。"

2月6日,邢福义先生辞世远行,但他的学术思想会烛照学林,他振兴中华学术的追求会代代接力,必能实现。"做学问难……只有大家共同努力,而且一辈辈地接力攀登,才有可能不断取得可喜的进步!"

(作者单位:北京语言大学、北京第二外国语学院、

华中师范大学)

邢福义老师三两事

徐 杰

一、一页小说"读"半年

邢福义老师对我的影响是多方面的,影响最深的是他对司空见惯的语言事实观察的敏感性和深刻度。

应该是在 1982 年春,我跟我的两位师兄萧国政、李宇明刚来武汉读书不久,有一次邢老师来给我们上课,他基本就是空着手来的,从口袋里掏出几张皱巴巴的复印纸,好像是从《人民文学》一类文学刊物随便复印来的。就一页,印了三份,我们三个一人一份。干什么?要我们拿回去认真看,要看半年。大白话的一页纸要看半年?我当时觉得特别困惑:那里边的每个字我都认识啊,好像也没有好玩的故事啊,更没有什么高深的理论。邢老师说,你们拿回去认真看,一定能看出名堂来。研究语言的规则就是探讨人们说话的道理。大白话谁都会说,对各种现象早已经习以为常了,见怪不怪了。但是你拿着这一页纸仔细看半年,走也看,坐也看,看看这个句子人们为什么这样说?能不能变个花样,为什么能这么变?不能那么变?方言怎么说?古汉语怎么样?外语怎么说?问题就出来了,学问也就出来了。没想到我居然真的看出名堂来了。记得其中就有这么一句话"你都喜欢吃什么?",简单得不能再简单了。但是那里"都"的用法就有点怪怪的。多数情况下是不会这么用的。我们平常说"先生和太太都跑到左宅去",其中"都"的作用就是把"先生和太太"两个人都包括进来,这里"先生和太太"是用在"都"的前面的。可是"你都喜欢吃什么"中"都"前面是个单数的"你","都"所要包括的对象显然不是它前面的"你",反倒可能是后面"什么"。这里肯定有戏。我据此写了篇短文发表于《汉语学习》1985年第1期,题目就叫《"都"类副词的总括对象及其隐现、位序》。那可是我的处女作。收到刊物时高兴得不得了。故事三十二年前,至今记忆犹新。那对我是个很大的鼓励。更重要的是从此养成了从平凡的现象中发现不平凡道理的习惯。几十年来受益极大!

　　我从这个事也悟出个道理:我们思考问题,钻研学问,要有意识地培养两项本领,一是要把看似复杂的问题讲得很简单,深入浅出;二是要能看出看似简单的现象背后的深意。一个表面简单的现象,司空见惯的现象,如果挖掘下去,可能找出不寻常不简单的道理,背后可能隐藏着深意。我因此而回想起在美国读书时碰到的一位老师。他讲的道理跟邢老师传授的办法有相通的地方。他说观察问题要有深度,思考问题要有批判能力。怎么才能有深度观察和批判思考的能力?他说我今天先不讲课了,你们都来盯着我这张脸看,要仔细看30分钟。同学们也在下面嘀咕,有什么好看的?又不太漂亮。唉,您别说,我们居然也看出了名堂:他的耳朵为什么长在那个地方?呼吸的鼻孔一个不就够了吗,干吗要两个呢?越看越觉得他长得奇怪。当然,到今天我还是回答不了当时提出的那么多为什么。但是,这股刨根问底的精神很有意义,很可贵。就是说,他在培养你观察问题的深度,发掘你的问题意识,在深度观察的过程中你的批判能力就被激发出来了。不然你总是浮在表面，没有深度，瞄一眼就过去了。完事后文章是文章，你还是原来的你，没有交集，没有化学反应。自己的东西出不来，观察力和领悟力当然也到不了那个层次和境界。

二、"读书也要讲究个章法"

一个烟雨蒙蒙的午后，刚开始读硕士不久的我从图书馆借来厚厚的一大摞学术刊物，跑到当时的中文系三楼"逻辑句法学研究室"阅读。邢福义老师推门进来。他随手翻看我借的那些刊物，一边漫不经心地翻着，一边对我说，是要养成追踪学术刊物的好习惯，追踪刊物就是追踪学术前沿。学术研究就是要尽快走到前沿，并力求提出自己独到的看法，有所发现，有所创新。但是，你看你一次抱来这么多刊物，这么多文章，哪里看得完。看文章要掌握要领，读书要讲究章法。最重要的是要注意博览和精深相结合。你们学外语不是也讲究个"泛读"和"精读"的区别嘛，那是有道理的。其实读书读文章也一样，要有重点，有侧重，不宜平均用力。我们的时间和精力总是有限的。一份期刊，八九十来篇文章，其中能有一两篇好文章就不错了。这种文章就要认真看，反复看。看一遍是不够的，最好能看五遍，其他的文章，一目十行地浏览就够了。其他的文章，其他的书刊，你甚至都不必借出来，就在图书馆里看，最好就站在书架那里浏览，连坐都不用坐。一个上午看十本。只要知道有人谈过那个问题，知道作者的大意是什么就足够了。将来如果正好做到相关的问题，再回头找来重看也不迟。

这件事对邢老师来说当然是一件漫不经心的小事。时过境迁，他本人大概早该忘记了。但是当时对我的触动很深，影响很大。多少年后，我自己也做了教师，也带研究生了。我也常常给我的学生讲，读书要讲究章法，看文章要分轻重。不宜平均用力。一个学期也就四五个月时间，性质相同相近的书，与其平均用力看五本，其效果绝对不如同一本集中精力看五遍。其他的四本也不要扔掉，也不是不看，但是绝对不必从头到尾地看，只看关键的地方就够了，就像查词典查工具书一样。有谁会从头到尾"读词典"？！

我由此想到，不仅平时看书是这样，即使有了个选题，开始写文章时，阅读消化前人的文献也是有类似的问题。同学们常犯的毛病是，有个初步的选题后想方设法把所有的著作和文章都一网打尽地搜集过来，一本一本读，一篇一篇看。费了九牛二虎之力好不容易看完了，看完之后却发现那个题目不值得做了。为什么？道理都被别人讲完了啊！这当然是不行的。这里有个窍门，构思文章，建立论点的初期阶段，特别要注意文献阅读量的把握。原则上应把握"适度少量精读"。怎么判断"适度"？读的不多也不少，正好足够你建立自己的论点和主见，建立自己的信心。多数情况下是所有相关文献的三分之一左右。读得太少就不足以形成自己的论点；而读得太多，就会失控，就会淹没在别人观点的茫茫海洋中而无法自拔，只是感觉到"公说公有理，婆说婆有理"。如果真有这个感觉的话，问题并不是出在那些七嘴八舌的"公婆"身上，而是出在你自己身上。说明你自己功力不到家。自己功力到家的话就应该觉得"公婆"们的那些说法，有的有道理，有的没道理，并且你还知道如何改进那些没道理的说法。当然，你此前收罗的文献也不会浪费。文章最终定稿前，你当然要穷尽前人所有文献。到了这个阶段，你有了自己的论点和主见后，读起文章来速度快、效果好，你会很容易发现那些"公婆"的文章净是错漏，那你正好写文章来修正、补充、发展，甚至推翻。一篇有理有据、引经据典的好文章也就出来了！

三、"他是邢福义先生的学生"

我是从 1982 年初到 1984 年底跟邢福义老师读硕三年，随后也是在邢老师的安排下跟国政大师兄和宇明二师兄一起留在华中师范大学中文系任教，工作一年半后去美国深造。但是此后至今，无论时间过了多久，无论我跑到世界的哪个角落，邢福义先生的学生这个身份是一生一世的。我出差旅行开会到过几十个国家，其中还在四个不同国家和境外地区长时间地学习、工作与生活。多少年来，我到一些高校或学术机构参加学术会议和做学术报告，别人在介绍我是何许人也之前总是先说我是邢福义先生的学生，之后才是什么博士、教授、系主任、副院长等等头衔。"邢福义先生的学生"永远都是我的第一身份，是伴随我一生的靓丽名片，也是我最大的光荣，我多少年来也因此受益极大！

这个事本身也从一个侧面说明了我们邢福义老师的学术成就和学术影响早已跨越了国界，走向了世界，走进了学术界的人心。大家知道，邢老师是研究汉语语言学的，研究的是中国的东西。但是，我们可以说他研究的问题是中国的，意义却是世界的，水平是世界的。这里涉及学术研究的民族性和世界性关系这样一个重要的问题。我们都知道全球经济的一体化推动了文化教育和学术研究一体化。全球学术研究的一体化有其正面意义。那就是在全球范围内整合学术资源，组织学术力量，针对关键的学术议题进行合作攻关和联合探索。但是就像经济上的和文化上的全球一体化一样，它既有积极意义，它也有负面意义。它无意中冲击了各民族对自身文化传统、自己学术传统的探索，冲击了对民族优秀元素的挖掘。这种损失不是一个国家的，是世界的损失。因为世界文化和世界学术本来就是由各国各民族的优秀元素组成的，所以说只有鲜明的高层次的民族性，才有真正意义上的世界性。而邢老师及其所代表的一批优秀学者的研究就是把我们民族的东西、学术传统中的精华元素挖掘出来，并在现代意义下重新解释和升华，淋漓尽致地呈现在世界面前，慷慨地奉献给世界，让世界认识到中华民族几千年来对语言和文化问题思考的高度和深度，从而赢得人家的认可和尊重。我们固然要了解别人的新方法、新思路，学习别人的长处，要保持敏锐的嗅觉。要能够准确快速地把握问题的精髓和实质，抓得要稳，要准，要狠！与此同时，我们一定要清醒地意识到，从根本上说，中国在世界语言学领域的地位取决于我们输出和奉献了多少，而不是输入和消费了多少。民族性与世界性是事物的一体两面，表面对立，实则统一。只有鲜明的民族性，才有真正的世界性！没有各民族深入挖掘、慷慨奉献本民族的优质元素，就无法打造出内涵丰富、形式多样、色彩斑斓的世界性！邢老师及其所代表的这一大批优秀学者的学术价值就是他们带着丰沛的中国元素和鲜明的中国风格，堂堂正正站在世界学术界面前！

（作者单位：澳门大学）

探微求真脚踏实地，创新立意胸怀宏宇

——邢福义老师指引我走上求学路

任海波

2023 年 2 月 6 日傍晚，我在准备好晚餐之后，休息片刻，打开手机，立刻发现在一个微信群里有条消息：邢福义先生于 2023 年 2 月 6 日中午在武汉逝世。我的心猛然一紧，连声念叨："怎么会呢？怎么会呢？"觉得太突然，不敢相信。在另外几个微信群里也发现了同样的消息后，我的心情骤然沉郁，眼眶不禁湿润。之后的很长时间一直沉浸在悲痛之中。

我第一次知道邢福义老师，是在 1982 年的上半年，那个时候，正是我读大学三年级的第二个学期。因为中文系为高年级学生开设的语言学选修课很有限，而我又想选语言学的课程，于是，我在征得系领导和王维贤老师的同意后，跟王维贤老师和倪宝元老师的几个硕士研究生一起修读王维贤老师给他们开设的现代西方语言学、现代汉语语法理论、汉语语法专著选读等课程，作为我的选修课。根据课程的进程，我刚刚读完了两本论文集，这就是由《中国语文》杂志社编的《汉语的词类问题（第 1 集）》（中华书局 1955）和《汉语的词类问题（第 2 集）》（中华书局 1956），从这两本论文集上看，对于怎么看待汉语的词类以及如何来划分汉语的词类，观点众多，分歧很大。我为书中所提出的问题而深感困扰。有一天去逛书店，我偶然发现了邢福义老师的《词类辨难》（甘肃人民出版社1981）一书，眼睛一亮，毫不犹豫就买了回来。爱不释手，一口气读完。我深深地被邢老师的分析思路和分析方法所折服，为书中所展示出来的逻辑力量而赞叹。从此以后，我对汉语词类有了更进一步的认识，摆脱了之前有过的不少困扰。由此，我对现代汉语的研究也有了更多的兴趣。

我的本科是在杭州大学中文系就读。大学二年级的时候，我在班里是古汉语课代表。我们的古代汉语任课老师是郭在贻老师和祝鸿熹老师。郭在贻老师先给我们授课，我作为课代表自然跟郭老师有了很多的交往。当我踏入大三下学期后不久，有个现实的问题摆在了我的面前：毕业后是否继续报考硕士研究生？报什么专业？那个时候，郭在贻老师也正好要招收硕士研究生，不少同学都很自然地认为我会报考他的硕士生，我自己也曾想过要做他的硕士生，但是，自从我读完了邢老师的《词类辨难》之后，跟随邢老师读硕士的念头在我的脑海中变得越来越强烈。恰好在那年的暑假过后，有一个师兄告诉我：他去武汉参加了一个语言学讲习班，听了很多有名的老师讲座，其中有邢老师的讲座。我问他：邢老师的讲座怎么样？他说，他很受启发，收获很大。如果我去报考邢老师，做邢老师的硕士生，他非常赞成。

有一次，在跟师兄们一起听王维贤老师上课的时候，我跟王维贤老师和师兄们说起了我希望能报考邢福义老师的硕士的念头，王维贤老师知道了我的想法后，表示非常支持。他跟我说："如果你去报考，我到时候给邢老师写封信，把你的情况介绍一下。"我当时并不理解王维贤老师这么说意味着什么，我只记住了王维贤老师赞成我去跟邢老师学习，内心倍受鼓舞。于是，从那以后我就更多地去为考现代汉语专业的硕士研究生而准备，特别关注邢老师招生的信息。当我了解到邢老师将于 1983 年在华中工学院（今华中科技大学）语言研究所招生后，我就毫不犹豫地决定了报考。至于后来王维贤老师有没有给邢老师写过信，我就没想到再去关心，现在想起来，这成了一个无法求证的问题。想到此，就觉得伤心。

1983 年的年初，寒假时，我参加了硕士研究生考试。1983 年的春天，大学四年级第二学期没过多久，我收到了华中工学院语言研究所的硕士研究生复试通知书，我从杭州到上海，再从上海乘坐长江轮如期到华中工学院参加了复试。复试前，我还去拜访了当时在华中工学院就读的师兄郎大地和徐纬地，得到了他们的鼓励。复试那天，我第一次见到了邢福义老师。记得当时邢老师问了我一个问题，我感到很紧张，但是又很认真地回答了，回答完后，只觉得满头是汗。现在我怎么回想也想不起来那是个什么问题，但是我记得，在回答那个问题的时候，我表示了自己将如何努力学习的决心。至于复试之后邢老师为什么愿意录取我做他的硕士研究生，我至今仍不明白。

1983 年的秋天，我如愿到华中工学院语言研究所报到，开始了我硕士研究生的学习生活。那一年，华中工学院语言研究所招收现代汉语方面的硕士研究生一共有 6 人，我跟师妹曹琼琼的研究方向是现代汉语语法理论，另外 4 位的研究方向是中文信息处理，邢老师的儿子邢孔亮就是这四位中的一位，我跟邢孔亮、潘海华、王忠效（他们都是中文信息处理方向）住一个宿舍。在我们平时的闲谈中，有那么一两次，我听邢孔亮说，他的偶像就是他的父亲邢福义老师。我当时听他这么说，感觉很意外也很新奇，但是并不是很理解。后来，我慢慢地了解了邢老师学术生涯中的各种超人的事迹之后，我算是理解了邢孔亮所说的。

入学后不久，华中工学院语言研究所主管研究生工作的李崇兴老师告诉我们：我和曹琼琼的硕士指导老师是邢福义老师和李临定老师。我的硕士论文选题和进程等都由邢福义老师负责，而曹琼琼的则由李临定老师负责。明确了导师之后，我和曹琼琼选了一个下午的时间去华中师范大学拜见邢福义老师，我们去得早了一点，邢老师还在上课，等邢老师下课后，他跟我们做了简短的交谈，介绍我们认识了在华中师范大学就读的师兄：李宇明、萧国政、徐杰。邢老师说，第一次见面交谈，主要是为了互相认识，但是要送给我们一句话"抬头是山，路在脚下"，希望我们回去后认真思考：怎么才能更好地理解和实践这句话？

大约到了研究生的第二个学年，开始准备学位论文选题的时候，邢老师要邢孔亮转告我，让我定期到他家去谈谈论文选题的进展。那个时候，我对学位论文选题的事儿心里完全没有底。在杭州大学期间，除了现代汉语，我还花了较多的时间去熟悉国外的语言学理论，例如结构主义语言学、转换生成语言学等等的名词术语，而怎么针对实际问题展开研究，我没有任何经验。凭着当时的兴趣，我有点想研究汉语的词类，但是却不知道该从何下手。

有一天，根据邢孔亮转达的信息，我如约去邢老师家见邢老师。但是由于出发时没有预算好路上坐车要花的时间，我比预定要到的时间晚了很多，到邢老师家的时候，快中午了。邢老师见我迟到了，第一句话就问我："吃过午饭了吗？"我说："没有。"邢老师说："我今天中午吃面条，你吃吗？"我说："好。"于是，我一到邢老师家就跟他一起吃了面条。然后，邢老师让我坐下来谈谈论文选题的想法。我把我对词类感兴趣的想法说了，邢老师问："有具体要解决的问题吗？有确定的题目吗？"我说："没有。我想把汉语词类做一个梳理。"邢老师说："你对汉语词类感兴趣，这个很好。但是你现在所想的问题有点大，恐怕一篇硕士论文说不清楚。硕士论文选题不宜太大，最好是小题大做。你考虑一下，如果不写词类问题，你能不能针对某一个句型，例如'比'字句进行深入描写和研究？"我说："这个我以前没有考虑过，那我回去之后好好想想吧。"邢老师说："好，你最好先观察一些语料，找些例句，看看这里面有什么值得深入分析的问题。"我说："好的，老师。那我先回去了。"邢老师说："好。"

当我起身离开前，我才想到看看邢老师居住的屋子。直接吸引我视线的是进门的第一个房间里放着的一张床，床上铺满了一张一张的卡片，每张卡片上都写满了字。我一看就意识到，这应该是邢老师写论文用的例句卡片。床边的一张桌子上放着好多本大型文学期刊，例如《十月》《当代》《收获》《花城》等等。我突然意识到，原来邢老师论文中这么丰富的例句，都是邢老师自己用卡片一句一句抄录下来的，不但抄录下来，而且还要精心地分类编排好，然后用在论文中。这使我想起了杭州大学郭在贻老师在研究《说文解字注》时所使用的方法，想起了倪宝元老师在做修辞格研究时也使用了同样的方法。用例句卡片搜集语言研究的实际材料，用材料和事实说话。这是老一辈语言研究者共同的研究传统，到了邢老师这里应该是发挥到了极致。我当时意识到：我的硕士论文必须要在大量搜集材料的基础上来完成，而且要做多角度的分析和考察。

从 1984 年的秋季开始，我着手抄录当代文学作品中的"比"字句，一个例句一张卡片。我在空闲的时候，一边看小说一边发现例句，抄录例句。有时候邢孔亮看到我在找例句，就问我："你又在捉字了吧？"我说："那可不是吗？"他说："怎么样？"我说："又捉了20多个例句。还行啊。"就这样找例句，我一直找到了1985年的春夏之际。例句积累了大约有4000多个。我根据"比"字句的基本特点、"比"字前后的表现形式、比较程度的表达方式、表义类型等做了多角度的分类和比较。在此基础上，我又去邢老师家，再次向他汇报了打算撰写的硕士论文的基本结构和框架。他肯定了我的初步设想，鼓励我进一步找寻参考文献，拓展思路，进一步搜寻例句，丰富材料。我按照邢老师的指引，在1985年秋季，花了一个多月的时间，去北京中国社会科学院语言文字应用研究所旁听了陈章太、龚千炎、李行健、赵世开、于根元、陈建民等多位导师为硕士研究生开设的课程，同时在北京图书馆等地找寻相关的参考文献。1986年上半年我如期完成了硕士学位论文并参加了论文答辩。那一年正好是华中师范大学获准设立了现代汉语的硕士学位授予点，我的毕业证书由华中工学院（当时已经改名为华中理工大学）授予，而硕士学位证书则由华中师范大学授予。

　　1986年6月下旬，我到重建不久的浙江大学中文系报到、工作。就在那一年，首届青年现代汉语（语法）学术讨论会于1986年9月1日至5日在武汉华中师范大学举行。我把硕士论文中的一部分独立出来成文，提交给了会议。没想到毕业后仅两个月我又回到了武汉。在读硕士的三年中，我竟然没有想到也没有机会跟邢老师合影。这次，我自己带了一个海鸥牌的相机，当再次见到邢老师时，倍感亲切。会后，我终于有了一个机会跟邢老师合影。

　　会后，我征求邢老师的意见："我想把提交会议的论文发表，应该投给什么杂志比较好？能不能投给《中国语文》？"邢老师说："投给《中国语文》当然好，但是《中国语文》稿件比较多，要求也比较高，在这之前，你可以先征求一下《中国语文》饶长溶先生的意见。"我说："好的。有机会我去拜访饶长溶先生。"没多久，我正好有个机会去北京出差，在跟饶长溶先生取得联系后去他府上拜访了他，就投稿给《中国语文》一事征求他的意见。饶先生说："《中国语文》需要有新意的论文：论点新颖、材料新颖、方法新颖。如果做不到三个方面都新，那么有一方面是新的，也值得考虑。你先不用给我论文，你先根据我说的要求，考虑一下你的论文做到了哪些，然后再决定是否投稿。怎么样？"饶长溶先生的话，为我指明了努力的方向。

我告别饶长溶先生回到杭州后就开始考虑怎么修改论文，但是，就在这同时，我收到了《语言教学与研究》编辑部的用稿意向和修改要求。原来《语言教学与研究》编辑部的李清华老师在我们学术讨论会的论文中发现了我的论文，希望让我修改后发表。我就这件事征求了邢老师的意见，邢老师认为，能够在《语言教学与研究》上先发表也很好，给《中国语文》投稿的事情可以以后再写论文考虑。就这样，我的论文《现代汉语"比"字句结论项的类型》一文就让《语言教学与研究》在 1987 年的第 4 期上发表了。

没能在《中国语文》上发表论文，我心里好像留下了一个结。可是每次想到这件事，我就自然想起饶长溶先生的话，当然更会想到邢老师在那上面发表的一篇又一篇的论文。观点新、材料新、方法新，始终萦绕在我的心头。怎样才能做到呢？回想到硕士论文从选题到完成的过程，我深深体会到，材料太重要了。语言中的实际语料是无穷无尽的，怎么样才能尽可能多地观察语言事实呢？我想到了前辈语言学家的例句卡片，想到了邢老师那分类铺排的例句卡片，想到了那一年我一张卡片又一张卡片地摘抄"比"字句的辛苦。能否借助计算机来提高搜集语料和处理语料的能力呢？对，应该像武汉大学张普老师那样建立现代汉语语料库。可是，我并不懂计算机啊，更不懂怎么用计算机来处理语料啊。怎么办？这时，我又想到了邢老师。邢老师以一个专科学历留校，以百折不挠的自学精神取得了如今的成就。我是否也该去尝试学习一点新的不熟悉的东西呢？决心下了之后，我就在 1989 年秋季开始自学计算机操作系统和编程，同时思考着，怎么样才能更有效地让计算机来输入和处理语料。

　　1997 年 9 月，我离开了工作了 11 年的浙江大学，考入上海师范大学语言研究所，开始跟随陆汝占老师和范开泰老师攻读现代汉语计算语言学方向的博士学位。正好赶上语言研究所开通了国际互联网，有了便利的上网条件。偶然发现互联网上有很多现成的现当代文学作品的文本，同时也发现电子市场上有一些现成的可供阅读的文学作品的光盘。我在学习之余，搜集整理这些语料文本，在 1999 年建成了一个一亿汉字规模的纯文本语料库，并为这个语料库编制了一个搜索和处理例句的工具。当时听说汉语重叠问题国际研讨会将于 2000 年 1 月 4 日至 6 日在华中师范大学举行，我想到我已经多年没有见到邢老师，很想给会议投稿，借开会的机会再去拜见邢老师。于是，我就针对萦绕在心中近十年的一个汉语现象"AABB"重叠式进行研究。我借助一亿汉字规模的语料和自己编制的搜索工具，通过编制程序处理语料，在语料库的基础上建成数据库，把"AABB"重叠式的构成基础从多方面做了考察和分析，写成了《现代汉语 AABB 重叠式词构成基础的统计分析》一文，提交给了会议。在这同时，我把这篇论文投稿给了《中国语文》，后来，

《中国语文》2001 年第 4 期发表了这篇论文。

2000 年初，我如期来到了华中师范大学，会前的一天晚上，我跟几个师兄弟一起去看望了邢老师。我跟邢老师说起了我的论文，邢老师对我的论文给予了肯定，并鼓励我继续往这个方向努力。我当时想到邢老师以前为写论文摘抄例句的情形，就跟邢老师说，我自己编程序设计了一个例句检索小工具。我想把这个小工具和一些语料提供给他用。邢老师说："那非常感谢。不过，语料我现在不缺，吴振国已经做了一个语料库装在了我的电脑里，我使用起来非常方便。"他一边说，一边还给我演示了一下例句检索的过程。这时，我才知道，振国兄已经把很多现代汉语语料在断句之后导入了微软的 ACCESS 数据库中，检索起来十分便利。虽然邢老师没有采用我的方法检索语料，但是我知道邢老师现在已经可以依靠 ACCESS 数据库来检索例句进行研究，我当时感到非常欣慰，也深信我自己努力的方向没有错。可惜那次没有顾上跟邢老师合影，现在想起来感到很遗憾。

2000 年 7 月我博士毕业后留在了上海师范大学工作。主要工作是教授留学生学习汉语。2004 年我自己开始带硕士研究生，我坚持用语料库语言学的方法来指导研究生进行研究。2013 年 5 月，我把几年来自己运用语料库语言学的方法撰写的论文和用同样方法指导研究生完成的相关论文集合起来，出版了《基于语料库的现代汉语近义虚词对比研究》一书，算是对自己运用语料库语言学方法进行汉语研究的一个小结。

2008 年 5 月我担任了我们学院的副院长，负责学院的科研和研究生事务工作。在考虑安排研究生课程时，我深深感到对外汉语或汉语国际教育的现实非常需要有多媒体教学方法的介入，于是，我就决心再次进行探索。还是运用邢老师说过的"学会自己教自己"的方法，我自学了多媒体软件 Adobe Flash Professional CS6、Adobe Audition CS6、Adobe Photoshop CS6、Adobe Acrobat XI Pro 等的应用，结合自己对留学生进行汉语教学的实际，制作了成套的初级汉语多媒体教学课件，并应用于实际的课堂教学中。同时，我给硕士研究生开设了"现代语言教育技术"这门课，致力推广多媒体教学技术的应用。

2014 年 4 月，我和本学院的一位研究生导师一起外出，到武汉、长沙等地的高校与汉语国际教育的同行进行交流，学习取经。我终于又有机会来到了武汉，入住酒店之后的第一件事就是给邢老师打电话，告诉他：我到武汉了。邢老师说："海波，你来武汉了？你来做什么？"我把来武汉的原因简单地跟邢老师说了一下，紧接着问他，是否有时间让我跟他见个面？他爽快地说："好啊。明天上午 9 点，在我的研究室见。怎么样？"我说："好。那我们明天上午 9 点见。"

第二天上午，我正准备走出入住的酒店去拜见邢老师，可是大雨瓢泼，我撑着伞，加快脚步往邢老师的研究室赶。一路上，我心想：不好，这么大的雨，邢老师怎么从家里到办公室啊？我得赶紧打电话，让他等过了这场雨再来。我拨打了电话，可是电话没人接，我走到以后又再次拨打，这次有人接了，但是接电话的人告诉我：邢老师已经去研究室了。我想，这下糟了，邢老师可别让雨淋着了。我在研究室的大楼外东张西望，过了一会儿听到一个亲切的声音："海波，你先到了？"我转头一看，还好，邢老师撑着一把大雨伞，除了鞋边有点湿，身上并没怎么被雨淋到。这么大的雨，让邢老师走到研究室来跟我见面，我向邢老师深深地表示了歉意。邢老师安慰我说:"没有关系,约好了的时间,那一定得来。"

相隔十多年,再次见到邢老师,我感到十分高兴。坐下来后,我先问候邢老师的健康状况如何,得知邢老师身体安康,我感到很欣慰。然后,我请邢老师跟我合影,邢老师欣然同意。

拍了照片后,我把出版不久的《基于语料库的现代汉语近义虚词对比研究》一书呈上给邢老师。邢老师非常高兴地接过了我呈上的书,还说:"这是一个好礼物啊。"

我向邢老师汇报了我这些年的情况,并跟他说:考虑到我现实的境况和现在学校对评审正高级职称的过高要求(仅计算近五年符合指标的发表成果),我已经不再提出正高级职称的申报,今后争取认真做好各项本职工作,直到2020年10月退休。请求邢老师原谅我这个不求上进的想法。我以为邢老师会不开心,出乎我意外,邢老师对我的想法表示了十分的理解,并给了我一些安慰的话。具体的语句现在想不确切了。大致的意思是:评职称并不是生活的全部,每个人都有自己人生的路,不一定要一个样。你已经在各方面都做了努力,只要尽力了,问心无愧了,那就可以了。

我带着由衷的感激(感激邢老师对我的理解和宽容)之情向邢老师告别。没想到这一别竟成了诀别。邢老师虽然已经驾鹤西去,但是他的"抬头是山,路在脚下"的精神永远留在我的心中。

(作者单位:上海师范大学)

怀念导师邢福义先生

——师从先生的几件小事

丁　力

　　惊闻先生仙逝，我无法表达自己心中的悲痛。先生的音容笑貌时时在我眼前浮现，师从先生的点点滴滴也不时在我脑海闪现。坐在电脑前，真不知该从何说起。

　　1986 年，我考上了先生的硕士研究生；1991 年，我考上了先生的博士研究生。读硕期间，先生带着我们几个学生（汪国胜、张邱林和我），完成了《时间词"刚刚"的多角度考察》，发表在《中国语文》1990 年第 1 期上；读博期间，先生又带着我们几个学生（李向农、储泽祥和我），完成了《形容词的 AABB 反义叠结》，发表在《中国语文》1993 年第 5 期上。

　　记得刚刚师从先生，先生就要求我们"永远站在问题的起跑线上"。有一次，先生让我们几个人看一篇未公开发表的文章，内容我忘了，是一位大学老师寄给先生的，让先生提提意见。几天后，先生让我们谈谈各自的看法。我们谈完后，先生说："你们搞研究，就像上葡萄树，吃了这串葡萄，伸手就能摸到另一串葡萄；吃了另一串葡萄，伸手又能摸到下一串葡萄……你爬上一次就吃个够。千万不要去爬那样的树——你千辛万苦地爬上去了，可树上只有一个果子；你好不容易摘了、吃了，结果再没果子可吃了。只好爬下来，去找另一棵树，又千辛万苦地往上爬……你们现在看的这篇文章，就是那种树上结出的'独果子'，你把它吃完了，就无法找到另一个果子了。搞研究，千万不要找这样的题目来研究……"

在研究上，先生一再强调要有自己的"自留地"，还手把手地教我们如何发现问题，如何研究问题等。我单说先生如何教我们使用卡片。当时，还没有语料库，都是自己看小说，找语料，记卡片，一张一例，标明出处。记得是讨论时间词"刚刚"，先生拿着卡片对我们说："使用卡片，你们要学会借用归纳法和演绎法来研究。你可先拿二十张卡片来观察，从中找出规律性的东西，提出自己的想法，这其实就是在归纳，就是在假设。然后，再观察其他卡片，看有没有不符合你想法的例子。如果有，那就再归纳、再假设；如果没有，观察一两百张卡片也没有，那基本上就可以确定这种想法、这种假设了。这其实就是一个借用演绎法进行研究的过程。"那时，研究生有一门公共课，讲到波普尔的"证伪法"，我当时恍然大悟，先生的"归纳演绎研究法"（声明一下：这是我起的名字），不就是"证伪法"吗？用这种方法搞研究，还真是挺管用的。我常常感叹：上大学四年，特别是大学本科毕业后还留校四年，八年过去了，我都没有真正搞明白该如何研究语言。可师从先生不到一年，我就知道自己今后的研究之路该如何走了。这一生能遇到先生，真是我前生修来的福，实在是三生有幸！

先生千古！

您的学生永远怀念您！

（作者单位：陕西理工大学）

我和语言学*

汪国胜

　　上大学之前，甚至大学毕业之前，我做梦都没想到这辈子会跟语言学结缘，更没想到会踏入方言学领地。光阴荏苒，时光飞逝，转眼之间已近花甲，不知不觉在语言学园地耕耘了30多年，在邢福义老师身边学习和工作了小半辈子，快到"该下课""洗了睡"的时候。

　　之所以特别提到邢老师，是因为我的语言学之缘离不开邢老师的牵引。记得毕业前夕的一个上午，负责二班分配的朱兴兰老师让我去中文系办公室，我不知道有什么事情。到了系办公室旁边的一个房间，邢老师进来了，简单地问了我几句，问的什么，没有一点印象，有印象的是，邢老师在挂在墙上的一块小黑板上写了一个句子，让我分析句子成分。句子并不复杂，我的分析应该没错。我一答完（口头分析），邢老师说了句"可以了"，就让我离开了。我不知道这是怎么回事，也不理解邢老师这句话的含义。之后才听说，可能是推荐留校，邢老师是在对我做面试。我在想，我这个水平够留校吗？邢老师是研究语言的，要是让我做语言学，能行吗？没过

---

　　* 本文写于2014年。谨以此文作为对恩师邢福义先生的缅怀和纪念。

几天, 朱老师把我叫到她房间, 看上去脸色不好, 我感觉气氛不对。
"你怎么把你留校的事说出去了呢? 现在班上有同学攀比, 为什么
留的是你, 不是他!" 我这才明白真的是要留校。朱老师的责问, 让
我感到一头雾水, 也有些紧张, 紧张的不是担心留不下来, 而是觉
得出了娄子, 怕受怪罪。其实我是冤枉的, 我根本没对人说起这事,
同学攀比, 肯定是他自己打听到的消息。再说, 我根本不知道要留
校, 也从来没有想到过留校。老实说, 我对留校还有点害怕, 觉得
自己没能力做好语言学, 也没本事当好大学老师, 如果因为"泄密"
而不能留校, 我不会遗憾, 反而会觉得是一种解脱, 我当时最想去
的是大冶师范。不过这件事很快过去了, 朱老师没再找我, 我留到
了汉语教研室。

1977 级入职是 1982 年初, 元月起薪。当时虽然结束"文革"
已近 5 年, 但人事体制没变, 就业还是"计划", 而不是"市场", 听
任组织安排, 没有个人意愿, 不由自己选择。我到汉语教研室, 完
全是"父母之命, 媒妁之言"。既然"嫁"到了语言学, 就只好"先
结婚后恋爱", 李双双和孙喜旺不就是这样的吗? 世上的事情, 有
的是因为喜欢才去做, 有的是因为做了才喜欢。我对于语言学, 前
者谈不上, 后者不敢说。我一直在想, 当年在拟留校的同学中, 邢
老师怎么就选了我? 记得我本科毕业论文的题目好像是"论社会主
义时期的悲剧作品", 属于文艺学范畴。如果说我在语言学方面有
点什么表现的话, 那就是我选修祝顺有老师"现代汉语语法"的时
候, 曾做过一篇《现代汉语的"把"字句》的课程作业, 但这份作业
是"抄袭"的结果, 是把吕叔湘先生《"把"字用法的研究》等论文
的一些观点综合在一起。如果说有一点可取, 那就是综合归纳得多
少还有一点条理, 但即便如此, 也不能表明我有语言学的基础和兴

趣。再说，这事邢老师不一定知道。时至今日，我还是不明白个中缘由，也没好意思去问邢老师。我的理解，这应该是缘分，我相信缘分。世上的很多事情，表面上是巧合，实际上是缘分，能跟中文系 1977 级的 200 多位同学同窗 4 年，也是一种缘分。

刚留校，第一学期听课进修，第二学期就上了讲台，本科的本钱，教本科的学生，现在想起来，纯粹是"以其昏昏使人昭昭"。不过我很幸运，1982 年邢老师招收首届研究生（硕士），我作为青年教师，有了旁听的机会，邢老师不分彼此，让我跟研究生一起讨论，一样交作业。之后我又跟邢老师读硕士，再读博士，学历高了，学问不一定有什么长进，但对语言学慢慢有了一些感觉，能够静下心来读些一般人看来枯燥乏味的语言学论著，学着写点免不了"主语、谓语、NP、VP、清音、浊音"一类术语的文章，这应该算是对语言学有了一点兴趣吧。我读研究生跟邢老师学的语法，工作需要，我教了几轮修辞。又是一种机遇，一种缘分，让我的兴趣转到了方言。大概是 1989 年，邢老师去美国夏威夷大学参加汉藏语言学国际学术会议，北京大学的朱德熙先生（曾任北大副校长兼研究生院院长）也去了。当时，朱先生在西雅图，承担了美国的一项关于汉语语法的课题，涉及方言问题，需要了解鄂东南方言中跟北京话"的"字相当的语法成分，请邢老师帮忙找人做调查。邢老师回来就把任务交给了我，我除了调查自己的方言大冶话，还去咸宁地区调查了咸宁、蒲圻、通山、通城、崇阳、嘉鱼、阳新等地的方言，并将调查结果写成报告，通过邢老师转给了朱先生。其中关于自己方言的部分，写成《大冶金湖话的"的""个"和"的个"》一文，发表在《中国语文》（1991 年第 3 期）。没想到，这次的经历，激发了我对方言的兴趣，成了我学术上的一个转折点，让我在方言这片浩瀚的海洋里趟了 20 多年。想当初，刚进华师的时候，我浓重的方音和蹩脚的普通话，老是被同寝室的邦和兄当作取笑的材料。邦和兄还真有点语言的敏感，记得有同学说了一句"打不我赢"，他马上就批评这话是错的。其实，从方言的角度看，这话并没什么不对，只是就普通话而言，这种说法是不规范的。那时候，我感到说方言还有点难为情，觉得乡下的土话"低人一等"，根本不知道方言还值得研究，更没想到日后在学术上还会跟方言打上几十年的交道。

说起邢老师，我想 1977 级同学都应该印象深刻。这印象不是来自平时，而是来自课堂。平时邢老师住县华林，有事才到桂子山，我们难得有跟邢老师接触的机会，只是上逻辑课，才在教室里见到邢老师。当时邢老师才 40 多岁，上课从来不用讲义，只凭一张纸条，写的什么不清楚，猜想是内容提纲吧。同学们共同的感受是，邢老师的课富有条理，容易接受，好做笔记。板书也很工整，为了节省时间，他总是边讲边写，讲完了也写完了，同学听完了也记完了。逻辑是严密的，也是枯燥的，但我们却听得津津有味，不时哈哈大笑或会心微笑，是因为邢老师结合语言、联系运用来讲逻辑，用生活中的故事来阐明逻辑规律，娓娓道来，生动有趣，把逻辑给讲活了。邢老师举的那些典型而又有趣的例子，好像是不经意的，其实都经过了精心的选择和安排，就像相声里的包袱，讲究疏密有致。

我虽然跟随了邢老师 30 多年，但深感惭愧的是，并没有学得邢老师一二。首先是学问的高度，我无法企及。如果让我历数邢老师学术上的建树，不做语言学行当的同学，不一定有什么感受，但如果是列出一些具体的数据，大家也许还能够理解。邢老师大大小小的文章写了近 500 篇，独撰、参著和主编的著作 50 余部，这是我们编辑《邢福义学术陈列室》时所做的最新统计，应该说，这在语言学界大概没有几个人。邢老师的学术成果具体得过多少奖，难得记住，我只记得，光是代表我国人文社会科学最高奖的"高等学校人文社科研究优秀成果奖"，邢老师就拿了4个一等奖，这在整个学界只有两人，一是邢老师，一是著名经济学家厉以宁先生。厉先生有一次的获奖是主编的著作，而邢老师4次获奖的著作都是个人的独撰。邢老师身上有不少在我看来是光环的东西：资深教授（华中师大）、杰出学人（香港理工大学）、荆楚社科名家（湖北省）、湖北省杰出专业技术人才、教育部社会科学委员会委员等等。这些荣誉是对邢老师学问高度的一种肯定。再说学问的境界，我也难以达到。邢老师治学，可以说到了忘我的地步。武汉"火炉"的滋味我们都是有体验的，酷暑时节，没有电扇，没有空调，学问怎么做？邢老师的办法是，肩搭一条毛巾，脚浸一桶凉水，从上午到下午，从周一到周日，伏案不倦，笔耕不辍，他的文章和著作就是这样用汗水换来的。邢老师恐怕是桂子山上生活最有规律的人，每天下午五点半，他就已经吃过晚饭，漫步在校园，这是他唯一的锻炼方式。说是锻炼，其实"心不在焉"，他还是沉浸在他的语言学王国，思考着他的语言学问题。邢老师能够忘我，是因为他从语言学中玩出了味道，享受着快乐。记得有人说过，一切学问皆美学。我的理解是，学问做到一定的深度，就能发现美。数学枯燥吧，"迂腐"的陈景润却能乐此不疲，如痴如醉，做出惊人的成果，我想他肯定是被数学的美所吸引，并用自己的智慧去阐释美的数学。同样，语言学也是美的，但这种美不像自然风光，表现在外，而是深藏不露，需要你去用心挖掘和发现。邢老师善于捕捉语言现象，并能从中品出美的滋味。比如，我们可以说"白人""黑人"却一般不说"黄人"，而只说"黄种人";有"左撇子""女强人""铁女人"的说法,却没听谁说过"右撇子""男强人""铁男人"。这只是一个简单的例子,我们对此习焉不察,邢老师却能看出问题;我们不知究竟,邢老师却能探明原由,这是基于人们对事物或现象命名的一种"本位观"。

我总认为,人文社会科学不同于自然科学。自然科学,后辈学者可以直接站在前辈学者的肩膀之上,超越前辈学者,将科学不断向前推进;人文学者需要长期的研究实践和学术积累,超越大师不是一件容易的事,或者说,根本就不可能。在中国现代学术史上,明星璀璨,梁启超、王国维、陈寅恪、赵元任,还有胡适、傅斯年、季羡林、钱钟书等等,他们铸就了一座座学术高峰。这些大师,今人要想超越,恐怕很难;客观上讲,当今社会难以孕育出学术大师。我说这些,并不是要为自己学术上的无所作为找借口,而是反映一个事实。有朋友曾鼓励我,要努力赶上邢老师。鼓励归鼓励,事实不可能,这不是没志气,我有自知之明。做学问需要记性、悟性、韧性和勤奋,邢老师有,所以能够获得学术上的成功,而我却缺乏这样的潜质,自然成不了大家。我只能把朋友的鼓励当作自己的"学术梦",把实现的希望寄托于下辈子。邢老师常讲两句话:"抬头是山,路在脚下""为人第一,为学第二"。这两句话是邢老师对学生的要求,在我看来,也是他自己为学和为人的真实写照。作为学生,我总是用这两句话来鞭策自己,并努力去实践。不光是为学之人,从事其他职业或事业的,我想也可以从这两句话中得到一点启示。

附记: 泽龙兄来电话,华师中文系 1977 级同学毕业 30 周年的纪念文集快要编好,要我也写篇稿子。我杂事多,本想赖掉,没料泽龙兄"不依不饶",我只好从命。他建议我写老师,因为其他同学大都写的自己,很少写到老师;最好是写邢老师,因为大家对邢老师都很熟悉,邢老师对1977级也很有感情。于是我借此机会,按照泽龙兄的吩咐,记下了我,还有1977级同学跟邢老师的这番缘分和情分。

（作者单位：华中师范大学）

《汉语语法学》的事实发掘
与理论创建之路[*]

张邱林

邢福义教授的《汉语语法学》1996年出版。该书是为纪念《马氏文通》出版一百周年，由东北师范大学出版社组织撰写的"中国现代语言学丛书"中的一本。2017年该书英译本在英国著名出版社 Routledge Press 出版，接下来还将由俄国学者、韩国学者译成俄文、韩文在俄罗斯、韩国出版。配合外译，2016年商务印书馆出版了《汉语语法学》(修订本)。

该书建构了一个反映汉语语法特色的"小句中枢"语法系统，实践了邢先生总结倡导的"两个三角"语法研究基本思路和方法，体现了邢先生"研究植根于汉语泥土，理论生发于汉语事实"的一贯主张，呈现在读者面前的是一条明晰可循的事实发掘与理论创建之路。

该书是邢福义先生数十年研究之结晶。书中的很多地方，或片段示例，或简明论述，背后都有邢先生小题大做的单篇论文做基础。

———————

* 原载《河北师范大学学报（哲学社会科学版）》2018年第5期。收入本书时略有整合和改动。

本文立足《汉语语法学》(修订本)(以下简称《汉语语法学》),联系这些相关论文,谈谈该书所呈现的事实发掘与理论创建之路。

邢福义先生的语法研究是植根汉语事实泥土的生发型研究的典型代表。邢福义《汉语语法学》及其所涉及的相关论文,在语言事实的发掘与理论创新方面具有如下八个方面的特点:一、重视事实,证据从众;二、尊重事实,实事求是;三、目光敏锐,视角新颖;四、观察细致,分析深入;五、运用事实,论证道理;六、提升理论,总结思路;七、方法可循,示例具体;八、文风朴实,可信可用。

一、重视事实,证据从众

重视事实是邢福义先生语法研究的基本立场。

比如《汉语语法学》:"'V 在了+宾'的说法近年来越来越多了起来。……应该承认这是规范的、有生命力的说法。"(196—197页)"V(双音)在了 N"是一种曾经被语法学家怀疑的格式。范继淹《论介词短语"在 + 处所"》(《语言研究》1982 年第 1 期)认为不规范,朱德熙《现代汉语语法研究的对象是什么?》(《中国语文》1987 年第 5 期)认为不合法。邢先生曾对这一现象进行过长时间的跟踪观察。在他的《V 为双音节的"V 在了 N"格式》(《语言文字应用》1997 年第 4 期)里,首先"事实跟踪",指出范继淹先生的文章发表已经十五年了,朱德熙先生的文章发表也已有十年。事实表明,近年来"V 在了 N"格式中使用双音节动词语的现象不是越来越罕见,而是越来越多了。文章接着列举了五个方面的丰富的事实证据。"1.1 各种文学刊物,凡是笔者看到的,都发现有这类事实。请先看 13 个例子","这 13 个例子分别出自……13 位作者的笔下,分别见于《当代》《十月》等 13 个刊物。13 个例子按时间顺序排列，全都是范继淹先生文章发表之后出现的；其中 10 个是朱德熙先生的文章写成之后出现的。下面还有更多的例子，是见于 90 年代作品。""1.2 这类事实的某些具体说法，有时在不同作者的作品中复现。""1.3 这类事实进入了口头广播用语。""1.4 这类说法可以进入论说性文章。""1.5 这类说法的使用者在地域上有广泛的覆盖面。"在此基础上，分析事实，运用事实，对"数量的多少和格式的合法"问题进行了细致的有说服力的思辨。

邢先生强调语言事实的从众观。他的论文例证丰富，这些例证广泛采自实际语言运用，都详细标明出处。很多时候，在运用简明的自拟例句比较分析之后，还再用文学作品等的实际用例加以印证。他说："不管是谁，个人脑海中存放的语言信息总是有所局限的，不可能方方面面都能想到，林林总总全能顾及。如果不尽可能详细地了解客观语言事实，便有可能仓促断定，以偏概全。"（邢福义《推进植根于汉语泥土的语法研究——〈中国语法思想史〉序》，《语文建设》2013 年第 12 期）"不管采用什么样的理论，都必须重视汉语事实的从众观。""能否'从众'，决定文章的结论是否偏颇。"（邢福义《汉语事实在论证中的有效描述》，《语文研究》2014 年第 4 期）

理论出自事实，事实检验理论。吕叔湘先生说："理论从哪里来？从事例中来。事例从哪里来？从观察中来，从实验中来。不管做哪种学问，总不外乎'摆事实、讲道理'六个字。"（吕叔湘《把我国语言科学推向前进》，载中国语言学会编《把我国语言科学推向前进》，湖北人民出版社 1981）

二、尊重事实，实事求是

实事求是是邢福义先生语法研究的基本态度。

尊重事实，实事求是，表现在做出结论的时候，持论公允，不偏激。比如《汉语语法学》："副词有时也跟名词或名词结构组合，这是副词的特殊用法，受到特殊规律的制约。"（162 页）该书作者有《关于副词修饰名词》一文（《中国语文》1962 年第 5 期）。文中指出："说名词绝对不能同副词结合，这是不对的；在肯定'副词一般不能修饰名词'之后，仅仅三言两语地指出只有某些特殊的例外，这也是不够的。但是如果否认'副词一般不能修饰名词'这一点，把特殊的同一般的情况相提并论，等量齐观，那也不符合事实。"

尊重事实，实事求是，还表现在处理问题的时候，要有实事求是的思想方法。比如关于单复句划界问题，该书作者通过对事实的考察，指出："诚然，单复句之间存在'剪不断理还乱'的纠结现象，这是客观事实。要想在二者之间划出一条'泾渭分明'的界限，这是徒劳无功的努力。从学术上研究复句问题，不应该沉溺到'划界'问题里头，而应该集中精力对复句自身的规律性从各个方面进行深入的发掘，做出有利于深刻认识复句的描写和解释。"（《汉语语法学》387 页）再如词类问题，《汉语语法学》说："今后词类问题的研究，面临两种选择。第一，在现有成果的基础上逐步完善。……第二，推倒重来。对客观存在的词进行全面分析和全面归纳，产生理论，产生标准，然后产生系统。后一种选择自然很'革命'，但实践起来困难重重，到头来可能只成为一句空洞的'革命'口号。因此，实事求是的态度，恐怕还是应该采取第一种选择。"（266 页）

三、目光敏锐，视角新颖

发现语言事实要有敏锐的眼光。

比如《汉语语法学》："5.反身宾语 宾语表示人物动作反回自身的某个部位。例如：挺了挺胸脯、张大了嘴巴、紧闭着眼睛……"（68—69页）该书作者有《谈一种宾语》（《中国语文》1960年第12期）。文章说："有一种宾语，人们普遍地运用着，是一种常见的现象，但一般语法书都没有提及。""这种宾语有几个特点：第一，宾语所表示的事物和主语所表示的事物是领属关系，前者属于后者，是后者有机的一部分。第二，这种宾语所表示的事物是某人（或物）发出某一动作的具体部分，动作就是由它本身发出来的。第三，充当这种宾语的词，可以移到动词的前边去，和动词构成主谓关系，而这种主谓关系是主动态的，不是被动态的。"这是邢先生年青时写的一篇文章，发表时仅25岁。文章不长，但反映出发现语言事实的敏锐眼光。

发现语言事实的敏锐眼光也不是先天具有的。吕叔湘先生在谈到观察语言现象时说："观察事物的本领也是学来的，要付出辛勤的劳动。"（吕叔湘《把我国语言科学推向前进》）

发掘语言事实要有新颖的视角。

比如《汉语语法学》谈到"A，否则B"句式（353—355页，391—392页）。该书作者有《试论"A，否则B"句式》（《中国语文》1983年第6期）。文章说："关于'否则'之类表示的关系，《现代汉语八百词》偏重于从后项来说明问题。本文偏重于从对前项的观察出发来讨论问题，并进而揭示前项与后项之间的种种联系，说明

整个句式同其他句式的变换关系。"文章从这一新的视角发掘出一系列典型句式，推进了"A，否则 B"句式的研究。这些句式是：幸亏 A，否则 B。| 可惜 A，否则 B。| 因为 A，否则 B。| 想来 A，否则 B。| 除非 A，否则 B。| 要么 A，否则 B。| 还是 A 吧，否则 B。| 不能 A，否则 B。| 不能不 A，否则 B。

邢先生说："能不能成为优秀的汉语语法学家，首先要有一种本领，这就是，善于发现汉语里需要深入研究的事例，善于发掘出人家尚未发掘却又值得发掘的事实。"（邢福义《治学之道 学风先导》，《世界汉语教学》1993 年第 4 期）

吕叔湘先生在给邢福义《语法问题探讨集》（湖北教育出版社1986）写的序里评价道："能在一般人认为没什么可注意的地方发掘出规律性的东西，并且巧作安排，写成文章，令人信服。"

四、观察细致，分析深入

观察语言事实要细致。

比如《汉语语法学》对方所名词有比较具体详细的分析描述（143—146 页）。该书作者有《方位结构"X 里"和"X 中"》（《世界汉语教学》1996 年第 4 期）。文中细致地观察到：

> "里"和"中"的使用存在倾向性。比较地说，空间 NP 后边，用"里"的时候居多。空间性越强，范围越确定，越容易比较自然地出现"里"。非空间 NP 后边，不一定不用"里"，但两种情况下通常用"中"。其一，NP 是集合名词；其二，NP 是比较抽象的名词。越是抽象，越倾向于用"中"。如果需要

对书面语和口语色彩有所选择，"中"倾向于书面色彩，"里"倾向于口语色彩。如果在一句话中有两处需要使用"里"或"中"，那么，词面上往往有所变异：一处用"里"，一处用"中"。在这种情况下，范围较大的 X 后边用"中"，范围较小的 X 后边用"里"。……"盘中"和"碗里"分别出现在前后分句。"盘"和"碗"之间本来没有实体上范围大小的关系，但盘装菜，指向大家，碗盛饭，只指向自己，从这个意义上说，盘的使用范围要比碗大。因此，说"盘中"，说"碗里"。

分析语言事实要深入。

比如《汉语语法学》谈到"最 X"的使用（438—441 页）。该书作者有《"最"义级层的多个体涵量》（《中国语文》2000 年第 1 期）。文章深入地分析道：

"最 X"有的属于客观表述，是尊重客观事实的表述，是一种科学性的数字式认定；有的属于主观表述，是来自主观心态的表述，是一种情绪性的认定。在客观表述中，"最 X"可以形成一个"最"义级层。"最"义级层的涵量，可以多个体。"最 X"的多个体，既有定数，也有概数。"最"义级层多个体涵量的表现形式有多个体数量标示式、多个体并列标示式、多个体隐性概括式三种。

五、运用事实，论证道理

汉语没有严格意义的形态变化。因此，运用语言事实来分析问题、论证道理，显得很重要。

比如《汉语语法学》："有的时候，句中用疑问代词形成特指问，句末又用'吗'形成是非问。这是一种具有二重性的'特指性是非问'。"（112页）该书作者有《现代汉语的特指性是非问》（《语言教学与研究》1987年第4期）。文中说：

> 特指性是非问句中的疑问代词，跟一般特指问句中的疑问代词相比较，程度不同地接近虚指，但是，仍然或多或少地具有特指求代的作用。这从好些事实可以看到。首先，这种问句中的疑问代词仍然表示求代疑点。不用疑问代词，疑点消失，问句的意思往往会起变化。其次，这种问句的后边往往可以列举提供求代的事物，划定指代的范围。在这种情况下，疑问代词的实指性是明显的。再次，这种问句答问时固然可以针对是非问，但也可以针对特指问。针对特指问回答问题时，疑问代词的特指求代作用就显示出来了。

又如《汉语语法学》采用一些语言运用中的具体格式帮助判别词性，如凡是能进入"为NPX过"格式中X位置的是动词，如"着想"；除了名代词，凡是能在"X受到VP"格式中X位置上出现，并且不能受副词修饰的词一定是名词，如"人身"（251页）。

六、提升理论，总结思路

比如《汉语语法学》："复句语义关系具有二重性，既反映客观实际，又反映主观视点""在复句格式的选用中，起主导作用的是主观视点""复句格式一旦形成,就会对复句语义关系反制约"。(447页)这是邢福义先生在系统的复句句式研究基础上提升出的重要理论观点。

再如《"最"义级层的多个体涵量》在对"最"字用法辨察的基础上总结提升道:"自然语言表述系统,不等同于简单的形式逻辑推论系统。汉语的词汇词义的分析研究,应该同语法语用的分析与研究结合起来。孤立的词汇词义层面的分析,只能获得最基本的了解;衔接上语法语用的分析,才有可能获得深入而全面的认识。"《汉语语法学》总结说:"通过对'最'字用法的辨察,可以得到一个启示,明确一个道理:不管研究什么现象,都必须广泛深入地考察客观存在的语言事实,不能凭自己的主观感觉去下结论。"(441页)

邢先生说:"在我们看来,汉语语法事实的发掘起码包括以下四个方面的含义:第一,从众多的事实中发掘出值得研究的事实;第二,从值得研究的事实中发掘出规律性;第三,从所得的规律中发掘出理论问题;第四,从发掘规律和理论的过程中总结出研究思路和研究方法。可以认为,汉语语法事实的发掘是汉语语法研究的根基,甚至可以认为,汉语语法事实的发掘本身就是汉语语法研究。事实发掘的程度,反映研究的深度。"(邢福义《汉语语法结构的兼容性和趋简性》,见萧国政编《20世纪现代汉语语法八大家·邢福义选集》,东北师范大学出版社 2001)

七、方法可循,示例具体

《汉语语法学》有第四章"研究论",这是本书的一大特色。从395页到449页,共55页,篇幅宏大,分量十足。这一章包括三节。

第一节"小三角"研究：一、两个三角中的"小三角"；二、"小三角"的事实验证；三、"小三角"的研究思路。第二节"大三角"研究：一、两个三角中的"大三角"；二、"大三角"的事实验证。第三节两层关系：一、"大三角"和"小三角"；二、"两个三角"和事实终判。这一章，结合9个研究实例，解说语法研究的思路和方法，讲述验证过程，总结研究心得。方法可循，思路清晰，示例丰富，解说具体详细。

比如：观察充分、描写充实、解释充足，是研究深入的追求和保证。怎样才能做到这"三充"？《汉语语法学》讲到"描写充实"的时候说：观察到的，不一定都要描写出来；而描写出来的，一定要是观察得特别充分、不容置疑的。描写的范围应尽可能地封闭，以便进行穷尽性的描写。在众多的问题中只限定描写其中一个问题，在一个问题的众多角度中只限定描写其中一个角度。封闭的范围小到什么程度，可以因人而异，因题而异。一般地说，要考虑能力、时间、篇幅、深度等因素。接着，结合该书作者的《现代汉语的特殊格式"V 地 V"》（《语言研究》1991 年第 1 期）一文长达 30多年的研究经历和心得，用问答的形式细致讲解是如何一步一步封闭论题，反映规律的。讲解达 6 个页码之多（441—446 页）。

不仅是"研究论"这一章，其他章节中的许多举例片段也都是相对完整的研究范例。比如在谈到关系词语的"转化"作用时，举"即使"实言句为例。"即使……也……"有时化实为虚，述说已然事实，称为"即使"实言句。书中把"即使"实言句的使用条件描写为四种格式。第一种，订补式：那时……即使 A，也 B。第二种，定位式：即使 A（在……时候 / 地方 / 中 / 里），也 B。第三种，衬因式：确实 Y，因此即使 A，也 B。第四种，复指式：确实 A，但是即使 A

（如此／这样），也 B。每一种格式都围绕"实言"多角度观察出好几个方面的特点。这一举例片段长达 7 个页码，丰满具体，不仅实实在在地说明了问题，而且也清晰地示范了研究方法（292—299 页）。

八、文风朴实，可信可用

邢福义先生强调写文章要让读者"看得懂，信得过，用得上"。这在《汉语语法学》中得到体现。笔者曾写过《邢福义"讲实据，求实证"的治学风格》一文（《澳门语言学刊》2010 年第 2 期），谈到邢先生推崇质朴的文风，他的语法论文深入浅出，清新自然，我们在文章中举了例子，可参看。"看得懂，信得过，用得上"，这不仅是文风问题、学风问题，与事实发掘和理论创建也有着密切关系。从汉语事实中总结出来的理论，汉语读者读起来更感亲切；只有对事实领悟透彻了，理论表述起来才能深入浅出；只有禁得起事实检验，理论才能信得过、用得上；只有扎根人民群众生动活泼、丰富多彩的语言实践，汉语语法学的理论创建才有活水源头，才能生机盎然。

语文教学是汉语语法学的重要应用领域。这方面，王宁先生有两段话说得好："把语言学转化为语文教学行为，还需要这样的能力——一种引导学生锐敏地发现语言现象并从现象中归纳出规律的能力，也就是善于把规律激活的能力。""与现象结合的规律是有趣的，是与体会课文的思想感情同步的。"（王宁《汉语语言学与语文教学》，《中国社会科学》2000 年第 3 期）由此可见汉语语法学在语文教学中的应用价值，可见语文教学对汉语语法学的需求。

处理好理论与事实的关系是语法研究的首要问题、永久话题。

邢福义先生《汉语语法学》的事实发掘与理论创建，互动互促，都指向揭示汉语语法事实的客观规律性，都指向"创新"二字。该书呈现的是一条植根汉语事实土壤的理论创新之路。

党的十九大报告指出："我们必须在理论上跟上时代，不断认识规律，不断推进理论创新、实践创新、制度创新、文化创新以及其他各方面创新。"在新时代中国特色社会主义建设中，汉语语法学大有作为！

（作者单位：华中师范大学）

昙华林上初学起，桂子山中复问来

屈哨兵

我两入邢门攻读学位，细细想来，在邢先生带的几十位学生中有我这样运气的大约就那么几位。邢先生带的学生性格各异，但有一个共同特点，就是专业思想都比较坚固，在各自的岗位上都能做出较好的成绩。我常常想起《论语·子罕》中颜渊说他师从老师孔子的感觉是"仰之弥高，钻之弥坚，瞻之在前，忽焉在后。夫子循循然善诱人，博我以文，约我以礼，欲罢不能"，我觉得拿来比作邢福义先生的为学与做人，是再也恰当不过的。邢先生教导引领在前，博约文礼，学生们跟攀在后，欲罢不能。2023年2月6日，邢福义先生因病永远离开了我们，在这里，我想再次将几年前写的两入邢门攻读学位的6个故事讲出来，题为"昙华林上初学起，桂子山中复问来"。先生西去，是我国语言学界和教育界的重大损失。一代宗师春秋立言，百年大家天地失声。我仓皇之中结成《悼邢师》，附于文末，以感念邢老师对我的教诲，寄托我对邢老师的哀思。

一、硕士入学考试做题得到邢老师的表扬

1989年，我报考邢福义老师的研究生。当初在恩施山里面教

书，报考研究生手头也没有什么参考资料，不过刚好有一本吕叔湘先生主编的《现代汉语八百词》，因为没书，无意中把这本书多看了一点。在那一年邢先生出的入学考卷中有一道 40 分的考题，题目叫"略说'死、活'与'短、长'"。说实在的，我在考场上也不知道怎么写，突然想到吕叔湘先生主编的《现代汉语八百词》的分析表述方式，于是就按照那种方式做了一番分析，后来进入复试并且被录取了。当年录取的是两名，因为另外一位同学是应届本科毕业上来的，根据当时的政策需要到农村去锻炼一年，所以实际上邢先生那一年就带了我一个研究生。邢先生一次跟我说入学考试这道 40 分的题目给了我 37 分，还说这是给的一个很高的分数，表扬了我一番。

当时我心里想，考前多亏吕叔湘先生的书保佑，我是瞎猫碰见死老鼠。不过跟邢老师攻读学位之后，我发现这种关注语言现实的实证研究对我们学术功力的培养非常管用，受益无穷。

二、邢老师发表文章与我商榷学术问题

2001 年我又报考邢福义先生的博士研究生，在通过初试进入复试的时候，邢老师来到现场面试我们几个进入复试的同学。当时我在进行相关陈述的时候向邢老师报告说，最近有一篇文章叫《"由于"句的语义偏向》，已经收到编辑部的通知，准备在《中国语文》2002 年的第 1 期上发表。邢老师大致问了一下文章的主要观点和研究路径，马上觉得可能会有进一步讨论的地方，于是接下来邢老师专门写了一篇《"由于"句的语义偏向辩》，并且也交给了《中国语文》，发表在《中国语文》2002 年的第 4 期上。这种在同一种学

术刊物上由一位老师和学生进行同题学术讨论的情况还不多见，但邢老师做到了。

邢老师带学生有一个方法就是就同一个问题共同进行讨论，如此"高规格"地在《中国语文》上进行呈现，邢老师这种平等对待学术问题的科学态度与求实精神对我有一种相当强的学术激励。

当时还有一个插曲，邢老师在一次听我学习汇报后还悄悄告诉我，准备拿这个问题去做下一届的博士入学考题。我还以为只是说说，没想到，后来邢老师真的是出了这个题目！邢老师的这种引导学生发现问题揪住不放的风格对我们的影响很大。

三、邢老师谈语言研究所的所训

在华师学语言学的人都会到语言所去，语言所的门楣上有邢老师题写的所训：抬头是山，路在脚下。在多个不同的场合邢老师也对所训进行过解释。我在跟邢老师攻读学位的时候就听邢老师做过比较详细的解读，下面是当时的记录：

> "抬头是山，路在脚下"，是我们的所训，也是专业之信仰。包含两个方面，首先是，一个学者要有山。要知道山在什么地方，要在学术上占有一个制高点。求学而不知制高点，或没有意识去寻找不行。路漫漫其修远兮，我们将上下而求索。学术上的制高点非肉眼所能见，要有学术慧眼，要有悟性。山在哪里我们不知道，我们要去找。
>
> 一个学术群体比较成熟或否，要看这个学术群体有无自己的山。有，就有可能形成自己的学派意识。我 90 年代初就谈

过此问题。《语文建设》曾有人撰文言 20 世纪意味着中国语法学成熟的时期，我言是在走向成熟。成熟的标志在于有没有学派、流派或风格。有两个比方：京剧成熟，有明显的流派，梅派、程派不同，行家一听就知道，达到了艺术的顶峰。书法成熟，这个体那个体很明显，颜体、柳体、启功的字在什么地方一看就认得出来。

中国语言学，或中国语法学，严格来说还未形成学派、流派。汉语语法研究的落后在于没有自己的东西。国外二三十年出现一个流派。我们没有这样的追求，所以也就没有自己的流派。即使有，也只有一种意识或倾向。中国今后要与国外对话、接轨，一定要有自己的东西。广东钱冠连亦有此言，说中国要有学派，应该是重实学派。我们一定要有自己的倾向性。

我把这段话抄出来，再读一遍，好像又回到当时的那种情景。邢老师的心目中是有中国学派意识的，他引用广东外语外贸大学钱冠连先生的话，我想也是想说明一点，我们的学术研究首先要根植于中国本土的问题与事实，这样的研究才有出息。

四、一次没有回答好的测验

有一次，我们几个博士生到邢老师那里去谈学习近况，邢老师突然说我给你们讲个故事。故事大意是说乡下有一个老汉，半夜突然听到房子外面有动静，于是，老汉就让老伴去看一下，邢老师问我们：如果这个老汉是你们家乡的，他对老伴会怎么说？当时我们都不知道邢老师葫芦里到底卖的什么药，又不好问明，于是各自都说了一句。后来发现只有一个武汉方言背景的老师用武汉方言的回答对上了邢老师要考察的一个语言现象。邢老师那段时间正在对方位词"起去"进行观察，但他不想我们有先入之见，所以就绕弯子设立一个语境，希望是在一个接近真实的语境中来进行语料实证，我很有些后悔没有现场领会，后来邢老师一点破，我们都恍然大悟。

其实我家乡方言当中也是有"起去"这样的说法的，但是未必是人人都有这个学术敏感。邢老师后来进一步解释说，关于"起去"的有无，黄伯荣的教材、刘月华的教材都说无，但福建洪心衡1957年的著作中就言有，我的教材（指邢老师主编的《现代汉语》）中说有，凭什么？凭搭配的空缺及语感；查20—90年代的作品，每个时代都有。并说，一个完整的系统一般是不允许出现空缺的。趋向动词系统中如无"起去"，简直不可思议。后来，邢老师的研究成果发表在《方言》上了。

虽然这次语料测验我没有回答好，但邢老师用实事求是的学术态度及敏锐的学术观察力给我们上了生动的一课。

五、博士入学第一课

2001年9月11日，我们几个博士生第一次到邢老师办公室，那天邢老师给我们做了一次比较长的谈话，其中有几点我回到宿舍把它记录了下来，作为自己下一步研究的导师冀望：

——要有种追求。要一步一个脚印地走。不要羡慕那种很美的框架。其实那种谁也不懂的东西掩盖了很多问题，人容易被符号牵着鼻子走。凡是真理都是简朴的，一语破的，返璞归真。简朴的话说出深刻的东西。

——多观察事实，从事实中找出问题。要培养职业性的敏感。比如捉小偷，一般人很难一眼认出小偷，有的公共汽车司机可以。语言中的"小偷"，先要寻找，而后追捕，而后审判，而后结论。职业性的敏感即是悟性，在勤奋的基础上，悟性起决定性的作用，光有勤奋是不行的。

——要善于运用时间。时间对于每个人都是公平的。我到哪儿去在路上都要找个问题想想。1997 年老伴中风后文章照发，一篇不少，书也一样。今年五月从新加坡回来在北京转机，机场几个小时还写了一篇文章。

——谁把老师的话当成经典，谁就没有出息。任何理论都不可能穷尽真理。

——学问就是要"吹毛求疵"。多观察语料，要多思考。

——读书要厚书读薄，薄书读厚。厚书读薄是消化，薄书读厚是创造。开卷有益，实际上翻目录也有益。读好一本书，写好一篇文章，争取是 80 分的而不是 20 分的，今后就好办了。

——小题大做是种本领，要自己给自己当老师。如果你提的问题我都能回答，你这个问题就没有价值了。找到闪光点，文章就好写了。《论定名结构充当分句》（邢老师的一篇文章，发表在《中国语文》1979 年第 1 期）文章经过锤炼，前后锤炼 12 年，1979 年才发表。每个人的学术经历、天赋、方法、经验都不一样，要自己当自己的老师。

开学第一课，邢老师就给我们进行研究方法指引。在某种意义上，这是一个学术大家多年学术耕耘中所产生的一系列学术研究方法的大道精髓，其中有的可以成为邢氏金句。

六、跟在人家的后面，永远谈不上平等对话

2004 年 6 月，我们那一届的五位博士生毕业了。在毕业论文答辩之后，邢先生专门把我们几个同学留下来，除开进行毕业论文点评及有关学术评论外，还专门有一段话谈到学术自信和学术自立的问题。邢老师的话大意如下：

> 跟在人家的后面，永远谈不上平等对话。人家是狼，如果你是羊，只有被吃掉。所以，你必须首先也要变成一条狼。狼与狼在一起才有可能对话。我通常举狐狸和野猪的例子，人们常常冤枉狐狸，其实狐狸聪明得很；野猪名声不好，但野猪也有发威的时候，老虎也会怕它。

邢老师这段话很形象，也有点像一头老狼在放一直跟在自己身边的狼崽出去独立闯荡江湖时的那种告诫。事实上，邢门弟子好些能够做出或大或小的学术成绩，和邢老师的这种学术自信自立的激励是分不开的。后来几年我汲汲于本体基础之上的语言服务领域的研究，也和邢老师的这种鼓励分不开。

附：悼邢师

正月十六日，癸卯春正寒；高山忽倾折，先生东门还。先生还东门，再至北门楼；北门楼高陡，先生归长舒。长舒人终归，先生回家如；不见先生久，哽咽言近哭。近哭念先生，先生若呼前；昙华林下坐，桂子山中谈。先生谈所来，天涯不觉远；一来七十年，南北一宗传。先生嘱望山，

脚下途无坦；抬头是所期，行路是所盼。我忆先生学，华中立中华；师大留大师，百年留大家。大家语我法，沥金复披沙；卓然人独立，精勤拱与趴。我忆先生教，硕博度我生，一从先生游，耳提复面命。面命去懵懂，幡然成新人；如今箪食饮，难忘道与庭。我食先生鱼，先生启我味；我读先生书，先生启我晦。我得先生字，先生启我思；我答先生问，先生启我智。先生今已走，万花难慰留；不见先生面，山高水长路。路长先生走，山高先生留；至此别先生，先生永春秋。

（作者单位：广州大学）

宽厚仁爱如慈父的导师

丁雪欢

2023年2月6日中午，接到恩师病逝的噩耗，刹那间，悲痛难抑，眼泪汹涌狂流，不禁失声恸哭，久久不能平静。整个下午和晚上都沉浸在悲痛中难以自拔，心痛头痛，彻夜未眠，多年前痛失双亲时的锥心之痛再现。如今很多天过去了，仍难以相信恩师已逝的事实，每每回忆起老师的点点滴滴，想到恩师一直以来的包容、指导和关怀，忍不住泪湿眼眶。恩师是众人敬仰的语言学大家，在我心里则更像是一位宽厚仁爱的慈父。

一、老师的包容与大度

我入读邢门可谓一波三折，曾多次"变卦"与"爽约"，而邢老师给予的是宽容与理解。我是华中师大中文系1985级本科生，但报考邢老师硕士生之前并未与邢老师联系与见面，担心自己的条件难以企及老师的要求，害怕见了邢老师结果适得其反，所以只是默默努力学习邢老师的文章。幸运的是，我通过了笔试。一天，邢老师从百忙中来学校面试我，不巧平时极少出校门的我那天刚好出去了，让老师扑了个空。而邢老师却没有生气，安排别的老师再次进行面试，并最终录取了我。后来得知，我还是邢老师录取的第一个应届女生，我是何其幸运！

然世事难料，正准备9月开学入读研究生之时，国家突然下达临时政策，当年所有文科应届考上的研究生均须下基层锻炼一年，因加上研究生阶段再学习三年，一共四年后才能毕业与工作。考虑家庭经济困难，父亲让我放弃读研究生而选择入读中国政法大学两年制法律专业双学位班（当时在全国招收100名，毕业后享受研究生待遇），以便尽早工作帮衬家里。我和邢老师说了这一无奈的决定，邢老师对此表示理解，没有任何怨言。9月初我带着无比的遗憾和犹豫去了中国政法大学，但在那里学习的每一天我都在惋惜我失去了跟随邢老师学习的宝贵机会，15天之后我不顾一切决定退学回武汉，写了一封长信请邢老师再接收我，而邢老师又一次爽快地接纳了我，包容了我的"反复"。从北京回武汉拜见邢老师时，他不仅没有责怪我，反而鼓励我下到乡镇锻炼后好好准备托福，好以后有机会出国继续深造。可惜，后来受环境的影响，渐渐淡忘了这一理想，辜负了老师的期望。

二、老师的指导和鼓励

邢老师对研究生的指导注重培养学生对语言现象的敏锐性，以及基于语言材料发现问题的能力，且善于对学生的点滴可取之处予以充分的肯定和鼓励。在读期间，邢老师并没有按照常规程式给我们开课讲解知识，而是让我自己通过阅读或思考语言现象时如果有问题有想法，就去他家里交流与讨论。记得有几次邢老师来学校，让我们看《小说月报》等，旨在从中发现有意思的语言现象和值得研究的问题。有几次我把发现的自以为值得研究的语言现象告诉邢老师，他竟非常高兴地肯定和鼓励我，说我对语言的敏锐性不错，这让我自信倍增。

我研究生学习的第二年，正值邢老师招收第一届博士生，老师给博士生上课的方式是全程就某语言专题师生进行讨论，当时的专题是对于"形容词 AABB 反义叠结式"的多角度观察与分析。邢老师让我和屈哨兵兄全程参与课堂旁听，记得当年我们一行 5 人每次从华师研究生楼出发去昙华林邢老师家里上课。在老师并不宽敞的家里，师生们对"形容词 AABB 反义叠结式"进行了一次次激烈的讨论，每讨论一阶段，就及时安排博士生写作论文，然后再讨论，再修改论文。在这段时间通过旁听他们对语料多角度分析的讨论，尤其是其间邢老师对学生争执点的点拨，我才真真切切地体会到、学习到语法现象该如何考察与分析，我感觉这比我以前阅读很多语法文献的效果更好，也比一般的课堂语法研究的讲解更有启发性。

有一天，邢老师带给我几本古龙的小说《陆小凤》，说"这里面的'连'字句你考察一下，看能不能写一篇文章"，还让我阅读周小兵老师 1990 年发表在《中国语文》上的及别的学者的"连"字句文章。我把小说中的"连"字句一一摘出来，一个句子写在一张小纸条上（当时还没有电脑），之后反复从不同角度观察句子并将纸条进行各种归类，遇到思考不清的问题再去请教邢老师，复杂的问题经邢老师的点拨马上就清楚明了了。写作"连"字句是学习中期邢老师训练我学习研究语法和写作论文安排的任务。随着思考的深入，后来成了我的毕业论文选题，邢老师提示我注意"连"字句肯定式和否定式之间的关系，注意句中"都"和"也"有何不同，可惜后一问

题我没能发现有价值的规律。没想到邢老师提出的这一问题，在我
2022 年给《汉语学报》的一次审稿中，发现一位作者对此做了深入
研究，得到了有价值的发现。毕业论文的答辩，又一次得到了邢老
师的肯定和鼓励，老师还开玩笑说，论文有的地方像他的风格。当
然，我深知我连老师学问的皮毛都未学到，这是老师对我的激励。
正是因为邢老师独到的训练方法和一次次的鼓励，在毕业后的几
年，我能感觉到自己对语法现象的敏锐性，能较快发现语言现象的
一些特点。可惜后来转移了研究方向，缺乏对语言现象的观察和思
考，这种语法的敏锐性逐渐钝化了。

三、老师的仁爱与温暖

邢老师睿智幽默、乐观温和，给我印象最深的是，他脸上永远
洋溢着亲切的微笑，如一束和煦的阳光，能照亮、温暖人的心扉。
无论哪次见到老师，他总是笑意盈盈，浏览老师的一张张照片，也
少见老师没有笑容的样子。邢老师最令我感念的是他亲切的话语，
每次与老师通电话，他总是略带吃惊地说："哎呀，雪欢啊，你还好
吧。"从声音里可以感受到老师的欣喜、仁爱和关切，顿感暖意融融。
每次电话中老师还询问我的身体情况，嘱咐注意身体。无比愧疚和
后悔的是，我因顾虑太多总疏于跟老师通电话，或怕打扰老师或担
心自己讲的内容没有新意，好多好多次想给老师打电话却最后放弃
了。前两年我产生提前退休念头时，我打电话告诉邢老师，本以为
老师会表示否定或失望的，没想到老师表示很理解，说退休与否，
要看各人的情况。后来再打电话，邢老师开始语言退化，说话不够
流畅。2022 年 10 月 28 日是我最后一次跟老师通话，当时我开始

办理退休,心情复杂,特别想跟老师说一说,没想到电话中老师已经完全不能说句子甚至短语了,只能不停地重复一个音节。听到老师的声音,想到老师不能表达的痛苦,想到再也不能与老师交流了,突然心疼难抑,我哽咽地说:"邢老师,我想您了!""邢老师多保重!"

每次回去看望邢老师,他都会抽时间在办公室或家里接见并与我亲切交谈。最难忘的是,2017 年 2 月 7 日我从荆州坐高铁返回广州,特地在武汉停留两个多小时去拜见邢老师。我和邢老师聊了他的健康状况和关于治疗失眠及痛风的方法。问到邢老师的工作和休息情况,老师当年已经 82 岁高龄,但他依然全身心赴在工作和学术上,他说《汉语学报》待刊的每篇论文都要亲自过目把关。我劝他放弃一些工作,不要太劳累,他却说好多工作都太重要,他放不下。我说人总得休息、享受一下,他却说休息对他来说不是享受反而更痛苦,甚至连春节都要工作。聊了一会儿,邢老师起身要带我和儿子去学校餐馆吃饭,口袋里早已准备好了消费卡,说他一般不请人在外面吃饭呢。是啊,老师一直惜时如金,这可是难得的珍贵待遇。可惜我因赶高铁(春节期间若改签买不到票),最终拂了老师的好意,失去这一难得的宝贵机会。走时老师执意要送我下楼,天气寒冷,老师又饿着肚子,我多次请老师留步,但他仍执意送我。我搀着老师边走边说,他竟慢慢走了近 1000 米到北门。离去时看到寒风中老师清瘦的背影,我的眼泪忍不住流了出来。2019 年 8 月 10 日是我最后一次拜见老师,老师说记忆力越来越不好了,很熟悉的人常叫不出名字来,说话时常常一个句子说到一半就忘了前面或后面要表达的内容,说话明显不流利了。我安慰老师说记忆力退化是正常规律,我自己也有类似现象。我和老师聊了聊家常,吃了甜爽的西瓜，起身与老师告辞，邢老师又坚持送我到楼下。与老师告别时，我隐隐担心不知何时能有再见老师的机会，忍不住抱了抱老师，果真，这一别竟成了永别。

今年（2023年）2月9日下午去邢老师家，却再也看不到老师的身影了，只见到鲜花丛中老师的遗像，长跪于老师灵前痛哭流涕。那天我第一次见到了邢老师的女儿，她说邢老师时常提到我。我无比感动于老师的惦念和关怀，也愈加愧疚和后悔于老师病重期间没能电话安慰与看望老师……

慈父般的恩师永远地走了。愿您安息！愿您在天堂安好！我们会永远怀念您，您永远活在我们心中！

（作者单位：暨南大学）

倡导践行"湖北意识、武汉意识"
学术研究"建成支点、走在前列"

——邢福义先生对湖北省语言学会建设发展的重大贡献

李向农

湖北省语言学会成立于 1978 年 12 月,在全国同类学会中是最早的。学会第一届(1978 年起)至第二届(1981 年起)理事长严学宭教授(中南民族学院)、秘书长邢福义教授;第三届(1985 年起)至第五届(1994 年起)会长邢福义教授、秘书长卢卓群教授(湖北大学);第六届(1998 年起)名誉会长邢福义教授、会长卢卓群教授、秘书长李向农副教授(华中师范大学);第七届(2003 年起)至第十届(2014 年起)名誉会长邢福义教授、会长李向农教授、秘书长卢烈红教授(武汉大学);第十一届(2018 年起)名誉会长邢福义教授、会长卢烈红教授、秘书长姚双云教授(华中师范大学)。

我 1991 年师从邢福义先生攻读博士学位,1994 年研究生毕业留校在文学院任教,从那时起参与湖北省语言学会秘书处的工作,1998 年接任秘书长至 2003 年,同年起担任会长至 2018 年。前后 20 余年中,学会会长、名誉会长邢福义先生耳提面命,我获益良多,也深切感受到先生对于湖北省语言学会的建设和发展贡献极大。

一、倡导践行"湖北意识、武汉意识"

邢福义先生作为湖北省语言学会的创始人和主要负责人,对学会建设高瞻远瞩,对学术研究规划运筹,其战略思维、发展意识、工作理念令人钦佩。

(一)准确定位学会的建设发展路径

湖北省语言学会第一届(1978年12月)至第三届年会(1983年5月)均在武汉举办,第四届1985年9月荆门沙洋师专,第五届1988年1月荆州师专,第六届1989年12月孝感师专,第七届1991年8月丹江口郧阳师专,第八届1994年5月襄樊隆中襄阳师专,第九届1997年5月武汉中南民族学院,第十届1998年11月黄石湖北师范学院,第十一届2000年11月黄冈师范学院,第十二届2002年11月武汉江汉大学,第十三届2004年11月咸宁学院,第十四届2006年12月武汉大学,第十五届2008年11月武汉中南民族大学工商学院,第十六届2010年11月武汉华中师范大学,第十七届2012年11月宜昌三峡大学,第十八届2014年11月武汉中南民族大学,第十九届2016年12月十堰汉江师范学院,第二十届2018年11月黄石湖北师范大学,第二十一届2022年11月恩施湖北民族大学。邢福义先生非常重视学会的学术年会,前面十几届年会的会务都亲力亲为,并出席致开幕词。

邢福义会长认为,学会建设说到底,还是一个学风、人才、成果三者"集合"的问题。他在湖北省语言学第五届年会开幕词中指出:

　　一个成熟的学会,应该有它的良好传统、良好学风。我们学会是有自己的良好传统、良好学风的。这个良好传统、良好学风，我认为可以这样概括：脚踏实地研究问题，既有开拓的决心，又有务实的精神。简单来说，就是一求开拓，二讲务实。我们的会员从来没有一个人想通过学会来捞个什么名位，大家一心只想通过参加学术活动来提高自己的研究能力，来提高共同的研究水平。我们的会员在研究中从来不搞云山雾罩、令人眼花缭乱不得要领的那一套，而是注意研究实际问题。荆门市语言学会开第二次年会时，我曾写了这么几句话："语言研究并不神秘。结合本职工作，抓住实践中发现的问题，详细占有材料，从中归纳出规律，总结出自己的见解，这个过程就是科学研究的过程。只要是有心人，只要是有志者，就一定能在研究中不断提高学术水平，取得可喜的成果。"我想，我的基本意思就是要脚踏实地研究问题。这两年，我有机会跟我国老一辈权威学者，如吕叔湘、朱德熙、李荣等先生，多次在一起开会，讨论语言研究规划的问题。接受了他们的学术熏陶，我更感谢我们学会长期形成的学风是值得提倡的学风。因此，我感到有必要再重复一遍：一个成熟的学会，应该是一个有良好传统、良好学风的学会。我们一定要发扬我们学会的良好传统和良好学风，不图虚名，不耍花枪，脚踏实地研究问题。只要坚持这一点，我们的学会一定会更加兴旺发达，我们一定能给我们的子孙后代留下更多的学术财富。

（二）明确提出学术研究的"湖北意识"、"武汉意识"

邢福义会长在湖北省语言学会第七届年会的开幕词中谈到：

　　我们学会一向把成果、人才和学风三者看成一个"集合"。拿出一批成果，造就一批人才，形成一代学风，这是我们通过一届又一届年会所要努力达到的目的。今天高兴的是，我们学会工作又有不少新的论著问世，又有一些年轻的学者引起语言界的重视，我们既求新又务实的学风，得到了进一步发扬。特别应当指出，从上届年会以来，我们学会的学术活动加强了群体性，更加注重集体智慧的发挥。举例来说，1990年10月由湖北教育出版社出版的《文化语言学》已产生相当大的影响，这部书就是我们的一部分会员进行集体协作的成果。这部书的序言末尾，我写了这么一段话："本书的撰写经历了整整一年的时间。编者都是湖北省大专院校语言专业的教师，绝大多数是武汉地区的。……编写班子一拉起来，大家就特别强调了'武汉意识''湖北意识'。意思是说，湖北省、武汉市的语言工作者要拧成一股绳，形成一股子力量，在主题明确的大型研讨活动中，互教互助，同步前进。这是一个可喜的开端。摒除文人相轻的习气，发扬团结协作的精神，迈开了整体奋进的步伐，应该说，这是比写出一两本书更为宝贵的收获！"我在这里特别引用这段话，目的就是想说明：科研尽管是个体性很强的活动，但我们必须加强"湖北意识"，努力加速集体奋进的步伐。

在第八届年会的开幕词中，邢福义会长再次强调：

　　可喜的是，我们湖北省语言学界不管在哪个分支学科，都不仅能跟上全国语言学的步伐，而且有自己的特点。1990年，我们出版的集体著作《文化语言学》，强调"湖北意识""武汉意识"，在国内外产生了相当大的影响；1993年我们又出版了近40万字的集体著作《毛泽东著作语言论析》，再次强调"湖北意识""武汉意识"，又产生有了相当的反响。"湖北意识""武汉意识"是团结协作锐意进取的意识。本届年会是对两年多来我们研究成果的检验，也是对我们的"团结协作锐意进取意识"的检验。我们深信，湖北省语言学界是一个充满活力的集体，这个集体永远能够跟全国语言学界同步前进。

(三)精确规划学会的新世纪发展蓝图

湖北省语言学会第十届学术年会于1998年11月在黄石湖北师范学院召开，恰逢《马氏文通》出版100周年。邢福义会长到会致开幕词（全文）：

各位领导，各位先生，各位女士，各位列席会议的青年学者们：

现在，湖北省语言学会第十届年会隆重开幕！

"十"是个吉利的数字，华夏民族历来崇"十"，汉语的计数系统用的就是十进法。"十年树木"，"十年一剑"，"十拿九稳"，"十全十美"，"十"是完整、圆满、吉祥的象征，蕴含着我们的民族性格和审美观。湖北省语言学会的年会，到本届恰好是第十届，这使本届年会带上了喜庆的自然色彩。让我们表示对学会年会的逢"十"庆贺！

"十"个"十"就是"一百"。今年，我们学会举行第十届年会，同时也迎来了《马氏文通》的一百周岁。《马氏文通》于1898年（光绪二十四年）问世，作者马建忠是清朝末年有进步意识的一位知识分子。他感到，中国的贫穷落后是由于汉语太难，而汉语之所以这么难又是因为语法规则没有被揭示出来，于是，决心借鉴外国的语法书，写出一部汉语语法书。这自然是一种天真的想法，但也反映了他的爱国之心。他精通拉丁语、希腊语、英语、法语等西方多种语言，熟悉中国古籍，又长期从事中西语之间的翻译工作，有条件做好这一工作。《马氏文通》是他十多年努力的成果，是中西文化相结合的产物，是中国语言学史上一块不朽的里程碑。《马氏文通》的问世，标志着我国汉语语法学作为一门科学的开始，也标志着我国的语言研究跨入现代语言学时期的开始。让我们表示对这部巨著一百周岁的庆贺！

《马氏文通》问世一百年来，汉语语法研究大体可以分为三个时期：

（一）套用期，19世纪末期到20世纪30年代末期，大约40年。基本倾向是套用国外语法学体系，略加增减修补，形成汉语语法学体系。

（二）引发期，20世纪30年代末期到70年代末期，大约40年。基本倾向是引进国外语法理论，用以观察和描写汉语语法事实，生发出比较注重汉语语法事实的语法学系统。

（三）探求期，20世纪70年代末期到现在，大约已有20年。基本倾向是接受国外理论的启示，注重通过对汉语语法事实的发掘探索研究的路子，追求形成具有中国特色的研究思路和研究方法。

这个分期意见，我国语言学界一代宗师季羡林教授在为"中国现代语言学丛书"所写的总序中，表示赞同，认为"就中国语言学整体情况来说，大体上也是符合实际情况的，是能够为大家所接受的"。季先生还对"探求"二字做了极为精彩的发挥，他说："(探求期)仅仅有20年历史，少于前两个阶段。但是前两个阶段已告结束，而探求期怎样呢？……探求只能说是刚开了一个头，探求正未有穷期。我们只能探求，探求，再探求。""下一个世纪的前20年，甚至更长的时间里，都是我们探求的时期。我们必然能够找到'中国的特色'。只要在'擒'这个'王'，我们语言学的前途，正未可限量。只要能摆脱西方理论的影响，充分发扬我们自己的语言和理论，我们必然能够一反现在无声的情况，在世界语言学界发出我们的声音，而且是洪亮的声音。在21世纪100年中，同现在这100年相比，我们必然能取得更辉煌的成果。我认为，这就是我们中国语言学未来的任务，这就是我们探求的方向。"

　　季先生学识渊博，高瞻远瞩，中国语言学怎样发展，怎样去探求，任务是什么，方向是什么，他都说得很清楚了。在这世纪之交，我们湖北省语言学工作者应该怎么办？按我个人的想法，应该注意四句话、十六个字：认准目标，立足事实，扩大视野，力所能及。首先是认准目标。我们的目标是"擒王"，是弄清汉语的特点。有人说，强调汉语特点就必定永远落后于国外语言学，意思是说，要想不落后于国外语言学，就不应强调研究汉语特点。我们不同意这样的说法。我们以为，只有弄清自己语言的特点，产生有中国特色的理论，中国语言学才有跟国外语言学平等对话的可能，才有摆脱附庸的地位、发出洪亮声音的时日。其次是立足事实。要弄清汉语的特点，就必须立足于汉语的事实，通过深入的发掘，一方面揭示事实的规律性，另一方面进行理论的思考和方法的探索。目前，我们对事实的发掘工作做得还很不够，许许多多的事实我们还解释不清。有人反对做事实的深入发掘，说"不识庐山真面目，只缘身在此山中"。试问，不到庐山去做实地考察，只凭站在远处看着庐山，能不能真正认识庐山真面目呢？我们不是还有一句"不入虎穴，焉得虎子"的成语吗？为了了解月球，人类不是一而再、再而三地把人发射到月球上面去吗？在我们看来，不管任何的事物，如果不对它的各个方面获得深入的了解，就很难对它的总体面貌做出简明而准确的概括。其三是扩大视野。着眼于 21 世纪，时代要求中国语言学不仅必须为说汉语的人服务，而且必须为全世界母语不是汉语的人们服务；不仅必须为人际交往社会活动中的语文应用服务，而且必须为现代科技服务。比方为中文信息处理、为不同语种的机器翻译服务。语言学正在迅猛地拓宽其交叉的领域，正在迅猛地同理工方面的诸多学科产生撞击进而相互交融。我们不懂的东西实在太多，而且越来越多。在这样的情况下，我们必须学习学习再学习，尽可能地扩大自己的视野，尽可能地增长自己的知识，只有如此，我们的研究工作，我们的语言教育和语言教学工作，才有可能跟得上时代的发展步伐。最后，是力所能及。这是就我们每个人的具体情况说的。研究任何课题，既要看必要性，又要看可能性。自己通常能做 3 分事，最好争取发挥潜能力，做到 3.1 分，但千万不要去做 7 分、8 分、9 分，因为根本做不到。讲这一点，不是无的放矢，生活中常见好高骛远的情况。狮子大张口，口再大也别想吞下个地球，何况我们的口没有狮子的那么大。打个比方来说：要得到果子，是弯腰捡呢，还是伸手抓呢，还是跳起摘？我们提倡跳起摘。跳起来才能摘到的果子，肯定比伸手抓到的、弯腰捡到的要大，要鲜美。但是，我们提倡跳起摘果子，却不提倡跳起摘月亮。这里，包含着事业成败的哲理，也反映求实奋进的学风。

20 年的经历表明，我们湖北省语言学会是个脚踏实地而又朝气蓬勃的学会。我们将以坚实的步伐，跨入 21 世纪！

为了提高学会会员的研究水平，培育学术研究新人，发扬"湖北意识""武汉意识"，每届学术年会后，都会由邢福义先生主持出一期《湖北省语言学会通讯》，刊载会议报道和相关文献，发表会员的年会论文提要，进行省内外的学术交流。每次年会，参加会员都有新的收获，新的喜悦。年会活动的蓬勃开展，成为我们学会兴旺发达的一个标志。

二、学术研究"建成支点、走在前列"

习近平总书记 2013 年考察湖北时提出："把湖北建设成为中部地区崛起重要战略支点，在转变经济发展方式上走在全国前列。"2018 年，湖北省语言学会在黄石湖北师范大学召开第二十届学术年会时，我借用习总书记"建成支点，走在前列"的号召，做了题为"四十年历程 语言学研究走在前列 二十届年会 汉语言学术形成支点"的开幕致辞，认为湖北省语言学会已经建成湖北哲学社会科学的支点，走在全国语言学研究的前列。这正是邢福义先生倡导践行的"湖北意识""武汉意识"的辉煌成就。

（一）教导学会会员集体创编出版有影响的专著

上个世纪 80 年代末、90 年代初，我国兴起了文化语言学的热潮，学会在会长邢福义先生领导下，写出了《文化语言学》一书，湖北教育出版社 1990 年 10 月出版，影响甚大，内地和香港传媒都做了专门报道。该书于 2000 年出版了增订本，其影响越来越大。

1993 年 12 月，毛泽东诞辰 100 周年，湖北省社科联要求各学会上报有关的研究课题，秘书处要求各位理事和会员上报选题。在邢会长的指导下，秘书处上报了"毛泽东著作语言论析"，得到省社科联的肯定。秘书处邀请了 30 多位会员参加编写，由邢福义会长任主编，并组织、主持了相关活动。首次编写工作会议由武汉电视台 5 月 9 日和中央电视台 5 月 16 日做了报道，引起同行和社会的关注。该书近 40 万字，于 1993 年 12 月由湖北教育出版社出版。湖北省语言学会于 12 月 23 日在华中师大科学会堂召开了"纪念毛泽东诞辰 100 周年暨《毛泽东著作语言论析》出版座谈会"，《武汉晚报》（12 月 24 日）、《理论月刊》（1994 年第 3 期）、《书刊导报》（1994 年第 1 期）等传媒都对座谈会的情况做了报道，全国各地的学者来信对这本书的价值、意义做了充分的肯定。

（二）指导学会参办全国性的、国际性的学术会议

1980 年，湖北省语言学会参加中国语言学会的筹建工作，并承担了在武汉召开全国语言学会成立大会的重大责任。当时，包括王力先生、吕叔湘先生在内的我国语言学界权威学者几乎全都集会于武汉，揭开了我国语言学史上加强学术交流和加强学术合作的新的一页。

由于我们学会在全国性的学术活动中所作的努力，再加上我们学会的成员近年来在音韵学、训诂学、语法学、方言学、理论语言学等方面出版了许多重要著作，发表了许多有影响的论文，因此，我们学会在整个语言学界赢得了声誉。

（邢福义《湖北省语言学第五届年会开幕词》）

在召开中国语言学会成立大会前后，来汉讲学的有王力、吕叔湘、邢公畹、周祖谟、俞敏等老一辈学者，稍后有赵元任先生等来访，来访的做学术报告的还有陆俭明、张振兴、张惠英、于根元等许多中青年学者。

再如 1986 年全国青年现代汉语（语法）学术讨论会，1991 年全国青年应用语言学术讨论会，1995 年全国方言学会第八届年会，1996 年新时期语法研讨会（国际）等。

邢福义会长在《湖北省语言学第八届年会开幕词》中指出：

这几年，国际交流不断加强。……对中国学者来说，这是了解国外研究情况、引进国外语言理论和研究方法的很好机会。但是，我国学者越来越意识到，理论不能只是单方面引进，我们应该有自己的东西，应该有能够跟国外理论对等交流的理论。

上个世纪 80 年代中期至 90 年代，国际间的学者互访比较频繁，学会接待的有美国的杨福绵、李英哲、黎天睦，法国的白梅丽，德国的贾腾、施雅丽、史必斯，新加坡的周清海、张敏，以及俄国、挪威、瑞典、日本等国的学者。会长邢福义先生访问了美国、英国、德国、日本、新加坡等地。

(三)引导省内学术队伍获得国家级社科基金立项

据统计，从 1992 年到 2014 年，湖北省各高校及科研院所共获得国家社科基金语言学立项近 100 项。从项目类别来看：重大项目 3 项、重点项目 4 项、一般项目 59 项、青年项目 30 项、西部项目 1 项、后期资助项目 2 项。从项目数的全国整体排位来看，第一是北京，第二是上海，第三是江苏，第四是广东，第五是浙江，湖北与浙江只有 3 项的差距，排名第六位。

从 1992 年到 2014 年，湖北省语言学科共有 13 项优秀成果获教育部中国高校人文社会科学研究优秀成果奖。成果形式均为著作类，其中一等奖 4 项(均由邢福义教授获得，获奖著作为《语法问题发掘集》《汉语语法学》《汉语复句研究》《语法问题献疑集》)、二等奖 6 项、三等奖 3 项，且获奖数逐年增幅明显。

教育部人文社会科学研究项目语言学立项，2005 年至 2014 年 10 年间，湖北省各高校及科研院所语言学科获得重大课题攻关项目 2 项(华中师范大学和武汉大学各 1 项)，重点基地项目 20 项，其中华中师范大学语言与语言教育研究中心每年承担 2 项立项(2004—2013)。一般项目 98 项，其中规划基金项目 51 项、青年基金项目 47 项。

(四)领导学会成为湖北省社科联的优秀社团

1981 年 2 月，全国总工会、共青团中央、全国妇联、中国文联、中央爱卫会、全国学联、全国美学学会、中国语言学会联合倡议，在全国开展"五讲四美"(讲文明、讲礼貌、讲卫生、讲秩序、讲道德；心灵美、语言美、行为美、环境美)活动。湖北省语言学会积极响应，于 1981 年 4 月由副会长兼秘书长邢福义主持召开了"语言美"座谈会，会长严学宭先生做小结。座谈会提出讲究语言美是我国两千多年的传统美德，十年浩劫中被破坏了，如今要拨乱反正，说话要文雅、和气、谦虚，以构建和谐社会。（详见《湖北省社联通讯》1981年第2期载《湖北省语言学会召开"语言美"座谈会》）让与会代表受到了一次精神文明的教育，带头参加"五讲四美"活动。

1992年7月1日，《人民日报》（海外版）改用规范的简化字。6月，湖北省语言学会和华中师大语委、语言研究所召开座谈会。湖北省语委代表、华师语委领导出席，大家一致为规范简体字取得正体字的地位叫好，这标志着汉字发展史揭开了新的一页。这次活动，《理论月刊》1992年第9期上发表了座谈会纪要，《语文建设》等刊物做了报道。

湖北省语言学会在邢会长领导下多次被省社科联评选为"优秀社团"。1992年初，社科联召开了两次秘书长会议，要求学会总结工作，研究"学会学"，以推动学会工作。在邢福义会长指导下，秘书处根据收集的理事和会员的意见写出了总结。卢卓群秘书长发言的题目是"魂·神·根·本——省语言学会是怎样开展学术活动的"，提出了学术是"魂"（基本精神），协作是"神"（基本路径），向下是"根"（强调面向全省各地区），结果是"本"（着眼于产出成果）……。这个发言受到社科联领导、到会秘书长的赞赏和看重，在《理论月刊》1992年第9期发表，收入论文集《学会工作理论指导与实践》。

2018年11月学会第二十届年会召开之际，原副会长萧国政教授以"32年湖北省语言学会印象之我见"致贺辞——"学术至上的学会宗旨；尊老举新的传统会风；极目楚天的办会意识；求是拓新的奋斗精神"。所言极其精辟。回顾邢福义先生在学会第九届年会上的开幕词，我们感触更加深刻：

一个好的学会，应该讲求"三有"：第一，有充分活力的研究队伍。特别重要的，是要有分布合理而又相互协作的站在不同据点上的教研工作者，并且源源不断地充实生力军。第二，有实实在在的研究成果。既讲量，又求质，而且努力形成自己的特点和风格。第三，有良好的学风。做得多，说得少，老老实实地做学问，老老实实地讨论问题，强调"治学之道，学风先导"，"文品第一，文章第二"。这三者互为条件，互成因果。令人高兴的是，事实已经表明并将进一步表明，我们学会尽管存在这样那样的不足，但始终是一个有理想有追求的生机勃发的学术团体。

湖北省语言学会已经走过了 45 年的历程。我们将继承邢福义先生的遗志，发扬团结协作、锐意进取、脚踏实地、奋勇向前的学会精神，踔厉奋发，笃行不辍，真正把学会办成"有理想有追求的生机勃发的学术团体"，以告慰邢福义先生在天之灵。

附记：我 2022 年 7 月 8 日出发前往加拿大探亲，7 日上午到邢老师家中辞行，未曾料到这竟然是跟先生的最后一次见面。先生逝世，学界哀悼；弟子门生，追忆追思。我对于邢先生给予湖北省语言学会建设发展的重大贡献深有体会，有意成文纪念，但因身处海外，有些资料查找不便，行文之中，深感力不从心，多有缺憾。本文的部分数据来自《世纪之交 20 年湖北省语言学科发展巡礼》（李向农、钱颖，《江汉论坛》2016年第 2 期）；有些内容节选自湖北大学卢卓群教授的《我与邢福义先生五十多年的师生情》，谨致谢忱。

（作者单位：华中师范大学）

搁箸吐哺　立德树人

——缅怀恩师邢福义先生

储泽祥

2023年2月6日，我的授业恩师邢福义先生辞世。噩耗传来，只觉春寒刺骨，万箭穿心。先生的音容笑貌，历历在目；先生的谆谆教导，句句敲心。

一、慧眼仁心

我1988年跟随吴启主先生读硕士研究生，1991年毕业的时候，论文答辩会的主席邀请的是邢福义先生。初见先生，紧张不已。因要报考先生的博士，内心更加惶恐。先生对我说："小储，你报考博士，我还是愿意招你的。"这对我来说，是多么大的安慰和鼓励啊！

博士招生考试我考得并不是特别理想，师兄丁力、李向农考得比我好，名额又只有两个，我被录取的希望不大。先生写信给我，希望我第二年再入学。我记得我给先生写了一封很长的信，具体内容已经记不清了，大意是非常想跟先生读书做学问。不久就收到先生的回信，告诉我他喜欢我"这种劲头"，已经向学校争取名额，要我等着好消息。1991年7月29日，我终于等到了录取通知书。我没有理由不珍惜这么宝贵的机会。

读博士期间，有次先生跟我谈心，说当初看中我，是因为我"重视语言事实""有做学问的劲头"，因此全力争取给我读博士的机会。

先生有一双慧眼！我是一堆沙子，先生看到了我那闪光的几粒；我是一棵小草，先生看到了我奋力向上的细芽。正如吕叔湘先生吕老对邢先生的评价："福义同志的长处就在于能在一般人认为没什么可注意的地方发掘出规律性的东西，并且巧作安排，写成文章，令人信服。"先生为学如此，为人如此，为师也是如此。我就是"没有什么可注意"的普通学生，我自己也不知道我能干什么，是邢先生发掘了我，呕心沥血地培养了我。

迄今为止，我无论是学习别人的论著，还是招生、进人，还是审稿、当评委，还是跟同事相处，都不忘先生的教导，去发现别人的长处，去寻找成果的闪光点。

二、搁箸吐哺

我信任先生，依赖先生，敬佩先生，先生是我从小学到大学的老师里最有智慧的人。

读博士的第一年，邢先生要求我们每个博士生每个月分别去他家见他一次，时间是一个上午，要求是必须带着问题去见他。我很积极，也不懂事，经常早早就到了先生家，先生早饭还没有吃完呢。先生饮食上简单而有规律，早餐有时候是一杯牛奶、一个鸡蛋、两个小馒头，有时候是一碗稀饭、一个鸡蛋、两个小馒头。我如果到早了，先生总是最后吃馒头。先生放下筷子、碗，抓起馒头，一边吃一边要我开始说，学习中又碰到了什么问题。茶几上放着几张纸一支铅笔，先生听我说问题的时候，不时记下关键字眼，边问边思考，常常忘记了手中的馒头。先生能很快找出解决问题的办法，我有时也会再提出疑问，先生又经过思考完善了解决问题的办法。经常就这么反反复复，一上午时间就过去了。突然发现师母倒的茶水我还没怎么喝，而先生的手上还拿着没有吃完的馒头。

我经常是头昏脑涨地离开先生家，但满心都是问题解决的喜悦。等我自己上了岁数，因与学生讨论问题而十分疲惫的时候，才知道先生当时是非常辛苦，花费了太多心血。我那时也是太贪心了，不停地问不停地问，太不懂事了。

我从先生身上学会了一点：对学生的教育，要认真投入时间和精力。

三、身教言传

1992年，邢先生带领李向农、丁力和我三个弟子写作《形容词的 AABB 反义叠结》一文，讨论"厚厚薄薄、高高低低"一类现象，该文后来发表在《中国语文》1993年第5期上。先生组织我们三个博士生充分收集材料、认真思考分析，然后分工写出初稿。在研究过程中我收集到下面这样一个例子：

围绕着礁石，渔船远远近近撒开一大群。（草明《爱情》，《草明小说选》，上海文艺出版社，1979）

收集例句，邢先生要求我们详细注明例句的出处，包括作者、篇名或书名、页码、出版社、出版日期以及版本等。很不巧，我收集的"远远近近"这个例句,忘记录下页码,等到发现以后,原书已还给了图书馆。我当时嫌麻烦,没有想办法补上。初稿交上去以后,先生做了统稿工作,我发现那个例句的出处中添上了页码——"177 页"。

先生用实际行动教育我:务实就是务实,是一种科学的态度,马虎不得,也容不得半点懒惰,更容不得一丝虚假。

博士毕业后我选择去湖南师范大学工作,我心里是舍不得离开先生的,看得出先生也对我有些不舍。他带着我在校园里散步,跟我说:"小储,做学问,你学到了我的六成,以后要靠你自己不断努力。到大学工作,首先要站稳讲台。一个好教师,要会做研究,还要会讲会演,好教师应该是优秀的演员。"这些话,烙在我的脑海里,时时警醒,催我奋进。

当我逐渐写出有点像样的文章,书也写得有点模样的时候,先生总是一边鼓励一边提醒。1999 年我的小书《名词及其相关结构研究》书稿初成,恳请先生赐序。先生万忙之中很快就把《序》发给了我。《序》中不乏"舐犊之情",但先生最想说的,是《序》中的最后几段话。

　　做学问,贵在找到自己。一个好学者,要有形成自己的风格特点的追求。而要做到这一点,必须同时具备多方面的素养。这就是:基础＋毅力＋方法＋悟性。泽祥有灵气,有悟性。研究工作中,他不仅注意了各种素养的"总体结合"和"总体发挥",而且注意了研究成果的个性化,因此,尽管他"出猎"的时间并不长,但已有了引人注目的收获,已经在自己的书里初步展示了"自己"的影像了。我希望,他最终能鲜明地找到他自己。

　　做学问，贵在文品正。文品既反映为人和学风，又决定文章级次与格调的高低。跟泽祥谈心，我常常提到三句话。第一句是："抬头是山，路在脚下。"第二句是："为人第一，为学第二；文品第一，文章第二。"第三句是："在治学道路上，无止境地追求，自强不息；在个人利益上，有限度地要求，知足常乐。"这三句话是互相补足的。每一次，他都发表了自己的见解，并且对我的说法有更深的发挥，使我深感欣慰。泽祥还很年轻，今后的路子还很长很长。我希望，他最终能凸现在高高的层级之上。

　　作为一个教师，没有什么比看到自己的学生成材成器更为高兴的事了。我想借用晏殊《玉楼春》中的两句话，改换其中的两个字，表述自己的心绪：

　　　　天涯地角有穷时，只有学问无尽处！

20多年过去了，每次读到先生这几段话，我都激动不已。如今读来，早已泪水涟涟。先生的勉励，先生的教导，先生的期望，时时敲打着我。

　　三年疫情中，我只回母校拜望过邢先生一次。先生年事已高，有些健忘了，但老学生他记得很清楚。看到我这个老学生，先生很高兴，师生叙话一小时有余，先生关心我的工作，关心我的生活，也谈到《现代汉语词典》的地位以及需要改进的地方。三年没有多去拜望先生哪怕一次，岂止是遗憾，简直是该死啊。

　　2022年底，我全家感染了病毒，武汉同门告知我邢先生也感染了病毒。看着同门发来的照片上先生与病毒抗争的模样，我心痛至极。我感染的症状算是比较轻的,都难以忍受,很难想象先生肺部感染的痛苦程度。先生是意志坚强的人,我心里盼望先生能挺过这次劫难。

现在说什么都没有用了,先生已经走了。但先生为师为学的精神一定会延续千秋万代。先生在天有灵,继续指点学生做人做事。学生一定谨记先生教导,争取做出更大的成绩,以告慰先生在天之灵。

先生一路走好,您永远活在学生心中!

附记: 2022年某个月,我梦见邢先生穿着西装,打着领带,正在看几个工人盖房子。先生看到我,就笑着说:"小储,我带你看看我的新房子。"醒来以后,我的心阵阵发冷。第二天我还是忍不住给照顾先生的李姐打了个电话,仔细询问先生的身体状况。但是我不知道为什么,我不敢直接跟先生通电话。唉,先生再也不能跟我通电话了。

(作者单位:中国社会科学院)

平凡岁月好，问道桂子山

——追念恩师邢福义先生

郑贵友

2023 年 2 月 6 日下午一点多，在北京第二外国语学院任教的师弟宋晖教授发来微信说：今天中午 12 时，邢福义先生在武汉病逝！读罢微信，我一时慌乱，不知所措。静了好一阵子，才又向宋晖师弟问武汉华师（华中师范大学）那边有关先生后事安排事宜。他说，华师方面已定于 2 月 10 日上午 8 时 30 分举行追悼会。我随后就急着让正在上班的女儿在网上预订了 2 月 9 日下午去往武汉的机票。2 月 9 日晚 20 时左右赶往先生的住宅祭拜了先生的灵位，2 月 10 日上午参加了先生的追悼会，当晚乘机返回北京。随后的这几天，渐渐静下心来，开始搜索记忆当中多年来有关先生的片片断断，追想有关先生的点点滴滴，作为对先生的追念。

一

我读硕士学位的时候，就听说过先生的大名，参加工作后，才开始拜读先生的文章，先生的文章对于语言事实分析的细腻、深入给我留下了深刻的印象，让我十分钦佩；而真正见到先生是 1994

年的事了。1994 年 5 月上旬，我和吴继光、段益民三个人同时参加了邢福义先生招生的现代汉语语法方向的博士生入学考试，初试之后是面试。面试安排在当时的文史楼一层靠楼梯口的一个房间里进行。主导面试的三位老师中，萧国政老师和李宇明老师在笔试的时候已经见过了，因此确定，剩下的那位年长的就是先生了。记得当时，萧、李两位面带微笑，先生虽说不是一脸严肃，但在开口说话之前脸上没有笑容。我有点儿怯场，心里没底，忐忑之心自然会流露在脸上和体态、动作上。这时，先生语气轻松地、和蔼地说："你不要紧张，像平时聊天一样就好！"听了先生的话，我心里稍安。接下来，在回答问题的过程中，我的情绪基本自然，回答也基本流畅、清楚，至于当时先生和两位老师提的问题，我现在倒真的想不起来了。

在后来的日子里才了解到，先生是个极平易而简单的人。

先生很忙，但每次见面谈完学业上的事情之后，如果时间宽裕的话，通常会向我询问一些日常生活上的事：家里孩子怎么样啊，东北那边天气当下如何啊，当下吃住情况好不好啊，如此等等。我经常会感觉到，此时的先生就像一位普通的家长关心自己的子女一样，因而心里非常妥帖、安慰、温暖。

1994 年 9 月我们入学的时候，先生是住在武汉大东门胭脂巷附近的一处老式的二层楼里。先生居住的楼房很旧，两间卧室的面积都不大，采光也都不大好，而且好像很久都没有装修过了；屋里的家具也简单、陈旧；只书房面积较大，采光也比较好，且书籍充盈四壁，朴素而洁净。记忆中，先生的衣着总是"制式"的：夏天通常是穿一件白色半袖，蓝裤，半旧的黑色塑料凉鞋；春秋冬三季通常都是上身外罩黑灰色的夹克衫，黑裤，黑色半旧的皮鞋，完全没有名家的派头。先生日常饮食也非常简单，因为忙而且守静，极少留同侪、弟子在家吃饭。听师兄们说，早年间，师母偶尔有事中午不在家的时候，先生通常是在楼下馒头摊儿上买个馒头，然后在边儿上趁热吃了回家了事。1995 年春天，先生参加全国政协会议后返回武汉，我去天河机场接机并送先生回家，因错过了午饭的饭点儿，先生留我吃午饭。饭桌上就是几样简单的炒菜，以素菜为主。先生吃饭速度比较快，且饭量也不大。先生当年家住武汉大东门那边的时候，离学校很远，有事来学校时总是骑一辆旧的黑色大二八自行车，很多年都是如此，直到后来搬家到校内。印象里，那已经是 1995 年秋天的事情了。

　　1997 年 7 月我参加工作后的头几年，先生几乎每年都要来京参加全国政协会议或其他学术活动。时间宽裕时，先生会告诉我他的具体住址。我前去探望，借机了解先生的身体状况，先生也会询问我教学、科研以及生活各方面的情况。因为大多是晚饭后过去，到先生的住处时通常是晚上八点左右了，因担心影响到先生休息，一般是到了九点半左右，就赶紧刹住话题，和先生告别离开酒店。因此，每次都有些言犹未尽，依依不舍的感觉。

　　武汉的夏天天热十分之"酷"，也十分有名，每年自 5 月中旬开始热，一直到 8 月中下旬才稍好，特殊年份里遇到"秋老虎"，则直到 9 月份还依然炎热难耐，这对于我这个北方人——东北人来说尤其如此。1995 年 5 月中旬的一天，当时先生已经由大东门"老宅"移住华师校北门附近的住宅了；我按例到先生家汇报两周内的论文写作情况。到了先生家落座之后，先生就说："贵友啊，我这里有个闲置的风扇，一会儿你走的时候带回去用吧！"接近中午我临走时，先生又提醒我说："对了贵友，你把风扇带走，现在天热起来了，正用得上！"我十分感激地带上风扇回宿舍了。当时我们三个人，吴和段在经济上都比我好得多，入学时就各自买了风扇，我的经济情况差些，一直没买。此后的两个夏天我一直用这个风扇驱赶炎热，直到毕业离校前才送还给先生。说实在的，在当年的条件下，风扇对于很多读书人来说，算是有点奢侈的家用电器了。

在使用电脑处理文件方面，先生在国内知名学者当中算是比较领先的，先生非常了解使用电脑处理文件的快捷与便利。因此，我们入学后的第二学期，先生责成语言所给我们配备了一台电脑，最初是奔腾286，不久又换成了386。这在当年已经是很先进的配置了，而且在整个宿舍楼里我们也是独一份儿。在随后的日子里，这台电脑为我们提供了极多、极大的便利和帮助，而且，每当文件打印时，针式打印机尖厉的声音都会充盈整个楼道，引来诸多的羡慕与感叹。

二

先生的语法研究，十分强调基于语言事实的观察与分析，即"研究根植于泥土，理论生发于事实"。我个人体会，以下几个方面非常突出。

其一，是对于语言事实的观察与思考非常细腻、深刻，并由此得出令人信服的判断或结论。例如，《谈"数量结构＋形容词"》（1965），通过结构观察、对比以及语境问答等不同角度的仔细观察、描写，得出类似"三尺高""五寸长"之类结构体中的"三尺"和"五寸"等是具"程度"义的副词性成分，而当中的"高""长"表面看是受"数量短语"的修饰，但不是名词，而是形容词；再如，《现代汉语的特殊格式"V 地 V"》(1991)在讨论"激动地看着我""奉承地说"之类结构体的构造规律时，首先对其主要构件成分"V 状语"和"V 中心语"的语义类及其相应的语法特征进行了细致刻画，然后又精确地揭示了"V 状语"逻辑上的宾语出现的规律以及多项"V 状语"连用现象及数量等等，整个描写全面、细致，令人信服；还如，《汉语复句与单句的对立和纠结》(1993)，准确描写、归纳概括了处于汉语复句与单句之间"中间地带"的三大类现象：看似复句实为单句；看似单句实为复句；需要添加语境而后方可加以确定其复句身份的现象。先生的语法研究成果在教学实践中的解释力都非常强，具有较强的实用性。

其二，是重视对语言现象的动态分析。例如，《说"NP 了"句式》(1984)，首先对"NP 了"中的"NP"的语义特征进行了归纳，在此基础上，变换不同的角度，分别考察"NP 了"小句进入复句后，"NP 了"充当前分句时和后分句构成的语义关系类型、充当后分句时与前分句构成的语义关系类型，并将二者加以对比，进而发现两种情况下语义关系类型的同与异以及语序在其中发挥的关键作用和价值；又如，《前加特定形式词的"一 X，就 Y"句式》(1987)，首先根据语言事实概括"一 X，就 Y"句式的句式义："X、Y 两事件前后紧接，间不容发"，将在表达过程中"一"前边可以出现的几个特定形式词"刚""从""这么""只要"四个成分看作不同的变量，分别考察"一 X，就 Y"句式在表达前述句式义的基础上，分别添加上述不同的四个变量时，该格式在语义上所产生的不同的语义增量：它们分别构成"一 X，就 Y"句式的"时点强调式""时段强调式""情态强调式"和"条件强调式"。

语法描写是语法研究的必要手段和功夫，我个人体会，先生重视对语言现象进行"小题大做"的见微知著的做法在话语、篇章以及语用研究范畴中仍然不可或缺：观察一类话语、篇章实体的结构，尤其是微观结构，考察特定言语行为的语言兑现的细节或规律，考察特定话语标记的语言形式特征或功能类型特征，都离不开对特定语言现象的细致的刻画。

其三，是先生的语法研究重视在对语法现象、语法事实加以描写的基础上进行理论的提升。读先生的著作，可以深切地体会到，先生的学术研究从 20 世纪 50 年代后期到 80 年代末主要是专注于汉语语言事实的观察与研究，具体研究所涵盖的范围几乎涉及汉语全部各级各类语法单位。单句以内语法实体相关的研究，比如词的用法研究（《动词作定语要带"的"字》1957/《关于副词修饰名词》1962/《论"们"和"诸位"之类并用》1960）；词性判断与词类划分研究（《从"原来"的词性看词的归类问题》1985/《词类辨难》1981/《词类判别四要点》1989）；有关短语结构相关研究（《略论"结构"研究中的几个问题》1980/《关于形容词短语》1988）；有关句法成分及其特征的研究（《句子成分的配对性、分层性和连环套合现象》1982/《句子成分辨察》1982/《汉语里宾语代入现象之观察》1991）；单句句式、句型相关研究（《现代汉语里的一种双主语句式》1981/《说"NP 了"句式》1984/《论现代汉语句型系统》1983）。复句问题研究是先生学术研究的主要领地，从 20 世纪 60 年代初（《谈谈复句的运用问题》1962）到 80 年代后期（《前加特定形式词的"一X，就 Y"句式》1987），我个人粗略统计，光论文就达 26 篇之多，内容涉及复句中的关联词语、复句格式、特定关联词语对某类复句格式语义关系的影响等等。

以上述具体问题研究为基础，到了 20 世纪 90 年代初，先生的语法研究进入了语法理论提升阶段。我个人体会,先生的原创性汉语语法理论主要有:(1)"两个三角"理论(《现代汉语语法研究的两个"三角"》1990/《现代汉语语法研究的"小三角"和"三平面"》1994);(2)"小句中枢"理论(《小句中枢说》1995/《汉语小句中枢语法系统论略》1998)。除此之外,我个人认为,先生倡导的语法研究上的"三个充分"(《现代汉语语法研究的三个"充分"》1991)作为语法现象观察与研究实践上的指导性理论、汉语复句格式对于复句语义关系反制约作用(《复句格式对复句语义关系的反制约》1991)以及汉语句法组合中名词具有特定重要价值和地位的"名词赋格"论(《说名词赋格》1998)等一些重大发现,也都极具原创性理论的特征和价值。

先生的治学之路和治学精神永远是邢门弟子的宝贵财富。

如今,先生走了,永远地离开了我们。

2023年2月10日追悼会当天,大武汉阴沉欲雨,天地同悲,弟子们千里万里前来给先生送行。

先生无师承之加持,独以单薄之身躯,尽毕生之精力,蹚平了一条学术探索的艰辛之路!

先生有桃李其满园,各呈矢志之雄心,蒙先生之教诲,撑起了一片语法研究的湛蓝之天!

"句号放大是个〇。往前又是〇起点。"

"抬头是山,路在脚下。"

愿先生走好!

愿先生安息!

(作者单位:北京语言大学)

忆导师邢福义先生

刘街生

　　先生离我们而去了，听到这个消息，我头脑中一片茫然，呆在办公室的椅子上。

　　茫然无绪中，眼前仿佛看到了我的老师，风度翩翩，一身得体的西装，眼含笑意。耳旁似乎听到具有先生独特嗓音的声音，"街生""街生啊""是街生呀"，声音中透着关心或者开心的情绪。我的眼睛变得蒙眬。

　　风度翩翩是先生留给我最深的印象。记得跟先生读博不久，一次先生好像从北京开政协会或什么会回来，带的书有点多，我去机场接先生。武汉的天河机场不大，初春时节的下午，我在到达厅看到先生从楼梯上下来，一身合身的藏青色西服，浓密的黑发，适中偏瘦的身材，再加上学者的儒雅，真是风度翩翩，给我一个强烈的印象，我的老师好帅。毕业离开老师身边后，这一印象变得更加清晰。有一次与唐钰明先生聊天说到邢老师，听到唐老师说"你的老师是一个君子"，头脑中忽然把"君子"跟对先生的这一印象对接了起来，先生的这个形象就是我理想中的"君子"形象。虽然近些年见先生时，先生渐老，有时走路尚须枴杖帮助，这现实的真实形象，与我心中的邢老师形象共存，却一直未能改变心中的邢老师印象。

做学生的，对导师总有一份敬畏之心，何况对先生这样的大学者。但从先生那里体会感受到的永远是一种积极的情绪，关爱是其底色。带有先生一些独特嗓音的称呼"街生"，总是那样的亲切，以至于后来想到以及和人提到邢老师时，总感觉这声音就在耳旁。表扬时，带上笑意的"街生呀"，感受亲切的同时，也能体会到先生的开心。批评提醒时，"街生呀"，也能体会到先生的关心。即便有时分配某些实际的事务、任务时，"街生"，也让人感觉到，我跟老师是"一伙儿的"，是在一起做某个事情。毕业后，每次给老师打电话时，"是街生呀"，体会到的总是一种热情或开心的情绪，即便后来，先生年事渐高，告诉我，自己身体状态不佳时，一句"是街生呀"仍是这样的感受。

先生留给我们这样的印象，是因为做先生的学生，感受到的总是老师对学生真正的关心。先生扶你走上学术之路，替你安排，替你长远计划、长远打算。真的是"大树底下好乘凉"！

记得毕业离校去和先生告别时，寒暄后，先生第一句话："街生呀，理论永远是灰色的。"我听后大受震撼，平时是不会听到先生这样直接的评论的，离开老师了，这是老师提醒不要走偏了路呀。先生做学问，学风最大特色，是务实。这从先生的字中也可体会得到，先生的字笔笔实在，几无虚笔。每次看到案头《汉语学报》封面先生的题名，就想到先生"理论永远是灰色的"这句话。今天，看着这个题名，仿佛回到那天，因杂志由以书代刊转为正式刊物，先生写了几份题名。先生知道我当时喜欢书法，就问我意见，我挑了一份目前的这个，说这个显得气势比较开张，先生还真的用了。

记得做博士论文时，最先在阅读小说找问题的过程中，确定做与动量表达相关的题目，做了半年的时间，觉得进展还不错。但一次上课时，先生提出了改做同位组构的题目，认为名词这一块空白更多，有更多深入空间，改做这个题目更好，先生还提供了同位组构时名名通常具有上下位关系的基本思路。有了这个基础，我这个读博期间才真正开始学做语法研究的人，很快上路，论文做得也很顺利。

从1997年到2023年，做先生的学生20余年，先生教我、育我，师恩难忘，永记我心。小朋友告诉我，《寻梦环游记》里说，一个人只要有人记得，他就活着。是的，先生永远跟我们在一起，我仿佛又看到，风度翩翩的老师，脸带笑意，说"街生呀……"。

（作者单位：中山大学）

恩师之爱

——忆邢福义先生

朱　斌

恩师走了，悲痛，夜不能寐，泪水湿枕。先生怎么可能走了呢？先生音容笑貌，宛在眼前。追忆恩师，泪水洗面，泣不成声。

一、初见

那是 1998 年的夏天，"98 现代汉语语法学国际学术会议"于 8 月 26—31 日在北京大学举行，我跟随高更生先生到北京参加会议学习。会间的一个茶歇，我在会议室门口等到了邢先生，问候和自我介绍之后，向邢先生请教我的硕士论文选题，可不可以写朱德熙先生提出的"准谓宾动词"。邢先生听后说："题目是不是大了点儿？"待到后来写论文的时候，我才深切体会到邢先生所言极是，题目太大了！

二、读博

1999 年，我报考李宇明老师的博士生，那年邢先生计划不招。

面试的时候，我心里忐忑，不知先生会问什么问题。邢先生问了我的年龄，然后问了我一个让人意想不到的问题，说是在一张地图上找一个地方，怎么找？这该怎么回答呢，我心里很紧张。我让自己镇静下来，怎么想就怎么说吧。我说，老师，我会从地图的外围开始找，一圈一圈往里找。先生听了，笑了笑，没有说什么。我的心里咯噔咯噔的，是不是回答得不好啊。我很荣幸地被录取了，而且是跟邢先生。后来才知道，是李老师、汪老师和邢先生为我们报考的四人争取到了名额，邢先生破例出山，带年龄最大的陈佑林和最小的我。我是多么幸运啊！

1999年夏天，怀揣着对桂子山的向往，来到华师。山不高，郁郁葱葱，楼宇轩昂，书声琅琅。有一次在办公室见到邢先生，我请教先生应看什么书学习，先生说："找本逻辑看吧。"我从图书馆借了一本金岳霖的《形式逻辑》学习。读博的重心是写博士论文，邢先生要我们年底之前就要选好题目。先生让我看杂志，找几个问题。准备好后，我去找先生汇报。其中有一个问题，是"是"字句的肯定句和否定句的连用，我找了几个句子，但也没有什么思路和想法。报告完了问题后，先生对我准备的几个选题逐一做了点评，从中选了"是"字句的这个，题目也是先生给取的——《现代汉语"是"字句然否类型联结研究》。先生还掰着手指数了一下字数，说："可以。"然后先生又讲了如何写几篇外围论文，支撑起博士论文的骨架。

放寒假了，我去火车站前先去了先生家，向先生和师母告别。先生问了我半年来的学习、生活情况，说："吃碗面再走吧。"我就幸福地吃了面，背上行李包，跟先生告别了。这年的寒假，我在家里搜集语料，从《毛泽东选集》《邓小平文选》《小说月报》等书刊里找例子。第一篇外围论文写完后，拿给先生看，先生从文章题目、结构布局、选例论说等各方面都做了认真修改，并推荐给《华中师范大学学报》。我拿着沉甸甸的文稿，又是高兴又是愧疚。文章后来发表在 2000 年第 5 期上，题目是《"是"字句的然否连用和否然连用之考察》。

先生平时很忙，我就等先生下班，边送他回家边向他汇报。有一次，先生语重心长地对我说："生活上要知足常乐，学问上要永不满足，要有进攻意识。"这句话我铭记在心。还有一次，先生问我，"然否、然否，怎么'否一然'反而用得多些呢？"这个问题促使我观察然否对照两种联序的异同。当时，先生安排我在《汉语学报》做编务工作，我把论文给编辑部的萧老师看，他看后说不错，发表在《汉语学报》2000 年下卷，题目是《"是"字句的然否对照和否然对照的不对称性》。博士论文中关于"是"字句然否类型配置的问题，也是先生提出来的。但刚开始，我搞不清楚前后项的"配置"是什么意思，后来从吕叔湘先生主编的《现代汉语八百词》中得到启发，于是根据"是"字句的表意类型和成分配搭来考察配置。

2001 年，先生的宏著《汉语复句研究》由商务印书馆出版，这部著作汇集了先生几十年的复句研究成果，代表了当时我国复句研究的最高水平。在先生的指导下，我写了一篇读书报告，先生修改后取名《复句研究天地宽》，发表在《江汉大学学报》2001 年第 4 期。

2001 年寒假前，我把毕业论文发给了先生，先生认真审阅了论文。年后我按照先生提出的修改意见修改，把论文定了稿。博士论文顺利通过答辩，获得一致好评，这都是先生悉心指导的成果。这篇博士论文，在先生的推荐和汪老师的帮助下，得到了教育部人文

社会科学重点研究基地"语言与语言教育中心"的资助，于 2008 年
在先生主编的"华中语学论库"出版，书名依然用了博士论文的题
目——《现代汉语"是"字句然否类型联结研究》。

三、留校

2002 年，我博士毕业，留在文学院工作。后来从人事处领导那
里得知，邢先生为了我留校的事情，前后跑了人事处三趟，向学校
推荐我留校工作。2003 年，先生鼓励我继续沿着博士论文的研究
思路，考察小句联结的事实和规律，我很荣幸获得了一项国家社科
基金青年项目：现代汉语小句类型联结研究。有一次向先生汇报工
作，说起做这个项目的体会，我感受最深的一点是"打通复句和句
群"。先生说："这条路子是对的。"得到先生的肯定，我心里热乎乎
的。这个项目的结项结果，也得到教育部人文社会科学重点研究基
地"语言与语言教育中心"的资助，于 2009 年入选"华中语学论库"
出版。

2010 年夏天，我获得访学机会，到美国堪萨斯大学语言学系访
学一年。临走前，我去先生家里跟先生拜别，先生特意带着我在校
园里走了走，语重心长，望我出去"开阔一下眼界"。2011 年夏天
回国后，我去看望先生，汇报访学情况。先生问我回来后有什么打
算，我说想继续研究复句，研究复句的句序和焦点。先生肯定了我
的想法，形象地说，"句法和语义结成一体，语用在外面包着"，还
强调语言研究要有"发展观"和"群众观"，重视语言事实的发掘和
语言理论的深化。

四、指学明灯

先生是最了解学生的，也最能为学生指引治学方向。2013年1月31日，腊月二十，我把《汉语复句句序和焦点研究》的书稿给先生，请先生赐序。3月3日，正月二十，先生邮件发来大序，这篇序言，不仅是学生的指路明灯，也是学术的至理名言。先生对学生的了解比学生自己还要深刻：

> 当年，一接触朱斌，便认为这个青年朴实而能为。多年下来，事实证明这一判断的确当。一方面，他重视脚踏实地，一步一个脚印地朝前走；另一方面，他重视开发心智，边走边思考，边总结自己研究之领悟，寻求学会如何走出自己的路。我很欣慰，因为他不随风转，他的心里有他自己。

先生从汉语语法学史阐释了事实和理论的互动辩证关系，力倡"朴学"精神：

> 理论与事实相互驱动。没有理论的牵引，对事实的描写和解释便无从下手，或者只能盲目进行。反过来说，理论的生命力由事实所赋予，理论或者来自对事实的发掘，或者通过事实的检验得到确认，或者通过事实的不断发掘与检验而越发坚挺。我国的汉语语法研究，从来以事实为本。马建忠的《马氏文通》，借用了西方的"规矩"，但此书的目的，是促进中国的教育，作者的许多论说，包括句子的分类、特定句式的构成状

态、虚字的使用等等，都表明了他的两只脚牢牢地站到了中华
文化的大地之上。黎锦熙的《新著国语语法》，以西方"纳氏文
法"为主要蓝本，但"句本位"的提出说明了黎氏充分重视汉
语语法的不同于形态丰富的西方语法的特点，而且，从具体问
题看，黎氏提出的相当多论断是脚踏实地研究汉语的成果，充
分显示了他的"务实"精神。王力的语法研究，曾接受丹麦语
言学家奥托·叶斯柏森《语法哲学》中所提学说的影响，但是，
王先生毕生强调和探求汉语语法的特点，并且从语言运用的客
观实际出发，不断修正自己的观点，不断提升自己的认识高度。
吕叔湘早年受过丹麦语言学家叶斯柏森和法国语言学家勃吕
诺的影响，然而，不管是他的著作还是论文，始终坚定不移地
立足于汉语事实。1992 年 11 月在纪念赵元任先生百年诞辰学
术座谈会的书面发言中，吕先生说："元任先生的学问广博，这
是无人敢否认的。最叫人佩服的是他写的文章无一篇不实实
在在，毫无故弄玄虚的东西。"他晚年把自己的治学原则总结
为："广搜事例、归纳条理，反对撷拾新奇、游谈无根"。朱德
熙是我国思想最活跃、最富创造精神的语法大家。他一方面重
视吸取国外新的语法理论和方法，另一方面又善于用汉语语言
事实来检验并改进这些理论和方法，从而写出切合汉语实际的
高质量著作和论文。实践表明，他把语言事实放在第一位的。

对于外来理论的"汉化"，先生指出，要扎根我国语言文字泥土：

　　真正适合于我国语言文字的理论，最终只能产生在我国语
言文字事实的沃土之上。必须处理好外来理论引进与汉化的

关系。"引进"是先行阶段，重点在于把国外理论应用于汉语研究，举出若干汉语例子来进行演绎。而"汉化"，即外来理论的中国化、本土化，是后续阶段，重点在于让国外理论在汉语事实中定根生发，使国外理论融入汉语研究的整体需求，从而建立起适合于汉语研究的理论和方法。这两个阶段都重要，但是最重要的还是要做好外来理论的汉化工作，多研究一些汉语的实际问题。任何理论都不可能包打天下，随着语言事实的不断挖掘，一些语言理论的假设很容易被证伪。今天的理论说来还头头是道，明天遇到反例时就会被一套新理论取而代之，说明经不起时间的考验。我们要有创建理论的学术自信，不能一提到理论就想到国外，一提到本土理论就表示不屑一顾。

对当今的浮躁学风，先生提出批评：

当今学风浮躁，书文往往求快求长不求实。古人云："不积跬步，无以至千里。"（荀子《劝学》）路是要一跬步一跬步地走的。开车当然比走路快，坐飞机当然比开车快，乘宇宙飞船自然更快。然而，人的一生中，主要还是要靠走路。说件生活小事：在自己住宅里，早晨起床上洗脸间，就那么十来步，能开车、坐飞机、乘宇宙飞船吗？

先生赠予学生老家旧庭对联，勉励学生：

我经常说："抬头是山，路在脚下。"2013 年春节前夕，堂弟发来邮件，要我为老家的旧厅写副对联，我这么写道："抬头是山问山顶多少景色，路在脚下求脚力能否致远。"横批："自强有为"。这对联，不求对仗，不讲平仄。顺手录缀于此，表达自己对走路的粗浅理解，也以此作为相互勉励的话语，送给朱斌。

2016年，我把读研以来的一些论文结集出版，书稿发给先生，请先生惠赐墨宝题写书名。先生很快写好，打电话让我到家里来拿。

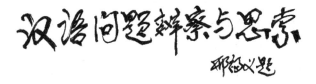

恩师之爱，山川共存，日月同辉！

（作者单位：华中师范大学）

在先生最后的日子里

向 平

在先生最后的几天时间里，虽有心理准备，但当那颗顽强的心脏停止跳动时，我仍然感到了锥心刺骨的伤痛，眼睁睁地看着生命在先生瘦弱的身躯里一点一点地消逝，那种无力和绝望难以言表。我到现在都无法相信，我们敬爱的恩师邢福义先生，真的离我们而去了！桂子山上，再也看不见先生背着双手，眼睛直视前方，迈着不急不缓的步子走过桂中路、走过电影场、走过浓密的桂树和参天法桐遮蔽的林荫大道时清瘦的身影。

2月4日，立春日。第二天就是元宵节，我计划去看望邢老师。还没等我打电话预约，上午九点左右就接到了照顾邢老师多年的李姐的电话，语无伦次，语气急促慌乱。我心一沉，立刻挂断电话，开车直奔邢老师家。原来，邢老师的女儿昭昭早上从医院给李姐打电话，让她在家里找几件邢老师可以穿走的衣服。她在家里翻箱倒柜找出了邢老师平时最爱穿的衣服。但到底选哪一件好？她定不了，我也定不了。我们决定带上找出来的衣服去医院问昭昭。

在医院的 ICU 病房，我见到了刚阳过的邢先生。邢老师半坐在病床上，脸上明显地消瘦了许多，薄薄的身躯贴在床的靠背上。

1月31日刚从美国赶回来的女儿昭昭守候在床前，紧握着邢老师的手。我摘下口罩，对邢老师说："邢老师，邢老师，我来看您来了。"邢老师慢慢转头看着我，虽然戴着氧气面罩，无法听清邢老师说什么，但我看见邢老师眼里有光！那眼神坚定而安详！我双手握着邢老师的手，他把我的手抓得很紧很紧，我说："邢老师，我们都在，您放心，昭昭也在，您安心养病！"邢老师脸上似有笑意，我相信，先生听懂我的话了，只是口不能言而已。

　　邢老师是2022年12月23日因感染新冠导致高热住进武大附属医院中南医院的，入院时是在神经内科。分次服完抗新冠药以后，阻断了病毒，高热慢慢地降下来了。弟子们都暗自高兴，互通信息报平安，庆幸先生终于躲过了这一劫！没想到，几天后邢老师因为肺部感染又开始发热。医院采取了对应的治疗措施，每天都打针，但邢老师仍一直低热。1月27日初六，为了对症治疗，邢老师转入了呼吸科。1月31日又开始高热。在药物治疗后高热不退的情况下，医院给邢老师用了冰毯。2月5日晚接到昭昭的电话，说邢老师高热41度，医生给他用了退热栓以后，高热很快就退下去了，但退得太快她不放心，所以电话咨询。我提醒她密切关注退热后的体征。果然，两个多小时以后，邢老师开始大量出虚汗。可能正是这次出虚汗，前所未有地消耗了邢老师有限的体力和能量，对于白细胞已经降为零的病人来说，这样的消耗是致命的。

　　2月6日清早，我去医院给邢老师送鞋。邢老师生前喜欢穿舒服的鞋子在校园里散步，很多学术思想就是在散步时慢慢形成和完善的。昭昭想给邢老师买千层底布鞋。但在周边找了很多家都没有买到，后来终于在汉口赵家条的一家开了几十年的老店子里找到了，我悬着的一颗心才放了下来。尽管努力想避开早高峰，但当我八点多到达医院门口时仍被堵在了排队进医院的围栏里，夹在两列车队之间 40 多分钟无法动弹。我心急如焚。后来强行从排着的车队中挤出来，把车停到了两个街区以外的汉街地下停车场。在快步赶往医院的路上，我接到昭昭的电话，电话中是非常急促的声音："向平，你在哪里呀？怎么还没到啊？我爸爸不行了！"我拎着鞋开始往医院跑去。当我满头大汗赶到病房的时候，昭昭已经和医生沟通好了，同意送邢老师回家，正在联系救护车。

回家，是邢老师最大的心愿！我来到病床边，邢老师明显比昨天更加虚弱，双眼紧闭，氧气面罩随着急促的呼吸一起一伏，监视器上的血氧含量在 90 上下浮动。我和昭昭守在病床的两边，分别握住邢老师的一只手。突然，从邢老师枕边传来极细小的歌声，我一看是从枕边的一部手机里传出来的，手机里存的都是邢老师平时爱听的歌。手机里正在播放齐豫演唱的《橄榄树》，昭昭说："爸爸，我给你唱歌吧！"病房里歌声响起："不要问我从哪里来，我的故乡在远方，为什么流浪，流浪远方……"不知道女儿轻柔的歌声，是否将先生带回了几十年前海南的那个小渔村，是否又看见了那个对着大海发誓的青涩少年："不闯出点名堂，我绝不回黄流！"如今邢老师已成一代大师，而那个偏远的小渔村邢老师却再也回不去了……

医院的救护车到了，我们需要把邢老师从病床上抬到担架上，坐电梯下楼，然后上停在大楼门口的救护车。邢老师离不开氧气。按规定，每台救护车只配备一个氧气袋，枕头大小，用于满足病人从病床到救护车这段距离的吸氧需求。到了救护车上就可以使用车上自带的氧气了。这中间需要拔插两次。一切准备就绪，我们请护士取下邢老师的氧气面罩，换上氧气袋，然后跑向电梯。到了楼下因为只顾往前冲，逆行闯进了入口的通道。我们顾不上解释，一边不停地说对不起，一边推着担架往外冲。救护车的后车厢除了放担架还可以坐3个人，昭昭和李姐坐后面，我在副驾驶座负责指路。虽然救护车顶有蓝灯闪烁，但医院附近交通拥堵，只能干着急。越着急越觉得慢。当时真希望能够插上翅膀飞过去！

救护车快速朝家的方向驶去。昭昭不停地跟邢老师说话，叫爸爸："爸爸，不要睡觉，我们马上到家了。"我催促司机师傅，快点再快点！

终于，在生命的最后时刻，邢老师回到了自己魂牵梦萦的桂子山！回到了桂子山上那个熟悉的、奋斗耕耘一生的家！回到了那间常年被书写的沙沙声和键盘的敲击声浸润的书房！

李姐说，邢老师一生讲究，爱干净，出门前会照照镜子正正衣冠，也从来没有因为什么事情做得不好而责怪她。先生生病以后，对照顾过他的人会像平时那样微笑着说："谢谢！""辛苦！"即使在病中，他对周围人的关照和尊重也一如从前，待人谦和，宽容慈爱。即使是在意识不太清楚的时候，他有时也会从抽屉里拿出现金给李姐，感谢她照顾自己。从这些点滴的细节中，可以窥见邢老师平时待人的宽厚。

邢老师第一次出现生病的征兆大约是在2021年12月，不久汪国胜老师带邢老师去医院做了全面的检查，医生说有小脑萎缩的现象。在接下来的时间里，邢老师的病情时好时坏。在病情严重的时候，李姐会给汪老师打电话，汪老师接到电话总是第一时间赶到邢老师家中，哪怕是在半夜、在严冬。昭昭是邢老师最疼爱的女儿，也是先生晚年最大的牵挂。以前我去家里看他的时候，他常常念叨"昭昭前不久回来了""昭昭跟我视频了",脸上满是作为父亲的幸福和骄傲。但毕竟山水相隔,每年相见的次数有限。听李姐说,邢老师生病以后,有时候半夜两三点都无法入睡,坐在床边思念女儿,盯着床边柜子上的一个座钟看,说昭昭会从钟里面走出来。这是多么深沉的父爱、多么铭心刻骨的思念啊!每念及此我都忍不住泪流满面。在生命的最后时刻,女儿更是邢老师的强心剂,当监测仪器上的数据产生波动时,女儿在他耳边呼唤:"爸爸,爸爸,我是昭昭,昭昭在这儿!"监控上的数据居然可以慢慢恢复正常。神奇吗?是的!对女儿的思念已经深入骨髓,只有女儿深情的呼唤才可以抵达先生心底最柔软的地方。很奇怪,在邢老师面前,我没有眼泪,只有微笑,哪怕他看不见。我只是像平时那样跟他说话:"邢老师,我来看您来了!邢老师,别担心,我们都在!"在我眼里,先生就是位生命垂危的老人,在生命的最后时光里,满眼都是对生命的留恋和对子女的牵挂!可是离开医院以后,我的泪水就会像放开的闸门那样肆无忌惮地倾泻而出,在车里,在小面馆儿,在家里,在楼梯上……怎么都止不住!想到邢老师一生的操劳以及对儿女刻骨的思念,还有生病以后所遭受的精神和病痛折磨,我的心就忍不住一阵一阵地刺痛。先生为中国的语言学事业呕心沥血,做出了卓越贡献,他多少次无私地把自己的学术思想和人生感悟与弟子们分享,抚慰了多少初见先生时面对山一样伟大的导师所怀有的那份惶恐和不安,又为多少被博士论文折磨得死去活来的弟子们指明了方向。可是,在先生被病痛折磨的时候,作为学生却无法为先生分担痛苦,这是怎样的无奈和煎熬!

高山仰止,先生倾其一生创造的学术和精神财富,将惠泽学林!师恩难忘,先生为后学铺垫的每一块砖石,都将成为弟子们攀登学术高峰的阶梯,引领他们去实现先生的学术理想!

先生走了,但他一生植根语言事实的学术追求和"抬头是山,路在脚下"的所训将会在弟子们身上传递延续并且发扬光大。

先生安息!

(作者单位:华中师范大学)

穿过岁月桂子香

——深切缅怀恩师邢福义先生

胡清国

能够加入桂子山语言学团队，跟着邢师走一程，是我人生中的极大造化。

一、春色都从雨里过

面试那天，邢师居中而坐，不苟言笑。记得还有国政老师、向农老师、振国老师，是否还有其他老师已不记得。问了什么问题早已忘记，但面试的主体问题永远不会忘记。邢师问道："请你从语法角度谈谈'我'和'你'。"听到这个问题，我顿时错愕，脑子一片空白。

我1991年对外汉语教学专业硕士毕业，去到江西一所高校，先是校办秘书，两年后转经济新闻专业课教学，其间还"不务正业"在一家报纸兼职若干年时政版编辑。90年代后期，大学读博一时风起，浪潮澎湃，我不可能不受到影响。身处财经高校，经济学是第一显学，有吸引力，教的却都是新闻课程，硕士又是语言学。考什么呢？对其时的我而言考什么都没有优势，颇有一种"拔剑四顾心茫然"的无力感。翻找文献中，偶然看到邢师的"两个三角"和"小句中枢说"，知道原来还可以这样做,目标就此定下了。然而,我所在的学校语言学文献极其稀有,更不用说语言学杂志了(那时可没有知网),备考还要到另一所大学找人借书、查文献。好容易辗转得到一本《汉语语法学》,凭着对这本书的熟读,竟然通过笔试来到了面试。

看我愣了好一会儿,仍是茫然无言,邢师温言道:"别紧张,随便说。"我也想不紧张随便说啊,可那需要扎实的语言学描写功底和敏锐的提炼概括能力,那是当时的我最欠缺的。十年光阴一箭过,看过一些书,教过一些课,但专业却丢得越来越远。腹内草莽,当然不可能有锦绣应对。我只能讷言几句,三五成行,草草了事。虽然已做了一定的心理建设——"一颗红心,两种准备";但以这种不堪结束,内心的惭愧、沮丧,可以想知。事后思考,其实也可以乱说个一二,因此心情更见低落。我以为结果早已注定,所以也从不打听最终的结果。

突然一天收到华师研究生处的预录取通知书,真有一种"漫卷诗书喜欲狂"的极度兴奋与喜悦。也因此多年以来心里一直有个问号,以我的驽钝与木讷,先生何以收我入门,但最终也没敢问出这句话。

人生紧要处常常只有几步。邢师拔我出身处高校却无一技可傍身的泥淖,对我是人生航向的校正与学术生命的重塑,意义怎样形容都不过分。邢师于我,恩同再造。

二、教育家的因材施教

博士论文题目是邢师给定的。入学以后,我拼命"赶路",查语料,读文献,写小论文,力图弥补十年荒废的光阴,也能感受到自己的点滴进步。但面对这一宏大主题,实有"老虎吃天——无处下口"的感觉，尤其是"否定形式的格式制约"的"格式制约"如何界定。我请求面见邢师，当面请益。

一个上午约九点来钟，我来到邢师家里，先生并没有开门见山地聊论文，而是拿出一盒中华烟。"会抽烟吗？""不会。""抽一支玩。""好。"我忙从邢师手里接过打火机，给先生点上。现在想起都有很强的画面感。在香烟的袅袅氤氲中，我汇报了我对毕业论文题目的理解与设想、阅读文献以后的认知与看法，以及其中的收获及遇到的困惑。邢师没有直接回答，而是强调要重视挖掘语言事实，可以一个格式一个格式地做，有时候把格式描写清楚了，也是一种成功；其次是要读书，但又不能仅是跟在别人后边，要有自己的想法和思考，那才是你文章的闪光点。还不忘提醒，要注意文章的形式美，比如语料的编排应该从短到长，这样才比较好看。最后对我说："放手去做，不会差的。"

在我印象中，邢师并不吸烟。后来我想，邢师之所以要先一起"玩一支"，应该是注意到我的拘谨与不安，担心邢师会不满意自己的前期工作，邢师借此安抚我的情绪，舒缓我的紧张。而在论文写作上放手让我去做，是给我自由发挥的空间，不将学生的思想禁锢住。这是邢师"研究生，研究生，自己研究自己升"理念的生动注脚，也是邢师强调因材施教的表现。如果邢师一二三四列出几点，以我内向拘谨的个性，可能真的不敢越雷池半步。

过后反思，实际上这是邢师润物无声、手把手教我做研究：做语言研究，要植根事实，小题大做，向下扎根，向上突破。如果说后来我还能做点汉语语法研究，也是自桂子山始。何其有幸，在人生重要节点上得遇邢师，当我在学业与研究的路上蹒跚行走时，爱我护我，教我育我，星星点灯，照亮我前行的路。

三、多年以后再亲炙

虽然不在邢师身边，但每有工作生活上的大的困惑或抉择，仍习惯于向邢师汇报，先生也每每以其睿智和超前的眼光为我指点迷津。

毕业不久，我向邢师汇报，有别的学校要我去从事对外汉语教学工作，我硕士学的是这个。我个人认为，随着中国经济的发展，中国对留学生会有越来越大的吸引力，干这行会有一碗饱饭吃。但要做这个工作，肯定是大城市有着天然优势。邢师认可这一看法，这也正与先生当年对我的定位吻合。毕业前夕，邢师约我面谈，希望我去华师从事留学生教育，能够在恩师身边经常接受耳提面命，我当然愿意，可惜因为牵扯到家属等问题最终未能成行。

2015 年 6 月我结束公派汉语教师的工作回来，很想去看看邢师。但邢师一直未允。其时先生年逾八旬，但仍躬耕不辍，手头有许多重要工作，实在太忙太累，无暇见我。因为一般用邮件与邢师联系，约见多次，邢师反过来关心我了，怕我有什么事，告知了他的所有联系方式，以及最佳的交流时间。

终于在 2016 年的 7 月，邢师完成手头重要工作，来到上海奉贤女儿家中度夏，约我上海一见。暌违有年，再见当然高兴。邢师清减不少，但精神很好。我汇报了自己的工作生活，以及在国外工作的情况，谈了自己对外国留学生汉语教学的一些认识，也言及同门一些人的近况。邢师告诫我：做学问要有自己的根据地，不要浪费时间。其间邢师接到湖北电视台的电话，大概是拍摄"荆楚名家"的事情。也许是完成了手头很费精力的一些重大工作，也许是很多年未见，邢师谈性颇浓，涉及的话题非常广泛：有回忆，有评点，有期许，甚至还聊到了上海的房价。谆谆教诲，让人如沐春风。有一个细节很感动人，为了准备那天的见面，邢师还专门上网搜了一下我所在的学校，了解了学校的基本情况。不知不觉，两个多小时过去了。中午有幸在邢师女儿孔昭和李姐的陪同下在附近的一家餐厅与邢师共进午餐。如此难得而美好的时刻，可惜那天竟然忘了留下照片，成了美中不足的遗憾。

多年以后再亲炙于邢师，我坦言：不可能每个人都成为邢老师，尽管做得并不出彩，但我也一直在"抬头是山"，不忘"赶路"。临别，邢师还肯定了我，说我比以前自信了，也从容了。

邢师座下求学闻道的三年，是我生命中一段光辉岁月。与先生切磋、砥砺的那些远去的过往，对我而言都是岁月的恩赐，都是不复回响的华章。

邢师对桂子山的桂花馨香情有独钟，高扬礼赞。2003年出版的《邢福义学术论著选》的自序中写道："是的，桂子山不高，桂花香很淡。然而，当漫山遍野的银桂和金桂一齐放香的时候，沐浴在银色的月光之下，谁个会不心旷神怡？谁个能说桂子山没有自己的特色，没有自己的骄傲？"我想说的是，在桂子山浓郁的青翠与烂漫的锦绣中，晚霞里，曲径旁，从冬到夏，一个漫步的身影，构成了常年的校园一景。这样温馨的画面虽已不再，但他为桂子山语言学研究打造的底色、注入的内劲，必定会像淡雅的桂子芬芳，穿透悠长的岁月，历久弥香。

哲人其往，但功业不灭；岁月不居，但先生的道德文章仍将永远滋养万千后学……

（作者单位：东华大学）

师生情谊，山高水长

——缅怀恩师邢福义先生

李晟宇

2022年12月底，得知先生健康状况堪忧，我很担心；2023年1月中旬，先生健康状况好转，知道这个消息，我松了一口气。谁知2月6日，正月十六，突然收到消息，敬爱的先生永远离开了我们。我不敢也不愿相信。在我心里，先生像桂子山，像桂子山上的大树，一直屹立在那里。

2001年3月，我第一次踏入华师北门，那是我踏入师门的起点，也是我人生的新起点。2023年2月9日，我送别先生，再次走进华师北门，路斜斜而上，通向桂子山，路两旁法桐依旧，却再也没有先生一边散步一边思考问题的身影。

一、一日为师，终生为师

作为先生的学生，在华师学习的时候能得到先生的悉心指导，毕业了，离开华师了，仍然会得到先生的点拨。先生有问必答，一日为师，终生为师。

2014年，我在日本亚细亚大学教中文，产生了一个关于"汉语事实"的疑问，发邮件向先生请教："我们常常谈到汉语事实。不论是传统的语法研究，还是中文信息处理、对外汉语教学等应用型研究，都离不开汉语事实。随着研究的深入、细化，人们可能需要知道'汉语事实'的具体内容有哪些，或者说需要进一步的界定。比如就汉语教学来说，有人认为正确的汉语才是汉语事实，有人认为错句也是汉语事实。"先生很快回复我说："你所提的问题，要解释清楚，需要很多时间。现在，我只能回答你这么几句话：'语言事实'，是说汉语的人所说的汉语话语成品。'说汉语的人'，时不分古今，地不分东南西北，性别不分男女，年龄不分大小。但是，有一点必须明确：凡是得到大众共同认可的，才是通常的语言事实，'普通化'的语言事实。只有这样的语言事实，才能上教材。"让我没想到的是，几个月后，先生专门写了《汉语事实在论证中的有效描述》（《语文研究》2014 年第 4 期）一文回应我的疑问。

二、亦师亦友，志在高山

先生在谈学风时主张"对人，切忌'居高临下'"，先生也是这样做的。先生和学生的关系，用先生的话说就是"亦师亦友，志在高山"。先生是名师大家，但非常喜欢与学生讨论问题，最喜欢学生带着问题去找他，然后一起分析、讨论，学生会在这种讨论中获得极大启发和进步。

华师语言所经常有讲座等学术交流活动，主讲人有华师的老师，也有外请的专家学者。我第一次在华师听讲座，是入学后不久在语言所会议室。当时我想自己是学生，应该往后坐，于是坐到了后排。先生走进会议室后看到我坐在后面，要求我往前坐，我当时心里是有些惶恐的。后来在华师待得时间长了，明白了先生为什么要我往前坐。在先生看来，学术交流并无主次之分，"高山"才是目标。先生曾专门写文章谈如何对待不同的观点、如何求信存疑，这是一种做学问的胸怀。先生不但经常与专家、教授交流，也喜欢与学生交流，在先生看来，这种交流、讨论会使学生进步，也可能引发自己的思考。在先生的言传身教下，语言所形成了保持学术交流的良好风气和氛围。老师和老师之间、学生和学生之间、老师和学生之间既会在讲座、会议这类正式活动上畅所欲言，也会在食堂就餐时交流一下自己思考的问题，甚至是路上偶遇，也会聊几句自己的研究。正是这种看似简单的随时随地的交流，碰撞出了很多火花，而这种交流，更是一种互相间的鼓励，激励大家不断前进。

三、抬头是山，路在脚下

这次送别先生，又到了语言所，语言所搬到了新楼。去语言所，一出电梯，就能看到墙上的横幅：抬头是山，路在脚下。这是1981年先生送给当年硕士生的一幅横幅，是先生亲手书写的。语言所换过几次地方，但这几个字总是伴随着语言所。如今这八个字成为华师语言所的所训，也成为每一位桂子山语言学学子的座右铭。

先生强调在治学上学风先导，做人第一，学问第二；文品第一，文章第二。要尊重事实，脚踏实地，要永远站在问号的起点上。

如今先生走了，但他对学生的指导、他的学术思想和学术精神，将会使学生永远受益。

四、师生情谊，山高水长

先生对我的影响，不只是学业。站在先生面前时，回忆起先生的身影时，有时感觉他像父亲。

博士毕业前夕，我东奔西走找工作，有几个机会可以考虑，对此我犹豫不决，于是打电话请教先生。先生并没有分析哪个机会更好，而是说了一句让我终身受益的话："晟宇，机会来了，就要勇敢地去面对。"先生这句话，对我影响很大。在后来的生活中，每当遇到类似情况，我都会想起先生的这句话，都会更勇敢地向前。

在我的很多人生节点，很多生活瞬间，都有先生的指导、鼓励和祝福。

2009 年 1 月，我发邮件告诉先生自己当爸爸了，先生回复说："祝贺你当了爸爸，为小宝宝祝福。"

武汉冬天阴冷。2013 的冬天，我给先生寄了一件毛衣保暖。2013 年 2 月 4 日，我收到先生的邮件："寄来的衣服收到了。十分感动。师生情谊，山高水长！为你，为你一家，深深地祝福！"先生在寒冬中，也惦记着我和家人。

2015 年 9 月，我写了一篇小文发给先生，先生回复说："寄来文稿，非常高兴，我会认真看的。"我写得粗浅，先生却看得认真，这是先生对学生的鼓励和关爱。

2017 年 9 月 10 日，我发邮件祝先生教师节快乐，先生用喜庆的大号红色粗体字回复我："节日快乐"。耄耋之年的先生百忙中还特意挑选字体和颜色来传达节日的问候，先生心里装着学生。

2018 年 9 月，我给先生发邮件，告诉先生我去美国达慕斯大学教中文，先生回复"十分高兴"，这对我来说是一种莫大的鼓励。

2020年1月，我从美国给先生发邮件拜年，先生回复说："谢谢惦念，大年快乐，望多保重。"疫情之中，先生惦念着远在异域的学生，嘱咐我多保重。

2月9日，我去武汉送别先生，得知我多年前带给先生的一件小纪念品，先生还一直珍藏着。

送别先生，回到北京，一位同事对我说，邢老师直到最后还在为大家着想，选择正月十六离开，不影响大家过年，选择寒假开学前离开，不影响大家工作。

先生个子不高，但其待人的胸怀，对事业的情怀，确是如山一般伟岸。

桂子山上的伟岸身影，永远激励我努力前行。

师生情谊，山高水长。

（作者单位：北京师范大学）

据沧海而观众水，江河之会归可见

——缅怀恩师邢福义先生

方欣欣

2023 年初与匡鹏飞老师约定暑假回国探望邢老师，不想时间未为我停留，还是带走了我无比敬爱且深切思念的邢老师……

"独上江楼思渺然，月光如水水如天。"我追随邢老师的学术之旅始于 2001 年。"清气澄余滓，杳然天界高。"邢老师以他高尚的品德境界、渊博的学术涵养、严谨的治学风范熏陶着我，磨砺着我，澄洗着我。邢老师的治学之道使每位邢门弟子受益匪浅。唐代王勃说过："登泰山而览群岳，则冈峦之本末可知也。"当邢老师导引我们一步一个脚印地向巅峰攀登，使我们领略到越来越深远博大的境界时，我的心告诉我，邢老师那"抬头是山，路在脚下"的师训将是我毕生的旗帜。

得知恩师仙逝当日，我正要教中文 102 课程中用"是……的"结构强调施事，比如"这本书是我写的"，我便带了几本基于我的博士论文出版的专著《语言接触三段两合论》。我的加拿大学生刚学习了半年汉语，尚看不懂书的内容，但他们可以用这个句式问我"这本书是谁写的?"或者"这本书是哪年写的?"我不得不承认，当我在课堂上捧着这本书时，心中翻江倒海，眼中泪光闪烁……我的思绪穿越时空又回到了博士研究生学习的第一年。因为我踏入邢门之前的背景是对外汉语教学，邢老师便鼓励我在语言接触和文化语言学领域寻找自己擅长的切入点。在我沉浸式泡在华师语言研究所的幸福时光里，邢老师每日都会来所里与同学们聊一下开题计划和课题进展。就是在那个桂花飘香的秋季，在邢老师的耐心引导和启发下，我确定了利用"两个三角"理论对语言接触和词语借用进行研究，运用"普—方—古"大三角的思路对语言接触、接纳、接续三个阶段展开分析，再利用"表—里—值"小三角的方法对交接和交融过程深入剖析，最终完成对借词显现以及汉化现象的动态、分时段、对举式考证。

"方老师，您写这本书的时候，我才4岁。"学生的发言又把我拉回了课堂……是啊，当年我也像这些20出头的大学生一样，坐在邢老师身边，仰慕地追随着恩师，梦想着自己有一天也可以把所学所悟传递给一代又一代的莘莘学子。而今天，我的恩师已驾鹤西去，将长眠于长江滋养的中华大地上……令我欣慰的是，我看到我的学生们正在和我一起沿着邢老师的脚步同梦同行，厚积薄发，为语言推广和文化传播倾情投入、持之以恒。

时光荏苒，自2004年完成毕业论文答辩至今，一晃过去了快20年。虽然由于工作关系奔波天涯海角，但是每年都能找机会到桂子山拜访邢老师，感受邢老师从容的身影、淡定的微笑以及严谨又不失幽默的教导。近年来疫情阻隔了我与恩师的相聚。现如今仍很难接受与邢老师永别的现实。敬爱的邢老师您一路走好，我会铭记您的教导砥砺前行，不负韶华。祈愿您九泉安息。

（作者单位：加拿大埃德蒙顿康考迪亚大学）

邢福义：一部耐读终生的大书[*]

黄忠廉

一般人只是通俗读物，恩师邢福义教授却如一本终生耐读的书。

邢师著述等身，一如文库，由书一本本摞起。他的文字朴素耐读，却又意味深长；犹如耐读的经典，每读一遍，都有新发现；只要细细品味，就有新感觉。

他的语言耐听，寓意深刻，值得回味。2003年华中师范大学百年校庆，光明日报社记者为邢先生拍照，一见他就说："没想到邢先生这么年轻！都快七十了，还以为您五十几呢！"他立即笑答："那你小看我啰！"引得一堂笑语。

一、"读博，就是给你一次机会"

与先生的师生缘，始于考博。

1997年之前，我所在的江汉石油学院不能申报社科项目，这年秋，我调回母校华中师大，次年积极申报国家社科项目。有一天，有人告知："邢老师说外语学院有个黄忠廉，上了项目。"可惜，当

---

　　*　本文主要内容曾以《邢福义：语言之思》《从"小句中枢说"到〈汉语语法学〉》《得师法 创新说》刊于2017年1月18日的《光明日报》。

时我知其大名读其书,却无缘结识。

1999年,我应邀加入教育部人文社会科学重点研究基地华中师范大学语言与语言教育研究中心从事研究,秋季又公派留学白俄罗斯。一年后回国,因我主教翻译,主攻翻译学,就萌生了报考汉语博士的念头。曾想报考时任副校长的李宇明教授,可是他不久前刚调任教育部语信司司长。

郁闷之中,忽生一念:考邢师!但还是犹豫了很久,才去电:"邢老师,我是外语学院俄语系的黄忠廉,您可能不认识……"

话音未落,只听那边说:"哦哦,黄忠廉呐,认识,认识!"

一听到热情的话语,我也不怯生了:"邢老师,我想跨专业考语言所的博士,不知考哪位老师好?"

"哦……那就考我的吧!"

那一夜,高考都不失眠、失恋也不失眠的我虽未失眠,但还是久久未能入眠。

能被邢师看中,当然喜不自禁!自1987年读研以来,揭示翻译的奥秘一直是我的梦想,硕士三年,20世纪最后十年,我苦苦思索翻译的本质,识得冰山一角,将人类的翻译行为一分为二:全译+变译。二者交互研究,相得益彰。2000年将硕士论文成书《翻译本质论》之后,没料到变译研究占了先,变译系列研究促成了"变译理论"的提出,反观全译,又有了新的认识。就在学术研究转机之时,2001年邢先生欣然同意我报考,可谓久旱遇甘霖。

就这样,2002年我幸入师门。一入师门,我就斗胆向先生提出:"老师,我从外语进入汉语,汉语本体研究不是强项,想做应用研究,把汉语成熟的理论用于翻译研究,行不?"不曾想,先生满口答应。后来,有一天,我终于按捺不住,斗胆相问:"邢老师,您当时连我面都没见过，为什么欣然同意收我为徒？"

先生得意地一笑："你都教授了，文章会写，专著3部，国家和部级项目3项。读博，就是给你一次机会。"

读博三年，我非常珍惜先生耳提面命的机会，接受通邮通话中的高妙点拨，更注重从其著述中捕捉灵感。有三件得意之事，无愧于先生的厚爱。第一次是2003年华中师大百年校庆征文，我写成《幽幽桂北路》，给先生发去，先生很快回复，改了一个字，境界大变；后来还鼓励说："你文笔不错，做语言研究要有文采。"第二次，是博士入学半年后，我交上博士论文《小句中枢全译说》提纲，将第二章的题目与论文题目重合了，先生为第二章加了"概说"二字。我既羞愧自己粗心，全局意识不够，又得意于整体思路得到认可，可以放开写去了。第三次是两年后，论文初稿呈上，没多久，先生反馈八字："相当不错，我很满意。"

2012年，在武汉大学召开中国英汉语比较研究会年会，大会邀请邢先生做主旨发言，会长潘文国教授和前任副会长李亚舒教授会间与邢先生相聚，一个说："忠廉很有思想，脑子活。"一个说："忠廉勤奋肯干，很讲方法。"先生听了，为我高兴。其实以我之才，连先生的九牛一毛都没有学到，永远难以望先生之项背。

二、"研究生，自己研究自己生（升）"

师从先生，"鱼"儿多多，"渔"法更是独特。

邢师治学从教，有许多经典名言，蕴含着人生智慧和育人良方。比如，阐明理想与行动关系的"抬头是山，路在脚下"，已成华中师大语言学系的系训和语言研究所的所训；又如，明己长短的"猪往前拱，鸡往后扒"，更是强调应该如何扬长避短；等等。

最有趣最难忘的是"研究生，研究生，自己研究自己生（升）"。从教几十年，先生一直告诫自己：为师要做良师，先得是优秀的学者，再是得法的长者。他始终强调：研究生，自己研究自己生（升），注重研究生能力的培养和学业的指导。

邢师育人独具特色，金针度人。依我观察，可归为"鱼""渔"双授，表现为一"悟"一"磨"。

早就听同门讲，先生特别赏识善悟的学生。他本人就是如此起家的，大学时代、毕业之后，《中国语文》每刊重要语法论文，先生都潜心"悟"读：作者如何抓题？如何展开？论述用何方法？用例有何特点？等等。一一琢磨，一眼看文表，一眼看文里，学得形式，吸得思想，悟得为文之道。

训练学生的悟性，则是训练学生的问题意识。他把结论比作句号，把疑问比作问号，又把"问号"当作起点，引导学生走向"问号"。1987年9月，先生给汪国胜等三位硕士生第一次上课，随机挑上《收获》的一篇小说，要求反复阅读，发现问题。两个月后，各人带来10个问题讨论，最后聚集"刚刚"一词，发现值得研究。这就是要求悟出问题。

华中师大语言所培养博士不强调上课，强调读与悟。邢师强调有教无类，因材施教，因人施教。2009年，我回母校参加语言所召开的国际会议，会后曾向邢师建议，语言所的博士生培养要不要增加开题答辩等环节，邢师说："导师就是要导，既然是导师，就应该有能力独立指导。"这种师傅带徒弟的方法，有助于传承，也利于学术独立。留任于语言所的沈威也深有感触："邢老师带博士生从来不统一上大课，而是坚持一对一交流指导。路上、办公室、家里是邢老师跟学生交流最多的地方。"

而"磨",则是磨砺思维与写作的过程。写作是磨砺心智的过程,写文章讲究走心!发现可研究的问题之后,继续追问和写作过程就成了磨人的过程,也是打造升华的过程。逼迫学生站在问题的起跑线上之后,还需一问再问,步步追问,循循善诱,促其苦思、敏思、慎思,不断向新的"问号"逼近。学生苦中寻乐,急中生智,一个个被逼出思路,逼出智慧。

比如,带领学生发现"刚刚"可究之后,邢师又安排找材料。时过两月,三人拿着大叠卡片来讨论。他又连连抛出问题,指导他们系统整理例句,最后分工,要求两个月后各自写出初稿再来讨论。期末定稿为万字文《时间词"刚刚"的多角度考察》,再要求学生比较几次改稿,明白何处增删,何处修改,为什么。1990年文章刊于《中国语文》,反响不俗。

"自己研究自己生(升)",既"悟"又"磨",邢师训练出来的学生越来越会"升",如李宇明、萧国政、徐杰、蒋平、汪国胜、李向农、吴振国、吴继光、储泽祥、屈哨兵、石锓,等等。

三、"工作是最好的休息"

美丽的桂子山,幽幽的桂北路,敞亮的桂中路,每到黄昏时分,就有一位精神矍铄的老人缓缓踱步。熟悉的人知道,这是邢先生准点户外活动了。先生作息有四个"准时":准时起床,准时用餐,准时散步,准时就寝。

一天是如此,雷打不动,刻板,甚至死板。那一年呢?从国家到教育部到省里,先生各种兼职不少,他为自己规定每年外出尽量不超过 12 次，怕挤占学术时间。1995 年，东北师范大学约先生写《汉语语法学》，为了按期交稿，他规定每天得写一千字，如果实在无时间，第二天得补上来。

数十年来，先生无寒暑假，不虚度节日，有媒体赞他是"360 天从不休息的勇士"。与先生同在校园时，可以偶遇，聊上几句；也可以巧设，抢在先生散步的当口，故意迎上去，汇报汇报。可是调离母校后，有时回汉开会或路过，想念先生，想去拜见，遇上先生疲倦或正忙时，是会吃闭门羹的。起初，身为弟子，还有点怨气。后来反转一想，怪不得先生：他弟子众多，仰慕者无数，若是不拒，时间就碎片化，无法潜心学问了。

即便能与先生见面，也常常是先约好半小时，聊起先生的兴致后，不知不觉就超时了。听先生评点时事，分析业界，指点迷津，我们当然得意；可是，离开后，一想到先生又要"恢复"疲劳，心中十分愧意。

一般节日，我们都只发邮件问候先生，只有大的节日，比如春节或教师节才拿起电话祝福恩师。每次电话总是要劝先生多注意休息，可他说过："工作是最好的休息。"常人听了，有活倒的感觉，我却咂出了三味：常人问学是为生存，邢师生存全是为了学问，学术成了他的生活方式；常人活的是滋味，先生活的是境界。

先生惜时如金，不应酬，不娱乐，不享受，不轻易会客。2005 年，语言所十余位博士答辩完毕，大家都有心请先生和其他答辩委员共进午餐，可是先生仍然准时回家用餐，准时午休了。他严于自律，也律了他人，甚至是要人。省领导几乎每年都会在教师节或春节期间探望先生，时间也是约定的。有一次，北京某著名学者来汉讲学，提出拜会先生，需要约定时间，也没能例外。

即便是散步，在别人是休息，在邢师则是思考。从计算机专业考入邢门的沈威说："每一次散步我印象都非常深刻。散步中，他跟我谈了很多，记忆最深的是邢老师说的一句话：理论的成立和完善都是需要大量语言事实来支撑的，做学问要'不唯上'，治学的路就在自己的脚下。"

连生活也是如此严谨，文自然也如其人。从邢师身上我悟出两点，常告诫学生：第一，做学问讲匀速，当持之以恒；第二，人文社科拼的是长寿，当劳逸结合。正是基于二者，先生成了最高产的汉语学者之一，不少学者耄耋之年或搁笔，或作品渐少，先生却笔耕不辍，佳作迭出。

至 2016 年，先生发表大小文章 500 余篇，独撰、参著和主编的著作 50 多部；4 次获得中国高校人文社会科学研究优秀成果奖一等奖（其中 3 次位居语言学类一等奖之首），3 次获得湖北省人文社会科学优秀成果奖一等奖，还获得国家级教学成果奖、中国图书奖、国家优秀教材奖等多个奖项。2001 年出版《邢福义选集》，为季羡林主编"20 世纪现代汉语法八大家"丛书之一，该丛书 2003 年获得第六届国家图书奖。2010 年，邢师被评为"首届荆楚社科名家"。

四、"大器就应该早成"

读、思、写、发是学者成长成器成名的四个环节，一般人强调前二者，先生却均衡使力，对后二者的认识与传统有所不同。学者是成长的，由不成熟到成熟，有早有晚。"大器晚成"似乎成了国人的褒词或主张，先生却成了异见派，认为"大器晚成"是某些懒人的借口。

大器要早成，必有积累。人生积累多少为限？这个度如何把握？见仁见智。不是常说"厚积薄发"吗？有鉴于此，邢先生又发话了：青年是人生创造的最旺期，切莫被"厚积薄发"所迷惑，"积一点就发一点嘛，大器就应该早成"。

其实，厚、薄、积、发之间，除了薄积厚发常常力不从心外，还有三种逻辑关系：薄积薄发、厚积薄发和厚积厚发，反映了由薄而厚、由短而长的过程，蕴含着学术的发展机制，也彰显了学者的成长规律。

薄积薄发，常见于问学之初，适于写小论文，邢师即是典范。1955年，一天傍晚，才上大二的他在系资料室读到《语文学习》几篇讨论主宾语问题的文章，引起了思考，撰文投稿，1957年刊于《中国语文》，时年22岁，大专毕业才一年。"文革"前，他在《中国语文》连续发表了7篇论文，几乎每年一篇。

随着积累由薄而厚，自然会走向厚积薄发和厚积厚发。"文革"前，《华中师范学院学报》刊发过先生2万余字的长文，而刊于《中国语文》的文章字数均不过万。人到中年，又恰逢国之再兴，他的文章也随之晋级。1979年，《中国语文》第1期刊发了他万余言的《论定名结构充当分句》。此后基本如此，而一部部皇皇巨著更是厚积厚发的里程碑。

在他看来，学习是为了创造。读人书文，旨在写己书文。如何读与思，邢师有如下良策。

五、"一辈子要学会读透一本书"

先生曾说："一辈子要学会读透一本书。"

邢师的专业发展始于"偷师"——拜权威期刊要文的作者为师，

既习内容，又悟方法，这是文章的起步；而系统建构自己的知识结构则需研读一部部著作。"文革"期间，邢师反复阅读、力求读透的书应该是苏联维诺格拉多夫、库兹明的《逻辑学》。他边读边联系汉语，以证逻辑与语言的关系，斩获颇丰，并将其引入汉语语法研究，"文革"后佳作频出，1979 年著有《逻辑知识及其应用》。

逻辑思维是理论思维的集中表现。在书文成系列之后，创新思想或理论呼之欲出。1995 年邢师撰文提出了与众不同的"小句中枢说"，1996 年将其演绎成《汉语语法学》，20 年间多次获奖，数次印刷，自 2014 年起开始修订，2016 年由商务印书馆出版。该著 2015 年获批国家社科基金中华学术外译项目立项，英译本将由在人文社科领域拥有 180 多年出版经验的国际著名出版社劳特利奇出版社出版，标志中国本土语言学理论将走向国际语言学界。一本学术专著，凭什么如此受欢迎？经研读发现，邢著《汉语语法学》建构了以小句为中枢的汉语语法学体系，令人耳目一新，给人以智慧和启迪。整个论述概念明确，判断准确，论证严谨，结构严密，具有极强而独特的思想力量和逻辑力量，令人折服。

该著把语法描写得通俗易懂，既是学术专著，又可用作教材。在囊括汉语语法内容之外，还总结了理论研究方法。综观其语法研究，至少可以学得四法：如何观察充分，研究事实，建立学术据点；如何描写充分，揭示规律；如何解释充分，理论思考；如何哲学反思，总结方法。先生从事实到规律，从规律到理论，再从理论到方法论，善于从个性读出特性，又从特性读出共性，最后走向哲学。"授鱼"之余又"授渔"的书，极易成为经典。

20 年来，《汉语语法学》一直是我努力读透的书。当年深读，读出了 200 多条心得，后来催生出博士论文、几个国家和教育部项目，以及自己的博士生、硕士生的选题。深读邢师，就得深入地细品，读其文字，更宜读其背后的思维方式，从中借鉴学术之路、学人之路。

总的来说，读《汉语语法学》，心得有三：内容宏大精深，学用不尽；理论建构艺术，沿用不尽；表述浅近精巧，化用不尽。细分下来，于我至少有"四用"。

偷用，即免费学得知识和理论构建能力。1998 年获批国家社科基金项目，提出"变译理论"，偷学《汉语语法学》，2000 年构建了简明的《变译理论》体系——"变译理论立说""变译基本理论"和"变译主客体论"三编，受到国内外关注，被誉为 20 世纪中国译学界唯一的原创理论。

仿用，即类比《汉语语法学》的理论构建方略，2004 年创建了《科学翻译学》"基本策略""翻译简史""基本理论"和"应用理论"的学科框架；2007 年，该书入选中国出版集团千卷本经典名著。2009 年，又推出《翻译方法论》，构建了"翻译求似律""全译方法论""变译方法论"和"研究方法论"体系，2013 年获中国高校第六届人文社科研究优秀成果奖。

借用，即将《汉语语法学》的核心理论"小句中枢说"植入全译理论研究。读博期间，揣摩邢师将文章《小句中枢说》扩为《汉语语法学》的机理，我将《科学翻译学》某小节之下的一小点扩成博士论文《小句中枢全译说》。这在汉语界属于演绎研究，拓展了小句中枢说的疆域；在翻译界属于本体研究，深化了全译理论的研究。

化用，即深受启发，指导自己的科研活动。比如，汉译语言问题是汉语界不便研究、外语界研究不透的语言现象，可称为"准汉语"。近年来，我深迷其中，每遇困惑总翻阅《汉语语法学》，每次翻阅总有灵感，2009 年推出的《译文观止》有不少感悟均得益于其思想的启迪。2015 年受同门师兄储泽祥的"优化"和刘街生的"组构"等系列研究的启发，成功申报国家社科后期基金资助项目《汉译组构优化研究》。

六、"理论生发于事实"

"研究植根于汉语泥土，理论生发于汉语事实"，是邢师矢志遵循的研究理念。汉语语言学弱于理论的系统性，而汉语理论的建树又不能失却鲜明的汉语特性。邢师"小句中枢说"生发于事实，其诞生是特性与系统性结晶的范例。

对汉语语法中语素、词、短语、小句、复句、句群和句子语气全面系统观察几十年之后，先生发现："在汉语语法机制的形成和运转中，居于中枢地位的是小句。它能够控制和约束其他所有语法实体，起到'联络中心'和'运转轴心'的作用。"1995 年便提出了"小句中枢说"，以之为基，1996 年创建了独具特色的"汉语语法学"，因其语法体系和研究方法适切于汉语本质而广受业界认可。

邢师不拒外来理论，但是坚信引进固然重要，更重要的是经过演绎转化，在汉语事实中生根发芽，才可促成适于汉语研究的理论和方法。因此，他践行吕叔湘的"务实"学风，坚守乾嘉学派的"朴学精神"，文章接地气，力求质朴实在，讲实据，求实证，形成了"看得懂、信得过、用得上"的"文章九字诀"。

随便挑其一文一书，不论长短，几乎篇篇精当，甚至经典。他从不端架，不装高深，不玩辞藻，文清理通，句精思密，业外人士也不难懂，有如杜甫文章，写得妇孺能懂。曾听得外语界朋友说："他好像用元语在写作。"

在邢师看来，对事实缺乏发掘，理论创建便成空中楼阁。如何发掘，他有一套：从众多事实中发掘值得研究的事实，从值得研究的事实中发掘规律，从所得的规律中发掘理论问题，总结研究思路和研究方法。他认为，汉语语法事实的发掘，是汉语语法研究的根基，甚至就是其本身。

承袭师训，反思中国译学界，1980 年代及以前只埋头事实描写而乏理论思考，1990 年代以来只顾译介西方理论而忽视汉外互译事实的发掘，似乎从一端走向了另一端！从师之前，我一直自发地走归纳与演绎研究相结合的路子；从师后，更是自觉地笃信"理论生发于事实"之道。

收获之一就是发掘严复八大名译丰富的变译事实，从变译的 WHAT 深化到 HOW，再升华到 WHY，总结出了变译理论。2000 年出版《翻译变体研究》，主要研究如何变译，这是理论产生的前奏；2002 年出版《变译理论》，旨在充分解释为何变译，这是对变译现象的原理研究；2004 年出版《科学翻译学》，将变译理论纳入了翻译学理论体系；2009 年出版《翻译方法论》，则是对包括变译在内的方法论的总结；2013 年推出《应用翻译学》，再次将变译理论纳入了翻译学理论体系。

七、"树大要分权"

进入新世纪，先生越来越提倡学派意识。

学术成流派，须具备几个条件：第一，辟有学术特区；第二，创立标志理论；第三，特点鲜明，方法成套；第四，阵营壮大，稳定传承；第五，阵地高筑，自己发声。这一直是先生努力的方向。他创办的《汉语学报》，经营十余年，位跃同类期刊前列。他要打造"普（通话）、方（言）、古（汉语）、外（语）、教（学）、计（算机信息处理）"六只脚，支起研究汉语平台；而六个方面的研究人才不限于一地发展，而是散播于全国，乃至海外。

为此，先生身先士卒，告诫学生要"自己走路，走自己的路"。他反复强调要建立学术据点，由点出发形成一道学术路线，再扩展为根据地，开辟自己的学术领空。"文革"以后，先生把复句研究作为据点，以点带面，不断地将逻辑方法引入汉语语法研究，蹚出语法研究的特色之路，成为汉语复句研究的权威。2001 年出版了《汉语复句研究》，2004 年获湖北省第四届社科优秀成果奖一等奖，2006 年获中国高校第四届人文社科研究优秀成果奖一等奖。

趋时跟风、频换方向、常玩花样、东跳西蹿之类的研究，被先生称为"流寇"。但是，当弟子们一个个成长，走向全国各地时，甚至会影响自己据点的建设时，先生虽有不舍，但热情支持。有一天，我顺及这一话题，先生欣慰地说："树大要分权，只要发展得好，我都高兴。"

树大要分权，权仍从大树上分，叶更是挂于枝丫。先生的人梯精神，让人想起了他为李宇明《儿童语言的发展》作序的一段话：

> 作为一个教师……希望自己的学生比自己更会走路和爬山，希望他们走得更远，爬得更高。如果到了那么一天，我没有力气了，坐在二十米的高度上，听到上头大声地喊："先生，我们已经爬到了四十米的高度！""先生，我们已经爬到了六十米

的高度！"那么，我会摸着白胡子欢快地笑："啊，他们上去了！"

再怎么分，树与权仍是一个整体。打造语言学研究强队，强调团队精神，一直是邢师所致力的。他要求弟子"做蚂蚁，不做螃蟹"，要识大体，顾大局，不能像一袋螃蟹倒在地上各爬各，一盘散沙！要像蚂蚁善于群体奋战，个体虽小，却能移大山。要求摆对"品"字：人品第一，学问第二；文品第一，文章第二。有才而不傲，不轻言跳槽。

有一年语言学系元旦晚会，先生在全体师生会上解说"众"字。他说：一个团队，得做好"众"字。上面一人，下面两人，下托上，上带下；下面的人挤偏低身，是为了二人紧密团结，一起顶起上面的人；上面的人压偏抻宽，是为了罩着下面的人。

2007年盛夏，某天午后，与先生相遇校内，我鼓足勇气向先生禀告："老师，黑龙江大学国家俄语基地有意调我去工作。"

"不要当跳蚤！"先生当头棒喝。

我一下子懵了。待我向先生汇报说黑大国家俄语基地急需俄语力量、去后可能任基地主任、于我的翻译学方向发展有利、也有利于我爱人的发展之后，他又欣然同意了。但是，"不要当跳蚤！"的话一直回响在耳，时刻提醒我：一是在地域空间上可以流通，但不能为跳而跳；二是在学术方向和选题上要坚守根据地，坚持在翻译本体和汉译语言等方面安营扎寨。

过了几年，先生非常自豪地说："从北到南，从哈尔滨到广州，你们（指我们同门弟子）贯通成了一条线。"2015年8月，我告诉先生，我与黑龙江大学八年工作合同期满，应邀南下广东外语外贸大学工作时，先生仍然支持我说："广外研究氛围不错，会有助于你的发展。"

经师易求，人师难得。从师是缘，从良师更是福，人逢良师，如遇经典。从外语跨界过来，师从邢先生，仿佛一直在品读一部耐读的经典：读师如试镜，可以正冠照自己；读师如秉烛，可以带灯照前方。

（作者单位：广东外语外贸大学）

文苑英华中的珍宝[*]

——读邢福义先生书文目录

匡鹏飞

恩师邢福义先生遽归道山，我的心情一直较为沉重和悲痛。这些天来，脑海里始终挥之不去的，是先生慈祥的笑容、无尽的师恩和辉煌的成就。于是，不断重温先生的著述，发现目前尚无一份邢先生全部书文的完整目录。先生曾经编有自己的书文目录，大概五六年前，因行动不便，基本不再使用电脑，没有续编下去。近几天，通过查询资料、整理论著，我将老师的全部书文进行了仔细梳理盘点，终于补充完整了邢先生的书文目录，算是了却了作为弟子的一个重要心愿。

对书文目录进行反复阅读，不禁深深感叹：这不仅是一座座高耸巍峨的学术之峰，体现了先生高深的学术造诣；也是一幅幅精彩的人生风景，展示了先生丰富的精神世界。

截至 2023 年 2 月，邢先生一共独著、主编、参编各类图书 60 部（不含《邢福义文集》已出的 11 部。同一部书的不同版次，或者被译为其他文字在国外出版，都算作 1 部；同一部书的修订本、增订本等，特别是过了版权期更换出版社重新出版的，则算作不同的

---

* 本文发表于《海南日报》2023 年 2 月 26 日第 8 版《文化周刊》，收入本纪念文集时，略有改动。

书。另有几部书稿已交出版社但尚未出版，暂未计入），发表各类
论文、序文、散文、诗词等 507 篇（首）。如此惊人的数量，是先生
数十年如一日刻苦治学、笔耕不辍的心血结晶。

邢先生从 1957 年（即大专毕业的第二年）开始发表学术成果，
当时年仅 22 岁的他，第一篇论文就发表在权威期刊《中国语文》上。
直至去世前，他几乎年年都有成果问世，即使是在学术受到严重冲
击、很多学术期刊停刊的特殊时期，先生也仅仅只有少数年份没有
成果。在先生最高产的时期，即 1991—2010 年，这 20 年，先生年
均出版图书 1.75 部，发表文章 14.5 篇。其中，2002 年是产量的顶
峰，当年先生出版图书 3 部，发表文章 30 篇。仅这一年的成果数量，
很多学者，终其一生也未必能达到！

邢先生的书文，最主要的部分是汉语语言学尤其是其主攻方向
"现代汉语语法"方面的学术成果。它们如同群峰耸立，雄伟壮观，
令人高山仰止。其中，最有代表性的著作，包括作为"著名中年语
言学家自选集"的《邢福义自选集》、作为"20 世纪现代汉语语法八
大家"的《邢福义选集》及 4 次荣获中国高校人文社科研究优秀成
果奖一等奖的《语法问题发掘集》《汉语语法学》《汉语复句研究》
《语法问题献疑集》等。先生发表的论文，其质量之高、影响之大，
仅从两个数据就可见一斑：在语言学权威期刊《中国语文》上发表
了多达 30 篇（其中含早年发表的 3 篇学术报道，其余 27 篇均是学
术论文）；被人大复印资料《语言文字学》全文转载多达 40 篇。

邢先生的书文，在学术成果之外，也是一个气象万千的精彩
世界。

先生重视教学，在教学方面倾注了极大的心血。曾主编和编写
各种教材及教学辅助读物共 26 部，几乎占据了其出版图书总量的

一半。其中，有两部《现代汉语》教材分别荣获原国家教委普通高校优秀教材二等奖和全国教材建设奖二等奖。先生注重教研结合，其讲义，常常也是一篇深入浅出的论文，由讲义整理出了多个系列文章，分别在《民校教师》《语文函授》等刊物连载，共有20余篇。先生善于总结课堂教学和培养研究生的经验，发表了《我是怎样备课的》《亦师亦友　志在高山》等极具启发性的文章，提出了"让学生永远站在问号的起跑点上""为人第一，为学第二；文品第一，文章第二"等引人深思的观点。先生还密切关注基础教育，曾积极参与编写湖北省中小学语文课本，亲自撰写了《二七烈士纪念碑》等多篇课文和《查字典》等多篇知识短文。

先生人品高洁，尊重长辈学者，敬佩同辈翘楚，提携晚辈学生。对直接和间接对自己有帮助的学术前辈始终心怀感激，写过纪念吕叔湘、张志公、季羡林等先生的文章。对同辈杰出同行和好友常常称赞有加，如为詹伯慧先生写庆贺文章，为饶长溶、林玉山、朱建颂等先生的新作写序。对学术晚辈，总是不遗余力地奖掖提携，先生在非常繁忙的教学科研之余，拨冗为各种著作写过60余篇序文或出版推荐书，其中绝大多数都是为学生或后辈学者所写。每篇序文，先生都写得极其认真，既具学术含量，又不乏鼓励之辞。

先生热心学界事务，关心学科发展，重视学风建设。书文中，有近20篇学术会议的致辞，有10余篇（部）总结或展望语言学科发展的报告或访谈文章，还有《社会公益对学风文品的规约》《"复制"与"抄袭"》等近10篇较有影响的讨论文风和学风问题的文章。

先生关心社会，注重语言学知识的普及。先生担任全国政协委员期间，撰写了涉及教育、语言文字及各类社会问题的多份提案。在期刊、报纸上发表过80余篇普及语言学知识以及从语言学角度探讨"国学"的小文章,并从中分别整理出《语言运用漫说》和《光明语学漫录》两本带有普及性质的小书,扩大了语言学知识的传播力,提升了语言学的社会影响力。

先生终生任教于华中师范大学,对学校怀有深厚的感情。早年曾在期刊上积极报道华师语言专业的各种教研活动,晚年以后,对"华师"精神有了更深的感悟。先生在华中师大百年校庆典礼上作为教师代表的发言稿《莫羡三春桃与李 桂花成实向秋荣》引用唐代著名诗人刘禹锡的诗句,概括华师所在"桂子山"的优雅神韵;之后在《光明日报》上发表的《桂山魂》进一步将桂花花魂与华师精神合一,称之为"桂山魂",并以此隐喻华中师大的特色、优势和骄傲。

先生的大爱,还体现在对家乡和亲人的深沉的爱。先生在海南出版社出版了《邢福义语言学文选》(上下册),在《海南日报》发表了《根在黄流》《何人不起故园情》等与家乡有关的好几篇(首)诗文,在《光明日报》撰文《邢梦璜与文化黄流》纪念黄流邢氏先贤,为自己青少年时期在海南就读的两所母校黄流中学和琼台师范学校都写了怀念文章。在商务印书馆出版的《寄父家书》中,收录了先生1955年至1991年寄给他父亲、由他父亲一直保存的200多封信件,这些家书,体现了父子情深,折射出家国情怀,浓缩了先生自强不息的风雨人生。

邢先生虽然离开了我们,但他给世人留下了一笔绚丽多彩、取之不竭的精神财富。先生的书文,是文苑英华中的奇珍异宝,将永远嘉惠学林、泽被后学。

(作者单位:华中师范大学)

三忆恩师邢福义先生

姚双云

2023年2月6日，恩师邢福义先生与世长辞，噩耗传来，眼前再现恩师音容笑貌，我默立窗前，悲不自胜，涕泗滂沱。自2003年有幸成为邢门弟子，距今整整二十载，20年紧随恩师左右，耳濡目染，不学以能。如今先生驾鹤西去，忆先生曩生之昔，痛不欲生。

一忆先生爱徒如子，师恩浩荡。初入邢门，家父因病辞世，精神的打击和生活的窘迫让我一度陷入极为艰难的困境。一日，先生得知情况后，将我召至跟前，把一个存折塞入我的手中说："先把难关挺过去，不要耽误读书，一切都会好起来！"恩师细致入微的体察和慷慨解囊的关爱助我走过了那段黑暗的日子。家父虽已离世，但我感觉自己并没有缺失伟大的父爱。20年来，我一直享受着恩师"父爱如山"的关爱，这份关爱也一直鞭策着我奋力前行，用最大的努力回报恩师的昊天罔极、再生之德。

二忆先生虚怀若谷，海纳江河。恩师毕生致力于汉语语言学研究，立足本体，脚踏实地，文风朴实。而我在学术的道路上一直尝试"创新"与"求异"，从计算语言学到口语语法，不停探索语言研究的国内外前沿理论。我也曾担心这样的"胆大妄为"是否会得到恩师的支持，而作为语言学界的大师，恩师的学术胸怀豁达宽广，有着海纳百川的气度和心胸,他对我运用西方理论探求汉语问题始终是持包容甚至鼓励的态度。虽然先生一直在本土领域深耕,但从不限制弟子的学术探索,先生坚守但不古板。恩师的支持给了我勇往直前的不竭动力。2021年再获先生支持,"汉语口语语法研究丛书"项目顺利启动,丛书内容涉及互动语言学、多模态理论的介绍与汉语互动实证研究。目前,编纂已近完成,只可惜我再也不能呈书稿于恩师指点。每忆至此,心如刀绞,抱憾终天!

三忆先生从善如流,紧跟时代。2018年,蒙先生的信任,我担任《汉语学报》副主编兼编辑部主任一职,协助恩师办刊。为了更好地服务学界,我提出开通网上投稿系统、创办微信公众号等改革与创新的建议。先生知悉具体方案后非常支持,让我放手启动。2021年,受北京语言大学主办的"语言学期刊主编论坛"之启发,我向恩师汇报了刊物扩版增容的计划,先生深知扩版意味着编辑部任务更重,投入经费更多,但是先生觉得这是造福学界的好事,因此也欣然表示同意与支持!在先生的大力支持下,《汉语学报》于2022年第1期正式扩版,为学界搭建了更加广阔的学术平台,共助学科优质发展。

斯人已逝,今天的华师,哀乐低回,北风哀号,云天低垂!这个严冬,物无光华,花无悦色,桂子山凋枯的百草和萧条的万木都在哀悼这位语言学界泰斗的离世。邢先生的一生是探索的一生、奋斗的一生、奉献的一生,是为中国语言学界呕心沥血、鞠躬尽瘁的一生!先生之德,可立标;先生之文,能载道。如今,先生与世长辞,天地含悲,山河共泣!我辈将化悲痛为力量,以报先生启后生!

先生的学术精神将世间永存,嘉惠学林;先生的瞩目成就将绵延不绝,永泽后世!

(作者单位:华中师范大学)

最好的纪念是传承与发展[*]

罗进军

天灰蒙蒙的，仿佛预示着什么。下午一时四十五分，收到消息，先生仙游了。脑子"嗡"的一声，一下子空了，悲从中来，呆呆地站在客厅，眼泪簌簌落下。六年前，家父远行，我的世界轰然坍塌，此刻，这种感觉又一次猛然袭来，全身战栗不止。往事一幕又一幕，涌上心头。

现在依旧清晰记得，第一次见到先生，是 2002 年。那一年，先生去湖南师范大学文学院主持首届汉语言文字学专业的博士论文答辩，我因为刚考上湖南师大的硕士研究生，所以能有幸"旁听"。论文答辩完之后，院方盛情邀请先生给语言专业的师生做一个关于如何做学问的讲座。由于听讲座的人太多，我只能站在靠门口的位置，听先生谈学问之道。讲座时间不短，三个多小时，但是大家都听得津津有味。还有不少人在那里飞快地写着，记着，生怕漏掉先生的金玉良言。那时的我，对语言研究充满期待，也充满疑惑，不知道怎样才能跨进这扇大门。听完先生的讲座之后，我恍然大悟，确如先生所言，"留心处处皆学问"。也就是从那一刻起，我的心里

---

　　* 文章部分内容见于《有标假设复句研究》（科学出版社 2021）后记及《读〈寄父家书〉》（《四川文理学院学报》2019 年第 4 期）。

又多了一个小小的愿望，希望自己能有朝一日去华中师范大学，再次聆听先生的教诲。

2004 年，我提前攻博，顺利地来到了语言所；承蒙先生错爱，忝列"邢门"。第一次拜见先生，我如坐针毡地坐在那里，真可谓"战战惶惶，汗出如浆"。先生面带微笑，轻轻地递给我一块纸巾，示意我不要紧张，先擦擦汗。先生如此和蔼，我紧张的心也渐渐归于平静。第一次谈话，先生送给我两句话：为人，要堂堂正正；为学，要干干净净。

博士三年，先生反复教导我们培养两种能力。一种是研究眼力，另一种是研究功力。研究眼力主要是指：观察要细心，感受要敏锐，这样才能时时刻刻发现"猎物"。而研究功力的培养则涉及更多的因素，既要博览群书，取他人之长；又要独立思考，有自己的风格。因此，先生一方面要求我们广泛阅读中外语言学界的经典力作，认真揣摩他们的理论观点，细心体悟他们的思想精髓。另一方面训练我们独立思考的能力，敢于质疑，敢于创新。

先生时常教导我们："做学问，既要有朴学精神，又要有现代意识；既要有敏锐的观察力，又要有较强的科研进攻意识；既要尊重前人的科研成果，又要在此基础上有所发展。"先生还反复强调，做学问重要，做人更重要，要谦虚、厚道、忠诚、老实。要想成为一个优秀的学者，既要有厚实的基础、惊人的毅力，又要有灵敏的悟性、有效的方法以及良好的学风，要注重它们的总体发挥。要通过"有所不学"打造自我优势，从而让自己学有所成、学有所长、学有所专。

人说读孔子如沐春风，其实，跟先生接触过的人，肯定也会有这种感觉。没有板着脸孔的训斥，只有春风化雨的浸润；没有"危言"耸听的授业，只有促膝而谈的交心。学问，就这样源源不断地从先生的那一端传到了弟子的这一端，精神世界因此而更加富足，人生羽翼因此而更加丰满。

博士毕业留校，有幸留在先生身边，继续聆听先生教诲。事无巨细，先生都会时时予以关心。科研上，先生会不时打来电话，悉心予以点拨，为我们指明前进方向。生活上，先生把自己的钱拿出来，资助我们这些年轻老师，补贴家用。

快节奏的现代生活，让漂泊在外的游子都想给自己的心找一个归宿，那就是"家"。因为只有"家"，才是真正让人"安心"的地方。有如慈父一般的先生，给了我们这份"家"的温暖，陪着我们度过了一个又一个寒冬。可如今，先生溘然长逝，弟子们该如何是好？

细细回想，近些年，先生总会不时跟我们谈起华师的语言学，中国的语言学，甚至世界的语言学，眼神中总是充满期待。或许，对先生最好的纪念就是好好研读他的著作，好好领悟他的思想，好好发展他的学说。

比如，只要我们深入考察先生的治学之路，就会发现卓越人才往往具备如下特质：浓厚的兴趣＋高效的执行力＋持之以恒的努力＋坚定不移的信仰＋灵敏的悟性＋科学的方法＋自主创新能力＋团结协作精神。

夫子之言，"知之者不如好之者，好之者不如乐之者"，意即在此。读书的最高境界就是发自内心地爱它，就好像先生对语法学的热爱一样。这种热爱让人不知疲倦，让人以高昂的热情对待学习或者研究的对象，最有可能探寻到真理。

先生著作等身，成就斐然，这一切都与他的高效执行力密不可分。决定了的事情，坚决按时完成，绝不拖延。20 多年前，撰写《汉语语法学》的时候，每天规定自己必须写一千字，任何事情都阻挡不了研究的推进。这种不间断的研究，有利于凝神聚气，一气呵成。正因如此，该书学术特色鲜明，小句中枢思想一以贯之；宏观布局合理，微观辨察精到。出版之后，得到了学界的一致好评，有学者表示，该书发人深思，授人灵感；自己不少项目和文章都受益于此。

为学最难是坚持，先生之所以获得这么多高质量的成果，就是因为在学术的园地里，一直不停地耕耘，坚持不懈地奋斗。年轻的时候，在西区的筒子楼里，外面下着大雨，里面下着小雨，先生把滴滴答答的雨声当成悦耳的音乐，沉浸在语言研究的快乐之中。炎炎夏日，酷暑难耐，先生把脚泡在水桶里继续思索语言问题，探求其中的奥秘。这种孜孜不倦的探求，从未因为物质条件的艰苦而中断过，也从未因为疾病缠身而停止过。

先生之所以能几十年如一日地探究语言规律，从不知疲惫，是因为心中存有一份坚定不移的信仰：只要扎实肯干，只要心无旁骛，中国语言学者就一定能在世界语言学界发出自己的声音。这样一种精神力量，让先生勇往直前，无所畏惧，同时也带动了无数后学之辈朝着这一目标进发。

吕叔湘先生曾在《语法问题探讨集》序言里赞扬邢先生"能在一般人认为没什么可以注意的地方发掘出规律性的东西，并且巧作安排，写成文章，令人信服"。先生的这种长处，就来源于灵敏的悟性，所以总是能在看似平常的语言现象中敏锐地捕捉到别人发现不了的规律。先生教导我们，悟性既有先天的成分，也有后天的成分。要想有效提高自己的悟性，就必须勇敢质疑，科学解疑。

工欲善其事，必先利其器。先生研究语言问题，既立足于语言学本体，又综合运用其他专业领域的研究方法。文化的、社会的、历史的、逻辑的、数理的、信息的，只要能够服务于语言研究，都予以充分地借鉴与吸收。这种跨领域的意识，跨学科的方法，有效确保了研究成果"看得懂，信得过，用得上"。

先生的研究，面向世界，根在中国。在积极借鉴一切优秀成果的基础上，特别注重自我创新。不管是小句中枢理论体系的构建，还是"两个三角"研究方法的运用；不管是句管控机制的深入发掘，还是"动词核心、名词赋格"规律的获取，全都是以我为主，创新实践的成果。

有关团结协作，先生有一个非常形象生动的比喻，那就是"做蚂蚁，不做螃蟹"。"蚂蚁虽小，善于群体奋战，可以搬动大山；螃蟹尽管威风凛凛，可一袋子螃蟹倒在地上，就会各爬各的，相当于'一撮散沙'！"因此，"在原则问题上，要识大体，顾大局，以事业为重，相互谅解，相互补足"。在这一精神的指引下，华师语言学团队有如一个和睦的大家庭，各个成员都注重语言事实考察，既有自己的主攻方向和研究特色，又彼此团结互补，有着浓郁的"据实派"风格。

先生身上的这些特质，为中国语言文学等基础学科拔尖人才的培养指明了具体路径，对一流学科建设有着重要的指导价值；有利于形成风清气正的学术生态，有利于基础研究领域破解"钱学森之问"，找到杰出人才培养的长效机制，进而为拔尖人才量身定制个性化的培养方案。

呜呼，学界痛失一位大先生，我们痛失一位好导师。幸得先生的著作长存于世，先生的思想历久弥新，先生的精神永驻人间。诚愿先生在遥远的天国不再忍受病痛，远远地看着中国语言学界为世界语言学做出应有的贡献，露出慈爱的微笑。

（作者单位：华中师范大学）

过去的点点滴滴，都化成思念的泪水

尹 蔚

这几天心绪颇不宁静，做什么都打不起精神，总感觉邢老师还没走，可铺天盖地的消息又时刻提醒我，老师已经永远离我们而去了。心一阵阵抽痛，眼泪也时常不由自主地流下。骑着电动车，失魂落魄地游荡在校园里，一遍又一遍地寻找老师的踪影，那些之前常常可以遇见老师的地方，再也看不到了，看不到了。一阵寒风吹过，树叶里传来窸窸窣窣的声音，顺着声音的方向望去，还是什么也没有。心里一阵难受，泪水模糊了视线。过去的点点滴滴，全都推至眼前。

早在读本科的时候，现代汉语课堂上，储泽祥老师就经常跟我们提起邢老师，那时候便想，有机会一定要去武汉，亲眼看看有如神一般存在的邢老师。

真是天如人愿，我本科毕业那年，邢老师竟然来了我们学校——湖南师范大学，主持汉语言文字学第一届博士生论文答辩。文学院的学生把报告厅围了个水泄不通，门口挤满了人，窗户上也爬满了人。听完报告，我顿时明白了，要想做好学问，就得做个有心人，处处留心观察，时时琢磨体会。

2004年下半年，博士报考在即，我惴惴不安地给邢老师发了一封邮件，表明了报考意愿。邢老师当晚就回了邮件，说报考人数较多，要我再另外报一所学校。我心里有点失落，不知道是不是老师在婉拒我报考。爱人看出了我的心思，宽慰道："老师这样建议，事实上是在保护你，毕竟多一份选择就多一份机会。"

应该说我的求学之路还是比较顺利的，2005年我如愿考上了华师，有幸成为邢门弟子。第一次拜见老师，是在华师原来的老博导楼，由于周围高大的树木比较多，房子里面光线不是很好。老师详细地了解了我的学习经历，问我愿不愿意参加有标复句信息化课题组，我连忙点头，感谢老师给予我这么好的锻炼机会。

那时候语言所在田家炳六楼，项目组成员在机房里没日没夜地分析语料，制定规则，沟通协调，编程处理。语言学和计算机两支队伍精诚团结，共同攻克一个又一个难关。每次遇到瓶颈的时候，邢老师都会来所里，等我们汇报完之后，一一予以指导。有时候，邢老师还会来机房看望我们，叮嘱我们注意身体，不要太劳累。有了老师的关心与鼓励，大家比以前更认真，更努力了。一边做实验，一边写论文，日子过得很充实。

博三那一年，压力特别大，既要完成博士论文，又要想工作的事情，头发一把一把地掉。后来在路上遇到李阿姨，她悄悄告诉我，老师那一阵子每天都在为我打听各种招聘信息，说老师以前哪怕是自己的儿女，也没操过这个心。我听后深感愧疚，不知道如何感谢老师。

博士毕业之后，在老师的关怀与帮助下，我去了华中师范大学外国语学院工作。走上教学岗位前，老师找我谈过一次话。主要叮嘱两件事，第一是作为高校老师，一定要上好课，教书育人是第一位的。为此，需认真备课，反复试讲。老师把自己的授课经验无私传授给我，要我努力践行。第二是科研要跟紧，不要放松。老师说外语学院教学任务很重，但科研工作不能落下。

我时刻谨记老师的教诲，拼尽全力去做好每一件事情。每次跟老师汇报自己的工作情况，都能听到电话那边传来爽朗的笑声。老师肯定了我取得的各项成绩，同时也勉励我在注意身体健康的前提下继续努力。

老师不仅关心我们的学业与事业，而且时刻关注着我们的生活状况，特别是刚参加工作的那几年，总是跟我们强调，有什么困难随时跟他说，他会想办法帮我们解决。说实话，老师要操心的事情这么多，我们哪敢轻易打扰，哪敢再给老师添麻烦，但老师的这份关心，让我们有勇气面对任何苦难。

老师的生活很有规律，每天都会围着学校散步。有时候我们带着孩子从学校回来，刚好在路上碰到，老师看到之后会停下来，俯下身子，非常和善地提几个问题给她回答。孩子看到她崇拜的邢爷爷，叽叽喳喳说个不停，逗得老师哈哈大笑。事后老师会反复叮嘱我，这孩子脑子机灵，一定要好好培养。

近几年，老师的身体日渐消瘦，总有这里那里的不舒服，看着让人心疼。可老师心里想的不是自己的身体，而是队伍的建设，学科的发展。本想着疫情结束之后，又可以在校园的每一个角落看到老师的身影，没想到元宵一过，老师竟然永远离开了我们。不愿相信这是真的，也无法相信这是真的，但我们真的找不到老师了。

去逸夫楼吊唁老师的那一天，我们呆呆地站在那里，看着照片中的老师脸带笑容，可我们早已泣不成声。思念的泪水一滴一滴落下，镜片渐渐模糊不清。低缓的哀乐如泣如诉，仿佛在讲述着老师一个又一个感人的故事。

老师您一路走好，您的家人及亲朋好友、弟子及再传弟子、学界同仁及社会各界都在以各种方式纪念您。您将永远活在我们心里，永远激励着我们走向前方。

（作者单位：华中师范大学）

爱生如子　循循善诱

——深切缅怀恩师邢福义先生

周毕吉

2023 年 2 月 6 日下午 1 时许，同门师弟宋晖建了一个"邢门弟子"微信群，将我拉入其中。我正感诧异，李宇明老师的一行文字"恩师西行，无比悲痛！"跳了出来。看到这一行字，我如遭雷击，半天脑子里都是一片空白，我不敢相信，也不愿意去相信这是真的。怎么会呢？一个多月前新冠病毒肆虐时，因为担心邢老师，我曾微信询问语言所匡老师邢老师的情况。匡老师说，邢老师上周有些发烧，但现在病情已趋稳定，不日可望出院。听到这个好消息，我暗暗放下心来，期待着春暖花开时再去拜望他。谁知现在等到的竟是这样一个噩耗！

望着手机屏幕上各位邢门弟子悲忆恩师的文字和照片，我泪水涟涟，心里如锥之痛。记得上一次去老师家里，还是在 2021 年 11 月。那时候，老师虽然受病痛折磨，记忆力有所衰退，但是到家里时，他还是和往常一样，亲自在门口开门，迎接我们。他清楚地认得我和爱人，拉着我们的手，和我们叙家常。临别时，又亲自把我们送到门口。在我的心里，虽然感觉老师在一天天变老，但是又感觉他一点也没有变，他的精神、笑容、待人接物的风度一如既往，所以从没想过这就是诀别。岁月无情，病魔无情，恩师和我们从此天人永隔，悲哉戚哉！

6日晚7时许，恩师的讣告由学校正式发出了。讣告上恩师仪态儒雅，笑容灿烂，似乎从不曾离开我们，然而那黑漆漆、冷冰冰的文字却让我不得不相信我真的永远失去了最挚爱的老师。我强忍泪水，在微信朋友圈转发了这则讣告，想让我的同窗、我们每一个曾受到老师恩泽的邢门弟子们回家，送老师最后一程。

7日下午，我的同学们——1999级语言学系本科生、2003级语言学硕士生、2006级语言学博士生，只要能赶回来的，都赶到了学校。大家怀着悲泣的心情，为老师献上了鲜花和花圈。每一个人都在心中默念，邢老师，您安息吧！您虽然离开了我们，却永远活在我们心中！

下面就是我心中的恩师邢福义先生的样子。

一、春风化雨，泽被众"生"

1999年3月，恩师邢福义先生创办了全国第一个汉语语言学系。9月，我们首届29名来自全国各地的学生到校报到（其中男生12人，女生17人）。刚入大学校园，我们大多懵懂无知，弄不清所学专业"汉语言"和"汉语言文学"的区别，也不了解当时已是学界泰斗级人物的邢老师。他听起来就像是金庸武侠小说中的绝顶高手一样，武功深不可测，却又神龙见首不见尾。

然而不久之后我们就见到了传说中的恩师邢福义先生。那是入校之后的第一个开学典礼，辅导员通知我们全班同学汇聚在语言学系小会议室。那时候互联网还不发达，大家之前都没见过邢老师。在等邢老师出现的过程中，我们心怀忐忑，在大脑中想象着这位德高望重的长者应该是什么样子，会不会不苟言笑，会不会很严厉，会不会很古板……不过，当他踏入会议室的那一刻起，我们紧张忐忑的心就放了下来。因为他的脸上一直挂着灿烂的笑，望着我们的眼神带着慈爱，带着关切，让人如沐春风。或许就是他这种平易近人、和蔼可亲的人格魅力，感染了我们这些原本怀揣文学梦想的青年，让大家对汉语言专业产生了兴趣。在这次开学典礼上，邢老师讲了很多，我印象深刻的是他宣读了时任全国人大常委会副委员长许嘉璐先生致语言学系成立的贺词，勉励我们好好学习，将来语言学大有可为。典礼结束时，邢老师赠送给我们每人一本《邢福义自选集》，这是我读到的第一本语言学著作。此后，邢老师又多次赠送给我们他出版的著作，如《语法问题发掘集》《汉语语法学》《汉语复句研究》等等，正是这些著作开启了我们的语言学学习之路。入学后的第一个中秋节之夜，在现在的博雅广场上，我们全班同学坐拢成一圈，收到了邢老师为我们每个远离家乡的学子准备的中秋月饼。那一晚，大家载歌载舞，真切地感受到一位 60 多岁的老人对我们的疼爱。

邢老师不仅疼爱我们，更重视对我们第一届学生的培养。他让系里给我们配备了顶级师资阵容，周光庆老师、汪国胜老师、李向农老师、吴振国老师……他甚至还特邀了已年过七旬的朱建颂老师给我们上方言学和语音学。不仅如此，邢老师还邀请湖北大学文学院卢卓群教授给我们讲授"辞书学习和编纂实践"和"汉语小论文写作"两门课程。卢老师和邢老师亦师亦友，彼时已年届六十（我们当时都觉得他是四十多），每次都坐着公交车风尘仆仆地赶来给我们上课。卢老师说，只要是邢老师的召唤，他都义不容辞。在卢老师的悉心指导下，大一下学期全班已有 26 人至少写出了一篇中短篇论文。2001 年 6 月，卢老师将 1999 级和 2000 级两个年级的小论文分别结集印刷，1999 级的叫《汉语获奖论文集》，2000 级的叫《汉语代词小论文选》。我的书架上至今还珍藏着这两本小册子。可以说，如果没有邢老师的提前规划，没有卢老师的耐心引导，我们大多数人不会萌生写作汉语小论文的想法，也不会走上语言学研究之路。

2020 年暑假，邢老师又把开门弟子蒋平老师从香港中文大学召唤回来，让我们一边跟随蒋老师学习音系学课程，一边给蒋老师"打工"——建设语料库。不过我们每个"打工人"都很高兴，因为我们学到了音系学知识，练习了计算机使用，近距离接触到了语料库建设，而且每个人都掘到了一大桶金——千元左右的报酬，这已解决了我们这些贫穷学子一学期的生活费了。有多少老师能为学生考虑这么多这么细呢？

大四的时候，我们每个人又收到了邢老师赠送的特殊礼物——他亲笔签名的考研推荐信。邢老师和我们一一座谈，鼓励我们积极备考，进一步深造。后来我的同学，有的考上了北大、北师大、北语，有的考上了武大、上师大……我因为当时成绩还不错，得以保送在华师继续攻读硕士，因此跟邢老师结下了更近的师徒之缘。

二、爱生如子，宽容大度

2003 年，我在华师读硕士后，跟随刚从湖南师大调回的储泽祥教授学习。储老师年富力强，学思敏捷，语言研究硕果累累，是我十分仰慕的青年语言学家。能够到他的门下学习，我自然感到十分庆幸。后来，和储老师熟识一些后，他告诉我，我能到他门下学习是邢老师推荐的。谁曾想邢老师这么用心良苦，他竟已早早地帮我这个还未入室的弟子拜了师，做了学习规划。

2006 年硕士毕业之际，面临着去哪里读博的抉择。一方面我已在华师学习了七年，很想去外面的世界看一看，另一方面又割舍不下邢老师的知遇和栽培之恩，怕老师会怪责我。为此，我纠结了许久，储老师建议我向邢老师汇报一下。当我忐忑不安地拨通邢老师的电话时，他不仅没有责怪，还十分赞成，于是那年我同时报考了北大和华师的语言学博士。最后我在北大复试中落选了，在华师的复试中，邢老师接纳了我，让我正式成为他的弟子。或许这就是冥冥中的缘分，让我能在此后的十余年里一直跟着老师学习。

博二下学期的一天，我的室友告诉我，他准备申请国家留学基金委资助的联合培养博士项目，出国留学一年，让我也试一试。我心有所动，却苦恼并不认识任何国外的语言学家，要在短期内联系到国外专家并拿到邀请信，似乎比登天还难。我试着给邢老师发了邮件，告诉了他我的想法。很快邢老师就回了邮件，他说做研究也需要有国际视野，非常乐意推荐我到美国夏威夷大学李英哲老师那里去学习。不过，他提醒我，马上就是博士三年级了，需把重点放在博士论文写作上。在邢老师的推荐下，我顺利地在博士三年级伊始到达夏威夷大学，学习认知语言学和二语习得的一些理论知识。

都说"父母之爱子，则为之计深远"，恩师邢福义先生一直在背后默默地支持着我，他对我的爱护，对我的包容，对我的栽培，实在是不亚于父母之爱子。

三、求真务实，善于启发

和恩师邢先生的第一次单独见面，是在我上大二时的某个晚饭后。语言学系办公室的罗老师通知我说，邢老师想和我谈谈。我陪着邢老师沿着桂北路、桂中路散步，边走边聊天。邢老师很慈祥，但是单独面对他，我还是紧张不安。他讲了很多做学问的道理，我没有记全，但是有两句话我记得很清楚，那就是做研究要"把事实弄清楚""不要浮躁"。后来博览了邢老师的著作后，才知道他当时跟我讲的是《汉语语法研究之走向成熟》中的一段话。原话是："汉语语法研究现今面临的问题是'二求'和'二怕'。所谓'二求'，一是创建理论和方法，一是把事实弄清楚。……所谓'二怕'，一是怕保守，二是怕浮躁。'否定—超越—再否定—再超越'，这才是学术发展的正常公式。任何一个严肃的学者都总是一步一个脚印地走路，一步一个脚印地爬山，用走路和爬山的记录来证明自己。"由此可见，在我刚刚踏上语言学学习之路时，邢老师就启发我要脚踏实地，求真务实。

邢老师指导研究生有一句名言："研究生研究生，自己研究自己生（升）。"读博期间，有一次我发邮件请教他一个具体问题。他给我回复说："自己走路。你应该学会自己教自己。建议你抓住这个问题，把钻研心得写成文章，然后放起来，过一段时间以后拿出来找找问题改一改，不要忙于发表。如此反复地做，必能进步。"邢老师当时年事已高，不能再像年轻时一样深入细致地回答我的问题了，但是他的话中还是着意强调了做学问不要浮躁，要刻苦钻研，把事实弄清楚，如此这般，才有创新。

2015 年,我计划将博士论文出版,恳请邢老师为我的论文作序。邢老师欣然同意。他在序的最后向我提出了殷殷期望。他说:"我希望,毕吉教研兼顾,互促共进,教学中坚持不懈地把发现的问题记录下来,每个学期挑选出其中的一两个问题来'小题大做',写出让同行和外国留学生都'看得懂、信得过、用得上'的文章。"

如今再读这段文字,我心里愧疚万分。恩师啊,请您原谅弟子,您苦心孤诣地培养我,我终是辜负了您的期望。

明天是最后和您告别的日子。虽然今后我们在桂子山上再也看不到您独自思索的背影,但您的伟岸身影已刻在我们心中,您的学术精神也必将由邢门弟子们一代一代传承和发扬下去。

安息吧,恩师! 您一路走好!

(作者单位:华中师范大学)

永驻我心：爬楼梯与我们"聊语言学"的老先生*

宋　晖

2023年2月6日，邢师福义先生，我挚爱着的恩师走完了88年的人生路，遽归道山。他的这一生无疑是圆满的，于国如是，于家如是，于事业如是。他的这一生无疑是纯粹的，于语学研究如是，于生活如是，于弟子朋友如是。他的这一生无疑是精彩的，成就斐然，桃李天下，备受爱戴。

结缘与入门

思绪回到2007年3月，当时我去桂子山参加博士生复试，拟录取后没多久，邢老师告知我，让我回去准备准备，今年（2007年）9月份到桂子山读书。我激动得在华中师大旁边肯德基里哭了一下午。那年教师节，邢老师约我和师弟沈威面谈，那天正好赶上语言所所在的田家炳楼装修，电梯停运，我们以为邢老师会晚些到，没

---

　　* 本文部分内容于2023年2月14日《中国青年报》刊发，题为《著名语言学家邢福义"聊课"育人小记》。

想到邢老师不仅没晚，反而提前了，邢老师一边喘着粗气一边说："爬楼梯和爬山一样，需要费些体力的，但只要坚持，就能到达目的地。"在邢老师的办公室落座后，邢老师看我们有些拘谨，告诉我们可以直接靠在椅背上，不用那么拘束，就是随便聊聊。于是我把第一堂课称之为"聊课"。但他的"随便"却是精心准备的，这一讲邢老师主要讲了三个问题。

第一个问题讲作文、学风与做人的关系。邢老师的教学方法是典型的问题导向法。问我们想想三者什么关系，让我们随便聊，大胆说。之后他严肃地跟我们说："做人是地基，地基不牢，房倒楼塌。作为学者，你能达到什么高度，首先要看态度是否端正，学风的实质就是对学术要有敬畏的态度，今天你敢小偷小摸，明天你就敢杀人越货；今天你敢引用文献不标注，明天你就敢大段抄袭无所谓。做人要'厚道'，学风要'正经'，有了这两点，作文就水到渠成了。"这里的"厚"，既指地基之深厚，又指为人要宽容，一语双关。"随便"只是舒缓学生紧张的心情，绝非"随意"。

第二个问题讲理论方法，这个问题没让我们谈。邢先生双目炯炯有神，直视远方，铿锵有力地说："认知也好，配价也罢，抑或是语法化，偶尔借来用用是可以的。但要清楚地认识到汉语事实不能永远都给西方语言学理论做'注脚'，我们更要注重提炼汉语自身的理论。洋为中用，是说中外研究要接轨，但要双轨并行，不能一个劲用人家的轨，哪一天人家不给你轨道使用权，怎么办？'拿来主义'不可一以贯之，要有自己的轨，立足于本土，说到底就是要植根于汉语事实。"当时邢老师已经 72 岁，他的话语坚定，表现出的那种"文化自信"，以及发自内心对中国传统文化的热爱，极大提振了青年学生的研究士气。资质鲁钝的我现在明白了，邢先生这是要让我们不走歪路，树立正确的学术价值观和人生观！ 2016 年，邢老师在学习总书记在哲学社会科学工作座谈会上重要讲话精神时，提炼出了"四必"的朴学学风：事实必竭力占有，证据必充足可靠，结论必令人信服，有错必坦诚改之。他是这样教我们的，也是这样践行的。

第三个问题讲博士论文写作，告诉我们要提早圈定范围，然后一切工作围绕于此。同时提出要求：文章让读者看得明白，结论可靠，受众觉得新颖，成果用得上。几年后，邢老师认为"觉得新颖"有些主观性，应该更凝练一些，于是形成了语言学界尽人皆知的文章写作九字诀：看得懂，信得过，用得上。并约定师生一个月左右长谈一次，每次谈之前必须把谈话提纲发给他，尤其是要有问题，绝不空谈。

委婉的批评与迅捷的开题

每次师生都有备而来，有的放矢，这样的约谈质量很高，邢老师不止一次地不厌其烦地给我答疑解惑，就这样，一个一个问题迎刃而解。博士一年级结束时，我的毕业论文已经写了两万多字。我想这可能是最有效最迅捷的开题方式吧！在我提交的第二份写作大纲时，邢老师说："你这个提纲可以做毕业论文，而且我相信可以做得很'精彩'，但我有三个建议……"我的博士论文选题是做让步类复句研究，当时，我认为让步类复句既然表示说话人心理上的取舍，从脑科学的角度切入岂不很好？甚至异想天开地想去心理学专业游学。邢老师果断把我从天马行空中拉了回来。邢老师说的"精彩"，现在想来当是一种批评，只不过邢老师照顾我的面子，没有说破而已。"精彩"意味着华而不实，意味着空中楼阁，当语言事实都没描写清楚时，"精彩"是不足取的。三年的读博时间，我也许能有一星半点的作为，但恐怕不能完成博士论文的写作任务，后来在一次"认知科学"会议上与脑科学的一些学者交流时得到了验证。邢老师始终未变的治学思想就是"实事求是"，先搞清楚语言事实，再谈创新。"学贵心悟，守旧无功"，这是北宋理学大师横渠先生的名言，邢老师要求学生撰写论文绝不能拾人牙慧，"新观点、新方法、新问题、新领域和新材料"，总要得其一，否则就没必要作文。他始终认为，不谈事实，只顾创新，可能会歪打正着，但注定行之不远。但只谈事实，不善总结，更不理论抽绎，最后的结果就是陈词滥调，注定盖不起高楼。

竭力地助推与默默地提携

能让老师惦念，是何其荣幸，我的这种荣幸还不止一次。2008年8月，正值假期，我得知中国社会科学杂志社招聘语言学编辑，便去应聘，被主管领导相中希望可以入职。身在北京的我连忙给邢老师打电话，看看能否第二天到家里商量一下这个事，毕竟我当时还在读博士。于是就有了我连夜赶到武汉，以及第二天邢老师对我的教诲。邢老师的原话是"可以去尝试，这是一个高水平平台，你要把握住机会，为中国语言学的发展做点儿事，至于毕业论文写作，在哪里写都是一个自律的问题，在北京查阅资料更有便利条件，再说你还是从事和语言学相关的工作"。在邢老师的支持下，这份我由衷热爱却也陌生的工作迅速打开了局面，从策划选题、组稿、约稿到编加等工作都开展得很顺利。由于《中国社会科学》发语言学的文章非常少，有学者一开始对顶级杂志社办语言学栏目是有怀疑的，但随着事业的发展，这种顾虑也就消除了。时间到了 2009 年，《中国社会科学报》创刊，从无到有的语言学版面，得到了学界的关注。殊不知，这背后是我经常"狐假虎威"，打着邢老师的旗号与学术界沟通的结果。邢老师多次把稿子投给当时还默默无闻的"语言学版"，甚至接受采访。这个版办得风生水起，得到了语言学界的较高评价和认可。

2012 年，我离开了编辑岗位，重返高校工作，2013 年，邢老师作为《汉语学报》主编，他认为我的研究方向与刊物非常契合，发出邀约，邀请我给《汉语学报》投稿。《汉语学报》早已是核心期刊，由于办刊质量很高，且评审严苛，我一直不敢投稿。邢老师的邀约无异于是对后学的提携和鼓励。邢老师对学生的关爱，通常是让人始料未及或润物无声的。2014 年，邢老师在《语文研究》上刊发《汉语事实在论证中的有效描述》，在文章中提到我撰写博士论文的论证过程。邢老师把师徒名分显在文中，让我受宠若惊。也许是天意，正好当期我的小文《再论"转折"》也同时刊出，现在想来缘分可以如此美妙。

远行前的梦

2023 年 1 月 4 日，沈威师弟告诉我邢老师又发烧了，他要去护理，我叮嘱他注意防护。当天下午，我突然牙痛得厉害，决定第二天一早去医院，晚上翻来覆去无法入睡，清晨进入了梦乡。梦到我去学校上课，在地铁站旁的广场上，远远地望见宇明师兄在跟少年宫的孩子们做游戏。地铁站外墙旁的书柜陈列着邢老师的《文化语言学》(2012 年我开第一门同名课, 当时我去武汉看望邢老师, 邢老师让我去他的办公室书架上自己翻找他主编的《文化语言学》教科书)。我诧异地翻看着, 不明就里, 心想今天也太巧了吧!

正当此时, 我的背突然被谁轻轻地拍了一下, 转头一看, 原来是邢老师悄然而至, 而且还一身短衣短裤。因为我知道他最近在生病, 我连忙跟邢老师说:"您还在生病, 不能运动。"他只是笑了笑, 没有说话, 颤颤巍巍地要过马路。我赶忙一边给教秘打电话说要调课, 一边将邢老师搂入怀中, 生怕邢老师出什么意外。我说:"刚才看到宇明师兄在附近。"他很开心, 紧紧地拽住我的手, 似乎是让我带着他找宇明师兄。当我们路过一条小河的时候, 他突然轻松腾身越了下去, 小河清澈见底, 我看到, 不远处, 邢老师欢快自由地在水里游泳。我四处张望, 宇明师兄已经不在刚才的小广场上了, 我的电话也打不通了。这时候梦醒了, 枕巾湿了。我把这个浅梦记录了下来。记录的时候, 我仍然依稀看到, 邢老师在水中自由欢快蹦跳蹿跃, 开心得像个孩子。但冥冥中我的感觉极其不好, 突然想起《道德经》里的一句话:"知其雄, 守其雌, 为天下溪, 为天下溪, 常德不离, 复归于婴儿。"瞬间, 我全明白了。

邢老师这一生太累了, 他的学术成果世人皆知, 复句研究成为经典文献, 原创性语法理论——"两个三角"语法理论、"小句中枢说"等——影响巨大。邢老师自己说这一生始终是在"还债", 他的《寄父家书》(商务印书馆 2018)收录了 1955 年至 1991 年间寄给父亲的 240 余封家信, 里面记录了各种家长里短与世情变幻。这一路走来, "各种事情"催他催得紧, 他"欠债"太多, 有书稿、有文章、有讲学、有评审、有会议、有学科建设等等, 不一而足, 这些"债"把他压得无暇欣赏路上的风景, 但同时也使得自己成为了最美丽的那道风景。2011年，邢老师已近耄耋之年，仍作为首席专家，主持国家社科基金重大招标项目"全球华语语法研究"，这是个意义深远的大块头项目。这个项目一干就是十年，2021年5月顺利结项，最终形成了六卷本、200万字的全球华语研究报告。

时光不容回转，但眼前忽然闪现当年的情景：武汉的冬天，阳光成了奢侈品，邢先生为我解惑，让我坐在他的沙发椅上，阳光直射到我的后背，暖意洋洋。此时，我有些错乱，分明听到邢先生对我说："孩子，就给你讲到这儿了，这堂'聊课'下课了，我们再见了。"

二月鹅毛天地寒，银装素裹覆山峦。

恩师远去无追处，弟子迟来有泪残。

泰山已颓，吾将无处安仰。梁木已坏、哲人已萎，吾将无处安放。邢老师心系学生，躬身示范，立德树人；他留给我们的宝贵财富注定会烛照学林，一程又一程，一代又一代！

（作者单位：北京第二外国语学院）

追忆著名语言学家邢福义[*]

——他的背能撑起一片天

沈 威

2023 年 2 月 6 日 12 时 05 分，享誉海内外的著名语言学家、华中师范大学文科资深教授、华中师范大学语言学系和语言与语言教育研究中心创建人邢福义先生驾鹤西去，永远离开了我们。从此"邢门弟子"再无"邢师"！我再也见不到最最敬爱的邢老师，再也无法报答对我恩重如山的邢老师，不由悲从中来，心如刀绞，泪如雨下！

邢福义先生生于 1935 年 5 月，海南乐东人。他毕生致力于汉语语言学研究，主攻现代汉语语法学，也研究逻辑、修辞、方言、文化语言学、国学及其他问题，并在上述领域尤其是现代汉语语法领域取得了杰出的学术成就，在海内外产生了重要的学术影响。他的学术思想和学术成果引领了现当代语言学的潮流，被学界誉为"20世纪现代汉语语法八大家"之一。他的逝世是中国语言学之痛，是华中师范大学之痛，更是"邢门弟子"心中永远的痛！

---

* 本文部分内容于 2023 年 2 月 13 日《海南日报》刊发，题为《追忆著名语言学家邢福义：他的背能撑起一片天》。

创建新中国第一个汉语语言学系

作为享誉海内外的语言学家，邢福义先生被称为"20 世纪现代汉语语法八大家"之一。

从 20 世纪 60 年代起，邢福义先生始终怀着"提高整个民族、整个国家的学术地位"的信念，坚持用学术研究增强中国文化的底气，补足与外国语言研究的差距，提出中国人自己的语言理论，同祖国一起"自己走路，走自己路"。

1999 年，邢福义先生创建了新中国第一个汉语语言学系，极大推动了汉语言研究的发展。他的汉语语言学研究以现代汉语语法为基点，不断延伸拓展至汉语修辞、汉语方言、语言逻辑、语言教育、语言应用、文化语言学、国学等更广泛的领域，并都取得了突出成就。

邢福义先生研究了从词、结构到复句、句群等大量语言现象，建立了"两个三角"理论、"小句中枢说"等原创性的语言学说，成为一个时代中国语言学的标识。以其为带头人的华中师范大学汉语言文字学学科为国家级重点学科，以其为领军人物的华中师范大学语言与语言教育研究中心系"教育部百所人文社会科学重点研究基地"之一，有关研究在国内处于领先地位。俄罗斯知名语言学期刊《语言研究问题》在译载邢福义先生的论文时盛赞他为"汉语逻辑语法学派奠基人"。

在语言学之外，邢福义先生还对艺术葆有十分的兴趣。他自幼对绘画很感兴趣且天赋极高。中学毕业时，由于家庭经济困难，邢先生决定报考求学时段较短的两年制专修科，并打算毕业后当小学老师维持生计。由于对绘画感兴趣，邢先生本来想报考华中师范学院美术系专修科，但因为没有去参加美术专业考试的路费，最终选择报考了华中师范学院中文系专修科。可以说邢先生是"被迫"选择了语言学，但通过年年岁岁春夏秋冬持之以恒的坚持与努力，他最终修炼成了语言学的大师。

不过，先生心底的画家梦还在。2012 年 5 月 31 日，邢先生约我到家里讨论文章修改的事。到先生家后，先生得知我还未吃早餐，给我切了一大块蛋糕让我吃，然后拿起纸笔对着我写写画画，不一会儿先生就已经给我画好了一幅简笔画。先生的画画兴致很高，见我还在吃蛋糕，他一边快速画了几幅简笔画，一边给我讲解动物、人物怎么画更能体现其特点。当年已经 76 岁的邢先生，因为骨子里对绘画的热爱，那一刻，他仍是少年。

治学严谨，润物无声

邢福义先生不仅是一位语言学大家，同时也是一位受人尊敬的教育家。在 60 余年的学术生涯中，邢福义先生始终秉持"研究植根于汉语泥土，理论生发于汉语事实"的研究理念。邢先生非常注重语言事实的发掘与验证，先生常说："经不起语言事实检验的理论就是无根之木，站不住脚。"邢先生不仅自己做研究注重语言事实，更是用他自己的身体力行潜移默化地影响了一批又一批学生。

2008 年 3 月 5 日，邢福义先生发现两只斑鸠在阳台筑巢，每天这两只斑鸠会在不同的场景下发出不同的声音。于是，先生做出了一个大胆的假设，即"动物是有语言的"。为了验证这个假设，邢先生开始留心观察斑鸠的叫声。为了更好地研究斑鸠是否有语言，邢先生利用铁丝和树枝对阳台上斑鸠筑的巢穴进行了加固和修整，让斑鸠的生活条件更舒适。邢先生几年如一日地对斑鸠在不同场景下发出的不同声音进行记录和分析。为了更好地进行记录，邢先生不顾自己已是古稀老人，坚持爬上阳台用相机和录音笔记录下斑鸠的图片和声音。有时邢老师约我在家里谈话时，突然听到斑鸠的叫声，他就会一把抓起身边的相机和录音笔"冲"上阳台，生怕错过了近距离记录斑鸠图片和声音的机会。在上网"冲浪"时，先生还会搜集许多国内外发布的关于海豚、猩猩、土拨鼠、大象等动物具有语言能力的新闻报道和科研论文。

经过四年坚持不懈地记录，邢先生掌握了大量动物具有语言能力的语言材料，通过对这些语言材料进行系统考察与反复推敲，最终做出了"动物不仅有语言，而且还有方言"的论断。"一叶落而知天下秋"，邢福义先生治学态度之严谨可见一斑。

经师易求，人师难得

我于 2007 年跨专业跟随邢福义先生攻读博士学位，由于我本科和硕士都是计算机专业，语言学知识先天不足。为了尽快补齐短板，我看了许多语言学方面的论文和专著，可是收效甚微。有一次，先生找我谈话时，我给先生汇报了一个困扰我许久的问题——文章我都能看懂，可是自己提笔写出来的内容和原作者比起来差距却很大。先生让我阅读文章时，做好读书笔记，并强调每一篇文章的框架都不要凭空想象，要在查阅大量语言事实、进行充分的思考之后再构思文章的框架，搭好框架之后再去阅读原作者的框架，将两者进行对比，思考并总结自己不如原作者的地方和原作者考虑不够全面的地方。先生和我约定，每个星期五下午五点在旧图书馆门口碰头，然后沿着桂中路散步，边散步边让我汇报每周做的读书笔记。

2007 年 12 月 30 日，我在阅读著名语言学家陆俭明先生的《双宾结构补议》一文时，发现有大量语言事实表明"领属性偏正结构不能充当远宾语"这一结论可能存在问题，我在查阅了大量语料、做好读书笔记后，于 2008 年 1 月 4 日下午和先生散步时汇报了我的文章框架。先生很支持我的想法，鼓励我写成文章。文章写完后，我忐忑不安地呈现给先生，先生说看完后会找我谈话。2008 年 3 月 14 日，和先生散步时，先生说我的进步很快，写的文章结构清晰，论证有理有据，达到了发表的水平。我一方面感到很兴奋，另一方面，我也提出了我的担忧——陆俭明先生是著名学者，我这个名不见经传的无名小卒提出反对意见会不会不合适。邢先生对我说，做学问要实事求是，不能因为陆先生是大家，你就回避，我的文章如果有不足你同样可以写文章发表不同意见。为了打消我的顾虑，先生说如果你心里没底，我可以和你共同署名发表。在先生的鼓励和支持下，《理论的改善和事实的支撑——关于领属性偏正结构充当远宾语》一文发表在《汉语学报》2008 年第 3 期。

在亲友眼中，邢福义先生是一个有情有义的人。师母瘫痪后，他一直守候在师母身边，直至师母离世，16 年未出远门。除此之外，他还与父亲写了 37 年的家书。华中师范大学王玉红副教授回忆邢先生时提到："清癯瘦削，但他的背永远是笔直的……似乎他能撑起一片天。"

华中师范大学语言研究所的墙上，悬挂着八字匾额"抬头是山，路在脚下"。这是先生的座右铭，也是师生们多年来共勉的所训。然而，先生的工作室再也无法迎来先生的身影。

（作者单位：华中师范大学）

他的笑容永远都在

——想念我的恩师邢福义先生

王玉红

他清癯瘦削，但他的背永远是笔直的，哪怕坐在轮椅里晒太阳，他的背也是笔直笔直的，似乎他能撑起一片天。他确实撑起了一片天：他勤勉耕耘，著作等身，成就斐然，盛誉满怀。但对我来说，他就是我的导师：对我细心指导，给我谆谆教诲，给了我新的人生。是的，没有他，就没有我今天的人生。想到他，就会想到他的笑容：头微微仰着，眼神十分清亮，笑容纯真又温暖。我在他身边14年，从未见他疾言厉色，他永远都是温和的、淡定的、从容的、睿智的……，他的微笑、大笑……在我的眼前一一闪现。

学业上，他教导我要学会扬长避短，独立自主。2009年秋天，我来到桂子山跟随老师攻读博士学位。我是跨专业过来的，基础薄弱，但他从未给过我一丝一毫的压力，他总是鼓励我，给我宽松的时间和空间让我自由成长。入学后第一次见到先生，是在他的工作室，他问了我两个问题。第一个问题是："你住的学生宿舍每一层楼有几个台阶？"第二个问题是："你能不能和我说一下你的优点和缺点？"这两个问题给我的教导是：要做一个有心人，仔细观察生活中的语言现象，如此方能发现语言现象背后的规律；一个人最大的优点是知道自己不知道，只有明白自己的缺点在哪里，才能知道前进的方向在哪里。

　　整个博士期间，老师平均每一个半月就会约我在工作室见面，了解我的学业情况，每一次都是一两个小时，甚至更多：他教我"词组"和"结构"，教我"想得清楚，才能写得清楚"，教我"思路清晰，才能文笔清晰"，教我"勇于反思自己，敢于超越他人"，更教我独立自主解决问题。有次我把问题攒起来一股脑儿地抛给了他。他先眯着眼睛笑了一下，然后给了我一个绝妙的比喻："我是一个大帅，你是我手下的一员大将，我派你去攻打一个堡垒，你遇到问题是自己解决呢，还是来向我请示？你要明白，你最清楚敌情。"他语重心长地告诉我，导师只是一个合作者，一个指路者。我也清醒地认识到要培养自己独立思考独立解决问题的能力。直到今天，每当遇到什么问题的时候，这几句话就会在我耳边回响，给了我无穷无尽的精神力量。

　　他带学生，不仅关心学业，更关心学生的生活和思想。博士期间，他不止一次地问我生活上有没有什么压力，叫我生活搞好一点，甚至还托沈威师兄给了我一笔生活费。还有一次，一向给我发邮件的老师突然给我打了电话，我吓了一跳。接到电话之后，我才明白，他听说有学生思想压力很大，怕我也觉得压力很大，思想承受不住。我十分感动，赶紧收敛情绪，语调轻快信誓旦旦地跟他保证我是一个蒸不烂、锤不扁、炒不爆的铜豌豆，抗压一流，生命力顽强。他听了之后似乎很欣慰，笑着说"那我就放心了"。

　　毕业找工作的时候，他殚精竭虑，各种排忧解难，亲自辅导我的试讲。他在所里的小会议室和我见面，跟我讲解《现代汉语》教材的布局与内在机理。他说要深刻理解《现代汉语》，要认识到教材的编排是一个有机的整体，从现代汉语概说到静态的语音语汇语法和动态的语用，是一个闭环，几乎囊括了现代汉语的全部。我写好试讲讲义、做好了 PPT 之后，他还假扮成学生，专门听我讲了 20 分钟。讲完之后，他说："虽然我是教材的编者，但有些内容还是需要仔细地斟酌，'多义短语'这个提法不太好，'歧解短语'可能会更好。"

这些思想都融入到了我的教学当中。每一轮课程，都让我对他的话语有了更深一层的理解。现代汉语课程团队（王玉红、汪国胜、曾常年、沈威）于 2021 年获得华中师范大学第八届本科教学创新奖三等奖，该课程 2022 年被评为校级课程思政示范课程。这些，都是在他的带领和指导下完成的。

科研上，他从未给过我任何压力，告诉我学术只是生活的一部分，先把生活搞好。2019 年，在他的鼓励下，我申报了国家社科基金外译项目。所幸，没有辜负他的期望，《汉语复句研究》英译本顺利获得立项。其后三年，我把所有时间和精力都放在译本上，但老师从来没有催问过一句。每次见到我，就是笑眯眯地、亲切地、高兴地叫着我的名字。但是，就在 2023 年 2 月 6 日，我的老师，笑眯眯的老师，叫我名字的老师，突然就走了！ 2019 年他鼓励我大胆申报的时候，他笑声朗朗；2022 年我交稿时，他还是笑容满面。如今，他挥一挥衣袖，居然走了！这几年，我一心扑在译本上，可最害怕的靴子还是毫不留情地朝我砸了过来。我晕头转向，无所适从。英译本还没有回来，他还没有亲眼看到。我对不起他，我应该再快一点，再快一点……这将是我一生中最大的伤痛，终生难愈。

我见到了他走的样子：面容安详，神态温和。我协助拉平他的衣角，帮助穿上了一只鞋子，放展他的手指，心中充满了哀戚与歉疢。是的，我们都知道，这一天会来，每个人都会面临这一天。但消息传来的时候，仍如晴天霹雳，大脑一片空白，觉得上天太过残忍，留给我回报老师的时间太少、太短。他年逾八十，我只是他的一名学生，但他对我关爱有加，鼓励有加，宽容有加，教诲有加。他花了无数的时间、精力、心血培养学生，总是在不求回报地付出。我永远都记得，工作定了之后，他还专门花了两个小时，为我讲解各种人际关系，要我"认认真真教学，踏踏实实工作"。从霞光到路灯初亮，他给我整整讲了两个小时。那是我第一次也是唯一一次陪他散步，因为他喜安静，还笑着说"我散步的时候也在思考"。

我知道他喜欢散步；我知道他喜欢春日的竹笋，喜欢那清新的模样，还有那破土而出的蓬勃的旺盛的生命力……然而，当我从他的灵堂出来，走在他常走的环山路、桂北路、图书馆，只能靠想象看着我的导师笑容满面地在烟雨中擎着伞，在晚霞中背着手，在图书馆广场安享阳光，在桂中路一带迎着朝阳缓缓漫步……我悲从心来，泪眼无声。再也看不到他散步的身影，再也听不到他爽朗的笑声，再也没有了见到老师的那种踏实的、骄傲的、欣喜的情绪。我的老师，笑容满面的老师，真的走了！那位教我们"抬头是山，路在脚下"的老师真的走了！

但是，他教给我的"先做人、后做事"；他的温和坚定，他的自强精神，他不遗余力关爱后学的风范，始终在闪耀。华师文学院的同事毛德胜为老师写了一副挽联：

山仍在路还长四海同悲先生忽乘云鹤去
语犹存法尚新八方共仰后学自循门径来

　　是的，山仍在，路还长。走在他走过的路上，我无时无刻不在想念他温暖的笑容和漫步的身影。在未来的日子里，我会牢记他的教诲，"踏实而不轻飘，扎实而不浮华，老实而不虚夸"地负笈前行。

　　他的笑容永远在我心中！他永远在我心中！

（作者单位：华中师范大学）

言传语学　身教人魂

——追念恩师邢福义先生

邓天玉

"天玉，你住几楼？下楼有多少个楼梯？"

"天玉，你今天写了多少个字？"

"天玉，你要学我呀，每天至少一千字。"

"天玉，你要学会向你身边优秀的人学习呀。"

"天玉，你要学会自己走路，走自己的路！"

先生"悉心细语"的教诲，这些天一直在我耳边回荡，我至今都不敢相信，先生已离我而去。

2007年至今，我在邢先生身边学习了17年。我是挨先生批评最多的学生；同时，也是最不让先生省心的学生。回想我跟随先生学习的这17年，可分为五个时期。

一、入门期（2007—2010）

2007年，我考回母校华师，在语言研究所攻读硕士学位，开启了"在先生身边学习"的生活。硕士三年，我精读了先生的系列专著，但在校园里偶尔碰见先生，也只是默默地注视着，从不敢上前去打招呼，因为害怕打扰他思考。我也多次在语言所聆听先生的现场讲座，但从不敢站起来提问。每次都是远远地看着先生。

二、活动期（2010—2011）

2010 年，在戴建业老师的鼓励下，我报考了先生的博士，并顺利成为先生的入门弟子。此刻，我还清晰地记得，先生给我上课的"第一问"："天玉，你住几楼？下楼有多少个楼梯？"当时，我几乎懵了，心想："这也是研究的问题？"现在回想起来，先生给我上的第一课就是在教我"生活处处皆学问"，要我"随时随地学会观察生活"。

2011 年 3 月 3 日，先生给华师学子做了一场题为"复制与抄袭"的学术报告，强调："研究生们应像保护眼珠那样保护人格的尊严，自觉地树立一个意识：做干净纯正的人！做自强自立的人！"先生的讲座引起了校内外的广泛热议。5 月，我将广大师生们的来稿编辑成了《学风文品问题热议》小专辑。随后，国内十余家高端媒体纷纷跑来采访先生。每次记者的采访，对于我来说，都是向先生学习的宝贵机会。在一次次聆听先生"答记者问"中，我更清晰地了解了先生的"学术人生"。

三、钻研期（2011—2016）

由于前期对先生的"学术人生"了解比较多，2011 年 7 月，我的博士学位论题正式定下来了，就是专门研究先生的"学术思想"。从此，先生加强了对我的专业指导，他经常利用他晚饭后校园散步的时间给我"上课"，或是回答我的"疑惑"，或是主动介绍我不了解的"学科发展背景"，或是带给我一些"重要的学术资料"。有时，先生还利用在语言所开完会，我送他回家的路上，给我"补课"；有几次，他在校医院输液室打点滴时，还让我带上笔记本做笔记。先生是 365 天从不休息的"勇士"，我跟着先生学习，365 天我也未止步过。

2012 年 5 月，邢先生的夫人，即我们的师母离开人世，先生不胜悲痛。由于先生的儿女都在国外，所以师母的后事，我们学生也帮了不少忙。6 月，从不参与"聚餐"的先生，为了答谢我们这些帮忙的学生，执意要请我们吃饭，这是我入校 5 年来第一次见先生和学生吃饭。为了留下与先生在一起的难忘时光，我将先生《论"复制与抄袭"》的讲座、先生对学生的寄语以及这次的聚餐，一起编辑制作出了一套 DVD《和邢先生在一起》。

由于组织筹办活动需要花费诸多时间和精力，所以我的博士学位论文进展缓慢。先生很是为我着急，经常见面的第一句就是"你今天写了多少个字？"看我半天不回答，他接着说："天玉呀，你要学我呀，再忙也要逼自己每天一千字。"然后给我讲他在等飞机的时候，在机场七个小时就写出了三千多字。先生出国参加学术讲座，耽误了写作，回家后都要对照着日历，严格要求自己"补起来"。为了避免我陷入"热闹的活动"中，先生规定，每天要我把自己的"写作"在睡前用邮件的方式发给他，他只看字数，不看内容。就这样，坚持了半年，我每天上午、下午、晚上都忙着"写作"，慢慢地，我的字数越写越多了，我的想法也越来越丰富了，我经常为自己的"新发现"而开心，我找到了写作的快乐。年底，我 42 万字的博士学位论文《邢福义国学视角语法研究与其三维学术思想》初稿完成。

　　2013 年 2—7 月，我有幸代表华师去新疆喀什师范学院，做一名"援疆教师"，助推喀师中语系的学科建设。由于我是第一次在少数民族地区做汉语的教学研究，起初在语言和气候上，极不适应，我几乎每周都要给先生打电话汇报请教，每次电话快要结束时，先生总要说上一句"天玉呀，你要学会向你身边优秀的人请教"。在先生的"远程指点"下，我很快熟悉适应了。5 月初，我还代表 19 位援疆教师，担任了喀师团委主办的"与信仰对话"活动的主讲嘉宾，与全校喀师学子一起分享了邢先生的治学轨迹。

　　2013 年 5 月底，我请假飞回语言研究所，顺利通过了博士学位论文答辩。7 月，我结束了"援疆"，进入了武汉大学博士后流动站。9 月，在博士后导师赵世举教授的指导下，我博士后研究论题正式定下，即继续做先生"学术思想"的研究。为了能得到先生更多的指导和解答，我特意在华师租了个房，将原博士学位论文，继续打磨提炼。在这两年里，先生还似以往，每周追问我的"进展"，同时对我的要求也更高了，在文章的细节和表述上，每周都要给我"补课"。有时只言片语，有时一讲几个小时。我每次"听完"，就赶忙回宿舍详细记录先生所说的重点，然后冷静思考，周密规划下一步写作的提纲。至今十多年了，我仍完好无损地保存着先生给我上课的 13 本笔记。我有次把这些笔记带给先生看，先生笑着说："这是'流动课堂'的真实记录。"

　　2014 年 6 月，在中国出版集团世界图书出版公司的帮助下，我的学术专著《邢福义为学路》和合著《邢福义学术陈列室》终于面世了。从章节的安排、文字的表述到图片的选择，先生对我都是"一一指导""耐心纠正"。我也因出版这两本书的缘故，从先生那里学到了许多书本上学不到的"学问"。2015 年 7 月，我博士后出站回华师语言研究所当老师。12月，我获批了第一个科研项目，就是专门研究先生"语言研究的特色"。在这个项目的激发下，我又进一步"深钻"了先生的"治学奥秘"。

四、交流期（2016—2019）

2016年，湖北省社科联和湖北卫视邀请我协助拍摄《荆楚社科名家——邢福义先生》专题片。围绕着先生的学术人生，从撰稿、采访、拍摄、剪辑到定稿，从北京、上海、武汉到海南黄流的拍摄，我们30余人的制作团队，每个人都尽心尽力。在大半年的团队研讨中，我对先生取得杰出成就历经的艰难有了更为真切的认知。

2017年，华师宣传部邀请我到华师展映会上去讲"邢先生的故事"。我在讲述"一字一句总关情"中，分享了先生投身汉语研究的求学之方与治学之道，先生对学生春风化雨般的谆谆教诲和先生面对生活坎坷时锲而不舍的坚韧。

关于先生的学术思想，我不仅在校内、省内、境内分享，2017年到2019年，还利用出境开会和访学的机会，在台湾、香港、澳门等地，在新加坡、英国、加拿大等国，都进行了不同程度的交流，有的是专题讲座，有的是论文分享，有的是运用先生的理论解决当地的语言问题，有的是直接赠送我策划的《著名语言学家邢福义先生》专辑（中英文版）。

我始终坚信：研究邢先生的学术思想，不仅是华师的需要，更是中外语言学界的需要。中国人文社会科学要想跟世界对话，必须守住"自己的特色"，及时地整理自己"已有的理论"。这是中国学术的尊严，也是世界学术未来发展的趋势。新时代，中国人文社会科学走向世界，既需要整理中国学术理论的学人；也需要传播中国学术理论的学人。

五、自悟期（2020—2023）

2020年2月，面对突发疫情，我成为了华师党员下沉社区的抗疫志愿者小组长，带领志愿者们服务社区。9月，受疫情的影响，中国儿童患"语言发育障碍"的比例暴增，我牢记先生"中国语言研究，应该旗帜鲜明，面向世界，面向时代需求，根在中国，根在民族土壤"的教诲，结合先生对我热心"公益事业"的肯定，于是我在全校申请开设了"儿童常见语言障碍及其治疗"的通识选修课。在新加坡"语言教育"和英国"语言治疗"访学成果的基础上，我希望更多的华师学子来"关心弱势的下一代，预防下一代的弱势"。

三年来，来自全校42个专业的千余名学生，课上课下贡献他们的智慧。每次"备课—教学—反思—优化—再备课—再教学—再反思—再优化"，循环往复，我体会到了先生所说的"亦师亦友，志在高山"。带着一群有着浓厚"家国情怀"的学生一起钻研，其乐无穷。我耳边经常响起先生的话："天玉呀，你不能总是研究我的思想，你要学会将我的思想移植成你的思想，学会自己走路，走自己的路啊！"

回顾先生17年来对我的教育，入门期—活动期—钻研期—交流期—自悟期，先生的引导方式，不是从书本到书本，而是将书本与生活紧密相连。先生首先教我在生活中不断地发现问题，接着借助于书本不断地去解决问题，然后在新的生活中又发现新的问题，接着又借助于书本不断地去解决新的问题，如此循环往复——先生教给了我"十年如一日，不断地走路，不断地走出新路"。这可能就是"创新"的来源吧。

虽然我不是"精英"，但17年来先生是用培养"精英"的方式在培养我。回想先生的教导，至今记忆犹新的十句话：

（1）一心沉迷于追课的学生，是没有前途的。有前途的学生一定是有"个人思考"的。

（2）不要羡慕外边吃吃喝喝的生活，最美好的时光是自己静下心来"钻"自己的"研"。

（3）不要去凑热闹，不要去跟风。要自己走路，走自己的路。

（4）一场活动结束后，要学会把自己关起来，写下自己的优劣，扬长补短。

（5）实干苦干是最好的提升方式。要学会"在游泳中学会游泳，在打仗中学会打仗"。

（6）要与时俱进，随时随地学。多学一些"无用"之功，"无用"有时乃"大用"。

（7）要学会在"字里行间"悟出"道道"来，巧做安排，雕出"精品"。

（8）做学问，要边积边发，而不是"厚积薄发"。要敢于尝试，不怕失败。

（9）做学问，要十年如一日，要年年岁岁，春夏秋冬。跬步行千里，毅力盖万金。

（10）困难可以压倒一个人，也可以成就一个人。不管是顺境，还是逆境，都要稳稳地踩好人生的每一个台阶，不断向前。

再次叩谢先生的教育之恩。先生之风，山高水长；先生之德，照我成长；先生之教，伴我赶路。

先生永远活在我的心中！

未来，我将继续先生未竟的事业，执着向前。

（作者单位：华中师范大学）

追忆我与邢福义先生的师徒缘

王　耿

一、缘启

当我还不知道语言学为何物的时候，便听闻了邢先生的大名。

那是 2003 年，我还在读高二。有一天，我父亲兴高采烈地递给我一张合影，眉飞色舞地跟我介绍："前几天我在武汉梦天湖宾馆听了一位重量级专家的讲座，讲得实在太有意思了。这位专家名叫邢福义，80 年代我在华师念函授时就学过他的教材。"我接过照片，望着照片上居中的那位谦谦老者，莫名觉得亲切，没想到八年后，我竟成了他的博士生。我父亲是一名语文教师，当时也在华中师大文学院主办的刊物《语文教学与研究》做编审。时任主编晓苏老师为提高编辑们的业务素养，便邀请邢老师给杂志社工作人员做了一个讲座。也就是从这个讲座合影中，我得知了语言学家邢福义先生。

时至今日，我始终认为，我和邢先生的师徒缘分便肇始于这张并没有我的合影。

二、缘发

2004年，我填报高考志愿时征询了晓苏老师的意见，他说：
"你性格内敛沉静，不适合学文学，反而适合学语言学。华中师大
汉语言专业有邢先生坐镇，实力雄厚，就报汉语言系吧。"我听从
了晓苏老师的建议，最终就读于邢先生创办的新中国第一个汉语
言系。

大一刚入学，辅导员何小红老师便邀请邢先生在田家炳楼给
我们汉语言系2004级新生做了一个讲座。当时邢先生早已不给本
科生、硕士生上课了，所以能和他如此近距离地接触，同学们都很
兴奋。作为班里的宣传委员，我自然而然地承担了撰写新闻稿的任
务。在这个追忆邢先生的时刻，请允许我全文转录如下，以期还原
当时的美好：

邢福义教授与汉语言2004级新生见面

2004年12月11日上午8时30分，著名语言学家邢福义
教授在汉语言2004级30名同学期待的目光中走入田家炳楼
报告厅，为同学们做关于"培养思辨习惯"的报告。

邢教授虽然年近古稀，却依然精神矍铄。他主要谈了四个
方面：首先，处处皆学问，即关心身边的语言现象，这会让思
路得到充分打开；其次，既学又问，即学会质疑权威，要有开
拓创新的勇气；再次，找到自己，即发现自己的优缺点，在研
究中形成自己的风格与特点；最后，追求自立，要有决心、有
信心创造自己的理论而不要盲从一些自外国引进的理论，同时

克服民族自卑感与文人相轻的习惯。这样，才能为自己思辨能力的培养打下良好的基础。

　　见面会持续了两个小时，邢教授坚持站着为同学做报告，语言风趣幽默，引发同学们阵阵欢笑。同学们也从邢教授的讲解中明晰了语言学发展动态及自己今后发展的方向，受益匪浅。

　　我现在才发现，囿于当时我和邢先生的距离感，新闻稿里对其称呼用的是"教授"，而非"老师"或者"先生"。

　　时至今日，我始终认为，能有幸撰写这篇新闻稿，冥冥之中，似有安排。

三、缘近

　　2008 年，我跟随文学院刘云老师攻读语言学及应用语言学硕士学位。随着学习的深入，我接触了认知语言学、功能语言学、生成语言学等多种西方理论，让我目不暇接，无所适从。将来到底研习什么理论，我也无法确定。有一天在校园散步，闻着晚桂的香味，我突然意识到，身边的语言学大家邢先生的著作都还没看完呢！何必舍近求远呢？于是我搜集了邢先生所有的著作，如饥似渴地阅读起来。在阅读的过程中，我注意到了了"主观视点"一词，好像和认知主义的"主观性"有所联系。后来，我又读到李宇明老师为《20 世纪现代汉语语法八大家·邢福义选集》所写的《跋》，其中谈到："在许多重要的研究工作中，关于主观视点的论述最具理论色彩……邢先生所讲的主观视点，已经深入到说话人语言使用的心理、旨趣和观照点，这种主观视点的主导作用，不仅适用于复句，而且也适用于所有语言现象，具有普遍的理论意义。"李宇明老师的论断让我对"主观视点"产生了更加浓厚的兴趣，于是我整理了邢先生文章中所有与主观视点有关的片段，写了一篇读后感《主观视点与实证方法》，提交给我的硕导刘云老师。真是贵人相助，刘云老师读后将这篇文章转发给了邢先生，于是促成了我和先生的第一次面谈。

2009年4月某天，我接到华师语言所匡鹏飞老师的电话，他说邢老师想和我谈谈文章，定在4月13日上午9点，田家炳楼语言所办公室。那次见面，是我第一次单独聆听邢先生的教诲，先生没有直接谈论我写的那篇读后感，而是就语言学的现状和发展做了深入浅出的评析。由于当时我过于激动，邢先生具体说了些什么，已无法一一还原，只记得面谈结束时，邢先生推荐我阅读姚振武老师的《"认知语言学"思考》。很久以后我才体会到先生的良苦用心，原来他在教导我不要过于迷信权威和西方理论，而是要建立学术自信。这次见面，让我放弃了出国读博的打算，坚定了报考华师语言所的决心。但在当时，我并未奢望跟随邢先生读博，因为大家都不知道，年岁已高的邢先生是否还招收博士。

我第一时间把和邢先生见面的消息告诉了当初推荐我填报汉语言系的晓苏老师，他也十分高兴，当即委派我以《语文教学与研究》杂志社的名义在合适的时候对邢老师做一个访谈。后来，这个访谈录发表于该刊物2010年第4期，邢老师在访谈中提出了一个鲜明的观点"中国语言学要有一颗中国心"。

时至今日，我始终认为，我生命中的诸多贵人环环相扣，不断拉近着我和邢先生的缘分。

四、缘成

考博目标确定后，我便投入到紧张的备考中。但是在专业课复习中，我总觉得自己对问题的论述常常词不达意，拖泥带水。后来，我意识到，靠自己理解所做的回答远不如经典著作上的词句简明扼要、切中肯綮。原著上的论述，凝聚着作者反复的推敲和深邃的思考。于是我采用了"死记硬背"的笨办法，将邢先生著作中的主要观点和论证过程分门别类，熟读成诵，如痴如狂，论述问题时尽量使用著作的原文。

可能是上天垂怜我的驽钝，2011 年 7 月，我终于被华师语言所录取。更为荣幸地是，我被邢先生招为弟子，师徒缘成。

跟随邢先生读博的日子同诸多同门兄弟姐妹一样，常常沐浴着恩师的雨露阳光。只是，和先生早期弟子有些不同，由于当时先生已 76 岁高龄，身体欠佳，很多时候我实在不忍心当面请教，怕给他增添麻烦，耗费体力，更怕自己浅陋的见解影响他的情绪。有时候偶遇先生散步，也不忍心打断他的思考。和李沛、张静等同门一样，我们更多的是通过电子邮件向先生请教问题。我清点了一下邮件，和先生的往来邮件共有 250 封，最让我受到鼓舞的是 2019 年 4 月 2 日邢先生发给我的几句话："王耿：收到你的书和文章，十分高兴。你有追踪思考的习惯，这决定了你会有创造性的前景！祝好！"

可是，2020 年 12 月以后，就再也没有收到先生的回复了。

时至今日，我始终认为：精诚所至，金石为开；念念不忘，必有回响。人生中的多个偶然似乎终究会孕育出必然。

五、缘续

我的博士论文研究的是表时间位置的短语，无穷无尽的时位连缀成了延绵不绝的时间长河，此时此刻，我多想在漫漫时间长河中彻底删除"2023 年 2 月 6 日"这一令人悲恸的时位！

星辰陨落，山川同悲。邢先生犹如逐日的夸父，临终之时仍不忘扔出手杖，化为片片桃林，福泽后学。这一刻，我才深刻理解了"不朽"一词的真正内涵。

时至今日，我依然可以感觉到，邢先生并没有走远。多么希望，还能收到先生的邮件，还能听到先生的南味普通话，还能看到先生瘦削却笔直的背影。

行文至此，我突然记起，先生生前发表的最后一篇文章竟然也是《论"X缘"》！很惭愧，我没能成为邢先生最聪慧、最优秀的学生，那么，我就踏踏实实地做和先生最有缘分的学生吧。

先生已逝，但其语学思想必将永存，我与先生的师徒情缘也将永续……

谨以此文缅怀我敬爱的恩师邢福义先生。

（作者单位：中南财经政法大学）

心中的灯塔　敬爱的爷爷

——追忆恩师邢福义先生

李　沛

2月6日中午惊闻老师逝世的消息，一时不知所措，震惊、悲痛！春节前我向汪老师询问过几次邢老师的状况，那时候邢老师虽在住院但情况还算稳定，我以为这个冬天周遭艰难的一切总算是熬过去了，我还打算过完年邢老师肯定出院回家了我再去他家看望，谁曾想年后却突然收到噩耗！心里的遗憾，最后没能见上一面的遗憾，仿佛一个内心无法填补的洞，让我泪如雨下……

人生虽终有一别，但真到离别的那一刻，我还是那么心痛、不舍，不愿接受。

往事历历在目。

2011年我打算报考语言所的博士，选择哪位导师我并不纠结。因为语言所是按照成绩高低录取，然后再从被录取的人里根据选择导师的情况进行调整。我已在所里读了三年硕士，所里每一位老师我都十分尊敬并喜爱。邢老师是我们这代学生学术上的灯塔，我想我报考邢老师的博士，是自己内心对靠近灯塔的一种向往，即使不能如愿，我也开心无憾。结果我足够幸运，成绩出来后邢老师把我收到门下。那一年邢老师一共招了两名学生，我和王耿。

邢老师给我和王耿上的第一课是以聊天的方式，在语言所他的办公室里。一开始我俩正襟危坐，可是老师的笑容、语气让我俩如沐春风，很快放松下来。然后邢老师谈了中国语言学的现状，我们虽然需要引进国外的理论，但所有理论必须联系中国语言学的语言事实。我们更要重视汉语本土理论的创新，这离不开对汉语事实的追踪和深挖。我们要做"据实派"，要写"看得懂，信得过，用得上"的好文章。邢老师说我们每个人研究一个问题，彻底研究清楚，那么中国语言学就一定会有长足的进步。他觉得博士阶段是培养一个人研究能力、研究方式最重要的阶段，"小题大做"既符合我们博士阶段的研究实际，也能真的解决语言学中的某个实际问题，很有意义。最后邢老师给我和王耿留了一个作业，让我们选择一篇文章，反复研读，把里面觉得值得关注的语言现象都标注出来，下次见面再做汇报。我明白这是邢老师在帮我们寻找和确定博士论文研究的方向，是邢老师希望挖掘每个学生的特点因材施教。那次见面让我印象非常深刻。邢老师虽已 76 岁，可是对我们仍然耐心传授，循循善诱，言辞和蔼，充满鼓励。这次见面后，我找到了我今后研究之路的信念，心里的灯塔更明亮清晰！

后来经过与邢老师的几次讨论，我的博士论文最终确定研究一个字"向"。论文写作期间，我和邢老师不常见面，常常以邮件的方式进行联系，这些邮件如今看来，都是邢老师留给我最宝贵的礼物。这几天我反复翻阅它们，寄托哀思又感到好像老师其实并未离开我。当我写好提纲时，邢老师肯定我，并告诉我研究中"不断调整、充实、修正"，"遇到问题，要多想几种解决方案，再选择其中认为最可行的试试，如果结果不好，再选另一方案，这就是'训练自己走路'的方法"。当研究遇到困难时，邢老师让我选择其中一点做试点性小专题研究，这就是"小题大做"。当面对复杂的语言事实时，邢老师告诉我一定要尊重语言事实，谨记"说有易，说无难"，要"观察充分、描写充分、解释充分"。邢老师从不跟我讨论某个具体问题，他说"你是研究'向'字的专家，要相信自己，这一关你一定要自己闯过去"。我的研究能力就这样在老师的鼓励与指导下，一步步有了很大提高，深刻体会到老师说的"只要能解决好一个问题，就会有新的开始"。博士阶段的研究训练，让我不仅对邢老师的"朴学之风"有了深刻感悟，并一直践行，更养成了我认真、踏实、严谨的思维习惯和工作方式，使我受益终身。

到武汉大学做博士后的那两年，我才深刻认识到我的学生生涯结束了，学生时代的压力与工作的压力不可同日而语。我也不再仅仅是个学生，同时也是老师是妈妈。邢老师对我说，作为老师首先要站稳讲台，科研慢慢做，不要着急；作为母亲要悉心陪伴孩子，孩子身心健康，就是最大的成功；还总是叮嘱我注意身体，说我太瘦了。每次去看望老师，我们的交谈也不只是做学问，更多的是如何做人。他看出我工作和生活的压力，告诉我坚强、奋斗，就一定会有收获。他体谅女性的不易，常跟我说不要有压力，人生的不同阶段有不同的任务，做一个好老师好妈妈也是胜利。这期间邮件的最后，他总会写一句"祝快乐"。后来我终于通过出站考核，顺利进入了武汉大学国际教育学院，邢老师特别为我高兴。那以后，由于种种原因我不常回华师，2018 年邢老师还给我寄了他新出的书。在我心里，邢老师是长者，是大家，是恩师，也是爷爷，一位和蔼、豁达、博学、睿智、让我无限爱戴的爷爷。

他的笑容、声音、神态、风范润物细无声地滋养着我，每一次交谈、每一次见面，他都有魔力抚平我内心的焦虑，让我获得平静重拾奋斗的力量。那不仅是我心头沐浴的阳光，更是我此心安处的地方，可是以后我再也见不到他了……

邢老师的一生为中国语言学做出了杰出贡献，他留下的植根汉语的学术思想和刻苦严谨的治学态度，将一直影响着我们以及未来无数的中国语言学人。邢老师并未离开我们，他的学术思想如灯塔，光照汉语大地；他的学术成就如高山，引领后学攀登。

"而今宛尔音容在，犹是当年问字时"，敬爱的邢老师，我永远怀念您！

（作者单位：武汉大学）

恩师指引我成长

张　静

2月6日中午惊闻邢老师去世，我呆呆地坐在书房，翻看着电脑里与老师的往来邮件，一遍又一遍，泪水止不住地往下流。想写点什么，可又不知从何写起……

一、选择

从大一进华师中文系开始，邢老师的名字便常常在各种场合被提及，让我心生敬仰。后来，在一次课间，刘云老师问我："张静，你今后有什么打算，考研吗？"我马上回答："考！但还没想好考哪个方向。"刘老师笑着对我说："考语言学吧，看你平时还蛮认真。"其实，我一直也更倾向于选择语言学。也就是从那天开始，我便决定走语言学这条路。大四那年第一次报考语言所硕士，失败了，我既沮丧又不甘心，决定再试一次，2009年终于如愿考上了语言所。

二、坚定

在2009年研究生新生开学典礼上，我第一次近距离见到了邢老师，内心无比激动。我的硕导匡鹏飞老师不止一次跟我讲邢老师的治学之道，听得我热血沸腾。研二刚开学时，我告诉匡老师自己想读邢老师的博士。匡老师直言我离博士还有一定的距离，并鼓励我继续努力。我深知自己基础较弱，想考上邢老师的博士，简直有点痴人说梦。然而，我并没有放弃，既然选择走这条路，那就要坚定地走下去。从那以后，我的生活除了学习还是学习，只希望我的语言学基础能再强些，离博士水平再近点。2012 年 3 月，我鼓足勇气报考了邢老师的博士，并最终得偿所愿。记得当初知晓这个好消息时，我高兴得原地起跳欢呼。我该是有多幸运，能成为邢老师的学生！

三、感恩

2012 年 9 月 10 日，我拜入师门后第一次见邢老师，约的是 8 点 30 分，我 8 点整就在语言所楼下等，内心十分忐忑。回想硕士期间，经常在校园里见到邢老师，当时也不知咋的，一次也没敢上前去打招呼，就只是远远地看着。8 点 20 分邢老师走了过来，我急忙跑上前去介绍自己，然后跟着邢老师进了办公室。坐下后邢老师开门见山，说我的入学试卷答得并不十分理想，我吓得一句话都不敢说。邢老师马上又说："既然跟着师父，就要学着师父做学问。"我不停地点头，然后拿出暑期准备的博士学位论文初步框架，请老师过目。老师看后，略作沉思，便指出了其中的问题，让我再认真改改。经过数次修改，我的学位论文题目及框架便定了下来。后来听闻邢老师说我题目定得早，让他很放心。读博期间的又一难关是发表核心论文，我自知底子薄，只能笨鸟先飞，博一上学期写了一篇小文章请邢老师指正，老师看后回复：

张静：

　　你的文章我翻看过了。

　　建议你再磨一磨，从不同角度提出问题，看看是否已经"不可挑剔"了。如果你自己满意了，可投寄某个核心期刊试试。如果人家不发表，你找找原因，然后再进一步磨，再往外寄。这么做，才能学会自己走路。

邢福义

2013-06-13

　　后来该文历经数遍修改后投出，终于在博二上学期收到了刊用通知。我第一时间将这个消息告诉了邢老师，老师听后很高兴。

　　2015年3月的一天，和邢老师在校园里散步。老师问我毕业后是准备做博后还是工作，我说打算工作，然后邢老师又跟我说了好多找工作要注意的事项，我听后特别感动。真想留在老师身边再多读几年，再多听听老师对我的谆谆教诲。

　　2015年秋，我来到南昌大学中文系工作。之后跟邢老师见面的机会少了许多，更多的是电话与邮件联系，但只要回武汉，我都会去看望老师。2022年1月7日我再次回来看老师，当时老师已不太能说话，我就对老师说："等您身体好些了，我再带您上庐山。"邢老师笑着点了点头。离开之前我特地请李阿姨给我们拍了一张合影。不曾想，这次告别竟成为了永别。邢老师，您怎么就走了呢？不是说好还要带您上庐山看看的呢……

　　泣别恩师，学生将永远铭记您的恩情！恩师千古！

（作者单位：南昌大学）

走近桂子山上的那棵大树

——怀念恩师邢福义先生

谢晓明

先生离开我们已经有些时日了，但我始终不愿相信先生已经永远离开了我们。我总觉得先生还生活在桂子山上，像一棵大树，挺拔昂然。

走近先生，始于 1998 年。其时我在湖南师大攻读硕士研究生，因为仰慕先生的学问，准备报考先生的博士，斗胆给先生写了一封自荐信，没想到很快就收到了先生的回信。信是用软笔写的，字略大，很有艺术感。先生在信里说，他隔年才招一次，1999 级他不招生，建议我报考其他老师。（这封信我保存了很多年，可惜 2018 年搬家遗失了。）我为自己和先生无缘很是失落了一阵子。

2000 年 10 月，华师语言所举办汉语重叠问题国际学术研讨会，吴启主、鲍厚星、储泽祥三位先生率领湖南师大汉语言文字学专业首届 7 位博士生参会。这是我第一次见到邢先生，先生身材适中，说话脸带微笑，却给人一种不怒自威的感觉。每次走近先生，我的心跳都会情不自禁地加快。这次会议，先生给我留下了深刻的印象，虽已年过花甲，但是神采奕奕，风度非凡。那时的我觉得先生就是桂子山上的一棵大树，挺拔伟岸，郁郁葱葱！

2002年5月下旬，我的博士学位论文答辩，先生是答辩主席。答辩前一晚，我正在宿舍准备答辩材料，储泽祥老师来电话，说他在邢老师的房间里，邢老师问我愿不愿意做他的博士后。当时博士就业比较容易，我已经与一家省级行政单位签订了就业协议。但是，我在电话里却毫不犹豫地答应了，且搁下电话后心情大悦。原来，先生一直记着我啊！更让我感动的是，先生周日从长沙返回武汉，次日上午我就接到了华师人事处的电话，通知我尽快去学校办理进站手续。

就这样，我从岳麓山来到了桂子山，一步步走近了桂子山上的那棵大树，在这棵大树的护佑下学习工作了20余年。其间，我在先生身边，跟着他学习做学问、编杂志、办会议，忙忙碌碌，却始终觉得日子踏实。现在想来，都是因为有先生在啊！

先生治学严谨，对语言事实的敏感异于常人。举两个我所经历的事例。2002年10月左右，有次单位会后聚餐，先生那天兴致颇高，破例出席了。席间，有老师提到"生前""死前"的时间表达有点意思，大家讨论了几句就转移了话题。没想到，先生对这个问题追踪研究并写成了文章。2003年《中国语文》第3期发表了先生的文章《说"生、死"与"前"的组合》，文章运用句管控理论，讨论了"生前""死前"的表达问题。文章事实清楚，逻辑严密，读来深受启发。还有一件事，让我记忆尤深。先生有次去西安出差，回来给我们聊到在西安饺子馆吃吉祥饺子的故事。他说：饺子下到一口沸腾的大汤锅里，服务员说需要客人自己捞取才吉祥，捞到1个代表"一帆风顺"，2个代表"好事成双"，3个代表"三英举义"，4个代表"四季常青"，5个代表"五谷丰登"，6个代表"六六大顺"，7个代表"七星伴月"，8个代表"八仙过海"，9个代表"天长地久"，10个代表"十全十美"。一桌客人都是年岁较大的知名学者,大家听了谁也不好意思捞取,万一一个也没捞着呢? 这时候服务员又说话了,说一个也没捞着,代表"无忧无虑"啊! 先生说得绘声绘色,开心得像个老顽童,并说汉语数字表达的文化寓意真是值得研究啊。我在先生身边 20 年,像这样的事例还有很多。先生的言传身教深深地影响着我,让我慢慢学会了如何对语言问题进行观察整理和分析研究。

2004 年 6 月我博士后出站,先生让我留校工作,负责《汉语学报》的编辑工作。《汉语学报》创办于 2000 年,之前是学术辑刊,每年两期。2003 年先生通过湖北省委主要领导,拿到了《党建研究》的刊号。2004 年下半年,《汉语学报》开始以期刊形式在商务印书馆出版,每年 4 期(2004 年出版了 2 期)。我没有学过编辑出版专业,刚开始真是编得小心翼翼如履薄冰。第一期编完,我自觉已经尽力了,但是商务返回的审读意见竟有足足 5 页纸,每页都是问题,看得我无地自容。好在先生并不责怪我,反就其中一篇文章的审读意见发表了自己的观点,他的原话大意是:办刊物要有自己的个性,不要总是跟着别人走;学术观点可以有不同,但不要轻易就否定一个学者。先生的话让我非常感动,我在后来十余年的办刊工作中,始终牢记先生的教诲。先生对我信任有加,除了每个季度的定稿会先生会亲自主持,日常工作和编校事务都让我负责,无须向他请示报告。这样我慢慢放开了手脚干,逐渐熟悉了办刊的流程和规律。先生对青年学者的成长非常重视,在定稿会上常说,每个学者都有一个成长过程,刊物一定要关心青年学者的成长,中国语言学必须要一代代传承和发展下去。先生不但这样说,也是这样做的。《汉语学报》出刊后,"青年论坛"是两个固定栏目之一,专门发表 40 岁以下青年学者的文章。

　　我到华师后，和先生见面的机会虽然多了一些，但是单独见面交流的机会并不多。记忆中，先生在80岁以前实在是太忙了。他一身数任，既有自己的学术研究，也要处理单位的事情，还要应付琐碎的社会事务，更要照顾卧床多年的师母，实在是分身乏术，忙不过来。所以，先生对时间的管理极为严格：能不开的会就不开，控制每月开会的次数和每次会议的时间；非特殊情况不参加宴请，印象中先生出来参加餐聚的次数屈指可数（有几次是外地来了重要的同行学者，一次是师母去世后先生非要答谢一下帮忙的学生们）。先生常说"时间是挤出来的，要学会挤时间"；先生还说"年年岁岁，春夏秋冬"，意思是要珍惜时间，持之以恒，不要受外部环境变化的影响。这些话说易行难，须有惊人的毅力才行。而先生这一生就是凭着一股惊人的毅力走过来的，像一棵树，扎根在桂子山，几十年如一日。不管风霜雪雨还是鲜花簇拥，他始终目标如一，持之以恒，在汉语语法研究（尤其是复句研究）这块土地上深耕细作，结出了累累硕果。

　　王玉红师妹回忆先生时提到"他的背永远是笔直的，……似乎能撑起一片天"，我深有同感！每次在校园里遇见先生散步，望着先生背着手清瘦而挺直的背影，我都会暗暗感叹：先生的肩膀是能扛起天来的啊！疫情后，遇见先生的机会少了，我经常向师弟沈威打听先生的情况。去年国庆期间的6日下午，沈威告诉我先生在图书馆附近晒太阳。我立刻赶去华师，期望能见到先生。我在图书馆附近找了一圈，没有发现先生，于是我就往先生家里走，快到先生楼下时，看到阿姨推着轮椅走在电梯口，先生坐在轮椅中的背影瘦削羸弱，头向一边侧倾，似乎有点困倦了。我的眼睛一酸，眼泪一下就出来了，实在没有勇气再上前去打扰先生。回来的路上，我满脑子里都是先生的背影，不同时期的背影！8 日下午，沈威给我发来先生在家中拄着拐杖走路的视频，先生笑眯眯的，还说了两句话，看起来精神不错，我看后心情释然了许多。我跟沈威约好，找个方便的时间带我去面见先生。谁能想到，这次视频竟是我与先生的最后一面！

　　在我心中，先生就是一棵大树，桂子山上的一棵参天大树！想念先生的时候，就去桂子山上走一走，听听风吹动树叶沙沙的声音，那一定是先生的细细叮咛。

　　先生永远在我心中！

（作者单位：华中科技大学）

我敬仰的人走了

——怀念邢福义先生

李晋霞

本以为疫情已经过去，没想到传来这个让人悲痛的消息，我敬仰的邢先生离去了。

"抬头是山，路在脚下"，先生在我心中就是一座大山，既威严又难以企及。在先生面前，我总是紧张而惶恐的，但其实先生对我是非常非常宽厚的。

我之所以在先生面前紧张而惶恐，大半是因为先生的不怒自威和学问的高山仰止，少半是源于自己深深的愧疚。

读大学时，也许是因为老师一句不经意的表扬，引发了我对现代汉语语法的兴趣。于是，我就浮光掠影地看了一些专业文献。年龄越长，越能看清楚自己当年的浅薄：那时候的自己，并没想着要从这些文献中学习些什么，而仅仅是以看过、知道一些术语为虚荣，其实根本没看懂，也不可能看懂。糟糕的是，我竟然给先生去了一封信，商榷先生《南味"好"字句》中的一些内容。我早已忘记自己在信中都写了些什么，但以自己的年少轻狂，我肯定做错了。这件事我一直无颜面对，也从未说起。

如愿考取华中师范大学硕士生后，刚入学时，见到先生我还有些忐忑，十分担心先生会提到这件事，可一切如常，似乎什么也没发生。那时的我，真的松了一口气，踏踏实实地度过了三年。

面临考博了，虽然做了比较充分的准备，可还是心里没底。当年，我们都无比期望先生能为自己写一份专家推荐信。先生的专家推荐信，就是一颗定心丸！可先生要求十分严格，专家推荐信不是随意就写的。后来，我的硕士导师李宇明老师出面，以我报考的是最高研究机构中国社科院为由，请先生为我写一封专家推荐信，助我一臂之力。我怀着激动和无比感激的心情到华师语言所的办公室面见先生，请先生为我写专家推荐信。

见到先生，由于不能忘记自己曾经的莽撞，我是紧张的。我拿出自己事先准备好的请先生用的钢笔，告诉先生这支钢笔我打算考试时用。先生听了，笑了，我也笑了。推荐信写完后，我正欲向先生告辞。先生宽厚地微笑着说：那封《南味"好"字句》的信是你写的吧？听到这句话，犹如脑袋上一声炸雷，我无比尴尬。先生看我这样，也就不说什么了，仍是宽厚地微笑着，示意我可以离去，我就溜之大吉了。

博士毕业后，我跟随先生做博士后，并选择以复句为题。其间因为生育小孩，也并未好好地完成博士后出站报告。先生从未说过我什么。从博士后一直到今天，我都在先生毕生耕耘的复句研究中寻找学术的灵感和启迪，每当感到思维枯竭的时候，我会重新捧起先生的《汉语复句研究》，再仔细看看先生说了什么。先生用毕生的学术心血养育和滋润了我们。

参加工作后，我多次求助于先生，先生都给了我巨大的支持。回想往事，我真的从未为先生做过些什么，哪怕是很小的一件事，而是一直在索取，在获得。

多少年来，每每回首过往，我都感慨于自己年少时的无知与浅薄，也越来越感怀于先生博大的胸怀！

几年前，我再次学习李宇明老师的专著《儿童语言的发展》，再次读到先生为该著撰写的序言。人生阅历让我对文字的理解增添了几分深意。我尤为惊诧的是，先生对我的导师竟然如此严厉：

> 事物总有两面性。需要特别郑重地提醒两点：第一，在处于顺境的时候，不要忘了过去曾经有过逆境，更要想到将来可能还会遇到更大的逆境；在走上了平路之后，不要忘了过去曾经走过崎岖路径，更要想到今后可能还会碰到更大的坎坷。第二，在听到坏话的时候，不要以为自己就是那么坏，坏得一文不值；尤其是，在听到好话的时候，不要以为自己就是那么好，好得完美无缺。总之，什么时候都要保持清醒的头脑，什么时候都要有分寸地对自己进行科学的分析和评价。儿童语言研究，在我国毕竟起步较晚，起点较低，目前还比较容易搞出成绩。如果脑子发热，现在就自鸣得意起来，这就等于自己给自己的学术生命打上句号了。

这么严肃的序言，我从未见过；先生对我的导师如此严格，我难以置信。可是想一想，一切又都是对的。

先生对我，真的是太宽厚了。

（作者单位：北京师范大学）

我心中的邢福义老师

石　锓

2023 年 2 月 6 日中午，惊闻邢老师辞世的消息，不敢相信。怀着忐忑的心情，我还是给华中师范大学语言所的匡鹏飞教授打电话，询问情况。得知实情后，眼泪怎么也止不住。这消息虽在意料之中，却又极不愿意相信。

在书桌前坐了许久，什么也不能做，总是想着老师的点点滴滴。

一、睿智的学者

1982 年，我还在湖南师范学院读大二，听吴启主老师讲"现代汉语语法专题"，得知有一本书叫《词类辨难》。我特意到书店买了一本，读了起来。年轻时读书，只关注书的内容，不太在意书的作者。但读着读着，就被书中的条分缕析所吸引，觉得作者特别睿智，把如此难以区分的词类问题讲得清清楚楚，明明白白。心生敬意之后，我才了解到这本书的作者就是华中师范学院中文系著名的语言学家邢福义老师。这是我一次知道邢老师。

我一直对现代汉语语法比较感兴趣，但大学毕业后在高校教的是古代汉语。因此，我考硕士时就报考了四川大学向熹老师的汉语史硕士研究生。毕业后，在湖北师范学院工作。

1999 年，湖北省语言学会在湖北师院召开，邢老师到湖北师院去讲学，我在台下听讲。这是我第一次亲眼见到邢老师（远距离地）。至今还记得老师对"亲口"与"亲嘴"的辨析，"他亲口对我说"为什么不能换成"他亲嘴对我说"。邢老师的睿智再一次吸引了我，我决定报考邢老师的博士。邢老师名声太大，我也不太自信，就给邢老师写了一封信。邢老师就让汪国胜老师联系我，鼓励我报考。这让我很意外，也特别激动。

2001 年，我同时报考了华中师范大学邢福义老师和中国社会科学院江蓝生老师的博士，后来跟江蓝生老师去研究近代汉语语法了，失去了一次跟邢老师学习的机会。博士毕业后还是想跟邢老师学习现代汉语语法。2004 年 5 月，我又找汪国胜老师，希望跟着邢老师做博士后研究。没想到，竟能如愿以偿。

二、慈爱的老师

邢老师对学生都特别关心，哪怕是一个极不认真努力的学生。我一生最庆幸的事是做了邢老师的学生，最遗憾的事是在邢老师门下没有做一个好学生。我在做博士后期间同时又是湖北师院研究生处的处长，主要的精力在为学校申请硕士学位授予权和硕士点，博士后的研究做得极不认真。邢老师看在眼里，却从未说过我。可是我身不由己，还是深深地辜负了老师。这是我一生最大的歉疚，值此之际，更是惭愧不已。

但是，邢老师依然很关心我的成长。我每次到母校去看望他，他都十分关心我的学术研究，一直告诫要坚持开展有汉语特色的语法研究，要把现代汉语语法的研究与汉语历史语法的研究结合起来。我的每一次进步，老师都特别欣喜，不断鼓励。2015 年，我获得国家社科基金重大项目的资助，老师还特意亲自来我校主持开题报告会，对课题的每一个细节悉心指导，谆谆教诲，强调指出：重大项目不是因"大"而"重"，而应该是因"重"而"大"；既不是"小题大做"，更不能"大题小做"，而应该是"大题封做"，即封闭与限定研究范围，充分利用语言材料，深入挖掘语言事实。这些话语至今犹在耳边。

三、有情怀的一代宗师

在我们学生的眼里，老师的事业心极强，他把汉语语法研究事业看得比什么都重要。为了推动汉语语法的研究，老师十分珍惜时间，几十年都没有回过老家，过年过节都在做研究。他倾其一生，在理论研究、教学培养、平台建设等方面都做出了杰出贡献。在理论研究方面，老师先后提出了"两个三角"、"小句中枢"、"句管控"等一系列在学界有重大影响的理论，影响了几代汉语学人。在教学培养方面，老师建立了第一个汉语语言学系，培养了一大批全国著名乃至国际知名的语言学家。在平台建设方面，老师组建了"教育部百所人文社会科学重点研究基地"之一——华中师范大学语言与语言教育研究中心，创建了汉语学界著名的学术期刊——《汉语学报》，开创了"全球华语语法研究"的新局面。

邢老师一生不断探索，取得了杰出的成就，因此是首批"荆楚社科名家"之一，华中师范大学资深教授、博士生导师、校学术委员会主任，"教育部百所人文社科重点研究基地"之一——华中师范大学语言与语言教育研究中心名誉主任。曾任教育部社会科学委员会委员，国家哲学社会科学研究规划语言学科组副组长。曾任中国对外汉语教学学会会长，湖北省语言学会会长，第八、九、十届全国政协委员，《汉语学报》主编。

邢老师仙逝了，学界失去了一位大先生，我们失去了一位好老师。

（作者单位：湖北大学）

师恩难忘

——深切怀念邢福义老师

舒邦新

2023年2月6日，遽闻恩师邢福义先生不幸辞世。我一时茫然，内心哀伤，至今不能释怀。先生的音容笑貌始终萦回在脑海，令我追思。

1962年秋天，我告别了武汉市三十三中学（现武昌文华中学），来到武昌县华林，就读于华中师范学院（现华中师范大学）中文系。这里的教授、师长灿若群星，各具风采，用他们的道德文章滋润着我们这些青年学子。其中对我的帮助一直延续到我参加工作以后，给我教益最多的是邢福义老师。

邢福义老师比我大九岁，当时还是一名青年教师，但是在学术上已经颇有建树。我们那时上"现代汉语"课所用的教材《汉语初稿》（中）就是他和郑远汉、郑远志老师合编的，1960年由高等教育出版社出版。算来那年他才25岁。

几十年来，无论是通信还是见面，我都是称呼"老师"，没有称呼"教授"或者"先生"。我也想过，这合乎礼仪吗？结论是，这就是发自我内心的最尊重的称呼。

邢老师是严肃的、严格的。

大约是 1979 年,在襄樊高考阅卷现场,我以学生和一名现代汉语专业课教师的身份,与担任文科阅卷组组长的邢老师联系上了。他告诉我的最重要的四个字是"以文会友"。我理解这就是要求我必须勤勤恳恳、老老实实地做学问,拿出成果来,用成果说话,不要搞歪门邪道。正是基于这一点,几十年来,我从来没有为发表论文、评定职称等问题打扰过邢老师。很惭愧,我的学术成果并不多,但是每一篇、每一段、每句话、每一个材料都是我自己的研究成果,没有一处掺假。1983 年我为邢老师的《词类辨难》一书写了一篇评述《难归类词的归类》,发表在华中师院中文系的《语文教学与研究》上。为了写好这篇短短几千字的文章,我遍读了上世纪 50 年代学术界关于词类问题大讨论中所有的重要论文和高名凯先生的《普通语言学》等专著,弄明白了汉语词类问题的理论背景,才开始动笔。在学术问题的严谨性上,我是对得起邢老师的教诲的。

邢老师主持工作的湖北省语言学会举行年会,从来不搞那些早就风靡全国的"公款旅游"。有一次,在湖北师范学院举行湖北省语言学会年会,安排我负责一个小组的讨论。那时邢老师的一名研究生宣读完了论文,我提了一个问题。这位研究生没等我的话结束就急于解释。正好邢老师进来了,马上制止了他:"让老师说完!"事后我对这位研究生很有一番歉意,不过我没有去向他表白。我想,邢老师自有他的道理。

邢老师是真诚、热情的。

我与邢老师联系上后,邢老师就始终无微不至地关心、关爱、关照着我。他每出一本专著都签名邮寄给我,还题字"邦新正之"

或"邦新同志正之"。我既欣喜又感到受之有愧,而邢老师谦以待人的高尚风格却是跃然纸上。

上世纪 80 年代初,我在《江汉论坛》上发表了一篇考据性的文章《黄鹤楼辨》,自认为这算不上是正宗的语言学论文,不敢以科研成果自居。不料邢老师却在一些长者面前介绍我和这篇文章,激励着我继续努力前行。

我写过一篇文章《"最……之一"的语法结构及语义功能》。几年后,邢老师来信要我把这篇文章复印寄给他。我当然照办了。后来邢老师发表了一篇论"最……之一"的学术论文。从邢老师的论文中我清楚地看到了自己文章的稚嫩,也切实受到了教益。而令我万万没有想到的是,邢老师竟然把我的这篇文章列入了该文的参考文献。我自然是愧不敢当,但从这里却充分、鲜明地体现了邢老师严谨、坦诚的学术作风。

邢老师就是这样,对我的关心和帮助就像春风春雨一样温暖、舒适,润物于无声,催化着我不断成长。

邢老师的心胸是广阔的。

在邢老师担任湖北省语言学会会长期间,始终把团结、组织、扶持和帮助全省青年语言文字工作者作为一项要务。1987 年,我们在湖北省各地师专的语言学教师想自编一部现代汉语教材。大家怂恿我去请求邢老师指导、支持。当时我心里很有些忐忑,因为我还从来没有开口向邢老师求过什么事。孰料我一提这件事,邢老师就毫不迟疑地满口答应。我和大家一起都舒了一口气。在邢老师的指导下,第二年,我们自编的这部《现代汉语》教材就顺利出版了。

大约是湖北省语言学会成立 20 周年的一次年会，邢老师还亲笔签名，专函邀请我出席。事实上，在武汉市、在湖北省、在全国，受到邢老师关爱、扶持的学人不知有几何。仅在我们华中师院中文系 6201 班，就有邢老师的四位学生同时担任了湖北省语言学会理事（王一军、张东辉、周光庆、舒邦新），得到了邢老师的关爱。

邢老师是亲切的、亲和的。

在我的心目中，邢老师并不是一个高高在上，只可仰视、不可接触的"学术权威"，而是一个亲切和蔼的长者。他给我写信最开始的称呼是"舒邦新同志"，后来就成了"邦新同志"，最后是"邦新"。每次到他家中拜望，一见面就是"邦新来了"四个字。坐下来之后，邢老师有时候还主动说，"来，我们来抽支烟"（邢老师是不抽烟的），点上烟后我们就随意聊起来。每年春节我打电话给邢老师拜年，电话中邢老师一开口就是"喔，邦新！"热情、关切之情溢于言表，温暖着我的心。一次我去华中村，上楼到了邢老师家中，师母谭老师说他在楼下。下得楼来一看，哇，邢老师正在小区内和一位工人师傅站着下象棋，那棋盘就放置在一堆砖瓦什么的材料上面。这情景，颇有一番"升堂问师母，言师下棋去。只在此村中，擦肩不知处"的意味。

我知道邢老师很辛勤，很劳累。他似乎有着永远也做不完的学问，一年三百六十五天都在忙。师母谭老师生病住院时，我和湖北大学卢卓群教授一起去医院看望，见到邢老师正在照护谭老师进餐，顿时感到邢老师太不容易了。我想，我远在外地，不能给邢老师分忧，就不要给他添乱了。此后我就较少上门打扰，只是每逢节日通过电子邮件向邢老师表达问候之意。

邢老师的《寄父家书》震撼了我的心灵。

2018 年 6 月，我收到了邢老师赠送的他的新著《寄父家书》。在从事繁重的教学和科研工作的同时，邢老师坚持给他父亲写信。后来邢老师的父亲邢诒河先生把自己珍藏的这些书信按时间顺序装订成册，又寄回给邢老师。2017 年底，邢老师及其家人把这些家书原稿整理成书，2018 年由商务印书馆正式出版。书中收录了 1955 年至 1991 年 37 年间邢老师寄给他父亲的 240 多封信。

读罢邢老师的《寄父家书》，我的心灵受到了极大的震撼。

我原来所知道的邢老师是一位禀性聪慧、思维敏捷、多才多艺、刻苦钻研、勤于学术、成果卓著、浑身充满书卷气的学者。

这部《寄父家书》让我见识到了一个更加立体的、更加人性化的邢老师。

显然这些书信本来并不是计划对外发表，也不可能对外发表的；因此这恰恰就是邢老师生活道路的真实记录和内心世界的真情流露。

首先令我感动的是，这些书信如实记述了邢老师在求学和科研的道路上所历经的家庭经济生活的窘迫；也反映了邢老师在艰苦的条件下始终不渝地坚持学术研究，最终取得了重大成就的可贵精神。可以说，这正是新中国成立后一代知识分子在艰难的岁月中砥砺前行的一个真实样板。就是在这样的生活条件下，邢老师还长期、持续地坚持以钱物资助家乡亲属和继母的生活。《寄父家书》中这些看似日常的记述，使我感受到了邢老师超越一般人的善良品格，令我感佩。

不过最为打动我的，是邢老师对他父亲的纯孝之心。

由于特定的历史原因，邢老师的父亲曾经遭遇逆境，背井离乡

20 年，直到晚年才回到故乡海南乐东县黄流镇，成为海南诗社黄流分社的社长兼社刊《流韵》报主编，并受邀为县政协会议的特邀代表。

按照当时的社会生态，处于这样的状态，父子、母子、夫妻、兄弟、姊妹、师生、朋友、同事可以而且应该相互举报，讲究冷眼相向、嫌弃决裂、"彻底划清界限"。这样的人伦悲剧在我们的身边几乎就是一种常态。但是在邢老师这里，我们看不到他对父亲一丝一毫的隔阂和疏离；看到的是他发自内心、纯属天然地对他父亲的尊敬、关爱、体贴和照顾。他对他父亲嘘寒问暖，为他父亲汇款、寄药、购物，介绍自己工作、学术上的收获和家庭妻儿子女的融和气象。这些无疑对他父亲给予了极大的安慰。邢老师的父亲邢诒河先生最终享年 90 岁安然离世，邢老师的这般纯孝之情必定起到了莫大的积极作用。从邢诒河先生一直珍藏着邢老师写给他的这些信件，还精心整理，装订成册，我们完全可以体味到这位父亲的欣悦之情。

这些举动在今日看来都未必是蔚然成风，在那个年代更是凤毛麟角、稀世独立的。这正是《寄父家书》震撼我的地方。我觉得邢老师在其父亲遭遇逆境之时，能以平常心对待之，坚守传统孝道，数十年对他父亲不离不弃、尊重爱护、关心体贴，无愧于天地良心，展现了巨大的人格力量。这对于今日的为子之人，有着重大的教益和榜样作用。

从这些书信中还可以看到，邢老师的夫人谭老师和他是同心同德的，也给予了邢诒河老先生贴心的关照。邢老师的子女对邢诒河老爷子也都是抱持这样的态度，这当然是邢老师的言传身教起到了主导作用。

学者李宇明、刘楚群先生读了邢老师的《寄父家书》后写道："读着这些文字，心悸连连，热泪盈眶。"（《一代学人的坚守与担当——

读邢福义先生〈寄父家书〉》，2018 年 6 月 23 日《光明日报》）我深有同感。

　　我马上就要步入耄耋之年。我反思自己的为人特别黯于世事。好在这么些年来，我始终是默默地把邢老师作为我人生的导师，作为我做人的楷模。我从邢老师那里学到了很多宝贵的为人之道，包括诚实、善良、坚韧、执着、通达、幽默、清醒等等。只有"睿智"，我是学不到了。不过邢老师在天之灵可以知道，有一个学生始终在默默地为他祈福！

　　　　　　　　　　　　　　　　　（作者单位：湖北文理学院）

沉痛悼念我终生敬仰的邢福义老师

陈昌恒

今年 2 月 6 月凌晨（北美时间），老伴以低沉的声调告诉我，邢老师刚刚去世了。听到这个噩耗，我的心情即刻沉痛起来，邢老师刚迈入米寿之年就离开了我们，真是令人无法接受这一残酷的现实！

一、学术团队的领军人物

邢福义生平主要研究现代汉语语法，并取得了卓越的成就，两次获得"九五"规划和"十五"规划重点项目的优秀研究成果奖，四次获得中国高校人文社科研究优秀成果奖一等奖，三次获得湖北省社会科学优秀成果奖一等奖。曾主持国家社会科学基金重大招标项目，是全球华语语法研究项目的首席专家。曾赴美国、英国、德国、新加坡、日本等国讲学，是新加坡华文教材的顾问。邢福义是享誉中外的语言大师。国学大师季羡林称赞他是"20 世纪现代汉语语法八大家"之一，湖北省委授予他"首届荆楚社科名家"，与章开沅、冯天瑜等同为国家级的顶尖学者，华师授予他"华大卓越教授奖"，早在 1995 年他就被评为全国教育系统的劳动模范。邢老师还是第八、九、十届全国政协委员。

正因为他在现代汉语教学和现代汉语研究方面成绩优秀，成果卓越，而且还在逻辑学、修辞学、文化语言学、方言以及国学方面都有个人专著，所以自然而然地成了这个学术团队的领军人物。在这个学术团队形成的过程中，与邢福义同辈的老师也做出了重大贡献。如刘兴策教授、吴永德教授等人，他们都是这个学术团队打基础的骨干教师。至于后来充实到这个团队的硕士生、博士生，如李宇明、李向农、萧国政、汪国胜、吴振国、刘云、张邱林、匡鹏飞、姚双云等后起之秀，可谓是人人身怀荆山之玉，手握隋侯之珠，各以自己的教学与科研的优秀成果，为这个学术团队的成长、壮大、发展注入了新的活力，增添了新的能量，使这个学术团队生机勃勃、前程辉瑞。组建一个学术团队，是一个极为艰难的工程。邢福义为学术团队所付出的心血之多，所消耗的精力之大，非常人可以想象得到的。凝视老师邢福义的遗像，我这个华师中文系 1964 级学生只有钦佩和敬仰。

二、穿越汉语教学汉语研究丛林的探索者

邢福义是一位穿越汉语语法学、汉语教学研究丛林，并取得杰出成果的探索者。在汉语语法学中，"两个三角"理论及"小句中枢说"极具独创性。他的汉语复句研究，是将逻辑学运用到汉语语法学的成功典范。《论定名结构充当分句》也是他汉语句法结构研究的创新观点。

邢福义对汉语语法学和汉语教学的研究是全方位的、多层次的。除了上述那些荣获国家级、省部级奖的成果外，他还在不同级

别的刊物上，给不同层次的学生讲授汉语知识。在 1977 年《语文函授》的 4、5、6、7、8 期上，以及该刊 1978 年的 2、3、4、5、6、8 期上面，刊载了邢福义的逻辑知识讲话。1958 年《民校教师》刊物上的 1—10 期上，刊载了邢福义介绍修辞格知识的 10 篇短文。这些刊载在函授通讯、函授辅导活页上的小知识为解决乡村教师师资不足，提高民校教师汉语知识和语文教学水平发挥了重要作用。邢福义也极为关注电大教育，为全国广播电视大学主编《现代汉语》，还编写了《电大语法教材学习问答》，指导电大学员的汉语学习。作为对外汉语教学学会的会长，邢福义不仅做宏观上的指导，而且亲自具体负责对外汉语教材中《中学汉语》第一册至第六册的编写。

邢福义高度关注全球华语教学，多次出席关于华语学习的国际会议，发表华语教学的建议性的讲话，在欧美及东南亚许多国家反响极好。他高度重视学术团队的建设，主持了"华中语学论库"学术工程，在华中师大出版社出版图书 31 本，作者为北京、山东、湖南、广东及湖北省高校的汉语教师和汉语研究者。邢福义创办的语言学系，把汉语母语作为教学和研究对象，吸引了美国、新加坡、韩国等国家的留学生，对全球汉语学习起了推动作用。

三、咬定青山不放松的自学成才者

邢福义，1935 年 5 月出生于海南省乐东县。1952 年至 1954 年在琼台师范学院学习，1956 年毕业于华中师范学院中文专科，并留校任见习助教。当时的华师是中南五省的师范名校，师资力量雄厚，有国学大师钱基博及其女婿石声淮教授，自称为半个语言学家的杨潜斋教授，元明清文学专家并兼中文系主任的方步瀛教授，研究日本文学的胡雪教授，《新闻业务》杂志专栏撰稿人、写作学的朱伯石教授，中南地区研究鲁迅的权威陈安湖老师，讲授先秦文学的王凌云教授，当代文学史名师王凤……作为只有专科学历的见习助教邢福义，有种类似于唐代诗人白乐天早期的那种"长安居，大不易"的危机感。他自知自己"先天不足，基础很差"，但下决心，不能被淘汰。"抬头是山，路在脚下"，走自学成才的道路，即是自己走路，走自己的路，要学会自己教自己。

"咬定青山不放松，立根原在破岩中。千磨万击还坚劲，任尔东西南北风。"（郑燮《竹石》）他决心排除各种干扰，克服各种艰难险阻，自学。他把元老级语言学家吕叔湘主编的汉语权威杂志《中国语文》作为自己的"无声老师"，向好论文的作者们学习选题与选用材料的独到性；把高庆赐教授为本科生所编写的两册《古汉语通论》作为自己自修本科的教材，努力夯实自己的古代汉语基础。他还以身边的老先生为师，自觉提升教学科研能力。时间不够，他晚上躲在蚊帐内"开夜车"，加班加点。向老先生们求学，明里走大门，易被人说成是走"白专道路，只专不红"，于是他暗里秘密走侧门登门拜访。例如别人不知道怎样能上门拜访石声淮先生，而邢福义知道通过石先生住宅阳台上小屋的侧门便可以见到书斋里的石先生。这一师生交往的趣闻，说明石先生已视他为家人，师生情谊非同一般。

天道酬勤。"宝剑锋芒砥砺出，蜡梅清香斗雪来。"邢福义的学术水平和科研能力，终于逐渐得到领导和同事的认同。与郑远志、郑远汉合著的《汉语初稿》中册，由高等教育出版社1960年3月出版。

1960年5月，邢福义编写的拼音读物《奇袭虎狼窝》，由湖北人民出版社出版。

1960 年 6 月，邢福义编写的拼音读物《马学礼》，由湖北人民出版社出版。

1965 年 5 月，邢福义执笔，署名为华中师范学院中文系汉语教研室的《现代汉语语法》，由华师印刷厂印刷内部发行。

1972 年 6 月，高庆赐、邢福义合著，署名为华中师范学院中文系现代汉语教研室的《现代汉语语法知识》，由湖北人民出版社出版。

1976 年 6 月，《现代汉语语法知识》由加贺美嘉富译成日文版，由日本燎原书店印刷发行。

1977 年后改为邢福义执笔，但署名为华中师范学院中文系现代汉语教研室的《逻辑知识及其应用》，由湖北人民出版社出版。1979 年 9 月，这本书由湖北人民出版社再版时，才署名邢福义著。

1980 年 8 月，《现代汉语语法知识》，署名为邢福义著，由湖北人民出版社再版发行。

1981 年 8 月，邢福义独著的《词类辨难》，由甘肃人民出版社出版。

1979 年，《中国语文》第一期上面刊登了署名为邢福义的《论定名结构充当分句》的学术论文。

邢福义上述著述的署名和出版流程，清晰地展现了他"自己走路，走自己的路"的艰苦跋涉历程，可谓是峥嵘了岁月，收获了硕果，提升了自己。他再也无白乐天早期那种"长安居，大不易"的危机感。1978 年，他由见习助教破格晋级为中文系副教授。在此之前，中文系办公室主任彭爱华专程赴京，征求在京治疗的高庆赐老教授的意见，高先生高兴地全力赞同邢福义为副教授，并还说就是申报他为正教授，也是够格的。这也说明老先生极为赞赏邢福义自学成才的刻苦精神和人品。

1979 年后，邢福义便逐渐进入学界视野，跻身于名家之列。1996 年《汉语语法学》出版后好评不断，公认此书是邢福义的代表作。中国社会科学院研究员张振兴说它开启了汉语研究新的道路和新的方向。商务印书馆原总编辑周洪波说这本书开创了中国学术国际表达的一种很好的模式。至于《汉语语法学》中"小句中枢说""大小三角理论"是迄今为止汉语研究的重要成就。专家一致推荐将它列入 2015 年国家社科基金首批中华学术外译书目，外国出版商争先要用多种外文出版该书，尤其是英国要在全球出版它。于是邢福义成了全球高度关注的中国语言学家。邢福义是 1979 年被评为硕士生导师，1990 年被评为博士生导师；"抬头是山，路在脚下"，成了他培养汉语优秀人才的八字师训。河南教育出版社、东北师范大学出版社都出版了他的自选集。

四、百折不回的前行者

1997 年，邢老师的老伴中风瘫痪。这犹如晴天霹雳猛击在邢老师的头上。俗话说，少年夫妻老年伴。妻子是人生中最亲近的亲人，老伴则是老年人相依相伴走完生命历程的伴侣。面对这个残酷现实，邢老师自问，我怎么办？路怎么走？最后他痛苦地决定，两不误，既不误全心照顾老伴，又不误坚持做学问科研。

孟子曰："天将降大任于斯人也，必先苦其心志，劳其筋骨，饿其体肤，空乏其身，行拂乱其所为，所以动心忍性，曾益其所不能。"从 1997 年老伴中风，到 2012 年老伴辞世，这 16 年来，邢老师为照顾老伴付出了常人难以想象的劳累和艰辛，真是心力交瘁，难以言表。这16年来，邢老师一头肩挑精心护理病人的重担，同时另一头则扛起了拓展汉语研究成果领域的重任。

他主持了国家社科"九五"科研项目、国家"十五"重点研究项目，以及教育部、湖北省委的10多个项目；出版了数十本专著，发表了200多篇学术论文；荣获了4个高等学校社科研究优秀成果奖一等奖。2011年，被聘为国家社科基金重大项目"全球华语语法研究"的首席专家。他在极其痛苦极其艰难的年代尚能取得如此辉煌的成就，其原因之一是他对汉语的家国情怀。1956年留校时，领导问他选择哪个教研室时，他果断地回答汉语。在他看来，一个国家的母语是一个民族和一个国家的象征，代表一个国家的尊严和地位。他的语言与生命同在的观点，更是让我们领悟到了汉语与中华民族的血肉关系。正因为这样，他将汉语研究作为他的终生职业，始终不渝地为之奋斗。其原因之二，是他看到了中国在语言研究领域和欧美之间的差距，产生了不甘人后的紧迫感，有要在这个领域中提高我们整个民族、整个国家的学术地位的强烈的事业责任心和高度的使命感。所以他在人生的最后时刻，能排除各种干扰，呕心沥血地主持科研项目，撰写学术专著，发表学术论文，指导博士生的学习和科研，直到走完他生命的光辉历程。

沉痛悼念邢福义教授！

著名语言学家邢福义千古！

（作者单位：华中师范大学）

桂子山永不消逝的背影 [*]

——纪念邢福义老师

王泽龙

  邢老师住在桂子山北区，我也住在北区，经常在上班、下班的路上与邢老师相会。桂子山的桂北路上，经常能见到他那熟悉的背影。几年前每天下午 5 点钟吃完晚饭，他准时到校园散步，我们相遇时，都会拉着手说一会话。一般不谈学问，他有时问一些学校、学院的事，我都会让他失望，因为我也不大知道学校、学院的一些事儿。近几年他身体不好，也坚持在阿姨的陪伴下出来走路，从 2022 年开始由阿姨推着轮椅，上午 9 点多钟到图书馆右侧山坡上晒太阳，也看着来来往往的学生，他一定是在留恋着桂子山的每一道风景。我们在山坡上几次见面时，都是双手相握，他的手显然没有力，是我在握着他；我们互相微笑着看看，无言交流着，他已经叫不出我的名字。2022 年 9 月 12 日那天，我用手机给他照了几张照片，人消瘦一些，精神尚可。年关将近时，新冠再次肆虐，元月下旬，我打电话汪国胜兄（他的学生、我的同学），汪兄告诉我一个不好的消息，邢老师感染了病毒，住进了中南医院。邢老师有多样基础病，

---

  * 本文曾发表于《光明日报》2023 年 4 月 14 日第 15 版。

我们真是担心——他终究没有渡过这次难关。

我受益于邢老师的教益，还得从考大学说起。我是 1977 年恢复高考后的第一届大学生。考大学的那一年，我是一所小学（也"戴帽"办初中）的民办语文老师，也同时兼任学校校长（高考那一年我 22 岁）。教授四年级、五年级语文课时，给学生讲语法知识，用的备课参考书就是《现代汉语语法知识》，这本书也帮了我的大忙，高考语文卷就有近 10 分的语法知识题。我们那个时候的高考，既没有考试大纲，也没有什么高考复习资料，临阵磨枪，全凭一点基础。语文高考作文题是"学雷锋的故事"。1976 年毛主席去世后，学校组织学生开展学雷锋、做毛主席的好孩子的活动，同学们编了不少学雷锋的故事。真是巧合，我在考试卷上写了三个学雷锋的故事，命名为学雷锋故事三则，不知道评卷老师是不是多给了几分。政治考试题目，有一道题是论述无产阶级专政下继续革命的理论，正是我给初中班六、七年级讲政治课的内容，也给撞上了，好像是 15 分的一道题。后来到华师上学时，才知道署名华中师范学院中文系现代汉语教研室编著的《现代汉语语法知识》，是由邢福义老师与高庆赐老师合著的，那个年代还只能在著作上集体署名。

上大学后的一年级下学期，在现代汉语课堂上第一次见到了邢老师，那一年邢老师 43 岁，风华正茂，英俊儒雅，副教授身份（王先霈老师被评为讲师，在 3 号楼 301 教室门口贴的公告，王老师是我们文艺理论课的主讲老师）。记得邢老师那次讲课，讲的是逻辑。他上课时，居然没有讲义，只拿了两根白色粉笔。我们学生当时听课都是比赛似的做着笔记，有的同学可以把老师一堂课内容一字不落全部记下，像录音机一样。四班学习委员田代祥因为古代文学笔记好，受到老师表扬，被全年级同学敬仰。这位没有备课讲义的邢老师并没有让我们失望，他慢条斯理，从容不迫，广征博引，妙语连珠，将一门枯燥干巴的逻辑课，讲得如行云流水，江河放舟；同学们听得舒爽惬意，如饮甘泉。几十年后1977级同学也记得邢老师的逻辑课。从后来他的博士生的回忆中得知，邢老师为了讲好一节课，都要准备好几天，把课堂上的每一个细节都设计到位，把要讲的每一句话都背下来，走路时，就在心里默默练习。记得我的导师黄曼君先生也是这样的，把上课看得很神圣，一节课不讲好，一天都不舒服，上课就像话剧演员登台演出一样。给我们1977级讲古代文学的丁成泉老师、讲文艺理论的王先霈老师、讲外国文学的周乐群老师、讲美学课的彭立勋老师都是这样神仙般的课堂风姿。——真是让人怀想！

我与邢老师的直接交往，是2001年从荆州师专（现长江大学）到华师后。我承担过邢老师主编的《大学语文》教材编写，他与我几次讨论现当代文学选目。由他推荐，我曾多次参加湖北省的高考语文卷命题（从2016年开始，湖北省高考已经改用全国卷）。邢老师曾经在《光明日报》发表过一篇文章，《辞达而已矣——论汉语汉字与英文字母词》，谈及当下英语翻译的退化，较多用英语词首写字母组合为名词的翻译，成为干瘪瘪没有生气的文字符号，比如PM2.5、WTO等，远远不及前辈学者翻译的"敌敌畏""托福"这一类音义、情感色彩兼有的翻译。我读后觉得，邢老师他从中看到的是不同民族的语言文化传播接受的有机交融问题。我们把这篇文章推荐给《新华文摘》文化学栏目，得到了编辑高度评价，《新华文摘》全文转载了邢老师这一篇文章。

我在学校担任学报主编期间的2015年10月，学报举办《华中师范大学学报》60年刊庆活动，邀请邢老师为学报题字，他为学报题写的是"映日荷花别样红",用南宋诗人杨万里的诗,鼓励学报独树一帜,不断创新。邢老师从 1959 年开始在华师学报发表第一篇文章,直到 2015 年,他在学报共计发表了 20 余篇学术论文。他说,他不少有影响的论文是在华师学报上发表的。学报 60 年刊庆会议是 2015 年 10 月 18 日,先前专门给邢老师发了邀请函。不巧,当时他正在云南师范大学参加学术活动。刊庆活动结束后,汪国胜兄告诉我,为了参加 18 日的学报会议,10 月 17 日,邢老师晚上乘飞机赶回了武汉。可是我们疏忽大意,开幕式活动没能请邢老师出席。我想邢老师是可以让汪国胜转告我们的,但他担心对安排好的会议程序有影响,没有让我们知道他已经回来了。想起来,真是自责,一个 80 多岁老人,为了赴一个会议,不顾劳累,连夜赶乘飞机,我们却疏忽了!

邢老师对工作百般认真,在生活中对朋友、学生也格外细心。我带的新加坡博士生陈京文、谢淑娴夫妇在毕业时,仰慕邢老师(邢老师的学问与著作在海外华文圈广有影响),想请他题字纪念,托我向邢老师请求。邢老师非常爽快地答应了,第二天在语言所他的办公室专门会见了他们夫妻二人,对他们伉俪二人取得中国文学博士学位表示祝贺,希望他们为海外汉语言文学传播做贡献。邢老师给他们的题词"抬头是山,路在脚下",挂在他们家的客厅里,也将永远留在敬仰他的后辈人心中。

(作者单位:华中师范大学)

我心目中的邢福义先生

汪维辉

邢福义先生不幸因病离世，令人痛惜。

算起来，邢先生应该是我的老师，虽然他没有给我上过课。我1983—1986年在华中师大中文系读硕士，当时邢先生除了在华师招研究生，同时还被华中工学院（华中科技大学前身）聘请担任兼职研究生导师。他在华师带的首届研究生李宇明、萧国政、徐杰比我高半级，我们住同一栋宿舍楼，李宇明学长是我们中文系研究生会的主席。那个时候邢先生已经名满学界了，我常常从同学和老师那里听到他的大名，真是如雷贯耳，心生敬仰，暗中把他视为榜样。我的导师杨潜斋先生有时也会在我们面前夸奖邢先生学问做得好，他曾经教过邢先生，故引以为豪。有一次在桂子山的林荫道上偶遇马路对面路过的邢先生，旁边的同学告诉我这就是邢老师，我心里肃然起敬，但也只是远远地"瞻仰"一下而已。本科就读于华师的同门黄树先常常跟我们讲起邢先生，比如他上课不带教材和讲义，只有一张小纸片，在讲台角落上一放，就开始讲课。我一直向往自己也能这样讲课，但是做不到。据说邢先生上厕所都在背例句，所以他上课举例都是信手拈来、脱口而出。在我读研究生的年代，桂子山上有一群名震学林的名师，除了像杨潜斋先生那样的老一辈耆宿，还有刚刚崛起的中青年学者群，邢先生是他们当中的杰出代表。有这样的老师在身边，即使未能亲炙，受到的潜移默化也足以沾溉一生。

我跟邢先生的唯一一次正面接触已经是我离开华师母校 20 年以后了。那时我还在南京大学工作，大约是 2006 年前后吧，鲁国尧先生邀请邢先生来南大讲学，听众坐了满满的一个阶梯教室。记得邢先生讲的是"不但"和"不仅"的区别，他把自己探索这个问题的过程和遇到的困难和盘托出，娓娓道来。最后无奈地说，这个问题他得不出明确的结论，因为两者的区别找不出规律。我听了颇感震撼，这就是一位真学者的治学态度！我也曾经思考过人们在使用同义词时的"选词"机制问题，觉得影响"选词"的因素不外乎这么几个：时代、地域、语体、修辞和个人言语风格。邢先生的报告让我陷入了沉思，我在琢磨，是不是个人用词习惯在其中起了作用，使得两者的区别成了一团乱麻？报告结束后我们一起陪邢先生在西苑留学生部餐厅吃饭，席间有没有向邢先生请教我的想法已经记不清了，但是这件事一直忘不了，邢先生当年的音容笑貌至今依然记忆清晰。

我跟邢先生的接触很少，读他的论著也不多，但是从读研究生起就一直关注着这位老师，他的治学精神、理念和方法给了我很深的影响。他重事实、善思辨的治学方法令我终身服膺。邢先生有许多治学金句为学界同行所喜闻乐道，我常常引用他的一句话来自勉和勉励我的学生："学者要用实际成果塑造自己。"

哲人已逝，精神长存。谨以此小文怀念敬爱的邢福义先生。

（作者单位：浙江大学）

春风化雨滋桂子　学林泰斗入汗青

——忆邢福义先生

邵则遂

　　过春节时张邱林教授说邢老师家里的电话一直没人接，我说春节前邢老师因肺部感染住院了。我们都想这次邢老师也会像前几次住院那样逢凶化吉，平安回来的。谁承想 2 月 6 日下午，竟从网上看到噩耗，我不相信这是真的，直到从汪国胜老师那里得到确信，我才知道邢老师永远离开了我们。不禁悲从中来，心如刀绞。

　　1980 年春季，邢老师给 1979 级讲现代汉语语法，我去蹭课，听了一个学期。邢老师不用讲稿，例子全靠记忆，使用文学作品中的材料，随意点染一下，人物形象就栩栩如生。叙述杜鹏程《夜走灵官峡》中的那个天真、机灵的小男孩和作者对话时，仿佛身临其境，如见其人。对人物形象和文学语言的精准分析，令人惊叹，邢老师如果研究文学，也绝对是高手。他还用一手精致的简笔画指引人物关系，点明语义指向，把枯燥的语法课讲得妙趣横生。曾听一位中学语文教师说：他有一次听邢老师做学术报告，整整四个小时手不停笔，觉得每句话都需要记下来，生怕漏下一个字。大家都不敢去上厕所，唯恐中断了连贯性，失掉了重要信息。深入浅出、充满智慧的语言课是再也听不到了。

读本科时,我写了两篇小文——《"为了"表示原因新议》《"不但不——反而"句式试说》,邢老师看后说题目很好,意思也新,还要深入挖掘,仔细论证,给了我极大的鼓励。当时有的老师认为华师是师范院校,是培养中学语文教师的,不能侧重于某一方向。邢老师却不以为然,认为师范生偏爱语言课程走向研究领域并没有什么不对。本科毕业后,我被分配到荆州地区一个小学校。邢老师到荆州开省语言学会,专门把我叫去,要我振作起来,并指出做学问的方法,要大处着眼,小处着手,小题大做。他把刚写成的一篇论文讲给我听:"一 X,就 Y"句式,显示"行为紧接"这一基本语义关系,前加特定形式词"刚、从、这么、只要",又显示时点、时段、情态、条件等非基本语义关系,用语表形式和语里关系互证得出结论。我现在认为这是比较早的"构式"研究。邢老师教导的方法,对初学者具有可操作性,我在后来的学习和研究过程中,从邢老师那里,获得很多营养。邢老师还给黄伯荣先生写信,把我推荐到青岛大学,希望改变我的学术环境。曾有三次动议,想把我调进华中师大,主要是我的学历问题和成果不多,而未能如愿,辜负了老师的希望。2012 年,汪国胜学兄聘我到语言所当校外兼职博士生导师,我想肯定是得到了邢老师的首肯。十年来,有多个博士生在我名下顺利毕业,也算是没让邢老师失望。新世纪初,教育部委托邢老师主编专升本《现代汉语语法修辞》教材,其中要求有教师进修学院的教师参加。那时我还在湖北教育学院,邢老师就首先想到了我,让我写修辞部分。在成书中,发现我执笔的那一章增加了许多用例,无疑是老师把自己平时辛苦搜集的语料奉献出来了。曾看到语法的一章修改稿,几乎每句都有改动,朱墨灿然,云霞满纸。我说怎么动这么多,这要花多少时间呀,邢老师只是淡淡地说了句"他撞在我枪口上了"。邢老师对学生特别眷顾,总是希望他们在学术上有建树,对社会有所贡献。邢老师在华中师范大学桂子山上耕耘60年,所育桃李满天下。

邢老师生前总结自己是"年年岁岁,春夏秋冬"。"年年岁岁"是持久力,也就是数十年如一日的坚持。邢老师从17岁上大学,60余年都在"跑路"——学习和工作。每年除了春节休息几天,每天都是工作十个小时以上。"春夏秋冬"是承受能力。武汉夏日酷热,冬日严寒,还没有空调的岁月,炎热时把脚泡在凉水里看书,冰天雪地时捂在床上写作。《邢福义文集》12卷皇皇600万言,就是这样写成的。邢老师就是鲁迅先生说的那种"拼命硬干"的人,是"中国的脊梁"。现代汉语语法问题,方方面面都思考过,不管问什么生僻的问题或很窄很小的问题,邢老师都能解答。未曾研究过的,也本着"知之为知之,不知为不知"的态度。有一次在中南民族大学讲学,有个硕士生做"语言决定论"的论文,问对"沃尔夫假说"的看法,邢老师就直接回答不清楚这个问题。老师常说"有所不为才能有所为",从不把时间浪费在闲聊、应酬、务虚的事情上。有一次请他到中南民族大学来讲学,时间已经到了中午12点,仍不肯留下来吃饭。说在外面觥筹交错太耽误时间,也影响中午休息。如果是谈学问,邢老师就兴致很高,温文尔雅,谈古论今,移晷忘倦,使人如坐春风。邢老师的学术成就和对汉语研究的贡献,毋庸我赘言,只说一事:上世纪80年代末到美国参加学术会议,邢老师宣读了《"更"字复句》,日本语言学家桥本万太郎说,大陆来的学者,只有邢老师把问题说清楚了。《广陵散》于今绝矣!

永远怀念邢先生!

(作者单位:中南民族大学)

无尽的哀思，永远的老师

——追忆恩师邢福义教授

黄树先

2022 年岁聿云暮，新春伊始，恰遇虎兔相逢，不好的消息不断传出，语言学界有多位知名学者不幸去世。2023 年 2 月 6 日，我们敬爱的老师邢福义教授在住院治疗多日后不幸离开了人世。先生离开一个多月了，学生总难静下心来，提笔想写点纪念的文字，不知从何说起，更增添了心中的哀伤。

一、难忘的授课

43 年前的那个三月，邢福义老师走进华师中文系 1979 级本科生课堂，给我们上现代汉语语法课。第一次课是 1980 年 3 月 29 日，翻开我当年的笔记，有这样的记载："上午两节现代汉语语法，由邢福义老师讲授。他说，1972 年以来第一次讲课。课讲得极熟练。"印象中，老师上课，不带任何书籍，也不带任何讲义，仅几张卡片而已。老师也没给我们指定过什么教材。记得第一次课，前排坐了好几位年轻的老师，随堂还有一位年轻的助教。从这则简短的笔记来看，一个进入大学仅半年的农村孩子，给老师的课的评价只是"极熟练"，现在看来还不能完全说是幼稚。

我两次拜读老师的《寄父家书》，记忆深刻的是，老师一直在跟他父亲讲述上课的点点滴滴。老师 1956 年下半年留校任现代汉语助教，1957 年上半年正式担任助教工作，每周上两节实习课，每两周做一次答疑。老师 1959 年下半年正式开课，"在高等学校里，助教第一次给本系学生上课叫开课，开课是当助教的人的一件大事，一般要当四五年助教才能开课""不管到哪里讲课，反应都很好"（1959 年 6 月 9 日），"在教学方面，不管在哪里讲课，反应都很好"（1960 年 1 月 26 日）。课上得好，除了老师的天分极高，学养深厚外，与老师的备课认真，准备极其充分有关。老师的《我是怎样备课的》（1963 年 5 月）一文，最后一节的标题就是"熟，烂熟！"："我总是要求自己把讲稿的内容全部记熟，熟到一个例句所用的标点符号都可以毫无错误地写出来。""课讲得极熟练"，是老师留给我这个刚入学学生的直观印象。

那个学期的语法课一直上到 6 月，1980 年 6 月 7 日是最后一课。我的课堂笔记记载："语法课上了 20 多节，今天结束了。副教授邢福义老师在语法方面很有研究。据说他 8 年未上课，一直在搞研究。他讲课明白易懂，严肃但又不紧张。上课时，常在黑板上随意勾勒几笔，用图来帮助学生理解，常常收到集中同学们注意力、帮助他们记忆的效果。他讲课仅带几张提纲纸，引用的例句又准确，还能说出它的出处，往往能说出在第几页，看来非一日之功。今天第四节课后，邢老师说，他讲课肯定有不准确，或没讲明白的地方，要同学们提意见。多谦虚啊！最后，他希望同学们打好基础，要想取得成果，必须勤于思考。"当年的记载，文字依然幼稚可笑，对老师的敬佩却是发自内心的。6 月 25 日是现代汉语语法课考试，笔记记载较短："上午考查汉语语法，简单。"如何考的，怎么个简单，我得了多少分，这些都记不起来了。

老师给中文系1979级学生讲课，在《寄父家书》里有两处记载。"我已正式回汉语教研室。正在筹备成立语言教研室。最近经过协商，我要在系里上语法课（从三月二十八日开始，一学期）。另外，在下学期给高年级学生开'语言逻辑'课。"（1980年3月15日）老师是在周六上午开始上课，课程结束是6月7日，是日也是周六。80年代，学校周六是教学日。三月二十八日是周五，可能是老师的笔误。5月19日，老师写道："这些时来，主要对付几件事。一是上课。虽说驾轻就熟，不必全力以赴，但不能不上好，因此还是得花时间。二是'汉语知识丛书'中文字、词汇部分各册的审稿。"

老师上课，付出了大量时间和精力。听课的学生对老师的"记忆力表示惊奇和佩服"，老师自谓"讲课从来不看讲稿，从论点、论据以至复杂的例句，都可以凭自己的记忆说出来、写出来"（1962年9月26日）。华师历来非常重视教学效果，我们在读的时候，看到不少老师因此调离教师岗位。

老师的课堂教学，让学生受益匪浅。我1986年毕业到高校工作，也很认真上课，不论如何努力，还是远远达不到老师的境界。

二、无私的扶持

老师上完课，总有学生询问一些问题。我当时几乎没有跟老师当面请教过，不是没有问题，是懵懂，也是腼腆。毕业后，跟老师见面次数也不是很多，原因也跟学生的性格有关。虽然见面少，但始终得到老师的关爱。

2007 年，我把 40 岁前发表的文章结集，以《汉藏语论集》的名义出版。我请老师给书写个序言，老师很快写好，给我极大的鼓励。我的第二本论文集《汉语核心词探索》，得到老师的资助，列入老师主编的"华中语学论库"，2010 年由华中师大出版社出版。

在我主编《语言研究》杂志的几年里，老师给予了不少的扶持，常常把自己最新的研究成果交给杂志。进入新世纪后，老师创办了《汉语学报》，我跟老师的联系就多一些。学术评价兴起，杂志生存环境越来越艰难。几家语言学杂志，经常有一些交流，商讨如何提升办刊水平，拓展发展空间。老师为此付出了不少心血，几次亲自主持杂志的学术活动。

记忆犹新的是 2004 年开始的湖北省高考语文命题。老师是命题的专业掌舵人。老师亲自谋划，我本人有幸参与这项工作。遇到困难，总有老师帮着解决，每年的工作都很顺利。在闱点，我跟同门汪国胜、储泽祥、谢晓明、朱斌等朝夕相处，结下了深厚的友谊。

尤其让人感动的是，老师还把"汉语核心词研究"列入 2010 年度教育部人文社会科学重点研究基地重大项目。老师的支持让我顺利完成了"汉语核心词研究"的研究任务，我用课题经费出版了《比较词义探索》《比较词义再探》两部著作。

老师的鼓励和关怀，无私的提携和扶助，让学生终身难以忘怀。

三、殷切的叮嘱

最难忘记的是与老师在宜昌的一次见面。2014 年 6 月下旬，华中师范大学语言所牵头，召开"语言学期刊信息化建设高峰论坛暨《汉语学报》创刊 10 周年座谈会"，会场选在宜昌。

来自几家杂志的同仁入住三峡东山酒店。26日早上八点半，我到房间看望邢老师。老师关切询问我的调动情况，说是到北京对家庭有好处，也会碰到新问题。老师又说，从不同地方引进的人才汇聚一起，搞好关系很重要；厚德载物啊，要与人为善，才能立足。老师说到"厚德载物"时，语速放缓，几乎一字一顿。大会十点在三峡大学召开，邢老师首先讲话，讲了杂志选稿的九个字"读得懂，信得过，用得上"。多年来，老师的叮嘱，一直回响在耳畔。

2017年11月，邵则遂师兄联络召开京鄂湘豫2017年古汉语研讨会，会议在华中师范大学语言所召开。我同匡鹏飞兄联系，想看看老师。匡兄告诉我老师正在整理家书。很遗憾没有见到老师。第二年的6月，我收到了老师签赠的《寄父家书》。随后我给老师发了一个邮件："老师的新作《寄父家书》，鹏飞转给了学生，谢谢老师惠赐的大著。学生多年来很喜欢看名人年谱，印象很深的有杨树达先生的《积微翁回忆录》，是抄录他自己的日记而成。老师的新书，窃以为应该是年谱，而这本年谱又是老师给太老师的家书，读来真实，自然，感人。学生孤陋寡闻，以前没有看到这样的年谱。学生当好好拜读学习。"后来没有再见到老师，只逢年过节给老师写邮件请安。再过几年，老师不大上网，邮件也中断了。

老师之恩，山高水长；老师的教诲，永记心间。往事历历在目，心境难以平复。拉杂写来，寄托学生的无限哀思。

（作者单位：首都师范大学）

邢福义教授普及逻辑知识 *

范 军

《教了一辈子逻辑的刘文君老师》在微信公众号"出版六家"推送后，引起了师友和读者的广泛关注。文章与网友见面正是全国两会期间。我们注意到，2023年两会上全国政协委员陈霞一份"小众"提案却引发了"大众"热议。提案标题是《推广现代逻辑教育，提升科技创新能力，构建自主知识体系》，这个提案很快被"澎湃新闻"和微信公众号"我们爱逻辑"转发，但是题目改成了《陈霞委员建议：推广逻辑教育，在日常生活中学会推理和说理》。显而易见，政协委员的立意比较"高大上"，重点是知识在重要领域的创新与建构；而社会上有识之士和大众媒体则更加关心普通干部群众如何学逻辑、用逻辑。

在高等学校，过去从事逻辑教学与研究的有两方面的教师。一是靠近哲学的逻辑学专业教师，二是靠近现代汉语的中文系相关教师。我们谈过的刘文君老师就属于前者，这里要介绍的邢福义教授则属于后者。前者侧重提高，后者更重普及，传授的具体内容往往也有所区别。刘、邢二位名师是同辈人，50年代大学毕业后分别留

---

* 此文曾于 2023 年 3 月 21 日在微信公众号"出版六家"推送。

在华师政治系和中文系工作,在逻辑教学上则各擅胜场。刘老师之于逻辑学如前文所述,邢老师之于逻辑学则有书为证。

《邢福义文集》第七卷(华中师范大学出版社 2019)为"七本小型的书"。这 7 本小书中,有 6 本是关于现代汉语语法的,如《形容词短语》《汉语语法三百问》等;列在第一种的是一本关于逻辑的书——《逻辑知识及其应用》。作者在《编者的话》中开宗明义指出:

> 这本介绍逻辑知识的小书,可作为学习语文的辅助性读物,供中小学语文教师、干部和知识青年参阅。

> 这本书所讲的逻辑知识,不求全,不涉及一般逻辑书所讲的全部问题。不管是"概念""判断"还是"推理"部分,只要是对中小学语文教师或一般学习者来说实践意义较大的问题,就多讲;反之,少讲或不讲。

毫无疑问,邢老师这本小书是普及性的册子,注重联系语言运用实际,较多地讨论有关"应用"的问题。《逻辑知识及其应用》初版于 1977 年,出版机构为湖北人民出版社。不过当时反对大学教师的所谓名利思想,作品往往连自己真实姓名都不让署,辛勤劳动得不到应有的尊重。此书作者项标明为"华中师范学院中文系现代汉语教研室编"。到 1979 年修订再版时,该书才堂堂正正署上作者"邢福义"几个大字。

邢老师在这本小书上付出的心血、写作的特点,以及出版后的反响,从其《寄父家书》(商务印书馆 2018)中可见一斑。1977年 7 月 1 日,邢老师在给他父亲的信中写道:"《逻辑知识及其应用》已经印出。寄了两本，一本给您，一本给叔父。这本小书写作时间，延续了三四年之久，写写停停，写写改改，终于出来了，算是完了一项心事。"在 8 月 28 日的信中，邢老师对父亲说："《逻辑知识及其应用》怎样评价，还得过一段时间才知道。就通俗性讲，可能对没学过逻辑的人来说，是深了；但跟以前那些逻辑书比，应该肯定是浅多了。而且，这本小书把逻辑问题和语言问题联系起来讲，是一个创造，国内尚未有人这样做过。当然，这种'创造'，只是探索性的，是否可取，尚待大家讨论。"邢老师接着写道："在写《逻》书的过程中，我积累了许多问题。今后若有时间，就一一写成论文。这些论文，能够对在语言和逻辑之间建立一种边缘科学起到一定的作用。""《逻》书一出，就抢购一空。目前，已经买不到了。"

一本小小的普及逻辑知识的书籍，邢老师花费了大量时间和心血。他带学生一直要求他们头脑中随时随地都装着几个"?"，要有问题意识。他自己身体力行，把积累的一个个问题变成了论文，并形成了自己现代汉语研究的一个特点：把语言与逻辑结合起来进行探讨。从邢老师给父亲的信中我们还知道，《语文函授》杂志专门约请他撰写《逻辑知识讲话》，分 4 期连载。

1978 年 9 月 9 日，邢老师寄父家书中再次提及《逻辑知识及其应用》，说该书"已改完，送交出版社，大概明年年初可以发稿，明年四五月间可以同读者见面。以后出版社出版的书，都将改用个人的名字。"为了这本小书，邢老师精益求精，反复修改完善。1979 年 3 月 31 日，邢老师给父亲信中写道："《逻》书，要换掉一些例子，个别地方要做最后的修改。上月二十四日，修改完，交出版社，可能已经发排了。"从 3 月到 5 月，邢老师还专门给华师中文系毕业年级（1977级）开了专题讲座，讲授内容就是逻辑知识方面的。《逻辑知识及其应用》修订本正式刊行已是1979年年底。邢老师在12月31日寄父家书中说："《逻辑知识及其应用》已经印出。过两天寄给您。"从邢老师信中知道，该书得稿费520元。现在收入《邢福义文集》的就应该是这个1979年版本。

邢老师把《逻辑知识及其应用》样书4册寄给父亲是在1980年1月下旬。后来，他还告诉父亲，"秋季开提高课语言逻辑，明年招若干名研究生"。在邢老师那里，逻辑知识的普及与语言逻辑的提高、服务中小学老师和培养专业研究生是可以相互促进、共生共荣的。

一百多年前西方逻辑学传入中国，纳入正规课程系统。1902年的《钦定京师大学堂章程》就明确规定"政科"三年必须开设逻辑课（名学）。在后世的风风雨雨中，逻辑学在中国起起伏伏，命途多舛。直到粉碎"四人帮"后，逻辑课才在大中学校复苏。1978年，第一次全国逻辑学讨论会召开；1979年，中国逻辑学会成立。1980年，语文教育专家张志公呼吁"中学生应该学点逻辑"，在教材、师资比较缺乏的情况下，可"由语文学科明确地把逻辑训练和简要的逻辑知识的教学任务承担起来"。邢福义老师《逻辑知识及其应用》的撰写和出版，《逻辑知识讲话》的连载和传播，正适应了当时教育界和社会上对逻辑知识的迫切需要。继《逻辑知识及其应用》之后，邢老师与同事合作编写了《语文知识千问》，由湖北人民出版社1983年3月出版。其中的语法、修辞、逻辑300问为邢老师撰写。这本书曾经十分畅销，深受读者喜爱。同年6月《湖北教育》编辑部编印的《小学语文教师之友》上，还刊登了邢老师的《概念、判断和推理》《同一律、矛盾律、排中律和充足理由律》两篇文章，足见其对普及逻辑知识的用心用力。

回到陈霞委员的提案，我们注意到她把"逻辑学看作是科技创新不可或缺的基石"，与自主知识体系建构息息相关；同时也提出"将逻辑学作为面向全体中小学学生的一项素质教育"，并"加强逻辑师资队伍建设"。最后，她还提出，每年的世界逻辑日，面向大众普及逻辑知识，让大众学会在日常生活中推理和说理，让逻辑学更好地服务于科技创新与社会发展。当年，邢福义老师将语言与逻辑有机结合，大家写小书，大学者写小文章，让无数人从中受益。今天，我们在深切缅怀一代语言学大师邢福义教授之时，更希望他的事业后继有人，同时希望陈霞委员的呼吁得到积极回应。

附记：此文微信公众号"出版六家"2023 年 3 月 21 日推送。华中师范大学出版社官微、华中师范大学语言研究所官微、《语言战略研究》杂志官微转载。师友及读者留言选取数则：1）周晓明：我 1974 年以工农兵学员身份来到桂子山，说实话，不爱上课——有些课，老师在台上声情并茂，却打不起我的兴趣，听过一两次，就自己泡图书馆。倒是邢福义的现代汉语课，我很感兴趣。他的逻辑学知识，当时是印发的讲义，我也很感兴趣。他讲现代汉语，常常与现代逻辑知识挂钩，我很受启发：语法与逻辑，有天然联系。2）刘文君：邢老师那本书当年我见过。现代逻辑界也有一批人搞"语言逻辑"。逻辑的应用是多方面的，还有"法律逻辑"等。3）曾祖荫：普及逻辑知识是重要的。文章写得很好，很有针对性。4）吴锦琴：我在珠海听说，有重点中学为学生开设了逻辑选修课，内容与 50 年代在高校开设的形式逻辑相似。还听说，高中的数学课有了微积分。只觉得现在的高中生真厉害！按理，人人都要点逻辑。现在各级各类学校的课程如何开，是值得研究。5）何婷婷：邢先生及其他专家普及逻辑学是对教育重要的贡献，逻辑学训练对学生帮助是很大的。6）阮忠：写得很好。从小处即感到邢老师治学的精神和方法都值得好好学习。

（作者单位：华中师范大学）

我与邢福义先生的"秘密联系"*

胡向东

20 世纪 80 年代，邢福义先生曾给我们华师中文系 1983 级上过课，我怕自己记忆不确，特请了几位同学一起回忆。大家都说有的，应该是大四那年，好像邢老师只讲过一两次，具体内容早已忘却。有女同学记得确切，说是现代汉语语法专题，邢老师先开了头，接着由他当时的几位硕士生、后来皆为语言学著名学者的李宇明、汪国胜、萧国政等开讲。回想起来，邢老师讲课的娓娓道来、深入浅出自不必说，感慨更深的还是那时硕士生的学术水平，与当下相比简直不可同日而语。当年不懂事，并没有意识到这种学习机会有多珍贵。在读书期间最该与邢老师建立联系的机会，就这样错过了。

转眼间，与邢老师正式认识（确切说是邢老师认识我），并因工作而建立"秘密联系"，就到了 2004 年初春。这年一月，教育部召集湖北、湖南、江苏、浙江等 8 个省市开会，告诉大家说中央已决定改革高考命题管理办法，要求自当年始就要将分省自主命题的省份扩大到 8 个（此前只有上海和北京两市），请大家回去以后马上

* 本文 2023 年 2 月 8 日发表于公众号"老胡说教"。

组织队伍加快筹备，确保8省市顺利实现由全国统考命题向分省命题的转变，确保2004年当年考生用上本地命制的高质量高考试题。并且强调说，这是要求而不是征求意见。作为匆忙上任的高考命题中心主任，我还没等散会就慌了神，将焦虑两个字明明白白地写在了脸上。分管这一工作的教育部考试中心领导见状笑着安慰我说，任务是很急，不过也不用太担心，你们湖北是"两高两多"：高校多，高人多，不存在问题的。湖北高校确实还比较多，高人肯定也多；可是，哪些人才是我们需要的高人呢？又怎么找出这些高人呢？他却并未细说。还是要感谢领导，回到湖北，教育厅领导很快给我们指出了高人所在。其中之一，便是邢老师，母校的邢福义先生。

于是便匆忙拜访邢老师。我们约在一个晚上，邢老师一个人在语言所的办公室里接待我们，说是已经接到了上面的电话，他将全力支持这一工作。此前上级领导曾交待我们，遴选命题教师第一要义是把好政审关，特别是安全保密意识和能力，第一次见面就要讲，讲一百次也不算多。但我和同事见到邢老师后并没有多讲什么，主要是听邢老师讲。因为邢老师对高考、对高考命题性质的认识，对高考命题必需的安全保密要求的了解，远比我们深入和深刻。那一年，邢老师69岁，却一点不显老，精神矍铄。之后的五六年里，他每年都"入闱"担任高考语文命题的审题人——如今邢老师不做这一工作已十多年，早已"脱密"，湖北自主命题也止于2015年，之后都使用了全国卷，这个可以说。

那天从邢老师办公室里出来，我感觉到自己悄悄地松了一口气。初春的桂子山，空气显得格外清新，令人精神一爽，眉头不知不觉地松开了，我仿佛又从母校得到了力量。邢老师为我们提名了好多合适的命题人选，有华师文学院的，也有外校乃至外地的；有今年就应该用的，还有今后可以用的，短短时间里就为我们搭建了一个命题人员队伍，而且还是梯队！他还对这些学者们的学术专长、为人风格等一一介绍，让我们对命题队伍的组建心里有了实底儿。邢老师还提出了应由语言学专家为主干来组织语文科命题队伍的想法，这其实代表了邢老师对高考命题、高中语文课程与检测要求的深刻认识。显然，邢老师对这个工作有着自己的思考，并且为我们勾画了方向。我心中暗自高兴，邢老师是我们"寻找命题教师"之旅的第一站，一开始就让我们吃上了定心丸，对后面的数学和英语等科目人选也顿时感到很有信心，主要是有了寻人的章法。湖北高考命题前后持续了 13 年，应该说语文学科命题的"大模样"，就是在那样一个初春的夜晚里由邢老师定下了。

事后我曾经细想过，为何邢老师如此了解中学的语文教育，看他的简历似乎没有当过高中教师。慢慢地随着对邢老师的逐渐了解才得解其惑。原来邢老师一直关心中小学语文教育教学，上世纪 70 年代起就研究和写作了许多面向基础教育的语文读物，如 1972 年曾与高庆赐教授合作撰写出版了《现代汉语语法知识》，1983 年与刘兴策教授等合作出版了《语文知识千问》，进入新世纪他又撰写了《汉语语法三百问》等。他主编的数本现代汉语教材中也不乏面向中等教育的版本，涉及中学语文教育的论文更是不计其数。我暗自揣摩，在邢老师心中，只怕从没有将现代汉语研究限于大学阶段，关在象牙塔里，而是一直将科研和教学、应用结合起来，在从事高深专精的汉语研究同时，用普及性读物和对母语的热爱，服务于最广大的读者吧。

就这样，在之后的几年里，我算是与邢老师建立了"秘密联系"。这并非夸大其词或者故弄玄虚。因为高考命题工作要求全程高度保密，不仅是试题内容，而且命题人员名单、工作程序和工作安排等都是保密事项，所有参与者都不得向外界透露。我们省高考命题全部队伍建立齐全后，各科的命题教师多由每科都设有的专职学科秘书联系，我则负责联系审题人员。这期间的每年初春，我先与邢老师敲定一个时段，请邢老师不要出差，确定入闱审题时间后我再通知，约好接送时间和地点。于是，每年审题时，我和一位同事带一名着便装的武警战士（他既保卫安全又负责监督我们），开车去学校接邢老师，同事开车，武警战士坐在副驾驶位上，我陪邢老师坐在后排。我发现看似严肃的邢老师其实举重若轻，极善聊天。一路上邢老师往往都很健谈，说起自己的几个学生，年龄最大的其实只比自己小一两岁；说起参加全国政协会议时的趣闻；谈学习语言学没有诀窍，要不断地积累和思考；又说起语言学队伍的建设，还有学校文科的发展……在一个多小时的车程里，不时响起邢老师轻轻的笑声。有时候我一抬头，还可以从前排后视镜里看到年轻的武警战士那双明亮的眼睛。

有人说高考是我们民族的图腾，此言不虚，而且近几年这个图腾还不断被放大。在几门高考科目中，语文又是全民关注的热点，尤其是作文题，谁都能说上几句，即使说不出名堂来，也可以骂上几句，因此语文命题组的压力格外大。在邢老师的指导下，我们组建了由语言学、古代文学、现当代文学、写作学、教学论等专业的教授组成的队伍，又在全省抽调优秀的中学教师特别是功底扎实、擅长高考研究的特级教师加入进来，形成了大学教授为主、中学教师参与，命题、审题人员和工作环节分离开来的语文高考命题管理格局。这种来源广泛、有一定代表性的人员配置使命题工作有了组织保障，同时，也使各大板块的内容有了把关人。而审题人则负责把好最后一关。邢老师就是湖北高考语文试题的把关人。

　　每次审题工作，其实对邢老师而言都是一次"考验"，现在想起来我仍内心不安，觉得工作条件和环境对不起老人。闹点位于城市边缘，本该十分宁静，可惜不远处有条铁路干线经过，呼啸穿梭的火车几乎昼夜不息。白天还好，习惯了环境后几乎听不见，但每到夜晚动静就大得多了。邢老师睡眠不好，又心细如发，戴着耳塞还是难以入眠。"我只好起来干活。"邢老师说，晚上每每工作到很晚。

　　大规模考试的命题，一般至少会命制 A、B 两套等值试卷，还要制作好参考答案和评分标准。一套语文试卷的文字量大约八千字左右，答案与评分标准在两千字左右。每次审题的文字量虽然只有两万多字，但需要对选文把关，订正文字，审订注释，还要将试题全部做一遍，验证答案的准确度和适切度，因此审题专家的工作量也是很重的。邢老师带领的审题组夜以继日地工作。审定试卷后，邢老师首先听取审题组其他老师的意见，充分交流写出评审意见，再与命题组碰面交流。

　　每一次邢老师与命题组的交流会，都是一堂极其生动的高端"语文课"。到命题现场审题不似当下的有些成果评审，评审专家只考虑怎样夸人、怎样夸成一朵花儿，它是要对试题面世后的后果负责的。试题文本和设题有没有意识形态方面的问题？文本是否适合用作试题材料？文本材料中的注释是否准确？题目要求超纲没有？是否符合当下中学教学实际？给出的参考答案是否正确？评分参考有没有给考生留出足够的应变答题空间？邢老师对这些问题如果提出了疑问，必定用绵密的思维、轻细的话语一一说明。一开始，大家心服口服之余，不禁暗自思忖甚至不无担心，怎么办呵，有这么多问题！这时候，邢老师每每又缓缓提出了精妙的修改意见，使大家顿生柳暗花明之感，往往情不自禁地鼓起掌来。到了第二年，命题组的老师就安心多了——反正有邢老师！因而，邢老师受到命题组全体教师们的由衷爱戴。每次审题意见交换会上，邢老师和审题组老师一进会议室，大家就不约而同地热烈鼓掌；邢老师讲完了，又是一阵热烈掌声。

邢老师不仅提出审订意见，有时候也亲自动笔修改。2007年湖北高考的作文材料主题是"母语"，面对命题组拟定的作文题导语，邢老师"点赞"之余又斟酌再三，提笔进行了修改。这个在6月7日上午与40多万考生见面的作文题目，一经公开后就受到各界激赏，当日下午的网络论坛上就不断有人为之点赞，不少报刊还专门发文讨论，至今也仍为各个优秀作文题汇编版本所选用。

题目是这样的：

> 阅读下面的文字，根据要求作文。
>
> 母语是一个人最初学会的一种语言。人人都有自己的母语。母语是民族文化的载体，是民族的生存发展之根。在当今世界多元文化竞争与交汇的时代，母语越来越受到普遍关注。我们交流思想感情，欣赏文学作品，掌握科学文化知识等，都离不开母语。可以说，我们每天都在感受母语，学习母语，运用母语。
>
> 请根据你对以上材料的理解和体会，自选角度，写一篇作文。
>
> 要求：自定立意，自选文体，自拟题目，不少于800字。

这道题目，既有强烈的现实意义，更有深刻的文化内涵。要求学生就有关母语的材料写文章,其中既包含着提醒:我们要珍爱母语,捍卫汉语;又隐含着导向:学校要加强语文教育,学生要重视母语汉语的学习。引导学生关注学习关注生活,写自己的亲身经历和真实感悟,既是对现实的一种贴近,又是对语文的一种回归,具有积极的导向作用。试题视野开阔,体现出较大的开放性,为学生提供了广阔的发散天地,以及深刻的开掘空间,因此体现出较好的区分能力。这种强烈的现实感和鲜明的语文性相结合的作文题,为形成湖北卷作文题追求开放性与思辨性相结合的特色增色不少,实在是不可多得。回头再看近两年的全国卷作文题,无论是2020年的讨论劳动对人的发展的作用,2021年的讨论体育与民族、个人强弱的关系,还是2022年以围棋术语"本手、俗手、妙手"导入讨论人的学习和成长规律,都是这种偏于理性、考查思维发展水平的试题,可谓与湖北卷的"母语"一脉相承。今天写这篇小文时又反复读了几遍这道题目,既亲切又感慨。导语只有136个字,层层递进地述说对母语的认识,每一句都十分简洁、准确;语言平实亲切,逻辑针脚细密扎实,感情却十分克制。这文字的风格,简直就是"邢门"师徒为人治学的作风写照呵。

2016年夏天,我调入华中师大文学院语文教育教研室担任教员,从此与邢老师同在一个"大单位",也失去了"秘密"联系。看似离邢老师近了,却少了过去与他短暂但朝夕相处的机会。这年开学后还未及拜访邢老师,却在一个下午,在校园里碰上了正在幼儿园旁边小径上散步的邢老师。他坐在路边木椅上休息,示意我也坐下。我报告说:"邢老师,我调回文学院了,正准备上门向您报到。"邢老师说:"我知道你来了,汪老师告诉我了。来了好,到学校教书好。"又跟我问起了今后的打算,嘱我发挥自己实践上的专长和优势，可以多研究语文考试，做好学科教学这个领域的教研，做出点特色来。因要上课，我起身告辞，邢老师便笑眯眯地看着我，又叮嘱了一句："现在到学校里工作，还是夹起尾巴做人啊！"

唉，邢老师！您是我人生道路上永远的恩师！

（作者单位：华中师范大学）

邢福义先生和语言学系本科生培养

王洪涌

　　1999 年 2 月 4 日立春时节，华中师范大学语言学系成立；2023 年 2 月 6 日，邢福义先生离去，算来语言学系已经走过 24 年了。这是国内第一个以母语汉语为教学和研究对象的语言学系。语言学系的筹办、创立、发展，邢先生付出了很多心血，还担任了首任系主任。我从 2000 年起一直在语言学系学习、工作，深切感受到邢先生对语言学青年学生培养的良苦用心。特别是语言学系刚成立的头几年，我在担任教学工作的同时兼任语言学系辅导员，跟 1999 级、2000 级、2001 级本科学生一起聆听了邢先生的教诲。回想起来，邢先生对语言专业的本科人才培养、对青年学生的指导，有很多做法值得总结和传承，一些往事想来令人感动。

一、北京来信、月饼和书

　　桂子山最美的季节是秋天。桂花盛开时节，整个校园沉浸在馥郁的香气之中。每年 9 月，新生带着青春的朝气和对未来的梦想来到桂子山，在这里度过最值得纪念的大学生活。1999 年的秋季，语言学系首届汉语言专业 29 名学生如期报到。

我记得在 1999 级开学典礼上，邢先生给同学们宣读了一封北京来信。这封信，是时任全国人大常委会副委员长的许嘉璐先生发来的贺信。信中，许先生表达了对语言学系成立的祝贺，勉励同学们要承担起把语言学发展成为"先行科学"的重任，语言学研究大有可为。这封信让同学们感受到了沉甸甸的责任感和使命感。

邢先生谈到了对语言学系学生的培养，强调学生要有"三个意识"，即现代意识、创造意识、实践意识；做到"五会"：会研究问题、会外语、会电脑、会分析和鉴赏作品、会调查和评议语言文字现象。邢先生还以自己的研究为例，举了生活中很多有意思的语言现象，告诉同学们要会关注和研究语言现象。虽然是开学典礼，但是没有长篇大论的报告。邢先生站在主席台前排中间跟同学们讲话，一个个例子信手拈来，逗得同学们哈哈大笑，笑过之后又引导同学们思考，气氛非常融洽。开学典礼之后，邢先生还给同学们送了他自己的书《邢福义自选集》。那几年，邢先生的新书不断出版，后来还陆续给同学们送过《汉语语法学》《文化语言学》《汉语复句研究》等。

我 2000 年在语言学系工作后，担任了 1999 级、2000 级两届学生的辅导员工作。后来 2001 级、2002 级新生加入，本科生人数越来越多，基本上语言学系每届都保持着 30 多人的招生规模。开学没多久，桂花开了，快到中秋节了。邢先生提醒我，要给同学们买点月饼，组织同学们开展活动，怕同学们想家。记得 2001 年中秋节的晚上，我把同学们召集到学校博雅广场，一边跟同学们一起赏月吃月饼，一边听他们的想法。同学们告诉我说，系里这么重视本科生，他们非常感动。以前久闻大名的学者、专家，现在给他们写信鼓励他们，或者给他们上课，他们觉得非常自豪。邢老师是他们正在学习的《现代汉语》教材的主编，现在听邢老师给他们做讲座，了解教材背后一个个语言现象包含的语言学道理，再读邢老师的著作，觉得很亲切，对学好语言学充满了信心。

1999级学生学习了一学期、两学期之后，同学们给许嘉璐先生写了信，汇报了他们的学习成果。邢先生认真读过同学们写的信，让我从华师西区邮局寄到北京。在2001年新年到来前夕，同学们收到了许嘉璐先生的两封回信。回信中许先生对同学们学习上取得的进步表示肯定："从你们半年学习的情况看，系里和邢福义老师为你们所做的安排科学、合理，这是华中师范大学有眼光，建立语言学系的决策正确的最好证明，是你们系越办越好的保证。"同时也指出了急需语言学支持的中文信息处理和语言教学两个发展方向，对同学们提出了殷切的希望："你们正确地选择了前途无限的语言科学，又如此喜爱语言科学，进步迅速，何愁中国的语言学不能振兴？"

事情已经过去很多年了，这几届的同学们回忆起当初的北京来信，回忆起邢老师送他们的书，甚至中秋节的一块月饼，都非常感动。所谓的大师引领，往往就是这些言传身教，对青年学生产生了巨大的影响。同学们对专业的认同感，也是从这些点滴细节中获得的。

二、"跳起来摘桃子"

邢先生特别擅长用形象的例子来打比方，告诉同学们一些道理。这些听起来浅显易懂的话语，细想起来很耐人寻味。比如"抬头是山，路在脚下"这八个字当年曾经被邢先生写在黑板上，后来成为语言学系的系训。这句话激励同学们既要志存高远，也要脚踏实地。再比如告诉同学们要"站在问号的起跑线上"，是说要有发现问题的意识，这是语言研究的起点；"研究植根于汉语泥土，理论生发于汉语事实"，是倡导要从汉语语言事实出发进行研究，也就是邢先生后来归纳的"植根事实、自我出新"和"重视引进、据实立新"。再如"句号放大是个〇，往前又是〇起点"，激励同学们在学术研究的路上没有止境，唯有不断开拓不断进取。

语言学系刚成立那几年，邢先生担任的工作非常多，学术研究任务也很重，但他从来没有忽视过对本科生的培养。记得有一年学期快结束时，同学们举办了一个语言学论文报告会，邢先生参加了，而且还对同学们的小论文进行了点评。邢先生说："要给自己定个目标。跳起来摘桃子是可以的，跳起来摘月亮不行。伸手就摘到的桃子，大家都能摘到，滋味可能不好；跳起来摘到的桃子，你品尝到的味道会更鲜美。"

当时同学们初学语言学，充满了自信和激情，但到了写论文时，往往又不容易找到合适的选题。要么被纷繁复杂的语言学理论研究困惑住，找不到方向而备感迷茫；要么能发现一些具体的语言现象，虽然勉强能做到对语言事实"观察充分"，但却做不到对语言规律"描写充分"和"解释充分"，视野受到局限而感到沮丧。在论文报告会上，同学们表现出来的，就有这方面的问题。

邢先生的话及时提醒了同学们：要有远期目标，还要有近期目标。目标不能太高太远，像月亮那样遥不可及，不现实，目标要可实现，要通过努力可以达到，这样才能有成就感；也不能太容易，唾手可得的成果没有挑战性，容易让人待在自己的舒适区，不能达到新的高度。获得成果的重要途径，就是不断努力，保持积极向上的"跳跃"状态。

我后来看到一篇访谈，李宇明先生在谈到邢先生做研究的时候也提到："邢老师做科研如同栽培桃树。每天的观察与思考，就像桃树结桃子。桃子有大有小，有红有青。红的就摘下来，不红的慢慢再养着。邢老师今日发表的文章，有的可能几十年前就在思考和积累例句了。"我相信，邢先生不仅仅是希望学术研究中摘取越来越多的桃子，也希望培养的"桃李"们能结出更多的桃子，收获更多的成果。

人们常说："十年树木，百年树人。"邢先生对学生的培养，不仅仅给学生立了总的目标，也有分阶段的培养目标，每一阶段有每一阶段的成果导向，也有每一阶段的激励措施。用这样的方式培养学生，潜移默化，润物无声，才能让学生成长为栋梁之才。

三、"授人以渔"

在语言学系开始招生的时候，邢先生对学生提出了"五会"的要求，其中排在第一位的是"会研究问题"。这是邢先生结合自己多年的教学和研究经验，针对当时的人才培养现状提出来的。可是怎样让本科生具备研究意识，早日进入语言研究的领域？邢先生采取了各种办法。授人以鱼不如授人以渔，教会学生从事语言研究的路径和方法显然是非常重要的。邢先生在课程体系设计和培养方式上进行了大胆探索。

为了打好学生的知识基础，他为语言学系的学生请来各方向的教授亲自上现代汉语、古代汉语、语言学概论等基础课程。他还请了当时已经退休的朱建颂老师来上方言学，请香港中文大学的蒋平女士教音系学，请中科院的黄曾阳先生团队教 HNC 自然语言处理技术……其中，我印象最深的，是邢先生邀请了湖北大学的卢卓群教授为语言学系学生开设汉语小论文写作课。

卢卓群教授当时在湖北大学已经进行过几轮汉语小论文写作教改实验，效果很好。邢先生请卢教授过来，专门指导语言学系学生学习做语言研究，写汉语研究论文。卢教授住在湖北大学附近，每次来华师路上都要花不少时间，但我每次在3号楼教室见到他，他都是早早地到教室，课上完后还在教室里一对一地辅导学生。在学校的时间不够，邀请学生去家里谈论文，也是很常见的。我们语言学系老师的邮箱里，也常常有同学们发来讨论语言研究问题的邮件。我印象中卢老师当时的视力不太好，但他仍然一丝不苟地逐字逐句批改学生的论文。从选题到收集语料，从文献综述到论文写作，卢老师认真地指导，同学们也慢慢学到了语言研究的方法，迈开了本科阶段从事语言研究的第一步。据卢老师的统计，从1999年9月到2004年7月，1999级—2002级4届学生125人中，共有73人在正式刊物上发表汉语小论文114篇。近三分之二的同学本科阶段发表过论文。而且邢先生还鼓励本科生参加湖北省语言学会年会等学术会议，让他们在会上报告论文，听取专家的意见。

邢先生在给卢卓群教授的《汉语小论文写作》一书所写的序中指出：

> 学会做研究工作，既是大学生创新能力凸现的重要途径，又是一个学者成型和成器的必要条件。对于教育部门和教师来说，不应该把学生捆绑在课堂上，不应该把学生禁锢在教科书里。因此，一方面固然应该要求他们学好课程，打好专业基础，另一方面又要尽快地引导他们通过研究来带动学习，把思想触角伸向新的高度、新的侧面甚至新的境域，让他们不辜负

青春年华，激发他们早点闪发才智的光芒。

"学会做研究工作"，"通过研究来带动学习"，这就是邢先生对培养学生创新能力的认识和实践。在应试教育占有很大比重、很多人认为大学生缺少创新性的时候，邢先生就已经敏感地认识到学会研究对学生创新能力培养的重要作用。他还说："学校和教师怎样塑造大学生，大学生本人怎样塑造自己，关系到民族素质的整体提高，关系到国家发展的万年大计。"

邢先生这些话语，今天还具有非常重要的启发意义。我们现在探索拔尖创新人才培养模式，思考拔尖创新人才应具备的素质，其实20多年前邢先生已经进行了实践。大师引领、小班教学、个性培养、创新能力训练等等，都是很好的经验。语言学系汉语言专业现在是国家一流本科专业建设点，怎样结合国家和时代的要求，把这个专业建设好，怎样把邢先生汉语言专业人才培养的优势和经验继续传承下去，我们还需要继续努力。

语言学系从成立到今天，培养了600多名本科生。他们中很多人毕业后继续深造，目前从事汉语研究、普通语言学研究、少数民族语言研究、计算语言学、神经语言学等方向研究的都有，国内外的高校和重要研究机构都有他们活跃的身影，他们已成为各单位的中坚力量。最早几届学生有的已经成为教授、博导，成果斐然。但他们在回忆起走上语言学道路时，都对在桂子山上的语言学系度过的时光充满感情，对邢福义先生在学术道路上的引领、指导、训练充满感激。

（作者单位：华中师范大学）

桂子山上沐杏雨　昙华林前忆师恩

——怀念邢福义先生

刘　云

2月6日中午，我到了办公室之后不知什么原因既不想打开电脑，又不想看书，在办公室呆坐了20分钟左右。正想打开电脑开始工作的时候，噩耗传来：邢福义先生走了。我不相信也不愿相信！但当消息确认后，我便第一时间告诉李宇明老师，并同汪国胜老师商量由语言所和文学院两家共同料理后事。诸事安排妥当后，我觉得我得留下一些文字，这次坚决不留遗憾！

回忆我与先生的交往，我用四个"一"来缅怀先生：一次见面，一篇论文，一段长情，一个遗憾。

一、一次见面

这里的"一"是序数词，指我与邢先生的第一次见面。第一次见面的具体时间已经不记得了，应该是1996年三四月间，记得当时还下着小雨，乍暖还寒；地点记得很清楚，是在文学院一楼当时的语言学研究所，现在的工会活动室；事项是我参加硕士生入学的面试。在读研究生之前，我自认为是一个比较爱学的学生，说得俗一点，充满自信心，但研究生的入学面试给我当头一棒，让我如坐针毡。李宇明老师和吴振国老师负责面试，题目是比较"差点VP"和"差点没VP"。我读本科时只背熟了教材，没有受过系统的训练，只能硬着头皮乱答一气。正在不知如何是好的时候，救星来了！只见李宇明老师和吴振国老师纷纷起身向一位面慈目善的老师打招呼，只说了几句话就继续面试。李宇明老师说刚才是邢福义老师，我一听邢福义老师，不就是我们本科所学高教社《现代汉语》教材的主编呀，便开始谈我学《现代汉语》教材的体会。这才弥补了我回答"差点VP"和"差点没VP"的不足，算是勉强通过了面试，心里从那时起就默默感谢邢老师！

第一次见面是匆匆的，甚至还来不及打招呼，但我有两个深刻的印象。一是感觉邢老师惜时如金，同李宇明老师和吴振国老师的见面都是秒谈，见到一般人恐怕连秒谈都免了。二是感觉邢老师平易近人，由于李宇明老师和吴振国老师当时是面试老师，提问时都比较严肃，邢老师当时是偶遇，是笑着脸打的招呼。这一次偶遇就是邢老师在我心中的底色！

二、一篇论文

这里的"一"是序数词，指我正式写的第一篇学术论文。硕士研究生一入校，老师们就反复强调要多阅读语言学期刊。邢福义老师的论文《NVN造名结构及其NV｜VN简省形式》（《语言研究》1994年第2期），我读了又读，反复揣摩，感觉还可以进一步探究，特别是由组合式的偏正结构"$V_{xx}N_1$的N_2"格式转化为黏合式的偏正结构"$N_2V_{xx}N_1$"时的制约因素。遂与同门李晋霞一起，合写了一篇小文章《"V$_双$N$_1$的N$_2$"格式转化为黏合式偏正结构的制约因素》，主要探讨转换中涉及的结构因素、音节因素以及该结构中动词的动性和名词的生命度。这篇小文发表于《世界汉语教学》2002年第2期，人大复印资料《语言文字学》2002年第10期全文转载。

第一篇小论文因为是习作，模仿邢老师文章的痕迹较重，例如拙文中的例子有的直接选用邢老师文章中的例子（军马饲养方法、首长保卫人员、研究生指导教师），有的是改自邢老师文章中的例子（"方言调查方法"改自"方言调查提纲"，"古籍整理专家"改自"古迹介绍专家组"）。又如邢老师论文的最后一句话是"这类现象，从一个侧面反映了汉语里'名词定格'的事实"，拙文最后一句话是"这类现象实际上就是汉语的'名词定格'现象"。

三、一段长情

这里的"一"是基数词。从1996年来华中师范大学文学院读硕士研究生开始，我一直在桂子山学习、工作。也是巧合，邢老师1995年之前的36年里一直住在武昌县华林的公寓楼里，1996年才搬进桂子山的博导楼。这么说来，在先生身边学习、工作了27年！27年，人生能有几个27年，所以我用"一段长情"来概括。

这27年来，跟着邢老师一起编教材、办会议，我也在不断学习，不断成长。

跟着邢老师一起编教材。先生特别注重培养年轻人，我硕士二年级时便参加了先生主编的《文化语言学》的修订工作，负责总论第六节《1989—1998文化语言学的发展》。对先生而言，挑选谁去修订这一节都无所谓，但对我而言，这却是改变我人生航向的关键节点。由于那十年正是文化语言学方兴未艾之时，相关著作论文特别多，迫使我抓紧时间多看书多收集资料。后来，跟着邢福义老师还编过多部教材，参编邢福义、吴振国主编《语言学概论》（华中师范大学出版社），参编邢福义主编《现代汉语》（高等教育出版社）。一直跟着先生编各种教材，受益良多，先生对编委的选择、任务的分工、内容的取舍、进度的控制，都有自己的考量和安排，跟着先生编教材我也学会了编教材。

跟着邢老师一起办会议。桂子山上的语言学会议接二连三，记得研究生一入校的时候华中师范大学语言所就主办了"新时期语法学者学术研讨会（国际）暨第五届中青年现代汉语语法学术研讨会"（1996 年 10 月），当时还不知道也轮不到我们操办会务，只是旁听会议。留校后，语言所先后主办了十余次国际学术会议，这些会议我或参与会务，或积极参会，或主持论坛。跟着先生办会我也学会了办会，把从先生那里学来的办会经验用到我自己操办的会议上，加强了与学界同仁的交往。

我跟着邢老师成长。1999 年我硕士毕业留校任教，能够同老师辈成为同事，我当然也很高兴。即使后来去北京大学计算机系做了两年的博士后，出站时我还是选择了回到母校，因为桂子山开启了我初为人师的教师生涯，我特别留念这里的师友，留念这里的一草一木。事实证明我的选择是对的，在桂子山，在邢老师的带领下，我们年轻教师顺利成长。我博士一毕业，就获得了国家社科基金项目"汉语广义虚词知识库的建设"，这极大地鼓舞了我的学术勇气。获批的原因我很清楚，是邢福义老师、冯志伟老师等国家社科基金评委大力支持交叉学科的研究。正是在邢老师等前辈的鼓励下，我一直把交叉学科作为我的一个主攻方向，迄今主持的各种项目中有一半以上是交叉学科项目。

四、一个遗憾

这里的"一"是基数词。由于发公众号时需要几张同先生的合影，我把电脑中储存的数字照片看了一遍，又把家里的纸质照片翻了个遍。在几千张照片中，找到了唯一的一张与邢老师的单独合影，这张合影还是 2002 年 6 月 5 日博士论文答辩时的合影，其他的合影都是大合影，少则三五人，多则几十上百人。这之后的 20 年，居然没有与先生的单独合影，不能不说是一大遗憾。其实，在先生身边学习、工作的这 27 年，要想单独合个影实在太容易了，分分钟的事情。正是因为太容易了所以没有珍惜，想着随时都可以单独合个影，所以没有当回事。没想到，先生已仙逝，这唯一的一张单独合影弥足珍贵！

带着这个遗憾永远怀念邢福义先生！

（作者单位：华中师范大学）

邢福义先生是我人生路上的贵人

赵贤德

2023 年 2 月 6 日下午，北京第二外国语学院教授宋晖师弟在微信上给我留言说邢福义先生去世了，我一下子惊呆了，怎么可能呢？我留言说不可能吧，我印象中邢老师身体很好的。宋晖师弟说这是真实的，暂时仅仅是圈里小范围人知道。可是，很快不长时间，微信朋友圈里就开始陆陆续续有人转发邢福义先生去世的消息了。看样子，我们必须面对这个残酷的事实了。回想起我在武汉生活和在华中师范大学文学院攻读硕士学位、博士学位的情景，邢福义先生对我的关心、关照与关爱，点点滴滴，历历在目，真是仿佛如昨天一样。邢福义先生在我人生路上的每个关键时刻都出手相救，邢福义先生是我人生路上真正的、永远的贵人。

一、邢福义先生的著作是引导我考研的入门书

1990 年 6 月，我从湖北荆州师专毕业分配到湖北沙市市（现湖北省荆州市沙市区）某中学教了 6 年初中语文之后，开始有点"蠢蠢欲动"了，似乎觉得自己还有进步的空间，毕竟那时我才 20 多岁。考研是我提高学历、在学术上上升的唯一选择。可是考研对当时的

我来说完全是两眼一抹黑，什么都不知道。于是我回到母校荆州师专向我的古代汉语老师杨荣祥先生（现任北京大学中文系博士生导师）和从华中师大毕业的我的班主任杨德才先生（现于国家税务总局工作）汇报说我想考研究生的想法。他们都建议我考华中师范大学语言学专业的研究生，理由是华中师大语言学专业实力在全国很有影响，毕业后容易找工作。他们推荐考研的资料《现代汉语》用邢福义先生主编的，《语言学概论》用李宇明先生主编的，《古代汉语》用谁谁谁的教材。说实话，我读的是两年制的师范专科学校，从来没有看到邢福义先生主编的本科《现代汉语》教材，也没有学习过《语言学概论》，但是，我既然已经有了考研的想法，那就要努力了。那个时候不像现在通信网络这么方便，购买书籍相对容易。上个世纪末一般家用电话都不是很多，搞到这几本推荐教材也费了我很大的劲，花了不少钱。邢福义先生主编的厚厚的一本《现代汉语》教材是我考研的入门书。这本教材是我花重金想办法搞到手的。因为是教材，新华书店很少卖的。又因为我在远离中心城市武汉的沙市市工作，信息极端闭塞，又没有勇气给华中师范大学文学院的老师们，尤其是邢福义先生写信。如今，快30年过去了，我搬家多次，但是这本教材我依旧珍藏着。后来，我继续考博士，邢福义先生的《汉语语法学》《邢福义学术论著选》《词类辨难》《汉语语法三百问》等都是我考博的入门书。邢福义先生的这些重要著作和教材是引导我进入学术研究的启蒙书，我后来写了一些所谓的语言学学术文章都深受邢福义先生学术写作方法和学术思想的影响。

二、邢福义先生帮我确定硕士毕业论文选题

　　1997 年 9 月，我历尽千辛万苦终于苦尽甘来，考上了华中师范大学文学院语言学及应用语言学专业硕士研究生。我读硕士研究生，其实基础是很差的，因为我的第一学历是两年制大专，头一年上学还没有搞清楚专业是怎么回事，第二年就毕业了，而且当时是上个世纪 80 年代末。毕业被分配至湖北省沙市市某中学做语文老师兼班主任。这个工作一直坚持了 7 年，直到我 1997 年以同等学力勉强考上硕士研究生。因为在中学语文老师这个岗位上时间太长，我基本上把大学教材扔到一边了，更谈不上去做什么学术研究了，主要是大把的时间精力投入到中学语文教学和班主任工作上去了。后来起了考研之心，自己通过"日光加灯光，泪水加汗水""白加黑"等方式加班加点、苦熬苦撑终于考上了研究生，我知道这样突击考取的研究生与我那些读了 4 年本科大学同时也考上研究生的师兄师姐师弟师妹们比较起来，专业基础的距离相隔太远。这个距离短时间内是很难赶上的，实际上就是先天不足。所以有一段时间，我很迷茫，因为老师们讲的东西，尤其是音韵学之类以及西方语言学流派之类我大多听不太懂。研究生第二学期，我的指导老师吴振国教授语重心长地提醒我早点准备毕业论文选题，因为我的基础相对来说差一些，免得到时候写不出论文来显得很被动。也曾听师兄师姐们私下议论说，研究生论文选题是最重要的。可是我也不知道什么样的题目能够写成论文，我是真的不知道啊。正当我为论文选题踟蹰徘徊、焦急郁闷时，恰好有一个机遇，邢老师课间和我交流这个话题，我说我正着急呢，实在不知道找一个什么选题来写

毕业论文。邢老师看出我的顾虑，就说，你到图书馆借一本小说杂志，找一个短篇小说反复阅读和思考，找出八九个你认为特殊句式或者特殊词语，两周以后上午十点你到语言所找我。我于是像抓到了救命稻草一样，赶紧跑到学校图书馆借了一本短篇小说集，从中找到了一篇三四千字的短篇小说，反复阅读，阅读反复，终于找出来了八九个特殊句式和特殊词语。比如"张三不比李四差""垂垂老矣"等之类的句式和词语，究竟是哪些句式和词语，我今天当然都忘记了。但是邢老师从我选择的众多句式中认可了"别说了"这样一个句式，邢老师认为这个"别 V 了"可以写成一篇很好毕业论文，并指导我怎么写这篇论文。比如说，不同的"V"含义不一样，可以找一本动词词典，将所有的动词都嵌入到"别 V 了"格式中，看看为什么有的句子可以说，有的句子不能说；又比如，这个"V"前面的部分是哪些名词或其他什么词或者句子；"V"后面的部分是什么样的名词或其他什么成分；"V"前的部分和"V"后面部分有什么关系；等等。经过邢老师这么一说，我豁然开朗，因为邢老师给我指明了研究的方向。后来又在我的指导老师吴振国教授的帮助下，经过反复搜集整理资料和阅读类似论文，终于顺利完成论文并且顺利通过答辩。毕业之后这篇论文的部分章节拆解修改完善后在一些重要刊物上发表了。如果没有邢老师帮我选题，我还真不知道会忧愁得怎么样。

三、邢福义先生在经济上无偿帮助过我

读研之前，我是教初中语文的，中学老师收入很有限，创收渠道也很少，加上我家是农村的，农村的父母根本不可能在经济上给

予我任何支持。读研之前，我已结婚成家，而且有了一个两岁半的小女儿。读研之后，家庭经济开始变得更加紧张起来。于是，我一边读书，一边在附近中专或大专给他们上大学语文或现代汉语之类的课程，有时候也到学校附近的学生家庭做家教挣点生活费，寒暑假基本上是给中小学培优班学生上语文课。家庭经济生活的窘迫也挤占了我学习的很多时间。有一次，邢老师不知道从哪里得知的信息，知道我当时家庭经济困难，于是约我到他办公室，语重心长地、慈父般地鼓励我好好学习，抓紧时间多读书，争取毕业论文顺利完成并通过答辩。临走时又从抽屉里拿出一个信封交给我，并说，这里面有一千块钱帮你缓解一下目前生活的困难，等你以后相当富裕了再还给我。我当时激动得不知道说什么。这是发生在上个世纪 90 年代末，由于没有写日记的习惯，具体时间我忘记了是 1998 年还是 1999 年，一千块钱在当时也是一笔不小的钱。隐隐约约记得当时研究生补助每个月是两百多块钱。但是，不管怎样，这件事情我是永远记得的。后来直到我工作了几年之后专程到华中师范大学邢老师的家里去把钱还给了邢老师。邢老师这种爱生如子的行为也感染了我，以至于我当老师时，偶尔也遇到经济困难的学生，我也会给予一定的支持和帮助。

四、邢福义先生为我毕业寻找工作写推荐信

1999 年年底和 2000 年年初，是我们 1997 级研究生毕业找工作的时间。我当时一边写论文，一边找工作，同时也还要想办法打工挣钱养家糊口。由于我拖家带口，所以找工作比一般单身研究生难度大得多，压力也大得多。道理很简单，成家了拖家带口

的，一般单位不好解决配偶工作问题。所以很多单位就不太愿意接收结婚了的毕业生，这样学校人事部门可以免去很多麻烦。我当时就面临着这个现实。我在武汉及周边城市的很多高校都投送了求职简历，但是效果不明显。一来是因为我比一般研究生年长七八岁，不如一般单身研究生有潜力可挖，另一方面基础也差一些。读研三年，真正用来读书的时间很有限。今天想来，十分后悔。大好的光阴去挣那点小钱想想确实不值得。如果读研那三年我抓紧时间好好读书，我的基础可能就好多了。真是应了一句古话："黑发不知勤学早，白首方悔读书迟。"当我正在为寻找工作四处奔走、走投无路、焦虑不已的时候，邢老师给我写了一封推荐信，我将邢老师的推荐信附着在我的求职申请书前面。我拿着我的求职申请书和邢福义先生的推荐信，很顺利就应聘上了武汉科技学院（后更名为武汉纺织大学）。我不知道邢老师给我写的推荐信在求职中起了多大作用，但是邢福义先生在学术界的地位那是众所周知的，特别是在武汉高校学术圈有谁不知道呢？邢福义先生在关键时刻又帮助了我，邢福义先生是我人生路上的贵人，我是永远不会忘记的。

五、邢福义先生鼓励我好好准备博士生入学考试

2000 年 6 月，我成功应聘到武汉科技学院担任现代汉语和大学语文教师。刚踏上大学讲台一段时间，我很开心，因为我觉得我从农村到中等城市又到武汉这个大城市，从中学老师到大学老师，一步一步向上走。因此，我工作很有热情，积极性很高。可是工作不久之后，我就发现硕士研究生学历学位在本科高校根本算

不了什么，环视周边同事，他们比我年轻，或者相差不大，可多是教授、博士、副教授，还有各种各样的人才头衔，可我仅仅是一个硕士研究生毕业。什么课题啊，获奖啊，表彰啊，出国交流啊，考察访问啊，职称职务升迁啊，什么好事都轮不到自己头上。我又开始焦虑了。形势逼迫我进一步考博士。于是我回到母校，分别向邢福义先生、李宇明先生、汪国胜先生、吴振国先生、李向农先生倾诉我的苦恼，同时向已经从华中师大调到武汉大学的萧国政老师倾诉人生之路的艰难。他们都非常能够理解我的处境，也都积极鼓励我考博士。他们的鼓励让我坚定了信心。尤其是邢福义先生的鼓励更是我努力报考博士的坚强后盾，是我行动的定海神针。2002 年考试一次，各科分数都达到了，可是由于指标太有限，竞争太激烈，我落选了。2003 年，我就很顺利考上华中师范大学语言学及应用语言学专业博士。得到信息的那一刻，我是激动不已。形势逼迫和邢福义等先生的鼓励使我在学历学术上更进了一步。如果没有邢老师等母校老师的鼓励，我真不知道还要坚持多久才能考上博士研究生。

六、邢福义先生在我困难时帮我推荐发表文章

2006 年 6 月，我博士研究生顺利毕业了，博士研究生毕业了意味着就要再就业了。这时，远离武汉的一座苏南小城常州有一所学校向我伸出了橄榄枝。这所叫着江苏技术师范学院的学校，刚刚获批了汉语言文学专业，有意向录用我。当时我在电话里征求了邢福义先生的意见，也征求了我的博士研究生导师、中国修辞学会副会长冯广艺教授的意见。他们都说常州好，常州地处江南，长三

角腹地，经济发达，文化发达，赵元任、周有光等都是常州人，那里的大学也应该不错的。于是我下定决心，挈妇将雏来到了常州江苏技术师范学院（几年后更名为江苏理工学院）报到。作为大学老师，我们除了教书育人之外，还有一个重要的任务就是要做科研，这也是每个大学老师的重要职责，因为要评职称。评职称，写文章是必须的。但是语言学的文章难写难发。道理很简单，僧多粥少。每年毕业的博士研究生要发文章，评职称的老师要发文章，从事专职研究的研究员等都要发文章。江苏是一个文化大省，也是文化强省，高校多，研究机构和研究人员多，需要发表文章的老师和研究员自然也多。但是为了上职称，我也必须努力啊，再难也要向前走啊。这时，我突然又想起了邢福义先生曾写过的一篇小文章《猪往前拱，鸡往后扒》。我认为我就是"一头猪"，我必须要向前拱，否则在竞争如此激烈的学术圈里几乎无法生存。有一次，我将写好的自认为有一定学术水平的文章通过电子邮箱发给邢福义先生，希望邢先生能够帮我把关并最好推荐一下，推荐一个刊物发表。过了几天，邢福义先生给我回复邮件，提出了一些修改意见。于是我按照邢福义先生的意见进行反复修改润色，也许这就是我们常说的学术训练吧。后来邢福义先生帮我把这篇文章推荐到武汉某个重点大学的重要学报上发表了。这篇文章后来作为我评副教授职称的代表作之一，我的副教授职称也因此顺利过关。关键时刻，邢福义先生又帮助了我，我将永志不忘。邢福义先生是我人生路上的贵人！

七、邢福义先生的作品给我智慧的启迪

读邢福义先生的作品，可以使我们变得聪明，给我们以智慧的

启迪。很多习以为常、习焉不察的语言现象在邢福义先生那里就是学问。

邢福义先生曾写过一篇文章《方位结构"X 里"和"X 中"》，我读了很多遍。我从中发现邢福义先生具有非常敏锐的观察力，那就是能够在一般人认为没有什么可研究的地方发现问题并梳理成文。2000 年 6 月，我硕士研究生毕业，在武汉科技学院应聘时试讲的话题就是邢福义先生的这篇文章的核心观点。试讲时得到了听课老师的好评。邢福义先生发表在《光明日报》上的文章《看得懂，信得过，用得上——谈谈学风和文风的"九字诀"》，教导我们写文章要大家不仅要看得懂，而且还要信得过、用得上。邢福义先生非常赞同吕叔湘先生的观点："文章写就供人读，何事苦营八阵图，洗尽铅华呈本色，梳装莫问入时无。"如果文章写得大家都看不懂，其社会影响就很有限。

又比如关于"有"和"没"的问题。邢福义先生看到《光明日报》一篇关于《白毛女》的评论，将歌词"人家闺女有花戴，我爹没钱不能买"修改为"我爹钱少不能买"。"没钱"改成了"钱少"。为什么？其理由肯定是：既然没钱，怎么能买红头绳？既然能买红头绳，怎么能说"没钱"？因此说"钱少"才准确。邢福义先生敏感地感觉到"没"不等于"零"，"没钱"绝对不等于零。于是他写了一篇有理有据、说服力很强的文章《从语言不是数字说起》在重要刊物《语言文字应用》上发表。

又如，每年国庆节，有地方媒体往往出现这样的征文"我与祖国同龄"。邢福义先生马上觉察出这句话有问题，在这个说法里，把"祖国"跟"共和国""社会主义祖国"等同起来了。试问：如果说 1949 年出生的人跟祖国同龄，那么他们的父母、他们的祖父母，岂不是比祖国的年龄还要大？邢福义先生在学术路上随时都能发现问题，并深深地感染着他的一批又一批学生。

邢福义先生给我们上课的时间很有限，但是他的学术思想和学术精神深深地感染着、影响着我们每一个学生，这种影响是无限的，而且是深远的。尤其是邢福义先生的那些经典的语言：

"抬头是山，路在脚下。"

"猪往前拱，鸡向后扒。"

"为人第一，为学第二；文品第一，文章第二。"

"在治学的道路上，无止境地追求，自强不息；在个人利益上，有限度地追求，知足常乐。"

这些经典语言常读常新，越读越新。因为它启迪我们的智慧，发散我们的思维，抑制我们的浮躁，引领我们的方向，永远影响着激励着我们做人做事做学问。

我考研使用的教材是邢福义先生主编的，我研究生论文选题是邢福义先生选定的，我读研生活上的困难是邢福义先生通过经济上的支持解决的，我毕业找工作是邢福义先生帮我推荐的，我报考博士的勇气是邢福义先生鼓励的，我博士论文答辩是邢福义先生主持的，我发表文章困难时是邢福义先生帮我推荐的。邢福义先生虽然离开了我们，但是他的学术思想、学术精神，他的为人为学将永远影响着一代又一代的华中师大的语言学人。

邢福义先生是我人生路上的贵人，我将永远怀念邢福义先生！

（作者单位：江苏理工学院）

高山仰止　景行行止

——追忆邢福义先生

罗耀华

2023 年 2 月 6 日中午 12 点，邢福义先生永远离开了我们。惊闻噩耗，大家无不哀痛。作为享誉海内外的著名语言学家、华中师范大学文科资深教授、华中师范大学语言学系和语言与语言教育研究中心创建人，邢先生的离世，让人真切感觉到什么是"泰山其颓乎！哲人其萎乎！"。

十多天过去了，我一直处于惶恐之中，该写一篇什么样的文章，来纪念邢先生？

2002 年 7 月我硕士毕业留校，2004 年 9 月，周卫华、龙海平和我，一起师从邢福义、吴振国两位先生攻读博士学位。在华师工作的 20 多年，我和邢先生直接交往不多，更多的是邮件联系，甚至找不到一张跟先生的合影，这也使得我迟迟无法动笔，但跟先生的几次交往，历历在目，仿佛就在昨天。

2001 年 5 月 17 日，像往常一样，我在 3 号楼 5 楼语言所的资料室找文献，写毕业论文，办公室的罗佑保老师找到我，拿出一本新书，并告诉我，这是邢老师刚出的《汉语复句研究》，送一本给我。打开扉页，里面居然有邢老师的题字和签名。顿时，意外和惊喜涌上心头。回到资料室，我如饥似渴通读起来，深深为先生复句领域的研究折服。先生是个大学问家，但在《汉语复句研究》自序中，他谦虚地写道："越研究，问题越多，越有更多的糊涂。……晏殊《玉楼春》中有两句话，我改换了其中的两个字，说成：'天涯地角有穷时，只有学问无尽处！'这大概能表明自己现今的心绪。"他还写道："这本书，总算为自己的复句研究打了个句号，但是，句号只意味过去，却不代表终结。句号放大是个〇。往前又是〇起点！"先生一生秉承着登山的理念，"抬头是山，路在脚下"，在语言学的群峰里，先生一座一座地攀登着，从汉语语法，到逻辑、修辞、方言、文化语言学，到国学及其他领域，先生均有卓越的贡献。

2007年博士毕业后，我萌生了继续深造的想法，尝试着跟北大袁毓林教授联系，希望去他那里做博士后。袁老师很快回信，说需要争取指标，还需要邢老师出面斡旋。我又斗胆给邢老师写了一封邮件，将我的诉求一一告知，不久收到邢老师的回信，他热情地帮我联系专家，争取指标，还写了一封推荐信。北大的博士后，后来因为种种原因，未能成行，这是我引以为憾的一件事。古人云"经师易得，人师难求"，能够有机会师从名师，是人生莫大的一件幸事。邢先生"不以善小而不为"，在奖掖后学，支持末进方面，邢老师一向是毫不吝啬的。老人家在背后默默地支持，默默地付出。现在想来，是多么难能可贵。

2022年10月的一天下午，我跟汪国胜老师在乒乓球室打球，偶尔看一下窗外，发现乒乓球室外面，李阿姨推着邢老师在桂花树下小憩。我们出去打招呼，老人家坐在轮椅上，一脸慈祥，面带微笑，但他已经叫不出我的名字了。没想到，这次的见面，居然是跟邢老师的最后一次见面。桂中路上，一个老人蹒跚独行，边行走边思考问题，这是邢老师多年养成的习惯，大家一般不会这个时候去打扰他。我以为那会是华师一道永远的风景线，谁承想，疫情快要结束的时候，这道风景却定格成了瞬间。

"高山仰止，景行行止"语出《诗经·小雅·车舝》，这是对先生一生最好的诠释，先生的学问、先生的人品、先生的为人，担得起这样的评价。先生毕生致力于汉语语言学的研究，以《汉语语法学》《汉语复句研究》《词类辨难》《全球华语语法》为代表，独著、合著、主编各种学术著作、教材高达60部，成果结集为《邢福义文集》，共计近600万字，真正的著作等身。先生先后四次获得中国高等学校人文社会科学研究优秀成果奖一等奖，三次获得湖北省社会科学优秀成果奖一等奖，还曾获国家级教学成果奖、中国图书奖、国家优秀教材奖等多个国家级奖项；被学界誉为"20世纪现代汉语语法八大家"之一。这些成就的背后，是一个字一个字的笔耕不辍；一本本书的出版、一篇篇文章的发表，是数十年如一日青灯黄卷的苦吟。泪光中我仿佛看见先生独坐书房，一丝不苟地看着书、思索着……借用语言所某年考博试题中的例子，表达我的追忆：永远的思念！思念到永远！

先生千古！愿先生在天堂安息！

（作者单位：华中师范大学）

温厚的长者，睿智的学者，坚韧的"赶路"者[*]

——我心中的邢福义先生

刘楚群

2023 年 2 月 6 日，邢福义先生永远地离开了我们。

那天，南昌下着小雨，天气阴冷阴冷的。老天感应到了人间的哀伤！

第一时间知道这个信息是在师门微信群"聚贤聊斋"。李宇明老师在群里发出信息："邢福义老师今天上午病逝！悲痛至极！""让人担心的、令人悲痛的事情终于发生了！令人痛恨的病魔，夺走了恩师的生命！邢福义老师走完了他的人生道路！他为中国语言学界留下了丰富财富！邢老师安息！"

随后，朋友圈、各大微信群，都在推送邢老师仙逝的信息。"享誉海内外的著名语言学家、华中师范大学文科资深教授、华中师范大学语言学系和语言与语言教育研究中心创建人邢福义先生因病于 2023 年 2 月 6 日中午 12 时在武汉逝世，享年 88 岁。"

我大脑里一片空白……

---

* 本文成稿于 2023 年 2 月 12 日，发表在《教师博览》2023 年 6 月（中旬刊）。

　　一个下午都坐在书房刷朋友圈……消息应该是真的，但我真的无法接受，也不愿意接受。其实在年前就已经从导师汪国胜老师处获悉，邢老师已经住进了医院。既然住进了医院，应该就不会有事，但其实心里还是很担忧的，毕竟邢老师的身体一直不是太好，加之年事已高。祈求上苍保佑邢老师。

　　最悲伤的事情还是发生了，邢老师最终还是走了，永远地离开了我们……

　　2月10日上午，在武昌殡仪馆天元厅，哀乐低回，全国各界人士一起送别邢老师。大家静静地听着主持人的介绍，静静地默哀，静静地鞠躬。我脑海中出现了19年前的一个相同的画面，2004年12月，我的父亲就这样离开了我们，永远地离开了他的儿女，那时我正在华中师范大学跟着邢老师的桂子山语言学团队攻读博士学位。眼泪默默地流淌着……

　　这几天一直想写点什么，既为悼念邢老师，也想借此整理一下邢老师所教给我的为人为学的道理，但是心绪一直不能平静，很烦，很躁，无法静下心来写作。借用导师李宇明老师的话："泪雨不能研墨，干笔不能成文，锥心之痛不能思索。"

　　尽管手头事情很多，但没有心绪做事，于是找出20年前读博士期间的笔记来翻看，竟然发现了当年准备考博时邢老师给我回复的两封信以及博士入学后邢老师给我们上第一堂课的笔记。思绪又带回到20年前，脑海中慢慢浮现出那时跟邢老师学习的各种场景。

一、温厚的长者

　　1999年，我考入广西师范大学中文系攻读汉语言文字学专业的硕士学位，师从范先钢老师，范老师是邢福义老师的硕士。硕士就读期间，看了邢老师的很多论文论著，对邢老师的治学方法、研究成果、学术理论自然较为熟悉，了解到邢老师是语言学界的泰山北斗，被誉为"现代汉语语法八大家"之一。研二时期萌发了考博士的想法，那么考谁的博士呢？那时正青春年少，指点江山激扬文字，初生牛犊不怕虎，要考就考顶尖学者的，于是就想考邢老师的博士。现在回想起来，那时真是胆子大，邢老师是考博的热门人物，每年都很多人考，很多考生或者出身名校，或者出身名师，或者有名师推荐，我竟然敢考邢老师的博士，真是吃了熊心豹子胆。可谓无知者无畏，然而无畏者往往有成事的机会。

我很贸然地给邢老师写了一封信（那时也没有电子邮件，只能写纸质信），表达了想考他博士的愿望；随信寄去了我写的小论文《论"A了一些"的表里值》。这篇论文是我硕士期间写的第一篇论文，在硕导范老师的指导下前前后后修改了十余次，后来由湘潭大学盛新华教授推荐到《邵阳师范高等专科学校学报》（2001年第4期）发表了。信发出去了，目的是希望给邢老师留个印象，知道在广西师范大学有这么个小伙子想考他的博士。

后来我竟然收到了邢老师的回信，这让我大为震惊，也激动不已，连我们同寝室的同学也都非常激动。声名如雷贯耳的邢福义教授竟然给一个根本不认识的考生回信，简直不可思议。想想邢老师得有多忙啊，还能抽时间给年轻人回信，真是太难得了。我猜想邢老师之所以回信可能是出于两方面原因：第一，对陌生人的尊重。这应该是邢老师那一辈学人的基本做人准则，在他们眼里，人无贵贱，都应该尊重。这一点从邢老师回信的第一段话就可以看出来："楚群：多谢你给我来信。我5月15日赴新加坡，5月24日返回武汉。一回武汉立即投入紧张的工作。拖到现在才给你回信，很抱歉。"这是一位尊者给陌生青年的回信，称呼非常亲切，还为没有及时回信解释原因并致歉，多么的谦厚。第二，对后学的提携。邢老师肯定不能录取每一位联系他的考生，但他会通过回信激励青年人树信心多努力。邢老师在信中说"你的文章思路清晰。欢迎报考我的博士研究生，希望你把你的简况告诉我。"不容置疑，这封信对我的鼓励之大，无以言表。

　　邢老师帮助后学的事例肯定还有很多，据江西上饶师范学院章新传教授回忆说："1988年7月，我撰写硕士研究生论文之前，游学至武汉市，慕名上门求教。当时，他正忙于准备出差香港，却为了我这个'小学生'而完全停下来，悉心指导我。"（作者注：当时章新传老师在华南师范大学攻读硕士学位。）

　　后来我就又寄了一封信给邢老师，汇报了个人情况，并咨询了考博的相关事宜，邢老师又给我回信了。"楚群：看了你寄来的材料。我认为你情况较好。我给考博学生出的题目，比较活。一般说来，我不大会出一些需要死记的题目。下面是一些最基本的参考书，可看看。"

　　邢老师的两次回信大大提升了我的自信心，使我备考时也更有热情、更有动力。很幸运，后来顺利考上了邢老师的博士。那是2002年，当时我们一届同时考上邢老师博士的还有黄忠廉、张邱林、匡鹏飞、陈青松几位学兄。我们入校后，汪国胜老师晋升博导，储泽祥老师从湖南师大调入华中师大，根据邢老师的统筹安排，黄忠廉、张邱林、匡鹏飞三位由邢老师指导，陈青松由储老师指导，我由汪老师指导，这样我有幸成为汪国胜老师的开门弟子。

　　在我博士论文的后记里有一段这样的话："三年前，带着对华中语学的向往，我来到了武昌桂子山，成为汪国胜教授的博士生，并有幸聆听邢福义教授的教诲。邢老师、汪老师给我人格上的塑造、学术上的指导、精神上的鼓励、生活上的关怀都让我获益良多，永生难忘。"

在我眼中，邢老师是一位温厚的长者，也是我人生的贵人。

二、睿智的学者

考博不易，现在很多年轻学者往往考好几年都考不上，但我当年考得还比较顺利，硕士应届毕业就考上了。当年考博士的很多考题都已经忘记了，但有一个 40 分的压轴大题目一直没有忘记。题目大意如下："《中国语文》（2002 年第 1 期）发表了一篇文章《"由于"句的语义偏向》，文章认为，'由于'所引领的句子常常会带有不愉快、不如意、消极或贬斥一类的语义偏向，对此你怎么看。"那年华中师范大学的博士生入学考试时间应该是 2002 年 3 月底至 4月初，《中国语文》的那篇文章应该是 2 月份见刊的，作者是广州大学的屈哨兵老师，当时屈哨兵正跟邢老师读博士。后来知道，邢老师对屈哨兵文章的观点并不完全认同，之后还专门写了一篇论文《"由于"句的语义偏向辩》发表在《中国语文》（2002 年第 4 期）上。

邢老师考博士生果然不考死记硬背的题目。我认为该题目从四方面对考生进行了考核：第一，考生是否紧跟学术前沿，及时研读了重要期刊的论文；第二，考生是否敢于怀疑权威，《中国语文》作为语言学专业的顶级期刊，其文章的观点，考生敢不敢于挑战；第三，考生语料观察分析能力，考题中提供了少量的语料，考生能否从这些语料中看出什么问题；第四，考生的逻辑思维能力，要在那么短的考试时间内，挑战权威，分析语料，发现问题，并条理清晰有理有据地写出来，并不是一件容易的事。仅仅这一个题目，考生的知识储备、逻辑思维、学术潜能高下立见。

2002 年 9 月，我告别新婚妻子，背上简单的行囊来到了武昌桂子山，开启了学术人最为珍贵的博士求学生涯。

2002 年 9 月 10 日教师节那天，邢老师找我们进行入学第一次谈话，教我们怎么做学问。从当年记录并不全面的笔记来看，邢老师那次主要谈了四个问题。

第一个问题是培养专业敏感性。邢老师提出，学者的成功由三方面因素决定，"勤奋＋基本功＋悟性"。"真正成功不是靠勤奋，最终决定的是悟性。"我的理解，到了博士这个层次的人，绝大多数都是勤奋的，但最终成就差异非常大，其中起决定因素的就是悟性了，也即专业敏感性。"悟性是可以培养的，要找自己的悟性。两只眼睛看文章，一只眼睛看表面，一只眼睛看背后。""要培养职业敏感性。"怎么培养悟性呢？邢老师的话就是"留心处处皆学问"。做语言研究，要从别人习焉不察的现象中发现问题，要注意观察日常阅读、写作以及生活中的语言现象，如果发现某种表达方式给你不一样的感觉，那就要记录下来，好好思考其背后的原因。这正是邢老师在经年累月的学术生涯中所练就的超出常人的专业敏感性，对此，吕叔湘先生有过精准评价："福义同志的长处就在于能在一般人认为没什么可注意的地方发掘出规律性的东西，并且巧作安排，写成文章，令人信服。"

第二个问题是关于博士论文。邢老师特别重视博士论文，他认为："一个学者一生只有一次高峰，这就是博士论文。从一开始就要写博士论文。博士论文应该有自己的东西，应有闪光点。""要考察语言事实，从语言事实中发掘问题，寻找规律。""从第一学期开始就要准备题目的范围，从第二年开始正式做论文。""读写一本书。""不要先读书后写作后研究，要用研究带动读书。""不要只做接收机，要做放射机。""博士论文要小题大做，不要大题小做。"这些思想成为了我写博士论文的基本指导思想。当时我本来想以趋向动词研究作为博士论文的选题，但邢老师觉得这个题目太大，无法写深入，所以我后来选了一个比较小的切入视点，把题目定为《句管控中"V起来"虚化式研究》。由于本人资质有限，毕业论文达不到邢老师的要求，但"小题大做"的论文写作思想则奠定了我以后学术研究的基本价值取向，受益终生。毕业后我对博士论文进行扩展加工，使其成为专著《汉语动趋结构入句研究》，收入邢老师主编的"华中语学论库"。

第三个问题是对学术研究的宏观判断。根据我的不完整记录，邢老师提了如下几方面的内容：其一，提倡学派意识。一个学科没有学派是不成熟的，中国目前还没有学派。什么是学派？一是开辟了有特色的学术领域，有自己的学术范围；二是提出了有标记性的学科理论，有自己成套的理论方法，不是国外理论；三是显示了鲜明的治学特点，有不断壮大的、穿越不同时期的学术队伍。20世纪的中国语言学并不成熟，只是热闹，因为没有学派。其二，加强理论意识，不能用外国理论加汉语例句。其三，深化事实发掘。其四，跟上时代步伐，特别是计算机时代的步伐。其五，认准一个目标，即揭示汉语事实的客观规律性。所谓与国际接轨，要有个性与共性。汉语故乡的汉语语言学如果总是跟着别人走，就会被动挨打。其六，寄希望于将来，愚公移山的"队伍思想"是对的。

邢老师还强调了文风问题，一定要朴实，不要卖弄概念，故弄玄虚。特别要大家记住 1992 年 1 月 6 日吕叔湘先生写的诗:"文章写就供人读,何事苦营八阵图,洗尽铅华呈本色,梳装莫问入时无。"

读博士并不轻松,学业压力、发文压力、博士论文压力都很大,但在邢老师、汪老师及桂子山语言学团队各位老师的悉心指导和亲切关怀下,我在 2005 年顺利毕业,获得博士学位,然后入职江西师范大学。在我的博士论文后记中有一段这样的话:"回首往事,三年的求学生涯中,我领略了人生的大喜大悲,既有获子之欢,也有丧考之悲,有欢笑也有痛苦,但怎么说都挺过来了。三年的求学生涯即将画一个句号,新的人生之路即将开始,我会谨记桂子山语言学团队精神:'抬头是山,路在脚下。'"

在我眼中,邢老师是一位睿智的学者,也是我的人生导师。

三、坚韧的"赶路"者

邢老师于 2018 年 4 月在商务印书馆出了一本书——《寄父家书》,该书收录了邢老师自 1955 年至 1991 年间寄给父亲的 240 余封家书,时间跨度达 37 年。

邢老师从 1955 年至其父亲逝世的 2001 年,一直坚持给父亲写家书,最多时一年有 12 封。父亲珍藏着儿子的书信,并按时间顺序装订成册,还在每册前写上内容摘要。1997 年,85 岁的父亲把所有信件打包成捆,邮寄到了华中师大,但邢老师因为太忙,一直没有打开,直到 2014 年,因为应邀写回忆文章《1977 漫忆》,才打开那捆信件。邢老师这样记叙他打开信件时的反应:"第一反应,是大吃一惊。包裹里一叠一叠的信,分别装订,分别写了摘要。""翻看这捆纸质很差、字迹模糊的信,我无限感慨,觉得也许可以留给子孙们、学生们、学生的学生们看看，于是决定梳理成为一本小书。"

《寄父家书》的出版得到了社会各界的广泛关注，我自然如饥似渴地通读了全文，在研读过程中产生了很多感触，于是在博士后导师李宇明教授的指导之下，写了篇读后感《一代学人的坚守与担当——读邢福义先生〈寄父家书〉》，发表在《光明日报》（2018 年 6 月 23 日第 11 版）。

从《寄父家书》的字里行间可以看出，青年时候的邢老师，虽然自己经济状况非常紧张，但还得不时向家里寄钱，支持老家哥嫂叔娘的生活，而一旦把刚发的工资寄出一部分之后，下半月的生活费就没有了着落，生活真是不易！

邢老师 1956 年以优秀专科生的身份留在华中师大任教，1957 年就撰写了 9 篇论文，并在《中国语文》上发表了他的处女作《动词作定语要带 "的" 字》，1962 年 27 岁时就被指定在系务会议上做 "我是怎样备课的" 典型发言。1978 年全国恢复技术职称时，邢老师被越级提升为副教授。1983 年，晋升为教授，成为当时华中师院最年轻的教授。1990 年获博导资格，成为华中师大中文系唯一的博导。全国现代汉语语法领域当时只有 6 位博导，另 5 位是吕叔湘、朱德熙、胡裕树、张斌、陆俭明。从这个履历可以看出，邢老师无论是教学还是研究都出类拔萃，当然也享受到了无上的荣誉，蜚声中外，但这些成绩并不是天上掉下来的，而是一辈子艰辛 "赶路" 的成果。

邢老师说："几十年来，我几乎天天都在极为紧张地 '赶路'，追求专业钻研上的进展。" 在紧张 "赶路" 中，他的身体透支了。由于用脑过度而造成严重的神经衰弱，几十年来就没怎么睡过好觉，常常失眠，长期服用安眠药，积劳成疾，先后患过肺结核、肝炎、肠胃炎、肾炎、支气管炎、慢性咽炎、肥大性脊椎炎、高胆固醇血症等诸多疾病。

邢老师已经永远离开了我们!

邢老师为人为学的思想会一代一代传下去,万古长青!

永远怀念邢老师!

（作者单位：江西师范大学）

难忘的眼神

——怀念邢福义先生

李国庆

著名语言学家邢福义先生仙逝，学界无不悲恸！我是华中师大语言学系的学子，在求学期间，耳濡目染，浸润于邢先生为人、为学的教诲，受益终身。而且，我曾有幸与邢先生有过近距离的接触，他的音容笑貌，犹在眼前。惊闻邢先生离我们而去，悲痛、不舍之情无以言表。

我的导师萧国政教授嘱我写些文字以作纪念。我静下心来想了一想，我对邢先生丰满人格、光辉学问的一生的了解，虽绝大部分是通过阅读邢先生的著作以及李宇明、萧国政等老师所写的回忆文章而获得的，但还有一部分，是我自己有幸观察并体悟到的。在这里我愿怀着崇敬与不舍之情，说一说我心中的邢老师。

邢先生的眼神总是带着智慧的光

我是华中师大中文系 1993 级本科生。刚上学那会儿，我就听说了邢先生。当时在中文系学生中流行着三大导师之说，邢先生位列其一。由于当时邢先生已近六旬，加上他的留校任教的弟子们都已在语言研究的各个方向上独当一面，他已不再给本科生上课了。这着实让我有些遗憾——哪怕是目睹先生一节课的风采也行啊！终于有一天，传来了令人兴奋的消息：邢福义老师要面向本科生开办一场现代汉语的讲座。这个重要消息不胫而走，立刻在学生宿舍之间扩散开来。讲座时间到了，我和宿舍同学相伴而去，可能我们去晚了——确切地说，我们并没有迟到，而是有很多同学早早就去占座了。偌大一个阶梯教室如同蜂巢一样，被嘤嘤嗡嗡的学生围得密不透风，窗外走廊上全是挤在一起的学生，大部分我们都不认识——可见非本系的学生也是慕名而来。我好不容易挤到了窗户边上，用手扒着铁窗棱，脸贴到冰凉的铁窗棱上向讲台上张望。讲座开始了，同学们安静下来。只见讲台上站着一位将白衬衫扎在腰间、手拿粉笔、袖子卷起的师者，双眼似乎是因对学问的执迷而充满智慧的神采，整个人又因那双富有神采的眼睛而精神抖擞，怎么都看不出是一位年近六旬的大先生。那种沉浸投入的神态以及形象生动、深入浅出的讲解，一下子勾起了同学们的兴趣。邢先生讲的是什么具体内容，我已然全不记得了，但那种刻在骨子里的热情干练，以及那种似乎是与生俱来的大家气质与风范，透过他那双闪烁着智慧光芒而炯炯有神的眼睛，深深镌刻在了我的脑海里。

邢先生的眼神总是带着和蔼的笑

2000 年，我报考了母校语言学系的研究生，有意师从邢先生的大弟子萧国政教授。大学本科时我所仰望崇拜的邢先生，要成为我的师祖了。算起来，当时邢先生 65 岁。我想，入学后如有幸在系里邂逅邢先生，打一个照面，叫一声邢老师好，或许也是一种幸福吧。不曾想到，幸福还没到来，却先被"激动"了一场。研究生面试的时候，我们面试的同学等候在会议室外面，一个一个被点名进去接受面试。我向面试完出来的同学打听里面是什么情况，同学回答说，进去后会让你从一些写着问题的纸条中随意抽取一张，然后面对导师组的老师们进行论述。等到我进去的时候，我还没来得及选取纸条，一抬眼就看到了一双微笑的眼睛——是邢老师！他的眼睛真的是在微笑。看着坐在导师组中间的邢先生，我一下子就呆住了，我的眼睛定住了。我没想到邢先生会亲自来主持硕士研究生的面试——事后我才知道，面试题都是邢先生亲自拟定的。四目相对，面对我所敬仰崇拜的先生，我的心跳一下子快起来，整个人显得很有些紧张。邢先生注意到了我的窘迫，微笑地看着我，挥手示意我说："坐坐坐，别紧张。"邢先生真的很有亲和力，他和蔼的神态、和缓的语气，一下子使我紧张的心情平复下来。我抽到的复试题目是：试论讲、说、道的用法。我一边思索一边分析，逻辑上漏洞百出，讲得不好，但是邢先生频频微笑着朝我点头示意，用眼神鼓励我接着往下说。现在想来，邢先生真的是宽厚睿智。2001 年，邢先生关于复句研究的标志性著作《汉语复句研究》在商务印书馆出版。新书送到系里，研究生同学们拿着厚实的新书，喜悦之情洋溢在一张张笑脸上。没想到的是，更大的惊喜还在后面，在走廊尽头的大厅，端坐在长桌后、眼里满是和蔼的邢老师正在为领到新书的同学签名。我赶紧快步向前，翻开图书封面递给老师，邢老师愉悦地在扉页上写下：抬头是山，路在脚下——邢福义。

邢先生的眼神总是带着朴实与严谨

我们知道邢先生在治学上有三句话。我的导师萧国政教授在《南山与秋色，气势两相高——邢福义先生评传》一文中，对邢先生治学上的三句话有过详细的论述。就我的理解，"抬头是山，路在脚下"，体现的是治学的精神；"猪往前拱，鸡往后扒"体现的是治学者的特点；而"年年岁岁，春夏秋冬"，体现的是则治学的态度。邢先生一直沉浸在学问的海洋里，一生发文无数，著作等身，但他的文章著述，都是经过字斟句酌、严格推敲的。邢老师特别细致。我的师妹 2000 级硕士研究生朱英姿对我说："我记得邢老师的一篇文章中，有个方言的用法，在我们本科生班上做过调查。后来我提供的方言例句被用到了文中，没想到老师还专门注出了例句来源，上面还写着我的名字。"邢老师有一次在《中国语文》上发表了一篇论文《"最"义级层的多个体涵量》，读来酣畅淋漓，这篇文章让我深刻体会到了"表—里—值"小三角研究方法的重要性。后来我才知道，邢老师写此文的时间长达一两年。"观察充分，描写充分，解释充分"，邢老师用自己严谨的双眼，一直在践行着自己的治学原则。邢老师写的文章逻辑明晰、条理清楚、言简意赅、通俗易懂，从不摆八卦阵。我曾将邢老师的文章讲给现当代文学的研究生同学听，他很容易就明白了，对邢老师治学的朴实与严谨很是佩服。邢老师的大脑中装满了各种各样的等待研究的语言事实。临近毕业时，我和越南留学生师弟陈世祥有幸得到了邢老师的亲自指点。邢老师对我俩的论文选题进行了一段时间的思考，他用笃定的眼神看着我们说："现代汉语里的'小'字，看似很小，用处却很大。

比如说，'我小你一岁'和'我比你小一岁'，这两个'小'有什么不同？鲁迅说的要榨出皮袍下面藏着的'小'来，这个'小'又是什么意思？""'里边'和'里面'两个用法的区别在哪里？'边'似乎有画线的意思，比如说，里边黑得很，里和外似乎有界线。但'里面'似乎就不能体现出这个画线关系。"他接着说："这两个选题，作为硕士学位选题仅仅是一个初步的研究计划，后期完全可以作为博士生的研究选题继续做深入研究。"很遗憾我毕业后没有从事学术研究工作，没有对这些问题做进一步的思考。

邢老师在我的心里就是上面这样子的。他在我的脑海里永远是那样的智慧！那样的和蔼！那样的朴实和严谨！我当年在硕士毕业论文的后记中写道，希望多年后有幸能与桂子山上的老樟树会心一笑。想到毕业以来碌碌无为，实在是又愧又憾！

桂子山上的老樟树枝繁叶茂，永远矗立于我们心中！

（作者单位：中国人民大学出版社）

我与邢老师之间的三个小故事

——永远怀念敬爱的邢老师

刘　彬

2月6日中午得知邢老师辞世的消息，十分震惊。年前腊月二十七在武汉大学中南医院看望邢老师时，虽然他已不太认识我，但精神状态尚好，当时还准备年后出院。未曾想到这竟是见邢老师的最后一面，心中无限悲痛。哲人其萎，风范永存！邢老师，您一路走好！

这几日由于忙着悼念邢先生专题网的建设工作，一直未抽出时间写点纪念文字，只能断断续续挤出碎片的时间整理思绪，再敲出下面的内容。谨以此永远怀念敬爱的邢老师！

我是2007—2011年在华中师范大学文学院语言学系读本科，给我们上过专业课的吴振国老师、刘云老师、匡鹏飞老师、朱斌老师、罗耀华老师、罗进军老师、肖任飞老师、周毕吉老师等都是邢老师的弟子（或再传弟子），因此很荣幸，我算是邢老师的徒孙。最早听到邢老师的大名是辅导员陈蓓老师在大一开学的晚点名时介绍邢老师，而印象中最早见到邢老师是在2009年10月在华师召开的"句子功能"国际学术研讨会上。清楚记得当时邢老师在大会上做主题为"斑鸠有语言吗"的报告，当时台下作为大三学生来旁听的我虽然听得懵懵懂懂，但是心里已经深深埋下了学语言学的种子，因为语言学如此有趣。感谢邢老师让我迈进了学习语言学的大门！

读大学时包括回母校工作以后，我与邢老师的交流并不多，只是经常看到邢老师在校园桂中路和图书馆前散步、思考或者晒太阳，我偶尔上去打声招呼或者陪邢老师走一走，但不敢多打扰。虽然与邢老师交流不多，但是有三个故事却深深地影响了我的人生轨迹。

第一个故事是邢老师为我写保研推荐信。2010 年 9 月，我申请北京大学中文系的推荐免试，需要请三位专家写推荐信，我自然首先想到的是邢老师。通过罗进军老师打听到邢老师将出席语言所新生开学典礼之后，我就"偷偷混进"了典礼现场。典礼结束后，我捧着推荐信想去找邢老师签字，但邢老师跟徐杰老师一直在边走边交谈，我不敢打扰，所以一路"尾随"到了逸夫会议中心附近。后来邢老师发现我了，并回过头来问我："你有什么事吗？"我赶忙上前战战兢兢地回答："邢老师您好，我是语言学系大四的本科生刘彬，现在想申请保研到北京大学中文系，想请您写封推荐信……""噢，好！"邢老师欣然答应，然后就借用了徐杰老师的后背签下了名字，并对我说："要好好学，以后做出成绩来。"我感激涕零地拿着这封沉甸甸的、极有分量的推荐信，如愿敲开了北大中文之门。

第二个故事是 2018 年语言所求职面试。2018 年我博士即将毕业，想申请回母校工作。记得是元旦过后，我回到母校语言所参加求职面试，在抵达武汉的当晚，匡鹏飞老师告诉我，邢老师很重视你的面试，准备明天出席。当时的我既惊又喜，惊的是邢老师要出席面试，并且是面试委员会主席，心里非常慌张，生怕自己"验收"不合格；喜的是当时已经83岁高龄的邢老师还来参加我的面试，备感荣幸。当晚我久久不能入眠，还特意找了邢老师的部分著作和文章来温习，以备第二天面试之需。但真正到第二天面试时，大部分时间都是邢老师在谈为人、为学的道理和方法，相当于在给我上工作及研究的第一课。从这一课上，我明白了邢老师的三句名言——"抬头是山，路在脚下""猪往前拱，鸡往后扒""年年岁岁，春夏秋冬"的真正含义。那天的面试我侥幸通过了，并顺利回到母校工作。后来我还听说邢老师看了我的面试材料后，比较满意，对我回母校工作很支持。

第三个故事是博士后出站考核。回母校工作后，我同时申请做师资博士后，由于邢老师年事已高，我跟随汪国胜老师从事博士后研究。2021年5月，我面临师资博士后考核答辩。在答辩会上，邢老师是答辩委员会主席。在我将出站报告呈给邢老师审阅时，邢老师微笑着对我说："这个不用看了，你不用考核。"当时的我有点受宠若惊。心里一方面感到非常荣幸，因为邢老师一直在默默关注和支持着我的成长；另一方面又觉得很惭愧，因为我自己也知道那份出站报告并不是一份很完美的东西，自己也不是特别满意。邢老师的话对我来说，既是一种信任和肯定，又是一种莫大的鼓励和动力！

这三个故事虽小，但都体现了邢老师对后辈学生的无限关爱。而对我自己来说，这三个故事实际上关系到我个人身份的三次转变，即从本科生到研究生，从博士生到老师，再到博士后。可以说，这关系到我的人生轨迹的转变，是我人生当中的重要转折点。非常感谢邢老师在这个过程中对我的指导和支持，是您的指引和支持让我走进语言学学习和研究的大门！今后我将始终秉持"抬头是山，路在脚下""猪往前拱，鸡往后扒""年年岁岁，春夏秋冬"的精神，继续努力前行，争取不让您失望！

云山苍苍，江水泱泱，先生之风，山高水长。邢老师，您一路走好！我们永远怀念您！

（作者单位：华中师范大学）

抬头思名家　赶路念宗师

——回首往昔忆邢福义先生

杨　刚

2023 年 2 月 6 日（正月十六），学界尊崇的、我们敬爱的著名语言学家邢福义先生辞别了人间。先生离开时很安详，像睡着了一样。一生都在赶路的他自此驻足，远离病苦，神游九霄，自在逍遥。

邢先生成就显著，是举世公认的语言学名家。他曾入选"20 世纪现代汉语语法八大家"和湖北省"首届荆楚社科名家"，当选第八、九、十届全国政协委员，被评为全国教育系统劳动模范、华大卓越教授，受聘为华中师范大学资深教授……先生于学界、于教育、于国家都有很大的贡献，在奋斗的高山上树立了一座不朽的丰碑。我们抬头望山时、勇攀高峰时，始终思念着先生。

邢先生学术精湛，是享誉海内外的一代宗师。他通过自己的不懈努力从一个大专生成长为语言学大师，曾任中国语言学会常务理事、中国对外汉语教学学会会长、中国修辞学会副会长、湖北省语言学会会长等职。发表文章 500 多篇，出版著作 60 部；晚年出版文集 12 卷，总计近 600 万字。他创建了新中国的第一个语言学系以及华中师范大学的语言所、语言与语言教育研究中心，培养了一批又一批的人才。俄国刊物誉其为"汉语逻辑语法学派奠基人"。

他一生勤勉于事、严谨于学，他的成果、思想与言行总在指引我们前进。他在拼搏之路上创造了绝佳的榜样，我们在披星戴月地赶路途中，永远怀念着先生。

相较于别的称谓，他更喜欢"老师"这个称呼。何其有幸！在邢老师人生最后的六年时间，我正在桂子山学习，时常能与他相遇。有过多次交流机会，聆听他"逍遥学派"式的教诲。印象较深的有好些内容，现以日记的方式呈现如下：

2017 年 10 月 27 日

美好的秋天，邢老师与我初见。桂花飘香，暖阳和煦。我的硕导沈威老师叫我一起去给邢老师帮个小忙——安装邢老师女儿给他买的沙发。我们刚到他家楼下的路口不久，邢老师也下了楼。一看见我们，他就快步迎了过来，脸上满是那极具亲和力的慈蔼的笑容。在等待送货车的过程中，邢老师问了我很多问题：家乡是哪里，哪一年出生的，以前在哪个学校读书，本科老师是谁，来这里读书是否习惯……我一一回答，感觉十分亲切。把沙发搬到书房后，我和沈老师一边安装，一边跟邢老师聊天。他的眼神和言谈中充满了好奇，对安装沙发的细节、对快递行业的发展、对网络上的新现象等。我这才发现，他不仅对语言事实敏感，对于生活也同样有着敏锐的观察和积极的探索。

忙完临走时，邢老师又嘱咐我好好学习，将来争取能继续读博。我回答说"好"，默默将这作为努力学习的动力。着装朴素、恬淡自然、言语温和、关爱晚辈、颇有大隐于市之风，这些便是邢老师给我的第一印象。

那间书房、那个沙发，我因它们而与邢老师结缘。不承想，邢老师在生命的最后时光竟是安眠于那个书房的沙发上，家中千百藏书萦绕在身旁。结缘之地成了诀别之地，每每想到此，总是悲从中来，涕泪如雨，久久不能平复。

2019 年 9 月 2 日

邢老师的身体比前几年弱了一些，但仍坚持每年来参加新生的开学典礼，激励后进。因不放心他一个人走回家，所里安排我送邢老师到他家楼下。路上邢老师问我的学习情况，此时我已读研三，就把自己完成的几篇论文做了简单的汇报，并借机就自己关注到的"所谓"一词的争议问题向邢老师请教。他故意放慢了脚步，耐心地听我说着，时而点头，时而微笑，适时回答我的疑问。

我们一起漫步在华师西区的林荫道，有说有笑，享受着属于做学问者的热闹。他对我说"做学问要把自己看低一点，因为学问永远没有顶"。这朴素的话语既是告诉我为学应该秉持的态度，也是对我的叮嘱。他还说"做研究要坚持一条线"，并介绍了他的主线是坚持"句管控"、抓住小句在中枢地位上对汉语语法规则的管控作用，并联系逻辑来思考，通过"大小三角"对语言事实展开细致且深入的研究。为了让我更好地理解"句管控"，他还举了例："'为什么''为谁'是动宾还是介宾，需要进入具体的句法环境才能确定。"

我听后兴奋地说："坚持您的路线早晚会出现中国自己的语言学派。"邢老师欣慰地笑了，然后自信地说："那是必须的！"这是大师的自信，正如他 2016 年在《光明日报》上所说的那样："学科的发展，映射伟大的民族精神。尽管需要时日，然而，中国的语言学家，有志气也有能力创建有中国特色的汉语语言学，形成自己的学术流派。"（《光明日报》，2016 年 6 月 13 日 16 版）

这次交流于我而言影响深远。我端正了自己的研究态度，调整了自己的研究方法和路线，并认真规划着自己今后的研究。经过邢老师的指点和鼓励，我和匡鹏飞老师就"所谓"一词写了一篇文章，后来发表在《世界汉语教学》2022 年第 2 期上。从一个问题到一篇成熟的文章，历时近 3 年，既是"抓准字词句，深究形音义"的精细打磨，也是学问的成长和积淀。

2019 年 9 月 18 日

在文学院附近偶遇了正在散步的邢老师。他叫我陪他一起走走，那天我们一起聊了很久。第一个话题是研究阵地。他说"做研究一定要有自己的阵地，眼放开，心收回来……做学问不能太杂，一定要有自己擅长的领域"，"语言研究呀，要找一两个别人不大注意的问题，进行钻研。研究的东西不要过泛，养成了习惯就很麻烦"（这句是 2020 年 10 月 18 日我遇见邢老师时他对我说的，那时他的身体更弱了，出门要拄拐杖）。他还专门强调无论看什么理论、关注什么问题，都要能及时联系到自己擅长的领域。第二个话题是中国语言学的发展。他认为中国语言学不能老是跟着国外走，我们自己要有一个强大的大脑，能辨别真假好坏，要构建自己的知识体系和框架，不能总是跟着别人转。第三个话题是形式化的语言研究。我提到国外有些学者尝试用公式化的办法来研究语言，他认为这只是一条路，有的问题很难形式化，比如语气，还是需要结合语言事实的情况来选择适宜的道路。

2021 年 4 月 12 日

下课后在华师新建成的博物馆门口偶遇邢老师，陪他一起晒太阳。今天邢老师的气色比春节前好了很多。在春日暖阳的作用下，他很快打开了话匣，跟我说起他春节期间住疗养院的经历、他家乡的故事等。他连说带比画，很是风趣，甚至还开玩笑地说自己不主张人活得太长，活到八十岁就够了。因为过了八十岁以后，身体越来越差，看病花钱却像流水般哗啦啦哗啦啦。我倾听着长者的讲述和感悟，并被他的开朗所感染着。虽然身体不如从前，但他依旧坚持做自己该做的事，最近就一直在思考"语言是人类特有的吗""动物有没有语言"。为了研究这些问题，他还在记录阳台上的斑鸠交流的声音。他还把他的发现做了几场报告，引起了热烈的讨论。说完这些，邢老师转而问我现在还有没有出去兼职了，我说没有了。他说很好，要多花些时间在学习上，潜心做研究，并让我少操心其他的事情，吃好睡好心情好。

2021 年 9 月 6 日

那时的邢老师已不能步行太远，我送邢老师到语言所楼下坐车时，他问我什么时候博士毕业。我说："2024 年毕业，到时候您就虚岁 90 了，等我毕业的时候正好是您的九十大寿。"他很高兴，笑着说非常期待。可如今，我还未毕业，他却已离开。

2021 年 9 月 9 日

教师节前夕再遇邢老师。我们简单聊了几句，其中，邢老师提到了他关于一流学科建设的看法："什么是世界一流？走出国门的研究才可能成为世界一流，总是在国内自己玩，算不上一流。"在我眼中，邢老师是这样践行他的观点的，他的《汉语语法学》《汉语复句研究》《汉语语法三百问》等多部著作被译成英、俄、法、日、韩等多种文字在国外出版，真正做到了走出国门。这启示我们无论是做研究还是建设学科，都要具有世界眼光、世界意识。

　　以上这些时光片段对我来说是十分重要的，在散步聊天中我逐渐成长。记忆中，我与邢老师的见面不止这些，还有许多值得珍藏的点滴。有一次我在八号教学楼门前碰到了邢老师和他的女儿，他跟女儿介绍说："这是小杨，小杨是很好的人。"这是我第一次听到邢老师对我的评价，这句话时刻提醒着我要做个好人，保持良好的品行。2020年有一次邢老师要出院，他不想麻烦忙于工作的老师们，就指定说让我去接。这是他对我的信任。当我赶到医院，他连说话的气力都弱了很多，那憔悴的面容，很让人心疼。那一刻，我才意识到邢老师真的老了好多。另外，还有我考博的事，邢老师曾于2018年问过沈威老师我快要毕业了没有，可以直接报考他的博士生。我那时才刚读研二，还不能考。到2019年12月时，他自觉身体又差很多，没有精力再带博士了，于是就建议我直接报考他的弟子匡鹏飞老师。虽有些遗憾，但我也不忍心再让耄耋之年的邢老师过度操劳，且深知邢老师这是为我好：他想让我得到更高质量的指导，学得更扎实，走得更远。后来果如他所料，匡老师成为了我求学途中难得的良师益友，指导得很好，认真负责且严谨细致。考博报名后不久，2019年12月10日，我在西区理发店门口又遇到了邢老师。他对我说很抱歉，以现在的身体条件带不了我读博，并对我说"希望你以后能上来"。这是他对我的勉励，就像他常说的名言一样"自己走路，走自己的路"，要独立地奋斗出自己的人生之路。

　　现在算来，或许冥冥中皆有定数。我与邢老师相识六年。2022年12月底他住院后，因其儿女远在国外，我"阳康"后就参与了轮流陪护，不多不少共陪护了六天。

犹记得，第一天陪护后的清晨，2023 年 1 月 9 日。邢老师从睡梦中醒来，东湖上橘红色的日出正挂在窗外，仿佛美好的事情将要到来。那天的邢老师特别高兴，听着我跟隔壁床的叔叔阿姨讲述着他过去的事情，他似乎回到了年轻的样子，嘴里还哼唱起了激昂的歌曲。一瞬间，他就像个战士，斗志昂扬地在和病魔对抗。我至今也想不明白，那个在病房里积极乐观的邢老师，那个多项指标比年轻人还正常的邢老师，怎么会突然撒手人寰？

2 月 6 日，早上出宿舍时我不知为何穿了许久没穿的黑色外套。午饭后回到语言所不久，匡老师突然神情严肃且悲伤地告诉我邢老师去世的噩耗。我们立马赶去了邢老师家里。又是在他的书房，周围都是他曾经魂牵梦绕的书籍，那是他一生珍视的"宝贝"。他安详地躺在那张群书环绕的沙发上，就像午憩一样。我以为他还会醒来，我想让他再醒来，可当我抚摸他的额头时，冰冷的温度告诉我：他再也醒不过来了。日月无光，天地同悲。我的心里不愿相信这是真的，可是我的眼睛和触感告诉我这就是真的。此情此景，似初次相见时的缘起，又似天人永隔的缘灭。

霎时间，我的泪水决堤而来，伴着其他老师的哭嚎，我亦肝肠寸断、心如刀绞。众多同学发微信来问我网上关于邢老师去世的消息是不是真的，大家都不敢相信。我也多么希望那些都是假的，都是谣言。但此刻，谁都无力回天。如此近距离地接近死亡，更觉生命的脆弱和世事的无常。不过我知道，邢老师并没有走远，我帮他换衣服时还能感受到他身体的温度，耳畔还回荡起他的叮嘱。他应该只是换了种形式继续存在着，只不过我们之间的交流被那种形式的语言阻隔了。夜里从邢老师家出来时，每一股冷风都极其刺骨，眼泪怎么也止不住。多么希望，邢老师只是打盹儿了；多么希望，邢老师依旧健健康康；多么希望，邢老师能永永远远在我们身旁。然而，这一切的希望都成了奢望。

帮忙料理后事的五天时间里，天空可能也被悲伤的情绪所笼罩，总是下着阴雨。在他家的灵堂里，我见到了从天南海北赶来的他的弟子、亲友和同事们，更真切地感受到了邢老师伟大的人格魅力。来祭拜的宾客们每一次撕心裂肺的哭喊和深情回忆邢老师的事迹，都会引得在场者再次涕泗横流，真真是"言者伤心，闻者流泪"。邢老师生前总是尽可能地照顾和爱护后辈，他名"福义"，做到了"福荫后辈里，义存弟子中"。亲友们因他而骄傲，学生们因他而自豪，他永远活在我们心中。

最后的告别仪式上，三百多只花圈敬献在侧，四五百宾客自发到场。国家多个单位、全球多所高校、学界众多同仁以及邢老师的弟子徒孙们纷纷用自己的方式表示着深切的哀悼。这些都彰显着邢老师巨大的影响。他的逝世于学界、于教育、于国家都是很大的损失。邢老师的儿子孔亮叔叔在致辞时几度哽咽。那种失去至亲的悲痛，旁人难以真切体会和理解。当然，别人也难以明白邢老师于我们每个人的意义、与我们每个人的感情。在场宾客纷纷落泪，有的甚至泪水打湿了口罩。大家都想在今天见邢老师最后一面，送邢老师最后一程。在告别仪式即将结束前，我忍不住又跑去多看了几眼，一看再看，只想记住邢老师那可敬可爱的容颜。他的人品、学识、处世、交际等等皆是一流的，上天怎忍让这样的人这么早离开呢？

告别仪式结束后，我亦有幸随车前往名人公园。看到邢老师和夫人谭漱谷老师一起安眠于石门山巅，心里顿然有了丝安慰，因为生前恩爱不离不弃的他们在这里又团聚了。邢先生照顾了瘫痪的夫人16年，且这16年还是他研究成果最丰硕的16年。这份感人的爱情、能兼顾学术研究的毅力及热情，是常人难以想象的，永远值得我们学习。或许此时，他们二位正在另一个世界里携手同行。邢老师常说"句号放大就是○，往前又是○起点"，兴许他在那边又开始了自己新的研究。坐车返回的路上，回望那苍松翠柏、郁郁青山，似都有些邢老师的风范。

自邢老师走后，很多人都难以摆脱伤感，虽然他是不希望大家难过的。两周过去了，网上每天都有缅怀他的文章推送出来。我迟迟不愿写回忆文章，因为精神世界有个声音告诉我：不写的话，邢老师就不会离开，他的思想还在、他的书还在、他的教诲还在，他与我们同在。可是，我白天尚能做些事情，晚上又会陷入悲痛中，不得不用文字来纪念自己与邢老师相识的这六年，以排解哀思。写至此处，内心突然释然。

人生不过是大梦一场，邢老师只是先睡醒了而已。邢老师是有理想追求、有家国情怀、有顽强毅力的人，我们应该努力成为他那样的人。很多美好的事物都将逝去，不必去执着不该执着的事，也不必计较一时的荣辱得失，要跳出个人的小生活圈，把精力用在更重要的事情上，去做一些有益于家国的事。

邢老师喜欢散步，在散步中思考和探索前路。如今我也养成了散步的习惯，每天傍晚除打羽毛球锻炼外，都会在桂子山上漫步。这美丽的桂子山，每一个脚印所踏之处都可能是邢老师用脚步丈量过的沃土。在陪护期间，我听到邢老师说得最多的两句话是"太难了"和"慢慢来"。我猜，他可能是想告诉我说"路虽远，行则将至；事虽难，做则必成"吧。未来的岁月，在年年岁岁思念先生的同时，我将努力做好一个赶路登山客，抬头望山，脚踏己路，奋勇前行！

最后再附悼诗一首，以表敬意与哀愁：

功在启学派，名列八大家；翰墨泽后进，卷供千秋读；

艰辛奋斗史，偷学到自悟；淡泊权与利，一心留荆楚；

文风素朴实，写而觉不足；提倡九字诀，光明语学录；

坚持五重视，终生忙赶路；务求三充分，年岁勤如故；

大小两三角，静动宜互补；聚焦表里值，兼顾普方古；

词类相辨难，逻辑来辅助；语法三百问，复句研究著；

三律句管控，小句为中枢；名词能赋格，视点有客主；

理论源事实，研究植本土；情系天下事，寄父以家书；

文品身作则，师生友研途；授课超甲子，才俊育无数；

学界领军者，昆仑擎天柱；此间遽归去，海月遗泪珠。

（作者单位：华中师范大学）

我心中的父亲

邢孔亮

邢福义教授是一位优秀的语言学家，也是一位和蔼可亲的父亲。

父亲虽然走了，但他对我们的影响，可以说是无处不在，无时不在。

记得小的时候，父亲给我们讲《三国演义》和《水浒传》。父亲的语言表达能力极强，把人物形象描绘得栩栩如生、活灵活现，把故事讲得生动有趣，极具画面感，现在我都还记得那位浪里白条张顺在水里如何戏耍黑旋风李逵的场景。

等我长大一些了，父亲就逼着我背诵毛泽东诗词。必须每天背一首，下班回家后是要核查的。不过关就挨打（是真打，不是假打）。时至今日，我仍能背诵很多首毛泽东诗词，比如《清平乐·六盘山》，《菩萨蛮·黄鹤楼》，《沁园春·雪》，等等。

长大了，成人了，要走上社会了，父亲又教我们如何做人，如何处事，如何治学。父亲说，要"处事多虑，待人多容，治学多悟"。作为子女，我们感恩父亲对我们学习上的启蒙，对我们人生路上的呵护，对我们待人处事的教导。

父亲对我们的影响和教育，绝不只是停留在口头上。父亲以自己的亲力亲为，影响着我们，教育着我们。

　　举一个例子。父亲有一个习惯，一个刮风下雨都不改变且坚持了一辈子的习惯，每天晚饭后，都会出门散步。散步的时间通常是40—50分钟，长则一个多小时。父亲的散步并非普普通通的散步，而是他白天里对学术研究和教学思考的延续。散步回来，父亲常常会有所收获，比如说，一个学术观点的感悟，或一篇文章的构思，或一次报告的提纲。

　　从这个例子里，我们看到了父亲对他自己所从事的事业，充满了热爱，充满了持之以恒和孜孜不倦的追求，而这种执着、坚持和信念，造就了一位优秀的语言学家——邢福义！

2023 年 6 月 30 日

来生，我还要做您的女儿

邢孔昭

2022年10月11日，新冠病毒肆虐全球近3年后，我终于踏上了那条回国的路，那条回武汉的路，那条回桂子山的路，那条回家的路，那条盼望已久看望父亲的路。飞机于10月13日降落上海，在上海隔离了10天之后，10月24日终于回到了魂牵梦萦的家中。

"爸爸，我回来了！"父亲和往常每次我回家一样，走向家门口，紧紧牵住我的手，缓缓地走向客厅沙发，缓缓坐下，微笑着看着我。父亲的手，依然是那么温暖；父亲的目光，依然是一如既往地那么慈爱。

从1982年9月到北京读研究生那个时候起，这一生，最幸福最快乐的时光，就是回武汉，回桂子山，回到父母的身边。2012年5月5日，我亲爱的母亲去世。从此，只要有机会，我都会回到父亲的身边，陪伴在父亲身边。父亲在，家就在！

陪父亲散步

父亲有个习惯，晚饭后一定要在校园里散步四五十分钟，一定会在7点以前回去。然后，看央视的《新闻联播》，看天气预报，看当时热门的电视剧或热门赛事，比如，中国女排的比赛和中国男足的比赛。所以只要回到武汉，晚饭后我都会陪着父亲在桂子山上的校园里散步，风雨无阻。我跟着父亲，几乎走遍了桂子山的每一个角落。父亲常常说："人们普遍认为国内最美的大学有两所，一个是武汉大学，另一个就是厦门大学。其实，华师最美！华师的桂子山最美，尤其是在桂花盛开的时候！"桂花时节，我陪着父亲在桂花树下慢慢行走。一边欣赏着漫山的桂花，那丹桂，那金桂，那银桂，闻着那沁人心扉、扑鼻的清香，一边听父亲说着桂子山的由来。"桂子山原本是一座乱坟岗，人称鬼子山。鬼与桂谐音，于是从 80 年代初期开始，华师先后种植了一万多株桂花树，就有了今天的桂子山，就有了到武大看樱花，到华师赏桂花之说。"

和父亲一起散步时，父亲经常谈起他的学生们。父亲很自豪，他有一大批很优秀的学生，称之为弟子。父亲谈论的一些事情，至今仍记忆犹新。比如，李宇明的《人生初年——一名中国女孩的语言日志》，记录了他的女儿零到六岁半的语言发展。父亲说："视角独特，很了不起。"比如，那幅父亲很喜欢的挂在客厅的字画"福在寿星上，义存弟子中"。这幅字画是罗进军、尹蔚夫妇带着他们的女儿于 2009 年参加由王小丫主持的央视当时的招牌节目《开心辞典》，巧遇湖北省楹联学会的副会长所得。父亲说："他们的女儿非常聪明，也非常漂亮。"再比如，沈威第一次到家里帮父亲解决电脑方面的问题。父亲的第一印象是，这小伙子有点腼腆，而且没有多余的一句话，解决完问题就走了。父亲很喜欢这位计算机专业毕业的硕士生，"有问题，找沈威！"父亲常常挂在嘴边。沈威总是随叫随到。最近几年，我常从美国给父亲寄一些包括增强记忆力、运动骨骼等方面的保健品，都是寄给沈威，由沈威清关，再转交给父亲。

　　2018 年 11 月，哥哥回国探亲。我和哥哥一起回到武汉看父亲，一起陪着父亲散步。哥哥唱了一首孙浩的中华民谣："时光的背影如此悠悠，往日的岁月又上心头，朝来夕去的人海中，远方的人向你挥挥手。"父亲竖起大拇指，直夸哥哥唱得好，像我们的母亲一样会唱歌。父亲很喜欢这首歌，很喜欢这首歌的旋律。后来，父亲专门在电脑上下载了这首歌，很认真地学唱。父亲说："等下次米米（哥哥的小名）回来，我要和他一起唱。"父亲也夸过我，但其实父亲和我一样，唱歌都跑调。我笑着对父亲说："爸爸，您是这个世界上唯一夸我唱歌唱得好的人。"我的歌，只唱给父亲听！父亲最喜欢的一首歌是三毛填词的《橄榄树》——"不要问我从哪里来，我的故乡在远方"。我们经常一边走着一边轻轻地哼唱这首歌，每当这个时候，父亲便会凝望远方，深情地说："我的故乡在海南，我的故乡在海南的黄流，那里是天涯海角。我的根在那里，我是从那里来的！"

　　约从 2018 开始，父亲的腿开始经常发软，行走需要借助拐杖了，却依然保持晚饭后出门散步的习惯，只是不能像以前一样去桂子山上我们想去的任何一个地方了。我会陪着父亲，或坐在正对着那条通往图书馆小山梯的凳子上，或坐在当时正在修建的博物馆门口（自带小凳子）。夏天桂子山上的蚊子很多，我们便会点上蚊香，看着来来往往的车辆和上晚课或晚自习的学生们。这个时候，我们聊得最多的是刚刚出版的父亲的《寄父家书》，父亲神采飞扬地说着家书和与家书相关的故事。我很惊讶，这个时候的父亲，已经是 80 多岁的高龄了，记忆力还是那么好。家书全稿，是我一字一字输入电脑的，加上交给父亲前的校对，算是通读了好几遍，很熟悉。但听父亲说家书就比自己读起来更生动，更有趣。我从小就非常喜欢听父亲讲故事。记得大约从我七八岁开始，每天晚饭后，父亲就会给哥哥和我讲四大名著，讲得总是那么绘声绘色，惟妙惟肖，让人有身临其境的感觉。比如《水浒传》中的小李广华荣，三百米开外，打赌射左眼不射右眼那一段。那个时候在脑海里形成的画面，比后来看电视剧《水浒传》的中的那一段要生动许多。很多故事情节和人物都深深地刻在了记忆的深处。

看父亲下棋

我喜欢坐在父亲身边，看父亲在电脑上下象棋。

父亲一生酷爱中国象棋。父亲总笑着说："我的象棋水平中等偏上。"父亲 5 岁的时候就开始学下象棋了，启蒙老师是曾祖父。大概不到一年的时间，曾祖父就不是父亲的对手了。我向父亲学习过象棋，也背过一些棋谱，但从来就不是父亲的对手，让我车马炮，我才有赢的机会。

小时候我们在华中村居住的时候，尤其是夏日的晚饭前，微风轻拂，华师中文系的朱宗尧老师和父亲时常会带上小凳子坐在一小坡上，对弈一到两盘。即使到了多年后，每当我想起华中村，脑海中便会浮现出这番景象。

有了电脑后，父亲便在电脑上和有不同难度等级的象棋软件对弈，父亲选择的是最高难度级别，这位电脑棋手满脸大胡子，还叼着根雪茄。

2008 年底，我在一个游戏平台——中国游戏中心，给父亲注册了一个账号，这个网站，有各种真人对弈游戏，其中就包括中国象棋。父亲在这个平台一共下了 5258 盘棋，积分是 12979，胜率为

59.08%。从五等童生，一直下到了二等进士。还记得父亲晋级为三等进士那天，在电话里高兴地告诉我："昭昭，我是进士啦！"父亲用一张纸，记录了从童生到二等进士的点滴成长，设定的下一个目标是一等进士。一等进士的积分13680，还相差883分（赢一盘棋，获取3分）。父亲一直在为晋级一等进士而努力着，直到近两年再也不能打开电脑，没有力气下棋为止。父亲说："我这一辈子啊，都在走路，从童年走到青年，从青年走到老年。现在啊，只要能动一天，路还要走下去。"父亲做学问如此，下棋亦如此。

父亲是善用兵卒的。在我观棋时，发现大部分父亲获胜的对弈棋局，尤其是到了残局阶段，兵卒是起到了最关键作用的。父亲说得最多的就是，在对局僵持时，要想方设法保存自己的卒，而夺取对方的兵，这是胜负手。父亲也常常说，下棋走一步，看三步，是不够的，应该要看到五步以后，该兑子时便兑子，该弃子时便弃子，不必犹豫不决，这样才能保证必胜棋取胜，必和棋守和。还记得2018年元旦期间，有一盘棋，父亲下得非常精彩，我目睹了父亲如何扭转绝对劣势，用计吃掉了敌方的一个卒子，最后反败为胜。那几天，父亲一提起这盘棋，就兴高采烈。父亲说，对弈本就是在输赢之间行走，劣势棋局时，不轻言放弃，哪怕胜算渺小。

父亲说，他有个铁杆棋迷，常常看他下棋。棋迷其实就是我，只是我一直没有告诉父亲。在那个游戏平台我也有账号，常常在父亲下棋的时候悄悄溜进对弈房间观战。看父亲下棋是一件很享受的事情，从中受益匪浅。海南家乡有一句俗话："猪往前拱，鸡往后扒！"说的是人活着，有着不同的活路。我对这句话的理解就是，人就应该像象棋里的兵卒，只要活着，就奋勇向前拱，义无反顾。既然选择，便一往无前，绽放出自己的光彩。

人生如棋，棋如人生。棋局有千万种变化，人生亦有千万种可能，有进有退，输赢不定。我从父亲的对弈棋局中去感悟人生，学会审时度势，扬长避短，三思而后行。我知道，父亲一直希望我的人生之路走得顺利一些，所以，我会想好自己的棋，认真走好余生的每一步，善良、健康、快乐、智慧地活着。父亲，请您放心！

2019 年 5 月底，我前往美国。那次和父亲分别的时候，并没有觉得和以往有什么不同，就像以前回北京、回上海一样。"爸爸，我春节回家。"我说。父亲就像以往一样向我挥挥手。到美国后，按约定的时间，每天和父亲视频，如同当年在国内几十年如一日，只要不是在飞机上，每天都会在《新闻联播》前，和父亲通一次电话。后来，中国南方航空开通了纽约（飞行时间 14 小时 30 分钟）、旧金山直飞武汉天河机场（飞行时间不到 12 个小时）的往返航班，使得回武汉更快更方便了。

2019 年底一场突如其来的疫情打乱了我的春节回家计划。同年 6 月护照过期，直到中国驻美国使馆开放网上护照更新等服务，申领好新护照，已经到了 2021 年底了。随后，立刻着手安排回国行程。

2022 年 10 月 24 日至 11 月 14 日，我陪伴在父亲身边整整 20 天。这个时候的父亲，身体比想象中的要好很多。父亲精神好的时候，会拉着我的手在客厅跳跳舞，做做操；会拉着我的手去书房看看，也会拉着我的手，站在窗前，看看窗外桂子山的景色。我教给父亲一套拍手操（自创），一共 5 个动作，父亲第二天就表演给我看，很得意的样子。父亲依然保持出门散步的习惯。只要不下雨，基本上每天早餐后，我都会用轮椅推着父亲到图书馆旁边的休息区坐坐，冬日阳光透过树叶洒在我们的身上，温暖舒适。有时候父亲会拉着我的手在图书馆前的空地走几圈，有时候我们就坐着聊聊天。尽管父亲说话只能是只言片语了，但我们之间的交流依然毫无障碍，我可以从一个字、一个词、一个眼神读懂父亲的意思。父亲再一次明确地表示，如果有那么一天，一定要从桂子山离开。我说："爸爸，请放心！"

20天很快就过去了，我对父亲的身体状况还是挺有信心的！和父亲分别的时候，我说，"爸爸，明年您的生日我回来看您！"父亲仍然像以前一样向我挥挥手。

2022年12月初，疫情又暴发，距我离开武汉不到一个月的时间。很多熟悉的人都感染上病毒，父亲未能幸免，高烧不退，住进武汉大学中南医院。经过救治，父亲终于挺了过来，2023年春节前明显好转。哥哥和我计划春节前一起回国，接父亲出院，一起回家过春节，由于哥哥签证一直办不下来，耽搁了。大年初三，接到医院医生的电话，告知父亲的中性粒细胞为百分之零点几，几乎为0。生物专业的我明白，这意味着父亲的免疫系统被摧毁，对外界的病毒细菌毫无抵抗力。我立刻购买机票，于1月31日下午赶到中南医院。

"爸爸，我回来了，女儿回来了。"我看到了父亲那只打着点滴的手微微地抬了一下，眼神亮了一下。父亲知道，他最挂念的女儿回来了，深爱着他的女儿回来了。免疫力缺失的父亲，高烧不退，只能靠药物和冰毯降温。望着被病痛、被冰火两重天折磨得憔悴不堪的父亲，我犹如万箭穿心，痛苦不已。

在医院，我陪伴在父亲身边6天6夜。每到夜深人静的时候，我会紧紧握着父亲的手，和父亲说说话。第3个晚上，父亲对我说："昭昭，抱抱我！"我立刻紧紧地抱住了父亲。父亲轻轻地抚摸我的耳朵，喃喃地说："这样好，这样真好。"之后几个深夜，我都会紧紧抱着父亲，哼唱《橄榄树》，我看到父亲的嘴唇轻轻地动着，在和我一起唱。

哥哥和我慎重商量并决定，一旦到了父亲需要切气管抢救的时候，我们一定要按照父亲的愿望，带父亲回桂子山。2月6日上午10点左右医生查房的时候，主治医生跟我说，现在是时候了。我们即刻叫上救护车带父亲回家。父亲是在回家的途中12点05分停止呼吸的。回到家，扶着父亲在书房的沙发床躺下的时候，我分明听到一口长长的舒气声，这是父亲发出的。我相信父亲呼吸停止后，意识还在继续。父亲知道，他回到了桂子山，回到了家里。父亲就这样走了，走得很安详！

这篇短文，我写了很久。一动笔，就泪流满面，到现在都不能从失去父亲这种不可逆转的丧失带来的巨大痛苦中走出来。或许，原本就不想从这种痛苦中走出来。父亲，我想您，好想您！

回武汉，回桂子山，依然是我的魂牵梦萦之路。父亲的家还在，父亲的书还在，父亲的电脑还在。有生之年，如果没有不可抗拒的因素，只要还走得动，每年清明节前我一定要回桂子山，回父亲的家，走走当年和父亲一起走过的路。

父亲，我深深地爱着您！如果有来生，还要做您的女儿！

2023 年 6 月 29 日

邢福义先生著述总览

【1957 年】

1.《动词作定语要带"的"字》,载《中国语文》1957 年第 8 期。

2.《谈谈关于语法学习的几个问题》,载《华中师院(报)》1957 年 8 月。

【1958 年】

3.《华中师范学院大力改革语言学课程》,载《中国语文》1958 年第 9 期。

4.《什么是修辞》,载《民校教师》1958 年第 1 期。

5.《消极的修辞和积极的修辞》,载《民校教师》1958 年第 2 期。

6.《用大家都懂的词》,载《民校教师》1958 年第 3 期。

7.《清楚明白》,载《民校教师》1958 年第 4 期。

8.《确切妥贴》,载《民校教师》1958 年第 5 期。

9.《造大家都懂的句子》,载《民校教师》1958 年第 6 期。

10.《通畅简洁》,载《民校教师》1958 年第 7 期。

11.《注意句子的表达效果》,载《民校教师》1958 年第 8 期。

12.《修辞格(一)》,载《民校教师》1958 年第 9 期。

13.《修辞格(二)》,载《民校教师》1958 年第 10 期。

【1959 年】

14.《"数词+量词"是词还是词组?》,载《华中师范学院学报》

1959 年第 1 期。

15.《互相　相互》，载《词义辨析》第二辑，人民教育出版社 1959 年 9 月版。

【1960 年】

(1)《汉语初稿（中册）》，高等教育出版社 1960 年 3 月版（与郑远志、郑远汉合著。撰写"概说"、"词法"部分。署名：华中师范学院中文系汉语教研室）。

(2)《拼音读物：奇袭虎狼窝》，湖北人民出版社 1960 年 6 月版。

(3)《拼音读物：马学礼》，湖北人民出版社 1960 年 6 月版。

16.《强喻初探》，载《华中师范学院学报》1960 年第 2 期。

17.《华中师范学院中文系掀起学习毛主席著作高潮》，载《中国语文》1960 年第 4 期。

18.《论"们"和"诸位"之类并用》，载《中国语文》1960 年第 6 期。

19.《谈一种宾语》，载《中国语文》1960 年第 12 期。

20.《形式主义一例》，载《中国语文》1960 年第 12 期（署名：华中师范学院中文系语言学战斗组）。

【1962 年】

21.《关于副词修饰名词》，载《中国语文》1962 年第 5 期。

22.《谈谈复句的运用问题》，载《函授辅导教材》1962 年第 2 期。

23.《木兰从军有几年——谈汉语里的数词》，载《武汉晚报》1962 年 12 月 5 日。

【1963 年】

24.《略谈定语状语和补语》，载《函授辅导活页》1963 年第 1 期。

25.《谈谈复杂谓语》，载《函授辅导教材》1963 年第 1 期。

26.《我是怎样备课的》，载华中师范学院《教学经验专题汇编》，1963 年 5 月。

【1964 年】

27.《谈〈挥手之间〉的写作特点》，载《语文函授通讯》1964 年第 2 期。

【1965 年】

(4)《现代汉语语法》，华中师范学院印刷厂印刷，1965 年 5 月（署名：华中师范学院中文系语言教研室）。

28.《谈"数量结构＋形容词"》，载《中国语文》1965 年第 1 期。

29.《再谈"们"和表数词语并用的现象》，载《中国语文》1965 年第 5 期。

【1968 年】

30.《金猴奋起千钧棒　玉宇澄清万里埃——学习毛主席诗词〈七律和郭沫若同志〉》，载①《新华师战报》1968 年 4 月 25 日，②华中师范学院中文系编：《毛主席诗词》，1968 年 6 月。

31.《借问瘟君欲何往　纸船明烛照天烧》，载华中师范学院中文系编：《毛主席诗词》，1968 年 6 月。

【1970 年】

32.《二七烈士纪念碑》，载湖北省小学《语文》第七册。

33.《万恶的萧耀南》，载湖北省小学《语文》第八册（与王鄂生合作）。

34.《瞻仰毛主席武昌旧居和中央农民运动讲习所旧址》，载①湖北省小学《语文》第十册，②福建省初中《语文》第二册。

35.《标点符号·句号》，载湖北省小学《语文》第二册征求意见稿。

36.《标点符号·顿号》，载湖北省小学《语文》第三册征求意见稿。

37.《标点符号·省略号》，载湖北省小学《语文》第五册征求意见稿。

38.《消灭错别字》，载湖北省小学《语文》第六册征求意见稿。

39.《标点符号·破折号、括号》，载湖北省小学《语文》第七册征求意见稿。

40.《同义词》，载湖北省小学《语文》第七册征求意见稿。

41.《查字典》，载湖北省小学《语文》第八册。

42.《标点符号·分号》，载湖北省小学《语文》第九册征求意见稿。

43.《同义词》，载湖北省小学《语文》第九册征求意见稿。

44.《查字典》，载湖北省小学《语文》第十册。

45.《设问和反问》，载湖北省初中《语文》第四册。

46.《语文知识(二)关于复句运用的几个问题》，载湖北省高中《语文》第二册征求意见稿。

47.《文言虚词》，载湖北省高中《语文》第四册征求意见稿。

48.《几种文言句法》，载湖北省高中《语文》第四册征求意见稿。

【1972 年】

(5)《现代汉语语法知识》，①湖北人民出版社 1972 年 6 月版(同高庆赐教授合作。撰写概说和前五节。署名：华中师范学院中文系现代汉语教研组)，②〔日本〕加贺美嘉富译为日文本，日本燎原书店 1976 年 6 月版。

【1976 年】

49.《这是一颗老贫农的心》，载《前进在五·七大道上》1976

年 5 月。

【1977 年】

（6）《逻辑知识及其应用》，湖北人民出版社 1977 年 4 月版（署名：华中师范学院中文系现代汉语教研室）。

50.《从〈毛选〉五卷看"和""同"二词的词性》，载《华中师范学院学报》1977 年第 3 期。

51.《略论复句与推理》，载《华中师范学院学报》1977 年第 4 期。

52.《逻辑知识讲话（一）　逻辑·逻辑学习·逻辑的基本规律》，载《语文函授》1977 年第 4 期。

53.《逻辑知识讲话（二）　关于概念》，载《语文函授》1977 年第 5 期。

54.《逻辑知识讲话（三）　关于判断》，载《语文函授》1977 年第 6 期。

55.《逻辑知识讲话（四）　关于推理》，载《语文函授》1977 年第 7 期。

56.《关于"个别性的前提得到了一个普遍性的结论"——简介假言直言演绎推理》，载《语文函授》1977 年第 8 期。

【1978 年】

57.《关于大、小前提和结论的省略与位置变换》，载《语文函授》1978 年第 2 期。

58.《简论二难推理》，载《语文函授》1978 年第 3 期。

59.《关于概念的限定》，载《语文函授》1978 年第 4 期。

60.《略论"把"字结构的句法地位》，载《语文函授》1978 年第 5 期。

61.《充足·必要·充要》，载《语文函授》1978 年第 6 期。

62.《关于"种"和"属"》,载《语文函授》1978 年第 6 期。

63.《谈谈不同推理方式的配合使用》,载《语文函授》1978
年第 8 期。

【1979 年】

(7)《逻辑知识及其应用》,湖北人民出版社 1979 年 9 月版。

64.《论定名结构充当分句》,载《中国语文》1979 年第 1 期。

65.《湖北省语言学会召开代表会议》,载《中国语文》1979
年第 2 期。

66.《论意会主语"使"字句》,载《江汉语言学丛刊》1979 年
第 1 期。

67.《谈谈多重复句的分析》,载《语文教学与研究》1979 年
第 1 期。

68.《湖北省语言学会积极开展活动》,载《中国语文通讯》
1979 年第 1—2 期。

69.《定名结构充当分句一例之分析》,载《语文教学与研究》
1979 年第 2 期。

70.《"五个日日夜夜"的说法对吗?》,载《语文教学与研究》
1979 年第 2 期。

71.《"只有…才…"表示唯一条件,这种提法对吗?》,载《语
文教学与研究》1979 年第 2 期。

72.《略说关联词语》,载《语文教学与研究》1979 年第 3 期。

73.《倒装成分和受事主语》,载《语文教学与研究》1979 年
第 4 期。

74.《"一起"和使用"一起"的句子》,载《语文教学与研究》
1979 年第 5 期。

75.《后分句主语的省略与意会》,载《中学语文教学》1979年第 5 期。

76.《说"仿佛"》,载《语文教学与研究》1979 年第 6 期。

77.《"日日夜夜"含义补说》,载《语文教学与研究》1979 年第 6 期。

【1980 年】

(8)《现代汉语语法知识》,湖北人民出版社 1980 年 8 月版。

78.《略论"结构"研究中的几个问题》,载《华中师范学院学报》1980 年第 1 期。

79.《略说"名物化"》,载《语文教学与研究》1980 年第 1 期。

80.《谈"点""面"并列》,载《中学语文教学》1980 年第 2 期。

81.《关于"从…到…"结构》,载《中国语文》1980 年第 5 期。

82.《略谈标点与语气》,载《语文教学与研究》1980 年第 5 期。

83.《"如果…就…"和"只要…就…"》,载《中学语文教学》1980 年第 11 期。

【1981 年】

(9)《词类辨难》,甘肃人民出版社 1981 年 8 月版。

84.《现代汉语里的一种双主语句式》,载《语言研究》1981 年第 1 期。

85.《"继续"词性的考察》,载《语文教学与研究》1981 年第 1 期。

86.《评"暂拟汉语教学语法系统"》,载①《中国语文》1981 年第 2 期(署名:华萍),②《汉语析句方法讨论集》,上海教育出版社 1984 年 1 月版。

87.《关于"暂拟系统"的几个问题》,载《语文教学与研究》

1981 年第 3 期(署名：华萍)。

88.《关于概念、判断和推理》，载《湖北教育》1981 年第 12 期。

【1982 年】

89.《句子成分辨察》，载①《语文论坛》1982 年创刊号，②《教学语法论集》，人民教育出版社 1982 年 2 月版。

90.《从"灯火连篇"说到"亭亭玉立的小树"》，载《汉语学习》1982 年第 2 期。

91.《关于同一律、矛盾律和排中律》，载《湖北教育》1982 年第 2 期。

92.《论"不"字独说》，载《华中师范学院学报》1982 年第 3 期。

93.《句子成分的配对性、分层性和连环套合现象》，载《语文教学与研究》1982 年第 7 期。

94.《关于"诸位……们"之类的说法》，载《湖北教育》1982 年第 7—8 期。

【1983 年】

(10)《语文知识千问》，湖北人民出版社 1983 年 3 月(与刘兴策等合作)。

95.《有关词性的几个问题》，载《湖北电大通讯》1983 年第 2 期。

96.《"但"类词对几种复句的转化作用》，载《中国语文》1983 年第 3 期。

97.《建立教学语法的教材结构系统的探索》，载《语文教学与研究》1983 年第 4 期。

98.《电大教材〈现代汉语〉中册学习问答(一)》，载《语文教学与研究》1983 年第 5 期。

99.《试论"A，否则 B"句式》，载《中国语文》1983 年第 6 期。

100.《概念、判断和推理》,载①《小学语文教师之友》,《湖北教育》编辑部 1983 年 6 月,②《小学语文教师自修读本》,湖北教育出版社 1984 年 1 月版。

101.《同一律、矛盾律、排中律和充足理由律》,载①《小学语文教师之友》,《湖北教育》编辑部 1983 年 6 月,②《小学语文教师自修读本》,湖北教育出版社 1984 年 1 月版。

102.《电大教材〈现代汉语〉中册学习问答(二)》,载《语文教学与研究》1983 年第 6 期。

103.《电大教材〈现代汉语〉中册学习问答(三)》,载《语文教学与研究》1983 年第 7 期。

104.《论现代汉语句型系统》,载《语法研究和探索(一)》,北京大学出版社 1983 年 12 月版。

105.《湖北省语言学会第二届年会以来学会工作报告》,载《湖北省语言学会通讯》第 2 期,1983 年 11 月。

【1984 年】

(11)《电大语法教材学习问答》,湖北教育出版社 1984 年 6 月版。

106.《"要不是 p 就 q"句式及其修辞作用》,载①《语言教学与研究》1984 年第 1 期,②《修辞和修辞教学》,上海教育出版社 1985 年 7 月版。

107.《"不过""只是"的语法意义》,载《字词天地》1984 年第 1 期。

108.《说"NP 了"句式》,载《语文研究》1984 年第 3 期。

109.《"但"类词和"无论 p,都 q"句式》,载《中国语文》1984 年第 4 期。

110.《数量名结构的重叠连用格式》,载《语法研究和探索

（二）》，北京大学出版社 1984 年 4 月版。

111.《关于"给给"》，载《中国语文》1984 年第 5 期。

112.《"中学语法教学系统提要"的成分分析》，载《语文教学与研究》1984 年第 6 期。

113.《浪淘沙·春节回海南》，载《华中师院（报）》1984 年 3 月 23 日（后《海南日报》转载）。

【1985 年】

（12）《复句与关系词语》，黑龙江人民出版社 1985 年 5 月版。

114.《关于"既然 p，就 q"句式》，载《语文教学与研究》1985 年第 1 期。

115.《复句问题论说》，载《华中师范学院学报》1985 年第 1 期（署名：华萍）。

116.《关于动宾配搭》，载武汉《普通话》1985 年第 1 期。

117.《死？喜？》，载香港《普通话》1985 年第 1 期。

118.《"越 X，越 Y"句式》，载①《中国语文》1985 年第 4 期，②《语法研究和探索（三）》，北京大学出版社 1985 年 12 月版。

119.《现代汉语的"即使"实言句》，载①《语言教学与研究》1985 年第 4 期，②《第一届国际汉语教学讨论会论文选》，北京语言学院出版社 1986 年 8 月版。

120.《谈谈语法规范化的问题》，载《文字改革》1985 年第 6 期。

121.《从"原来"的词性看词的归类问题》，载《汉语学习》1985 年第 6 期。

122.《关于〈中学教学语法系统提要（试用）〉——祝顺有〈新订中学语法系统讲析〉代序》，载《新订中学语法系统讲析》，华中师范大学出版社 1985 年 9 月版。

【1986 年】

(13)《语法问题探讨集》,湖北教育出版社 1986 年 1 月版。

(14)《现代汉语》(全国卫星电视教材)(主编),高等教育出版社 1986 年 7 月版。

(15)《〈现代汉语〉问题解答》(主编),湖北教育出版社 1986 年 11 月版。

123.《反递句式》,载《中国语文》1986 年第 1 期。

124.《让步句的考察》,载《汉语研究》1986 年第 1 期。

125.《转折词和"如果说 p,那么 q"句式》,载《语文建设》1986 年第 3 期。

126.《让学生永远站在问号的起跑点上》,载《高教与人才》1986 年第 3 期。

127.《"比"字句中的"的"和"得"》,载《语文建设》1986 年第 5 期。

128.《〈选美前后〉中的一些语法现象》,载香港《普通话》1986 年第 5 期。

129.《奇巧的问答》,载香港《普通话》1986 年第 5 期。

130.《从一个实例看标点符号的表意作用》,载《语文教学与研究》1986 年第 6 期。

131.《首届青年现代汉语(语法)学术讨论会开幕词》,载《华中师范大学学报》1986 年第 6 期。

【1987 年】

132.《关于"帮忙我"之类的说法》,载香港《普通话季刊》1987 年第 1 期。

133.《香港人爱用的一个特别的叹词》,载香港《普通话季刊》

1987 年第 1 期。

134.《现代汉语的"要么 p,要么 q"句式》,载《世界汉语教学》1987 年第 2 期。

135.《"像·(名·似的)"还是"(像·名)·似的"?》,载《汉语学习》1987 年第 3 期。

136.《复句的分类》,载《句型和动词》,语文出版社 1987 年 4 月。

137.《普通话语法、词汇、语音测试问题的探讨》,载①《华中师范大学学报》1987 年第 5 期,②香港普通话研习社、香港中国语文学会:《普通话测试论文集》,1988 年 12 月。

138.《关于现代汉语的学习(一)》,载《语文教学与研究》1987 年第 9 期。

139.《关于现代汉语的学习(二)》,载《语文教学与研究》1987 年第 10 期。

140.《现代汉语的特指性是非问》,载①《语言教学与研究》1987 年第 4 期,②《第二届国际汉语教学讨论会论文选》,北京语言学院出版社 1988 年 12 月版。

141.《语修沟通管见》,载①《修辞学习》1987 年第 5 期,②《语法修辞结合问题》,北京语言学院出版社 1996 年 5 月版。

142.《前加特定形式词的"一 X,就 Y"句式》,载①《中国语文》1987 年第 6 期,②《中国语文 200 期纪念刊文集》,商务印书馆 1989 年 7 月版。

【1988 年】

143.《关于形容词短语》,载《荆州师专学报》1988 年第 1 期。

144.《"高三尺"之类说法中"高、重"等词的词性判别》,载《语言学通讯》1988 年第 3 期。

145.《"ＮＮ地Ｖ"结构》，载《语法研究和探索（四）》，北京大学出版社 1988 年 9 月版。

146.《湖北省语言学会第五届年会开幕词》，载《湖北省语言学会通讯》第 4 期，1988 年 1 月。

【1989 年】

147.《词类问题的思考》，载①《语言研究》1989 年第 1 期，②《语法研究和探索（五）》，语文出版社 1991 年 7 月版。

148.《词类判别四要点》，载《语言教学与研究》1989 年第 3 期。

149.《章震欧〈实用现代汉语〉序》，载《实用现代汉语》，海南人民出版社 1989 年 5 月版。

150.《务实求新　继往开来》，载《语法求索》，华中师范大学出版社 1989 年 6 月版。

151.《三点希望》，载《语法求索》，华中师范大学出版社 1989 年 6 月版。

152.《"有没有 VP"疑问句式》，载①《双语双方言》，中山大学出版社 1989 年 7 月版，②《华中师范大学学报》1990 年第 1 期，③中国人民大学复印资料《语言文字学》1990 年第 4 期。

153.《深港片语言问题研讨会闭幕词》，载《双语双方言》，中山大学出版社 1989 年 7 月版。

154.《纪洪志〈普通话口语训练手册〉序》，载《普通话口语训练手册》，武汉大学出版社 1989 年 11 月版。

【1990 年】

（16）《形容词短语》，人民教育出版社 1990 年 6 月版。

（17）《文化语言学》（主编），湖北教育出版社 1990 年 10 月版。

155.《时间词"刚刚"的多角度考察》，载《中国语文》1990

年第 1 期（与丁力、汪国胜、张邱林合作）。

156.《现代汉语语法研究的两个"三角"》，载①《云梦学刊》1990 年第 1 期，②中国人民大学复印资料《语言文字学》1990 年第 9 期，③《高等学校文科学报文摘》1990 年第 6 期。

157.《高等师范院校本科系列教材〈现代汉语〉叙》，载《语言学通讯》1990 年 1—2 期。

158.《良师与益友》，载《汉语学习》1990 年第 5 期。

159.《实中求新 新而不怪》，载《语文建设》1990 年第 6 期。

160.《关于方言语法》，载《语言文学论集》，广东教育出版社 1990 年 12 月版（与吴振国合作）。

【1991 年】

(18)《现代汉语》（高等师范学校教学用书）（主编），高等教育出版社 1991 年 5 月版。

161.《复句格式对复句语义关系的反制约》，载《中国语文》1991 年第 1 期。

162.《现代汉语的特殊格式"V 地 V"》，载《语言研究》1991 年第 1 期。

163.《序文两篇》（《序〈汉语辞格大全〉》，《序〈汉族儿童问句系统习得探微〉》），载《语言学通讯》1991 年 1—2 期。

164.《汉语里宾语代入现象之观察》，载①《世界汉语教学》1991 年第 2 期，②《第三届国际汉语教学讨论会论文选》，北京语言学院出版社 1991 年 11 月版。

165.《关键在于怎么讲语法》，载《语文学习》1991 年第 2 期。

166.《现代汉语语法问题的两个"三角"的研究——80 年以来中国大陆现代汉语语研究的发展》，载①《语言教学与研究》

1991年第3期(署名：华萍)，②《80年代与90年代中国现代汉语语法研究》，北京语言学院出版社1992年3月版。

167．《关于辞格》，载《中文自学指导》1991年第5期。

168．《从句法组织看现代汉语的丰富、优美与精炼》，载《语文建设》1991年第6期。

169．《现代汉语语法研究的三个"充分"》，载①《湖北大学学报》1991年第6期，②中国人民大学复印资料《语言文字学》1992年第1期。

170．《南片话语中述谓项前移的现象》(选摘)，载《深圳教育学院　深圳师范专科学校学报》1991年第2期。

171．《萧国政等〈新订教学语法精讲〉序》，载《新订教学语法精讲》，武汉测绘科技大学出版社1991年7月版。

172．《湖北省语言学会第六届年会开幕词》，载《语言学通讯》1991年3—4期。

173．《湖北省语言学会第七届年会开幕词》，载《语言学通讯》1991年3—4期。

【1992年】

(19)《语法问题发掘集》，湖北教育出版社1992年5月版。

(20)《规范汉语教程》(主编)，华中师范大学出版社1992年6月版。

174．《从基本流向综观现代汉语语法研究四十年》，载①《中国语文》1992年第6期，②《中国语文四十周年纪念刊文集》，商务印书馆1993年10月版，③《中国语文研究四十年纪念文集》，语文出版社1993年10月版(提要)，④中国人民大学复印资料《语言文字学》1993年第1期。

175.《现代汉语转折句式》,载《世界汉语教学》1992 年第 2 期。

176.《南片话语中述谓项前移的现象》,载①《双语双方言（二）》,香港彩虹出版社 1992 年 8 月版,②《汉语研究论集》第一辑,语文出版社 1992 年 12 月版。

177.《语法问题发掘集自序》,载《语言学通讯》1992 年 1—2 期。

178.《关于"一个星期的第一天"》,载香港《普通话》1992 年第 2 期。

179.《第二届双语双方言研讨会闭幕词》,载《双语双方言（二）》,香港彩虹出版社 1992 年 8 月版。

180.《抬头是山　路在脚下》,载《中师生报》第 146 期,1992 年 5 月 17 日。

181.《毛泽东语言运用的群众性原则》,载《理论月刊》1992 年第 5 期（与卢卓群合作）。

182.《〈汉语复句与单句的对立和纠结〉摘要》,载《第一届国际汉语语言学会议论文摘要》,新加坡国立大学高等研究中心 1992 年 6 月版。

183.《毛泽东语言运用的理论和实践》,载《语言文字规范化文集》,香港彩虹出版社 1992 年 10 月版。

184.《忆秦娥·艳阳方好》,载①《流韵》第 1 期,1992 年 7 月 29 日,②邢福壮主编:《黄流村志》第 177 页,1999 年 10 月。

185.《卜算子·杨柳桥道别》,载①《流韵》第 2 期,1992 年 10 月 29 日,②邢福壮主编:《黄流村志》第 178 页,1999 年 10 月。

【1993 年】

(21)《邢福义自选集》,河南教育出版社 1993 年 11 月版。

（22）《毛泽东著作语言论析》（主编），湖北教育出版社 1993 年 12 月版。

（23）《现代汉语》（主编）（大学专修科用书，卫星电视教材修订本），高等教育出版社 1993 年 11 月版。

（24）《现代汉语辅导》（主编），高等教育出版社 1993 年 11 月版。

（25）《中学汉语》第一册（对外汉语教材，挂"主编"之名），华中师范大学出版社 1993 年 9 月版。

（26）《中学汉语》第二册（同上），华中师范大学出版社 1993 年 9 月版。

（27）《中学汉语》第三册（同上），华中师范大学出版社 1993 年 7 月版。

（28）《中学汉语》第四册（同上），华中师范大学出版社 1993 年 8 月版。

（29）《中学汉语》第五册（同上），华中师范大学出版社 1993 年 10 月版。

（30）《中学汉语》第六册（同上），华中师范大学出版社 1993 年 10 月版。

186.《形容词的 AABB 反义叠结》，载《中国语文》1993 年第 5 期（与李向农、丁力、储泽祥合作）。

187.《汉语复句与单句的对立和纠结》，载①《世界汉语教学》1993 年第 1 期，②中国人民大学复印资料《语言文字学》1993 年第 5 期。

188.《治学之道　学风先导》，载①《世界汉语教学》1993 年第 4 期，②《吕叔湘先生九十华诞纪念文集》，商务印书馆 1995 年 1 月版。

189.《从"似 X 似的"看"像 X 似的"》，载①《语言研究》1993 年第 1 期，②中国人民大学复印资料《语言文字学》1993 年第 10 期。

190.《现代汉语数量词系统中的"半"和"双"》，载①《语言教学与研究》1993 年第 4 期，②西北大学国际文化交流学院、西北大学汉学研究所《国际汉学论坛》，西北大学出版社 1994 年 9 月版，③《第四届国际汉语教学讨论会论文选》，北京语言学院出版社 1995 年 6 月版。

191.《关于毛泽东著作语言的分析》，载《语言文字应用》1993 年第 2 期。

192.《关于毛泽东著作语言的论析》，载《武汉市成人教育学院学报》1993 年第 1 期。

193.《"半"的词性判别和词形规范》，载香港《语文建设通讯》1993 年第 4 期。

194.《"学者＋教育家"的气度》，载①《张志公语言和语文教育思想研讨会论文选集》，语文出版社 1993 年 7 月版，②《云梦学刊》1993 年第 4 期。

195.《〈红楼梦〉中的"因 Y，因 G"》，载①《湖北大学学报》1993 年第 4 期，②中国人民大学复印资料《语言文字学》1993 年第 9 期。

196.《选择问的句群形式》，载①《汉语学习》1993 年第 6 期，②中国人民大学复印资料《语言文字学》1994 年第 2 期，③《语法研究和探索（七）》，商务印书馆 1995 年 12 月版。

197.《从"龙的子孙"说到"星期七"》，载《学语文》1993 年第 1 期。

198.《〈现代汉语〉教材的三个"讲求"》,载《高教书讯》1993 年 5 月 15 日。

199.《亦师亦友　志在高山》,载《研究生教育理论与实践》1993 年第 4 期。

200.《文字问题二议》,载①《全国中师生汉字规范知识竞赛赛题汇编·专论》,华中师范大学出版社 1993 年 6 月版,②《语文建设》1994 年第 4 期。

201.《序徐杰〈汉语描写语法十论〉》,载《汉语描写语法十论》,河南教育出版社 1993 年 7 月版。

202.《序萧国政〈现代汉语语法问题研究〉》,载《现代汉语语法问题研究》,华中师范大学出版社 1993 年 12 月版。

【1994 年】

(31)《现代汉语教程》(主编),湖北科学技术出版社 1994 年 5 月版。

203.《NVN 造名结构及其 NV ｜ VN 简省形式》,载《语言研究》1994 年第 2 期。

204.《现代汉语语法研究的"小三角"和"三平面"》,载①《华中师范大学学报》1994 年第 2 期,②中国人民大学复印资料《语言文字学》1994 年第 5 期。

205.《关于现代汉语复句研究》,载《黄冈师专学报》1994 年第 2 期。

206.《尊重事实　讲究文品——文章写作反思》,载《语言文字应用》1994 年第 3 期。

207.《形容词动态化的趋向态模式》,载①《湖北大学学报》1994 年第 5 期,②中国人民大学复印资料《语言文字学》1994 年第 12 期。

208.《南味"好"字句》，载①《双语双方言（三）》，汉学出版社 1994 年 8 月版，②《华中师范大学学报》1995 年第 1 期，③中国人民大学复印资料《语言文字学》1995 年第 5 期。

209.《文字问题二议》，载《语文建设》1994 年第 3 期。

210.《一个有朝气有作为的出版社》，载《高教书讯》1994 年 5 月 18 日。

211.《我谈语文规范化》，载《语文建设》1994 年第 6 期。

212.《对于未来我们充满希望》，载①《汉语学习》1994 年第 4 期，②邵敬敏主编《句法结构中的语义研究》，北京语言文化大学出版社 1998 年 10 月版。

213.《谈谈高师教材〈现代汉语〉》，载《语文建设》1994 年第 11 期。

214.《第三次双语双方言研讨会开幕词》，载《双语双方言（三）》，汉学出版社 1994 年 8 月版。

215.《序王群生〈湖北荆沙方言〉》，载《湖北荆沙方言》，武汉大学出版社 1994 年 4 月版。

216.《序吴永德〈现代汉语词汇学简论〉》，载《现代汉语词汇学简论》，华中师范大学出版社 1994 年 6 月版。

217.《序骆小所〈现代修辞学〉》，载《现代修辞学》，云南人民出版社 1994 年 8 月版。

218.《序邓衍铨等〈修辞大观〉》，载《修辞大观》，武汉大学出版社 1994 年 11 月版。

219.《序卢卓群〈语法语汇问题论集〉》，载《语法语汇问题论集》，武汉工业大学出版社 1994 年 12 月版。

【1995 年】

(32)《语法问题思索集》,北京语言学院出版社 1995 年 9 月版。

220.《"更"字复句》,载《中国语言学报》第 5 期,商务印书馆 1995 年 6 月。

221.《小句中枢说》,载①《中国语文》1995 年第 6 期,②人大复印资料《语言文字学》1996 年第 3 期。

222.《从海南黄流话的"一、二、三"看现代汉语数词系统》,载①《方言》1995 年第 3 期,②中国人民大学复印资料《语言文字学》1995 年第 11 期。

223.《选择问句群与前引特指问的同指性双层加合》,载日本《中国语研究》第 37 期,株式会社白帝社 1995 年 10 月。

224.《从语言不是数字说起》,载《语言文字应用》1995 年第 3 期。

225.《否定形式和语境对否定度量的规约》,载①《世界汉语教学》1995 年第 3 期,②中国人民大学复印资料《语言文字学》1996 年第 1 期。

226.《汉语语法研究之走向成熟》,载《汉语学习》1995 年第 1 期。

227.《序〈文化语言学〉》,载《文化语言学中国潮》,语文出版社 1995 年 1 月版。

228.《湖北省语言学会第八届年会开幕词》,载《湖北省语言学会通讯》第 6 期,1995 年 2 月。

229.《语言文字论著序文两篇》,载《语文教学与研究》1995 年第 3 期。

230.《语文现代化的理论与实践——写在中国语文现代化学

会正式成立的时候》，载《语文现代化论丛》，山东教育出版社 1995 年 10 月版。

231.《研究工作的思考和一个教师的企盼——序李宇明〈儿童语言的发展〉》，载①《学语文》1995 年第 3 期，②《儿童语言的发展》，华中师范大学出版社 1995 年 6 月版。

232.《与语文工作者谈治学》，载《语文教学与研究》1995 年第 6 期。

233.《祝贺全国汉语方言学会第八届学术讨论会隆重举行》，载《师范生周报》1995 年 12 月 10 日第 312 期。

【1996 年】

(33)《汉语语法学》，东北师范大学出版社 1996 年 11 月版。

234.《说"您们"》，载①《方言》1996 年第 2 期，②中国人民大学复印资料《语言文字学》1996 年第 9 期。

235.《方位结构"X 里"和"X 中"》，载《世界汉语教学》1996 年第 4 期。

236.《"却"字和"既然"句》，载《汉语学习》1996 年第 6 期。

237.《文品问题三关系》，载《语言文字应用》1996 年第 3 期。

238.《关于成语换字活用》，载《语文建设》1996 年第 12 期。

239.《亦师亦友 "导"字当先》，载《华中师范大学学报》1996 年第 5 期。

240.《"八五"期间的现代汉语研究》，载《中国语言学现状与展望》，外语教学与研究出版社 1996 年 8 月版（与汪国胜、吴振国、萧国政合作）。

241.《文品问题三议》，载《华中师大报》1996 年 4 月 10 日。

242.《汉语学习被当成了日中友好的桥梁》，载《汉语学习》

1996 年第 3 期。

243.《汉语学习与日中友好》，载《语文教学与研究》1996 年第 4 期。

244.《根在黄流》，载《海南日报》1996 年 6 月 3 日。

245.《建设"夕阳红"工程》，载《政协信息》1996 年第 20 期。

246.《序卢卓群主编〈学生常用成语词典〉》，载《学生常用成语词典》，湖北教育出版社 1996 年 6 月版。

247.《着力于"学者素质"的培养》，载《华中师大报》1996 年 12 月 20 日，总第 676 期。

248.《注意句子中词语之间的照应》，载《中国报刊月报》1996 年第 4 期。

249.《序常春〈现代汉语教学与测试研究〉》，载《现代汉语教学与测试研究》，华中师范大学出版社 1996 年 10 月版。

【1997 年】

250.《"很淑女"之类说法语言文化背景的思考》，载①《语言研究》1997 年第 2 期，②中国人民大学复印资料《语言文字学》1998 年第 3 期。

251.《汉语语法结构的兼容性和趋简性》，载①《世界汉语教学》1997 年第 3 期，②中国人民大学复印资料《语言文字学》1997 年第 12 期，③《汉语法特点面面观》，北京语言文化大学出版社 1999 年 3 月版。

252.《V 为双音节的"V 在了 N"格式——一种曾经被语法学家怀疑的格式》，载①《语言文字应用》1997 年第 4 期，②中国人民大学复印资料《语言文字学》1998 年第 2 期。

253.《从吕先生不讲过头话说起》，载《语文建设》1997 年第

4 期。

254.《说说言语风趣》,载《语文建设》1997 年第 11 期。

255.《〈汉语层次分析录〉序》,载①《语言教学与研究》1997 年第 2 期,②饶长溶:《汉语层次分析录》,北京语言文化大学出版社 1957 年 5 月版。

256.《面对更新的未来——新时期语法学者国际学术讨论会欢迎词》,载①《汉语学习》1997 年第 2 期,②《汉语法特点面面观》,北京语言文化大学出版社 1999 年 3 月版。

257.《邢福义(自述)》,载国务院学位委员会办公室编:《中国社会科学家自述》,上海教育出版社 1997 年 12 月版。

258.《读晓苏的小说》,载《长江日报》1997 年 2 月 11 日。

259.《给祝敏彻教授的信》,载潘攀:《金瓶梅语言研究》,武汉出版社 1997 年 2 月版。

260.《屈哨兵〈广告语言方略〉序》,载《广告语言方略》,科学普及出版社 1997 年 7 月版。

261.《十年辛苦不寻常》,载《双语双方言(五)》,汉学出版社 1997 年 8 月版。

262.《周国光〈汉语句法结构习得研究〉鉴定意见》,载《汉语句法结构习得研究》,安徽大学出版社 1997 年 9 月版。

263.《现代汉语课程改革的思路和目标》(署名邢福义　汪国胜,汪国胜执笔),载《语文建设》1997 年第 12 期。

264.《〈华中语学论库〉序》,载李向农:《现代汉语时点时段研究》,华中师范大学出版社 1997 年 11 月版。

265.《李向农〈现代汉语时点时段研究〉推荐书》,载《现代汉语时点时段研究》,华中师范大学出版社 1997 年 11 月版。

266.《储泽祥〈现代汉语方所系统研究〉推荐书》,载《现代汉语方所系统研究》,华中师范大学出版社 1997 年 11 月版。

【1998 年】

267.《汉语小句中枢语法系统论略》,载①《华中师范大学学报》1998 年第 1 期,②中国人民大学复印资料《语言文字学》1998 年第 7 期,③《中国语言学的新拓展》,香港城市大学出版社 1999 版。

268.《关系词"一边"的配对与单用》,载①《世界汉语教学》1998 年第 4 期,②中国人民大学复印资料《语言文字学》1999 年第 3 期,③《面临新世纪挑战的现代汉语语法研究》,山东教育出版社 2000 年 12 月版。

269.《说名词赋格》,载《李新魁教授纪念文集》,中华书局 1998 年 8 月版。

270.《令人忧虑的汉字"繁体错位"》,载《语文建设》1998 年第 1 期。

271.《李宇明等〈语言的理解与发生〉审读报告》,载《语言的理解与发生》,华中师范大学出版社 1998 年 5 月版。

272.《一代宗师 百世楷模 —— 吕叔湘先生永远指导着我们》,载《语文教学与研究》1998 年第 8 期。

273.《汉语语法教学与测试的若干问题》,载①澳门理工学院《理工学报》1998 年 8 月第 1—2 期,②澳门理工学院语言暨翻译高等学校《ACTAS 论文集》。

274.《周建民〈广告修辞学〉序》,载《广告修辞学》,武汉出版社 1998 年 8 月版。

275.《湖北省语言学会第九届年会开幕词》,载《湖北省语言学会通讯》第 7 期,1998 年 5 月。

276.《年年岁岁　春夏秋冬》，载《海南日报》1998 年 11 月 22 日。

277.《丁力〈现代汉语列项选择问研究〉推荐书》，载《现代汉语列项选择问研究》，华中师范大学出版社 1998 年版。

【1999 年】

（34）《汉语法特点面面观》（主编），北京语言文化大学出版社 1999 年 3 月版。

278.《〈现代汉语方言大词典〉分卷本出版座谈会上的讲话》，载《方言》1999 年第 2 期。

279.《说"兄弟"和"弟兄"》，载①《方言》1999 年第 4 期，②中国人民大学复印资料《语言文字学》2000 年第 3 期。

280.《中国语言学的发展——读许嘉璐先生的信》，载①《语言文字应用》1999 年第 3 期，②《教学与教材研究》1999 年第 4 期（题为《大力促进中国语言学的兴盛——读许嘉璐先生的信》）。

281.《汉语语法研究的展望》，载《语法研究入门》，商务印书馆 1999 年 2 月版。

282.《时间方所》（与李向农、储泽祥合作），载《语法研究入门》，商务印书馆 1999 年 2 月版。

283.《复句》，载《语法研究入门》，商务印书馆 1999 年 2 月版。

284.《序〈数里乾坤〉》，载①《语言文字应用》1999 年第 2 期，②张德鑫：《数里乾坤》，北京大学出版社 1999 年 7 月版。

285.《语言学系建立与发展的三点认识》，载《华中师范大学学报》1999 年第 3 期。

286.《〈双语双方言与现代中国〉序》，载《双语双方言与现代中国》，北京语言文化大学出版社 1999 年 3 月版。

287.《一位可以不设防的朋友——我心底里的方言学家詹伯慧教授》,载①《语文教学与研究》1999年第1期,②《立说传薪风雨人》,暨南大学出版社1999年3月版。

288.《湖北省语言学会第十届年会开幕词》,载《湖北省语言学会通讯》第8期,1999年1月。

289.《体词及其次类的划分——读〈汉语语义语法范畴问题〉》,载①《语言教学与研究》1999年第4期,②中国人民大学复印资料《语言文字学》2000年第5期。

290.《新世纪的呼唤》,载《中国教育报》1999年8月10日。

291.《从新世纪的呼唤说到对外汉语教学》,载《武汉大学学报》1999年对外汉语教学论集。

292.《语言哲学对话摘登》,载于根元等:《语言哲学对话》(第117、134、139、147、150、161页),语文出版社1999年5月版。

293.《"狂犇"?》,载《湖北广播电视报》1999年9月27日第4版。

294.《大写的"爱"字》,载《华中师大报》1999年9月30日。

295.《序吴松贵〈"三字一话"通用教程〉》,载《"三字一话"通用教程》,中国地质大学出版社1999年9月版。

296.《序邵则遂〈湖北方言词〉》,载《湖北方言词》,湖北人民出版社1999年10月版。

297.《〈根在黄流〉代序后记》,载邢福壮主编:《黄流村志》,1999年10月。

298.《卜算子·松柏万年青》,载邢福壮主编:《黄流村志》第178页,1999年10月。

299.《让大学生才智闪光》,载《华中师大报》1999年12月29日。

【2000 年】

(35)《文化语言学》（主编）增订本，湖北教育出版社 2000 年 1 月版。

(36)《公关语言》（主编），华中师范大学出版社 2000 年 8 月版。

300.《"最"义级层的多个体涵量》，载①《中国语文》2000 年第 1 期，②《第六届国际汉语教学讨论会论文选》，北京大学出版社 2000 年 6 月版，③中国人民大学复印资料《语言文字学》2000 年第 6 期。

301.《说"V—V"》，载《中国语文》2000 年第 5 期。

302.《小句中枢说的方言实证》，载①《方言》2000 年第 4 期，②中国人民大学复印资料《语言文字学》2001 年第 3 期。

303.《语法研究中"两个三角"的验证》，载①《华中师范大学学报》2000 年第 5 期，②中国人民大学复印资料《语言文字学》2001 年第 2 期。

304.《往前又是○起点——〈汉语复句研究〉自序》，载《汉语学习》2000 年第 4 期。

305.《〈文化语言学〉（增订本）序》，载《文化语言学》（增订本），湖北教育出版社 2000 年 1 月版。

306.《"很 + 名词"的语言文化问题辨察》，载《文化语言学》（增订本），湖北教育出版社 2000 年 1 月版。

307.《汉语句法形式的趋简性和人文性》，载《文化语言学》（增订本），湖北教育出版社 2000 年 1 月版。

308.《一本描写武汉俗语的好书》，载《语文教学与研究》2000 年第 7 期（《序〈武汉俗语纵横谈〉》，载朱建颂：《武汉俗语纵横谈》，中国档案出版社 2002 年 6 月版）。

309.《序储泽祥〈名词及其相关结构研究〉》，载《名词及其相关结构研究》，湖南人民出版社 2000 年 4 月版。

310.《序卢卓群〈汉语小论文写作初步〉》，载《汉语小论文写作初步》，华中师范大学出版社 2000 年 9 月版。

311.《关于对外汉语教学》，载张德鑫主编:《回眸与思考》，外语教学与研究出版社 2000 年 10 月版。

312.《〈现代汉语状位形容词的"系"研究〉推荐书》，载郑贵友:《现代汉语状位形容词的"系"研究》，华中师范大学出版社 2000 年 1 月版。

313.《调研高校男女毕业生和社会需求的关系》，载《人民政协报》2000 年 7 月 31 日。

314.《〈汉语学报〉发刊词》，载《汉语学报》2000 年第 1 期，湖北教育出版社 2000 年 10 月。

【2001 年】

(37)《汉语复句研究》，商务印书馆 2001 年 1 月版。

(38)《邢福义选集》，东北师范大学出版社 2001 年 12 月版。

315.《小句中枢说的方言续证》，载①《语言研究》2001 年第 1 期，②中国人民大学复印资料《语言文字学》2001 年第 10 期。

316.《说"句管控"》，载①《方言》2001 年第 2 期，②中国人民大学复印资料《语言文字学》2001 年第 9 期。

317.《表述正误与三性原则》，载①《湖北大学学报》2001 年第 2 期，②中国人民大学复印资料《语言文字学》2001 年第 7 期，③《语言教育问题研究论文集 2000》，华语教学出版社 2001 年版。

318.《汉语语法现象的句管控》，载《HNC 与语言学研究》，武汉理工大学出版社 2001 年 10 月版。

319.《序李英哲〈汉语历时共时语法论集〉》,载《汉语历时共时语法论集》,北京语言文化大学出版社 2001 年 4 月版。

320.《教材里的论断要留有余地》,载《中国大学教学》2001 年第 5 期。

321.《序杨烈雄〈汉语素质教学论〉》,载《汉语素质教学论》,暨南大学出版社 2001 年 2 月版。

322.《萧国政〈汉语语法研究论〉推荐书》,载《汉语语法研究论》,华中师范大学出版社 2001 年 11 月版。

323.《"护根"情结》,载《语文教学与研究》2001 年第 7 期。

324.《说说做学问》,载《华中师大报》2001 年 4 月 10 日。

325.《有所不学——再谈做学问》,载《华中师大报》2001 年 6 月 20 日。

326.《含笑芙蓉城》,载《华中师大报》2001 年 10 月 18 日。

327.《建筑学科队伍的金字塔》,载《华中师大报》2001 年 12 月 10 日。

328.《我们的事业在前进——第三届双语双方言国际研讨会开幕词》,载《双语双方言(七)》,汉学出版社 2001 年 12 月版。

【2002 年】

(39)《汉语语法三百问》,①商务印书馆 2002 年 5 月版,②韩国延世大学金铉哲教授译为韩文,韩国出版社 CHINA HOUSE 2011 年 7 月版。

(40)《现代汉语语法修辞专题》(主编),高等教育出版社 2002 年 6 月版。

(41)《语言学概论》(与吴振国共同主编),①华中师范大学出版社 2002 年 6 月版,②华中师范大学出版社 2010 年 8 月第 2 版,

③华中师范大学出版社 2022 年 7 月第 3 版。

329.《"由于"句的语义偏向辨》,载《中国语文》2002 年第 4 期。

330.《误用与误判的鉴别四原则》,载《语言文字应用》2002 年第 1 期。

331.《"起去"的普方古检视》,载①《方言》2002 年第 2 期,②中国人民大学复印资料《语言文字学》2002 年第 8 期,③徐杰主编:《汉语研究的类型学视角》,北京语言大学出版社 2005 年 8 月版。

332.《有关"起去"的两点补说》,载《方言》2002 年第 3 期。

333.《短语问题二论》,载①《江汉大学学报》2002 年第 3 期,②曹成方等主编:《清风明月八十秋——庆贺王均先生八十诞辰语言学论文集》,吉林人民出版社 2002 年 8 月版。

334.《社会公益对学风文品的规约》,载《语言文字应用》2002 年第 4 期。

335.《汉语的复句系统和复句句式》,载《对以英语为母语者的汉语教学研究》,人民教育出版社 2002 年 1 月版。

336.《"没"不一定就是"0"》,载《语文教学与研究》2002 年第 1 期。

337.《"最"的实际运用》,载《语文教学与研究》2002 年第 2 期。

338.《漫谈语言与文化的关系》,载《中学语文》2002 年第 2 期。

339.《从"黄人"说开去》,载《语文教学与研究》2002 年第 3 期。

340.《注意语言运用的动态性》,载《语文教学与研究》2002 年第 4 期。

341.《从木兰从军多少年谈起》,载《语文教学与研究》2002 年第 5 期。

342.《以薛宝钗说的"我们"为引子》,载《语文教学与研究》2002 年第 6 期。

343.《序〈现代汉语语法研究的基本理论与实践〉》,载郑贵友:《现代汉语语法研究的基本理论与实践》,韩国汉城新星出版社2002 年 6 月版。

344.《关于"学生了"》,载《语文教学与研究》2002 年第 7 期。

345.《换个说法》,载《语文教学与研究》2002 年第 8 期。

346.《斟酌斟酌》,载《语文教学与研究》2002 年第 9 期。

347.《语言中的文化蕴含——兼谈文化语言学的研究》,载《中学语文》2002 年第 9 期。

348.《莫羡三春桃与李》,载《华中师大报》2002 年 9 月 10 日。

349.《是非问和特指问的溶合》,载《语文教学与研究》2002年第 10 期。

350.《"夜里"和"途中"》,载《语文教学与研究》2002 年第11 期。

351.《二十年前的一份奖状》,载《华中师大报》2002 年 11月 30 日。

352.《语言表达的地域民俗性》,载《语文教学与研究》2002年第 12 期。

353.《序〈汉语篇章语言学〉》,载郑贵友:《汉语篇章语言学》,外文出版社 2002 年版。

354.《汉语之美》,载《文明》2002 年第 12 期。

355.《语言的文化与文化的语言》,载《光明日报》2002 年 12月 5 日 C1 版。

356.《语言学研究跨越式发展令人瞩目》(接受《光明日报》通

讯员和记者采访的谈话记录），载《光明日报》2002 年 12 月 22 日第 1 版。

357.《专家评审意见》，载郭锐：《现代汉语词类研究》，商务印书馆 2002 年 7 月版。

358.《序〈语法研究录〉》，载李宇明：《语法研究录》，商务印书馆 2002 年 12 月版。

【2003 年】

（42）《词类辨难》（修订本），①商务印书馆 2003 年 4 月版，②韩国启明大学中文系副教授李善熙译为韩文，韩学古房出版社 2020 年版。

（43）《邢福义学术论著选》，华中师范大学出版社 2003 年 6 月版。

（44）《现代汉语》（与汪国胜共同主编），①华中师范大学出版社 2003 年 7 月版，②华中师范大学出版社 2011 年 5 月第 2 版。

359.《说"生、死"与"前"的组合》，载①《中国语文》2003 年第 3 期，②中国人民大学复印资料《语言文字学》2003 年第 8 期，③《汉语语法研究的新拓展（二）》，浙江教育出版社 2005 年 2 月版。

360.《"起去"的语法化与相关问题》，载①《方言》2003 年第 3 期，②《汉语方言语法研究和探索》，黑龙江人民出版社 2003 年 12 月版。

361.《双语教育与民族精神》，载《中国教育报》2003 年 3 月 11 日。

362.《语法知识在语言问题思辨中的应用》，载①《华中师范大学学报》2003 年第 5 期，②中国人民大学复印资料《语言文字学》2004 年第 1 期。

363.《关于世界语的两点看法》，摘入《失语的世界语》，载香港《凤凰周刊》2003 年第 25 期（总 122 期）。

364.《〈现代汉语的用事成分与工具范畴〉推荐书》，载吴继光：《现代汉语的用事成分与工具范畴》，华中师范大学出版社 2003 年 4 月版。

365.《重读旧文话备课》，载《华中师大报》2003 年 6 月 20 日。

366.《三点意思》，载《咬文嚼字》2003 年第 8 期。

367.《莫羡三春桃与李　桂花成实向秋荣》，载《华中师大报》2003 年 10 月 18 日。

368.《〈汉语模糊语义研究〉推荐书》，载吴振国：《汉语模糊语义研究》，华中师范大学出版社 2003 年 6 月版。

369.《语言学系本科生举行学术报告会有感》，载《华中师大报》2003 年 12 月 31 日。

【2004 年】

(45)《汉语句法机制验察》（与刘培玉、曾常年、朱斌合著），生活·读书·新知三联书店，2004 年 1 月版。

370.《拟音词内部的一致性》，载《中国语文》2004 年第 5 期。

371.《承赐型"被"字句》，载《语言研究》2004 年第 1 期。

372.《研究观测点的一种选择——写在"小句中枢"问题讨论之前》，载①《汉语学报》2004 年第 1 期，②中国人民大学复印资料《语言文字学》2004 年第 11 期。

373.《本刊的愿望》，载《汉语学报》2004 年第 1 期（署名：《汉语学报》编辑部）。

374.《新意浓浓——序周荐〈汉语词汇结构论〉》，载①《汉语学习》2004 年第 5 期，②《汉语词汇结构论》，上海辞书出版社

2004 年 12 月版。

375.《学科建设与学科流派》，载《华中师大报》2004 年 9 月
3 日。

376.《敬业乐业　以身作则》，载《华中师大报》2004 年 11 月
20 日。

377.《给济华兄的一封信》，载《黄济华〈憨夫诗文选集〉五人
谈》，《新作家》2004 年第 12 期。

378.《黄流水土黄流人——叙泰钦〈奋进人生〉》，载陈泰钦：
《奋进人生》，花城出版社 2004 年 12 月版。

【2005 年】

(46)《语言运用漫说》，语文出版社 2005 年 1 月版。

379.《语言学科发展三互补》，载①《汉语学报》2005 年第 2 期，
②中国人民大学复印资料《语言文字学》2005 年第 7 期，③教育部
语言文字应用研究所《语文信息》第 11 期（总第 119 期），2005 年
11 月 28 日。

380.《新加坡华语使用中源方言的潜性影响》，载①《方言》
2005 年第 2 期，②《汉语方言研究》，华中师范大学出版社 2007 年
7 月版。

381.《在广阔时空背景下观察"先生"与女性学人》，载①《世
界汉语教学》2005 年第 3 期，②《双语双方言（八）》，汉学出版社
2005 年 5 月版。

382.《〈西游记〉中的"起去"与相关问题思辨》，载①《古汉
语研究》2005 年第 3 期，②中国人民大学复印资料《语言文字学》
2006 年第 1 期。

383.《关于语言规划》，载《语言教学与研究》2005 年第 3 期

(《序〈中国语言规划论〉》, 载李宇明:《中国语言规划论》, 东北师范大学出版社 2005 年 8 月版)。

384.《语言学》, 载教育部社会科学委员会秘书处组编:《中国高校哲学社会科学发展报告 2005》, 高等教育出版社 2005 年 12 月版。

385.《高档次的华中师大学报》, 载《华中师范大学学报》2005 年第 6 期。

386.《黄流民歌的美学境界》, 载《语文教学与研究》2005 年第 3 期。

387.《何人不起故园情》, 载《海南日报》2005 年 4 月 17 日第 8 版。

388.《何人不起故园情——序〈崖州民歌〉》, 载《海南汽运》2005 年第 5 期(2005 年 4 月 9 日)。

389.《我们的研讨活动充满活力(开幕词)》, 载《双语双方言(八)》, 汉学出版社 2005 年 5 月版。

390.《序〈语法〉》, 载丁力:《语法》, 三秦出版社 2005 年 8 月版。

391.《华中师大历史画卷上一个永远的亮点》, 载《华中师大报》2005 年 9 月 20 日。

【2006 年】

392.《处理好词典编撰中结论与事实的关系》, 载《语言文字应用》2006 年第 1 期。

393.《语言研究的"向"和"根"》, 载《光明日报》2006 年 3 月 21 日第 5 版。

394.《国学精魂与现代语学》, 载《光明日报》2006 年 8 月 8 日第 5 版。

395.《〈汉语学报〉的基本走向》,载《汉语学报》2006年第1期(署名"本刊编辑部")。

396.《归总性数量框架与双宾语》,载①《语言研究》2006年第3期,②中国人民大学复印资料《语言文字学》2006年第12期。

397.《语言学》(与汪国胜、徐杰共同执笔),载教育部社会科学委员会秘书处组编:《中国高校哲学社会科学发展报告2006》,高等教育出版社2006年11月版。

398.《三点意见(关于"的"和"地")》,载《咬文嚼字》2006年第11期。

399.《汉语复句语料库的建设与利用》(与姚双云合作,姚双云执笔),载《中文信息处理的探索与实践——第三届HNC与语言学研究学术讨论会论文集》,北京师范大学出版社2006年12月版。

【2007年】

400.《"救火"一词说古道今》,载《光明日报》2007年2月1日第9版。

401.《"人定胜天"——语话今古》,载《光明日报》2007年7月19日第9版。

402.《连词"为此"论说》(与姚双云合作),载《世界汉语教学》2007年第2期。

403.《新词语的监测与搜获——一个汉语本体研究者的思考》,载《语文研究》2007年第2期(又见《双语双方言(八)》,汉学出版社2005年5月版)。

404.《讲实据 求实证》,载《世界汉语教学》2007年第3期。

405.《语言学》(与汪国胜、徐杰共同执笔),载教育部社会科学委员会秘书处组编:《中国高校哲学社会科学发展报告2007》,

高等教育出版社 2007 年 10 月版。

406.《"救火"和"救人"》，载《咬文嚼字》2007 年第 7 期。

407.《读书与做学问》，载《华中师大报》2007 年 4 月 20 日。

408.《汉语的简匀美》，载《中学语文报》2007 年 4 月 28 日。

409.《汉语的节奏美》，载《中学语文报》2007 年 5 月 2 日。

410.《汉语的情味美》，载《中学语文报》2007 年 5 月 8 日。

411.《汉语的人文美》，载《中学语文报》2007 年 5 月 12 日。

412.《邢福义教授贺词》，载周清海：《全球化背景下的华语文与华语文教学》，新加坡青年书局 2007 年 8 月版。

413.《新的刊物　新的高度》，载《汉藏语学报》2007 第 1 期，商务印书馆 2007 年 9 月。

414.《进取意识　榜样意识》，载《华中师大报》2007 年 9 月 20 日。

415.《母校黄流中学怀想——黄流中学校志序》，载《华中师大报》2007 年 11 月 10 日。

416.《黄流中学怀想》，载《光明日报》2007 年 12 月 25 日第 4 版。

417.《序黄树先〈汉藏语论集〉》，载《汉藏语论集》，华中科技大学出版社 2007 年 1 月版。

418.《序何洪峰〈汉语语法的多维探究〉》，载《汉语语法的多维探究》，华中科技大学出版社 2007 年 11 月版。

419.《序陈淑梅〈语法问题探究〉》，载《语法问题探究》，湖北人民出版社 2007 年 12 月版。

【2008 年】

(47)《现代汉语语法修辞》（与汪国胜共同主编），高等教育出版社 2008 年 6 月版。

(48)《语法问题追踪集》,中国社会科学出版社 2008 年 9 月版。

(49)《中国高校哲学社会科学发展报告 1978—2008·语言学》(与汪国胜共同主编),广西师范大学出版社 2008 年 11 月版。

420.《漫话〈有所不为〉》,载《光明日报》2008 年 1 月 14 日第 12 版。

421.《"X 以上"纵横谈》,载《光明日报》2008 年 9 月 1 日第 12 版。

422.《"人定胜天"的古代原本用法与现代通常用法》,载《山西大学学报》2008 年第 1 期。

423.《从研究成果看方言学者笔下双宾语的描写》,载《语言研究》2008 年第 3 期。

424.《理论的改善和事实的支撑——关于领属性偏正结构充当远宾语》(与沈威合作),载《汉语学报》2008 年第 3 期。

425.《语言学》(与汪国胜共同执笔),载教育部社会科学委员会秘书处组编:《中国高校哲学社会科学发展报告 2008》,高等教育出版社 2008 年 11 月版。

426.《陈淑梅和她的〈语法问题探究〉》,载《语文教学与研究》2008 年第 6 期。

427.《序卢卓群、普丽华〈中文学科论文写作〉》,载《中文学科论文写作》,中国人民大学出版社 2008 年 9 月版。

428.《序屈哨兵〈现代汉语被动标记研究〉》,载《现代汉语被动标记研究》,华中师范大学出版社 2008 年 6 月版。

【2009 年】

(50)《大学语文》(主编,汪国胜为副主编),中国人民大学出版社 2009 年 4 月版。

(51)《语法问题献疑集》,商务印书馆 2009 年 10 月版。

429.《测估词语 + 反义 AA》,载①《世界汉语教学》2009 年第 1 期,②中国人民大学复印资料《语言文字学》2009 年第 4 期。

430.《说"广数"》,载《光明日报》2009 年 5 月 18 日第 12 版。

431.《两次指点》,载《光明日报》2009 年 8 月 8 日第 12 版。

432.《桂山魂》,载《光明日报》2009 年 12 月 24 日第 10 版。

433.《语言学》(与汪国胜共同执笔),载教育部社会科学委员会秘书处组编:《中国高校哲学社会科学发展报告 2009》,高等教育出版社 2009 年 11 月版。

434.《永远站到问号的起跑点上》,载《华中师大报》2009 年 2 月 20 日。

435.《华中师大发展的启示》,载《华中师大报》2009 年 3 月 27 日。

436.《加强对学生思辨能力的培养——关于精品课程教材〈现代汉语〉的编写》,载《教改论坛》2009 年 3 月第 1 期(总第 35 期)。

437.《序张邱林〈"方—普"语法现象与句法机制的管控〉》,载《"方—普"语法现象与句法机制的管控》,中国社会科学出版社 2009 年 6 月版。

438.《话说三亚(代序)》,载林勇:《走进三亚》,陕西人民出版社 2009 年 5 月版。

【2010 年】

(52)《现代汉语》(高等院校小学教育专业教材,与汪国胜共同主编),①高等教育出版社 2010 年 3 月版,②高等教育出版社 2020 年 1 月第 2 版。

439. ОЬРАТНАЯ ОЬУСЛОВЛЕННОСТЬ МОДЕДЯМИ ЛОЖНОГО ПРЕДЛОЖЕНИЯ СМЫСЛОВЫХ ОТНОШЕНИЙ СЛОЖНОГО ЛРЕДЛЖЕНИЯ В КИТАЙСКОМ ЯЗЫКЕ 俄罗斯莫斯科《语言研究问题》2010 年第 2 期（Волросы филологических наук № 2[42] 2010г）（说明：《语言研究问题》为国际性语言研究期刊。本期刊登俄罗斯、中国、美国、土耳其、阿塞拜疆等五个国家的学者的文章。本文的中文题目为《汉语复句格式对复句语义关系的反制约》，原载《中国语文》1991 年第 1 期。近 20 年之后，俄国刊物详细摘选转载此文，并于开头处介绍作者：邢福义，汉语逻辑语法学派创始人，华中师范大学教授，语言与语言教育研究中心名誉主任。翻译者未见说明）。

440.《论单线递进句》，载《中国社会科学文摘》2010 年第 6 期（全文转载）（原题《以单线递进句为论柄点评事实发掘与研究深化》，载①《汉语学报》2010 年第 1 期，②《澳门语言学刊》2010 年第 1 期，③中国人民大学复印资料《语言文字学》2010 年第 6 期，④《中国语言学报》第 5 期，北京大学出版社 2010 年版）。

441.《"X 以上"格式在现代汉语中的演进》，载《语言研究》2010 年第 1 期。

442.《"广数"论略》，载《华中师范大学学报》2010 年第 2 期。

443.《"十来年"义辨》，载《光明日报》2010 年 6 月 21 日第 12 版。

444.《〈新时期汉语语法学史〉序》，载①《汉语学习》2010 年第 4 期，②邵敬敏：《新时期汉语语法学史（1978—2008）》，商务印书馆 2011 年 6 月版。

445.《治学管见略陈》，载《华中人文论丛》2010 年第 1 期。

446.《我的治学经历与心迹》,载《湖北师范学院学报》2010年第 3 期。

447.《从"黄人"说开去》,载《语文建设》2010 年增刊。

【2011 年】

448.《事实终判:"来"字概数结构形义辨证》,载《语言研究》2011 年第 1 期(《中国社会科学文摘》2011 年第 6 期全文转载,题目改为《"来"字概数结构形义辨》)。

449.《"复制"与"抄袭"》,载①《光明日报》2011 年 3 月 25 日,②《华中师大报》2011 年 3 月 10 日。

450.《大器晚成和厚积薄发》,载《光明日报》2011 年 7 月 4 日。

451.《大家小书 形小义大》,载《汉语学报》2011 年第 2 期。

452.《"国学"和"新国学"》,载①《光明日报》国学版丛书《国学精华编》(梁枢主编),商务印书馆 2011 年 8 月版,②《光明日报》国学版丛书《国学访谈录》(梁枢主编),商务印书馆 2011 年 8 月版。

453.《汉语语法研究史志识》,载《汉藏语学报》2011 年第 5 期,商务印书馆 2011 年 12 月。

454.《治学管见四则》,载《华中师大报》2011 年 1 月 20 日。

455.《护卫母语尊严——访语言学家、华中师范大学资深教授邢福义》(宋晖访谈),载《中国社会科学报》2011 年 4 月 12 日。

456.《关注语言生活,做好语言研究》,载《北华大学学报》2011 年第 5 期。

457.《加强学风建设 深化事实发掘——华中师范大学文科资深教授邢福义访谈录》(崔乐、高媛媛),载《中国语言生活》2011 年第 4 期。

458.《第十届双语双方言研讨会开幕词》,载《双语双方言

（十）》，深圳报业集团出版社 2011 年 6 月版。

459.《从"黄人"说开去》，载《语文建设》2011 年增刊。

【2012 年】

460.《光明之路越走越宽敞》，载《光明日报》2012 年 2 月 25 日。

461.《"诞辰"古今演化辨察》，载《光明日报》2012 年 4 月 16 日。

462.《俚俗化北味说法"一＋名"》，载《光明日报》2012 年 8 月 27 日。

463.《邢梦璜与文化黄流》，载《光明日报》2012 年 12 月 31 日。

464.《说"数量名结构＋形容词"》，载①《汉语学报》2012 年第 2 期，②中国人民大学复印资料《语言文字学》2012 年第 9 期，③《澳门语言学刊》2012 年第 1 期。

465.《全球华语语法研究的基本构想》（与汪国胜合作，由汪国胜执笔），载《云南云南师范大学学报》2012 年第 5 期。

466.《我的为学轨迹与领悟》，载《当代外语研究》2012 年第 4 期。

467.《好教师必须是个好学者》（与晓苏合作），载《语文教学与研究》2012 年第 1 期。

468.《中国语法思想史·邢序》，载林玉山：《中国语法思想史》，语文出版社 2012 年 5 月版。

469.《序〈自然口语中的关联标记研究〉》，载姚双云：《自然口语中的关联标记研究》，中国社会科学出版社 2012 年 5 月版。

470.《加强对新语言的跟踪研究》，载《字斟句酌》2012 年 1 月 15 日。

【2013 年】

471.《辞达而已矣——论汉语汉字与英文字母词》，载①《光明日报》2013 年 4 月 22 日，②《新华文摘》2013 年第 13 期（全文转载）。

472.《现代汉语语法研究中理论与事实互动》（与谢晓明合作），载《汉语学报》2013 年第 3 期（《中国社会科学文摘》2013 年 12 期部分转载）。

473.《词典的词类标注："各"字词性辨》，载①《语言研究》2013 年第 1 期，②中国人民大学复印资料《语言文字学》2013 年第 5 期。

474.《全球华语语法研究的总体框架和基本内容》（与汪国胜合作，由汪国胜执笔），载《高等学校文科学术文摘》2013 年第 1 期。

475.《说"永远"：从孔子到老舍》，载《光明日报》2013 年 11 月 18 日。

476.《为学轨迹与领悟》，载吴晋升等主编：《感悟人生启后学》，华中师范大学出版社 2013 年 11 月版。

477.《海南邢氏历史文化长廊序言》，载《文学教育》2013 年第 2 期。

478.《序〈汉语复句句序和焦点研究〉》，载朱斌：《汉语复句句序和焦点研究》，中国出版集团世界图书出版公司 2013 年 5 月版。

479.《海南邢氏历史文化长廊（序言）》、《邢梦璜与文化黄流》，载《澳门报告》2013 年第 3 期。

480.《"大器晚成"和"厚积薄发"》（缩写），载《字斟句酌》2013 年第 11 期。

481.《推进植根于汉语泥土的语法研究——《中国语法思想史》序》，载《语文建设》2013 年第 12 期。

【2014年】

482.《汉语方言现象与华人文化风情》，载《华中师范大学学报》（人文社会科学版）2014年第1期（《中国社会科学文摘》2014年第6期论点摘编）。

483.《汉语事实在论证中的有效描述》，载《语文研究》2014年第4期。

484.《语言哲学与文化土壤》，载《光明日报》2014年5月6日第16版。

485.《纪念二位老人》，载《语文教学与研究》2014年第2期。

486.《序〈对外汉语教学的实践认知〉》，载向平：《对外汉语教学的实践认知》，华中师范大学出版社2014年5月。

487.《加强对新语言的跟踪研究》，载湖北日报社编：《传媒人语言文字实用手册》，中国和平出版社2014年9月版。

【2015年】

（53）《现代汉语》（主编，面向21世纪课程教材），高等教育出版社2015年4月版。

488.《"起去"：双音趋向动词语法系统的一个成员》，载①《汉语学报》2015年第1期，②中国人民大学复印资料《语言文字学》2015年第5期。

489.《关于湖北方言研究》（与汪国胜合作），载《汉语学报》2015年第3期。

490.《学术研究不妨多点"小题大做"》，载《光明日报》2015年4月2日第16版。

491.《三国演义之"关公"》，载《光明日报》2015年6月22日。

492.《序〈小句中枢视点下的现代汉语感叹句研究〉》，载周毕吉:《小句中枢视点下的现代汉语感叹句研究》，中国出版集团世界图书出版公司 2015 年 5 月版。

493.《华大最值得讲说的亮点》，载《华中师大报》2015 年 10 月 15 日。

494.《1977 漫忆》，载王泽龙、汪国胜主编:《我的 1977》，华中师范大学出版社 2015 年 11 月版。

【2016 年】

(54)《汉语语法学》(修订本)，①商务印书馆 2016 年 8 月版，②王勇、董方峰译为英文，英国 Routledge Press(劳特利奇出版社)2017 年版，③俄罗斯圣彼得堡大学东方系科尔帕契科娃、列别捷娃、索姆金娜、弗金娜译为俄文，俄罗斯圣彼得堡大学出版社 2000 年版。

495.《关注华语词句的文化蕴含》，载《汉语学报》2016 年第 1 期。

496.《莫写"新型"错别字》，载《光明日报》2016 年 2 月 21 日。

497.《自信有为 构建特色——学习习近平总书记在哲学社会科学工作座谈会上的重要讲话》，载《光明日报》2016 年 6 月 13 日第 16 版。

498.《自我出新 据实立新》，载《人民日报》2016 年 7 月 25 日第 16 版。

499.《"语言事实"的从众观》，载《语言战略与研究》2016 年第 4 期。

【2017 年】

(55)《邢福义语言学文选》，海南出版社 2017 年 1 月版。

500.《说"S‖V〈得〉有｜NP"句式》，载①《语言战略与研究》2017 年第 1 期，②中国人民大学复印资料《语言文字学》2017 年第 6 期。

501.《关于"不亦乐乎"》，载《光明日报》2017 年 2 月 11 日第 11 版。

502.《序〈汉语词汇的多维探索及拓展研究〉》，载匡鹏飞：《汉语词汇的多维探索及拓展研究》，科学出版社 2017 年 9 月版。

503.《国学的学科化与一流追求》，载《光明日报》2017 年 11 月 4 日第 11 版。

504.《看得懂，信得过，用得上》，载《光明日报》2017 年 11 月 5 日第 12 版。

【2018 年】

(56)《寄父家书》，商务印书馆 2018 年 4 月版。

【2019 年】

505.《说"领衔"》，载《光明日报》2019 年 1 月 26 日第 12 版。

【2020 年】

(57)《光明语学漫录》，商务印书馆 2020 年 4 月版。

506.《论"X 缘"》，载①《汉语学报》2020 年第 3 期，②中国人民大学复印资料《语言文字学》2020 年第 12 期。

507.《贺诗：田小琳教授》，载马毛朋、李斐主编：《博学近思知行兼举——田小琳先生八秩荣庆文集》，（香港）和平图书有限公司 2020 年 6 月。

【2021 年】

(58)《全球华语语法·香港卷》（总主编，汪国胜为副总主编，本卷主编为田小琳），商务印书馆 2021 年 9 月版。

【2022 年】

(59)《全球华语语法·马来西亚卷》（总主编，汪国胜为副总主编,本卷主编为郭熙),商务印书馆 2022 年 1 月版。

(60)《全球华语语法·美国卷》(总主编,汪国胜为副总主编,本卷主编为陶红印),商务印书馆 2022 年 6 月版。

另:《邢福义文集》已出十一卷出版信息(第十二卷尚待出版)

《邢福义文集》第一卷,华中师范大学出版社 2018 年 12 月版。

《邢福义文集》第二卷,华中师范大学出版社 2018 年 12 月版。

《邢福义文集》第三卷,华中师范大学出版社 2018 年 12 月版。

《邢福义文集》第四卷,华中师范大学出版社 2018 年 12 月版。

《邢福义文集》第五卷,华中师范大学出版社 2018 年 12 月版。

《邢福义文集》第六卷,华中师范大学出版社 2019 年 6 月版。

《邢福义文集》第七卷,华中师范大学出版社 2019 年 12 月版。

《邢福义文集》第八卷,华中师范大学出版社 2019 年 6 月版。

《邢福义文集》第九卷,华中师范大学出版社 2019 年 11 月版。

《邢福义文集》第十卷,华中师范大学出版社 2019 年 6 月版。

《邢福义文集》第十一卷,华中师范大学出版社 2019 年 10 月版。

编　后　记

　　2023 年 2 月 6 日，这是一个令人悲痛的日子，我们敬爱的邢福义先生因病与世长辞。

　　邢先生是享誉海内外的著名语言学家，一生勤奋治学，著作等身，深耕杏坛，桃李满天下，为我国语言学事业的发展做出了杰出贡献。他的逝世，是我国语言学界的重大损失。

　　邢先生逝世后，华中师范大学在逸夫国际会议中心设立灵堂，校党委书记、校长等校领导先后前来吊唁，敬献花圈；教育部部长怀进鹏，湖北省委书记王蒙徽，湖北省省长王忠林，湖北省委宣传部部长许正中等领导，教育部、湖北省委、省政府、省政协等党政部门也敬献了花圈，表示哀悼；上百家省内外政府部门、高等院校、科研机构和其他事业单位，社会各界人士和邢先生的生前好友、同事、学生等通过吊唁、发送唁电唁函或敬献花圈、挽联等方式，表达对邢先生的沉痛哀悼和深切缅怀。2 月 10 日，华中师范大学在武昌殡仪馆为邢先生举行了隆重的告别仪式，校领导及各职能部门和院系所负责人、师生、社会各界人士等数百人前来为邢先生送行。

　　邢先生逝世后，邢先生的生前好友、同事和学生写了追忆和缅怀的文章，这些文章都通过商务印书馆汉语中心微信公众号和《语言战略研究》微信公众号发表过。现将这些文章结集出版，以表示对先生的深切怀念。

文集的出版得到商务印书馆的大力支持，周洪波、余桂林、朱俊玄、王永耀、韩畅、肖颖、宋晖、匡鹏飞、沈威、刘彬等老师为两个公众号文章的发表和文集的编辑出版做了大量工作，在此表示感谢；同时也对文章的作者表示感谢，对邢先生逝世后前来吊唁、敬献花圈挽联、发送唁电唁函的各界人士表示感谢。

邢福义先生永在！

李宇明　汪国胜

2023 年 7 月 28 日

图书在版编目（CIP）数据

　　抬头是山　路在脚下：邢福义先生纪念文集 / 李宇明，
汪国胜主编；华中师范大学语言与语言教育研究中心编．
—北京：商务印书馆，2024
　　ISBN 978－7－100－23273－9

　　Ⅰ.①抬…　Ⅱ.①李…②汪…③华…　Ⅲ.①邢福义—纪
念文集　Ⅳ.① K825.5–53

　　中国国家版本馆 CIP 数据核字（2023）第 246057 号

抬头是山　路在脚下
——邢福义先生纪念文集
李宇明　汪国胜 主编
华中师范大学语言与语言教育研究中心　编

商 务 印 书 馆 出 版
（北京王府井大街 36 号　邮政编码 100710）
商 务 印 书 馆 发 行
北京捷迅佳彩印刷有限公司印刷
ISBN 978 － 7 － 100 － 23273 － 9

2024 年 1 月第 1 版　　　　开本 710×1000　1/16
2024 年 1 月北京第 1 次印刷　　印张 33½　插页 9

定价：148.00 元